6e

"Le succès en"

Maths

Fiches méthodes

Nadine Gérald
Marie-Jeanne Turbergue

ellipses

Des mêmes auteurs aux éditions Ellipses

Le succès en Mathématiques en fiches méthodes pour les classes de 3e, 2014, 640 pages.

Le succès en Mathématiques en fiches méthodes pour les classes de 4e, 2011, 304 pages.

ISBN 9782340-014794

32, rue Bargue 75740 Paris cedex 15

www.editions-ellipses.fr

Avant-propos

Cet ouvrage est dans la lignée des fiches méthodes 4e et 3e, novateur dans sa présentation et sa conception qui a inauguré une façon de travailler systématiquement les mathématiques pour les élèves du collège, seuls ou avec quelqu'un pour les guider.

Chaque compétence et connaissance liée au programme de 6e, dernière année du cycle 3, fait l'objet d'une fiche méthode où la démarche est exposée pas à pas puis illustrée par un ou plusieurs exemples d'application suivis de nombreux exercices d'entraînement. Des jeux variés font suite à ces fiches non seulement pour éveiller la curiosité mais encore pour aiguiser la réflexion tout en consolidant les acquis et en élargissant le champ des apprentissages.

Tous les exercices et les jeux sont corrigés de façon détaillée à la fin de chaque chapitre.

Cette approche originale, méthodique et souvent ludique, entraîne les collégiens à des pratiques qui leur permettent de mieux maîtriser les techniques mathématiques de base et de développer progressivement leurs capacités de raisonnement.

Ces fiches méthodes sont destinées, en tout premier lieu, aux élèves de 6e en complément des cours pour mieux les comprendre et les assimiler. Elles s'adressent aussi aux élèves de 5e, première année du cycle 4, pour revoir les bases du cycle 3 et faire les révisions nécessaires à leur réussite en cours d'année.

Conçu pour apporter une solution aux familles qui se demandent comment motiver pour les mathématiques leur « tout nouveau collégien » et l'aider à progresser, cet ouvrage peut également être une ressource pour les enseignants.

Sommaire

Chapitre 1

Nombres décimaux, entiers ou non entiers

Partie entière												Virgule	Partie décimale			
Classe des milliards			Classe des millions			Classe des milliers			Classe des unités							
c	d	u	c	d	u	c	d	u	centaines	dizaines	unités		dixièmes	centièmes	millièmes	dix-millièmes

c pour centaine ; d pour dizaine et u pour unité

Le tableau ci-dessus peut se prolonger à gauche et à droite.

Un nombre entier est un nombre décimal dont la partie décimale ne contient que des 0, sa partie décimale n'apparaît pas dans son écriture usuelle.

Dix	10	Un dixième	0,1	1/10
Cent	100	Un centième	0,01	1/100
Mille	1 000	Un millième	0,001	1/1 000
Dix mille	10 000	Un dix-millième	0,000 1	1/10 000
Cent mille	100 000			
Un million	1 000 000			
Un milliard	1 000 000 000			

Pour information : un googol, nombre imaginé par Edward Kasner, a pour écriture en chiffres 1 suivi de cent 0.

Méthodes

1. Comment représenter et utiliser les grands nombres décimaux entiers ?
2. Comment représenter et utiliser les nombres décimaux non entiers ?
3. Comment écrire en lettres un nombre décimal donné en chiffres ?
4. Comment passer de l'écriture décimale usuelle à une écriture avec une ou plusieurs fractions décimales ?
5. Comment passer d'une écriture en fractions décimales à l'écriture décimale usuelle ?

méthode 1

Comment représenter et utiliser les grands nombres décimaux entiers ?

Pour représenter et utiliser les grands nombres décimaux entiers :
▲ on s'aide si besoin du tableau de la page d'introduction du chapitre, côté « partie entière » ;
▲ on laisse un espace entre les classes de 3 chiffres à partir du chiffre des unités.
Remarque : la lecture et l'écriture d'un nombre entier s'effectuent de gauche à droite par tranches de 3 chiffres en intercalant selon la grandeur du nombre les mots : milliards, millions, mille.

EXEMPLE On considère le nombre 473981245602.

a. Ecrire le nombre suivant en respectant la séparation des classes.
b. Compléter : 7 est le chiffre des ....
c. Utiliser une décomposition pour trouver son nombre de millions.

a. 473981245602 = 473 981 245 602
b. 7 est le chiffre des dizaines de milliards.
c. 473 981 245 602 = $(473\ 981 \times 1\ 000\ 000) + (245\ 602 \times 1)$
Le nombre de millions de 473 981 245 602 est 473 981.

EXERCICES

1. a. Ecrire le nombre 895047236010 en respectant la séparation des classes.
b. Compléter : 4 est le chiffre des ....
c. Utiliser une décomposition pour trouver son nombre de milliards.

2. a. Compléter : le chiffre des .... de 45 763 290 128 est 4.
le chiffre des dizaines de millions de 45 763 290 168 est ....
b. On considère le nombre 6 048 972 135.
6 est le chiffre des ......
9 est le chiffre des ....
Le nombre des millions est .....
Le nombre des milliards est ......

3. Parmi les nombres suivants, lesquels ont 88 pour nombre de centaines de millions : 8 800 880 000 ; 88 800 000 ; 88 888 000 ; 8 808 000 ; 8 888 800 000.

4. a. 7,3 milliards d'habitants dans le monde : écrire le nombre en chiffres.
b. Ecrire mille millions comme le produit de nombres en tenant compte des mots qui le composent puis en chiffres et en lettres.

5. Pour les nombres astronomiques, on utilise en France le système de Nicolas Chuquet (1445-1488) :
1 billion = 1 000 000 millions ; 1 trillion = 1 000 000 billions…
Ecrire en chiffres : deux-trillions-huit-cent-cinquante-six-mille-deux-cent-quatre-billions-sept-cent-douze-millions-cent-dix-neuf-mille-cinq-cents.

Comment représenter et utiliser les nombres décimaux non entiers ?

Pour représenter et utiliser les nombres décimaux non entiers :
▲ on s'aide du tableau de la page d'introduction du chapitre, chaque chiffre correspond à 10 fois l'unité de la colonne immédiatement à sa droite ;
▲ on peut décomposer le nombre pour faire apparaître la valeur de chaque chiffre en fonction de son rang.

EXEMPLE On considère le nombre 506,129 3.

a. Le décomposer pour faire apparaître la valeur de chaque chiffre puis compléter : 0 est le chiffre des ……….
b. Utiliser une autre décomposition pour donner son nombre de centièmes.

a. 506,129 3 = (5 × 100) + (0 × 10) + 6 + (1 × 0,1) + (2 × 0,01) + (9 × 0,001) + (3 × 0,000 1)

0 est le chiffre des dizaines.

b. 506,129 3 = (50 612 × 0,01) + (9 × 0,001) + (3 × 0,000 1)

Le nombre de centièmes de 506,129 3 est 50 612.

EXERCICES

1. a Décomposer 47 236,18 pour faire apparaître la valeur de chaque chiffre.
4 est le chiffre des …… 2 est le chiffre des …… 8 est le chiffre des …..
b. Compléter : 47 236,18 = (…… × 0,1) + (…… × 0,01)
47 236,18 = (…… × 100) + (…… × 10) + …… + (…… × 0,1) + (…… × 0,01).
Le nombre de dixièmes est …….. Le nombre de centaines est ………

2. a. Compléter : le chiffre des …………….. de 753,296 8 est 8.
le chiffre des dizaines de mille de 471 623,5 est ……………
b. On considère le nombre 8 972,105 6.
7 est le chiffre des …… 6 est le chiffre des ………
Le nombre des centaines est ….. Le nombre des millièmes est ……

3. Compléter : a. Dans 813,927 il y a … dizaines, … dixièmes et ... millièmes.
b. Martin a écrit 1 782,596 au lieu de 1 732,596. Il a changé le chiffre des …….
c. Sandra a écrit 813,457 au lieu de 813,427. Elle a changé le chiffre des …….
d. Louis a écrit 3 comme chiffre des dixièmes. Au lieu de 945,106 il a noté ……

4. a. Donner les chiffres des unités et des millièmes de 0,527 3 et 76,02.
b. Donner les chiffres des centaines et des dixièmes de 2,45 et 591,38.
c. Donner les nombres de dizaines et de centièmes de 782,504 et 0,678 4.
d. Donner les nombres de centaines et de dixièmes de 14,567 et 810,3.

5. Compléter : 35 dizaines = … centièmes ; 6 unités 7 millièmes = … millièmes.

méthode 3

Comment écrire en lettres un nombre décimal donné en chiffres ?

Pour écrire en lettres un nombre décimal donné en chiffres :
▲ on utilise les règles d'orthographe suivantes :
- tous les mots désignant un nombre sont invariables sauf vingt et cent ;
- les mots « million », « milliard », « dixième »... ne désignent pas à eux seuls un nombre, ce sont des noms communs, ils prennent un « s » au pluriel ;
- 80 s'écrit « quatre-vingts » sauf s'il est suivi d'un autre nombre ;
- 100 s'écrit « cents » s'il est multiplié et non suivi d'un autre nombre, dans les autres cas il ne prend pas de « s » en particulier devant mille ;
▲ on écrit un trait d'union entre les mots du nom composé d'un nombre.

EXEMPLE Ecrire en lettres les nombres suivants :

▪ 280 ▪ 100 093 ▪ 500 098 007,41 ▪ 24 120,8 ▪ 2 015,512.

▪ 280 : deux-cent-quatre-vingts ► On n'a pas mis de « s » à cent car il est suivi d'un autre nombre et on en a mis un à vingt car il n'est pas suivi d'un nombre.
▪ 100 093 : cent-mille-quatre-vingt-treize ► On n'a pas mis de « s » à cent ni à vingt car « cent » est suivi de mille et « vingt » est suivi d'un autre nombre.
▪ 500 098 007,41 : cinq-cents-millions-quatre-vingt-dix-huit-mille-sept unités quarante-et-un centièmes ► On a mis un « s » à cent car il est multiplié et non suivi d'un autre nombre et pas de « s » à vingt car il est suivi d'un autre nombre.
▪ 24 120,8 : vingt-quatre-mille-cent-vingt unités huit dixièmes
► On n'a pas mis de « s » à cent ni à vingt car ils ne sont pas multipliés.
▪ 2 015,517 : deux-mille-quinze unités cinq-cent-dix-sept millièmes
► On n'a pas mis de « s » à cent car il est suivi d'un autre nombre.

EXERCICES

1. Ecrire en lettres les nombres suivants :

a. 2 689,65	87 590	580	1 435 220	2 300 785	0,4
b. 120,92	0,94	702	26 419 307 580	1 378,104	385,9
c. 100,87	6 280,3	0,887 5	4 040,32	74 747 569	8,026

2. Ecrire en lettres les nombres obtenus en comptant de 6 en 6 de 13 à 79.

3. Ecrire en lettres les nombres obtenus en comptant de neuf dixièmes en neuf dixièmes à partir de 200,47 sans dépasser 210.

4. Un nombre est écrit avec six chiffres identiques. Trouver l'écriture en lettres du nombre sachant qu'elle ne contient pas le mot désignant le chiffre utilisé.

5. Ecrire en lettres le nombre astronomique 7 000 032 016 300 563 803 000 600 (se reporter à l'exercice 5 de la méthode 1 et faire une petite recherche)

méthode 4

Comment passer de l'écriture décimale usuelle à une écriture avec une ou plusieurs fractions décimales ?

Pour passer de l'écriture décimale usuelle à une écriture avec une ou plusieurs fractions décimales :

▲ on prend en compte le nombre de chiffres de la partie décimale ;

▲ on utilise : $0,1=\frac{1}{10}$, $0,01=\frac{1}{100}$, $0,001=\frac{1}{1\,000}$, $0,000\,1=\frac{1}{10\,000}$, etc.

EXEMPLES

1. Ecrire les nombres suivants sous forme d'une fraction décimale : 328,6 ; 690,761 ; 81,52.

2. Ecrire les nombres suivants sous la forme de la somme d'un entier et d'une fraction décimale : 543,068 7 ; 7,4 ; 0,39.

3. Ecrire les nombres suivants sous la forme de la somme d'un entier et de fractions décimales pour chaque décimale : 14,57 ; 6,023 ; 817,8.

1. $328,6=\frac{3\,286}{10}$ $690,761=\frac{690\,761}{1\,000}$ $81,52=\frac{8\,152}{100}$

2. $543,068\,7=543+\frac{687}{10\,000}$ $7,4=7+\frac{4}{10}$ $0,39=0+\frac{39}{100}$

3. $14,57=14+\frac{5}{10}+\frac{7}{100}$ $6,023=6+\frac{2}{100}+\frac{3}{1\,000}$ $817,8=817+\frac{8}{10}$

EXERCICES

1. Ecrire les nombres suivants sous la forme d'une fraction décimale : 0,004 6 ; deux-cent-trente-six unités dix-huit millièmes ; 18,5 ; 20,34 ; 5 407,102 ; 720,9.

2. Ecrire les nombres suivants sous la forme d'un entier plus une fraction décimale : 1,205 ; 72,05 ; 236,001 2 ; 40,018 ; 0,9 ; dix unités onze centièmes.

3. Ecrire les nombres suivants sous la forme de la somme d'un entier et de fractions décimales : 8,642 5 ; trois dixièmes ; 214,14 ; 3 030,303.

4. Parmi les nombres suivants, quels sont les nombres entiers ? ▪ 20,0

▪ $\frac{12}{100}+\frac{8}{100}$ ▪ 3,2 ▪ $7,2+3,8$ ▪ $\frac{6}{10}$ ▪ $1+\frac{6}{100}$ ▪ $1+\frac{600}{100}$ ▪ $\frac{320}{10}$ ▪ 9,999.

5. Compléter : a. $\frac{73}{100}=\frac{....}{10}+\frac{....}{100}$ b. $5+\frac{6}{100}=\frac{....}{100}$ c. $\frac{74}{10}=....+\frac{....}{10}$

d. $....+\frac{4}{10}+\frac{....}{100}=\frac{947}{100}$ e. $\frac{258}{100}=....+\frac{....}{10}+\frac{....}{100}$ f. $\frac{7}{10}+\frac{8}{100}=\frac{....}{100}$.

méthode 5

Comment passer d'une écriture en fractions décimales à l'écriture décimale usuelle ?

Pour passer d'une écriture en fractions décimales à l'écriture décimale usuelle :

▲ on utilise les correspondances d'écritures suivantes : $\frac{1}{10}$ se lit un dixième et s'écrit 0,1 ; $\frac{1}{100}$ se lit un centième et s'écrit 0,01 ; $\frac{1}{1\,000}$ se lit un millième et s'écrit 0,001 ; $\frac{1}{10\,000}$ se lit un dix-millième et s'écrit 0,000 1 ;

▲ on s'aide du tableau de la page d'introduction du chapitre.

EXEMPLE Donner l'écriture décimale usuelle des nombres suivants :

$$\mathbf{\frac{719}{100}\ ;\ 8+\frac{3}{10}+\frac{2}{10\,000}\ ;\ \frac{52}{100}\ ;\ \frac{538}{10}\ ;\ 524+\frac{1}{10}+\frac{7}{100}+\frac{3}{1\,000}\ ;\ 9+\frac{28}{1\,000}}\ .$$

$$\frac{719}{100}=7,19 \qquad 8+\frac{3}{10}+\frac{2}{10\,000}=8,300\,2 \qquad \frac{52}{100}=0,52$$

$$\frac{538}{10}=53,8 \qquad 524+\frac{1}{10}+\frac{7}{100}+\frac{3}{1\,000}=524,173 \qquad 9+\frac{28}{1\,000}=9,028$$

EXERCICES

1. Donner l'écriture décimale usuelle des nombres suivants :

- $\frac{34}{1\,000}$ ▪ $\frac{915}{100}$ ▪ $78+\frac{6}{10}$ ▪ $36+\frac{2}{10}+\frac{9}{100}$ ▪ $496+\frac{9}{100}$
- $\frac{65}{100}$ ▪ $\frac{5381}{100}$ ▪ $77+\frac{3}{10}+\frac{6}{100}+\frac{4}{10\,000}$ ▪ $\frac{382}{1\,000}$ ▪ $21+\frac{768}{1\,000}$
- $49+\frac{6}{10}+\frac{3}{1\,000}$ ▪ $\frac{823}{10}$ ▪ $5\,000+50+\frac{5}{10}+\frac{5}{1\,000}$ ▪ $800+8+\frac{8}{100}+\frac{8}{1\,000}$.

2. Donner l'écriture décimale usuelle des nombres suivants : ▪ $5+\frac{13}{10}$ ▪ $\frac{760}{100}$

- $\frac{2\,768}{100}$ ▪ $\frac{17}{10}+\frac{17}{100}+\frac{17}{1\,000}$ ▪ $\frac{5\,280}{100}$ ▪ $51+\frac{22}{10}+\frac{11}{100}$ ▪ $38+\frac{160}{100}$.

3. Ecrire avec une fraction décimale, puis donner l'écriture décimale usuelle de :
a. dix unités vingt-et-un millièmes b. sept-cents unités soixante-seize centièmes
c. huit-cent-soixante-deux-mille unités quatre-vingt-dix centièmes.

JEUX

1. Un nombre est palindrome quand on trouve le même nombre en le lisant de gauche à droite et de droite à gauche. Exemples : 181 ; 42 724 ; 765 567.
Trouver le premier nombre palindrome supérieur à 2016 et à 854 167 649.

2. Sudomath : Inscrire le chiffre de 1 à 9 qui convient dans chaque case où l'on précise son rang dans un nombre donné puis compléter les cases de la grille de manière que pour chaque ligne, chaque colonne et chaque région de 9 cases matérialisée par les traits gras tous les chiffres de 1 à 9 soient utilisés.

			dixième 14,86		dizaine 135,74		unité 869,13	
centième 927,561	unité 457,3		centaine 927,561			unité de mille 145692		
dix-millième 10,7623	centaine 3246,47		unité 765,98	millième 47,926			millième 0,7513	
	millième 167,8245	unité de millions 5671238	unité de mille 37523,9	dixième 657,81				dizaine 2516
	centième 47,816	dixième 205,781				unité 429,56	centaine 429,561	
centaine 927,561				dizaine 347,92	centième 397,51	centaine de mille 768120	dixième 29,561	
	centaine de mille 9632540			centaine 45739	dizaine 480,67		dizaine de mille 3631258	dixième 21,95
		dizaine de mille 145689,3			dixième 480,67		centaine de mille 3745916	unité 265,7
	dixième 347,926		dizaine de mille 943218		centaine 43218			

3. Qui suis-je ?
Je suis un nombre entier de quatre chiffres exactement.
Mon chiffre des centaines est le chiffre des dixièmes du nombre 612,987 3.
Mon chiffre des dizaines est le chiffre des millièmes du nombre 56,782 941.
Mon chiffre des unités de mille est le double de mon chiffre des unités.
Mon chiffre des unités est le tiers de mon chiffre des centaines.

4. Qui suis-je ?
Mon chiffre des unités est le chiffre des dizaines de trois-mille-deux-cent-soixante-dix-huit, mon nombre de dizaines est celui de huit-cent-quatorze unités neuf dixièmes, ma partie décimale est deux dixièmes et trois millièmes.

5. On considère les nombres de 0 à 16 puis les nombres 20 ; 30 ; 100 ; 1000 et enfin le rang de chaque chiffre du nombre 243,879. Faire entrer tous les mots correspondant à ces nombres et à ces rangs dans la grille ci-dessous.

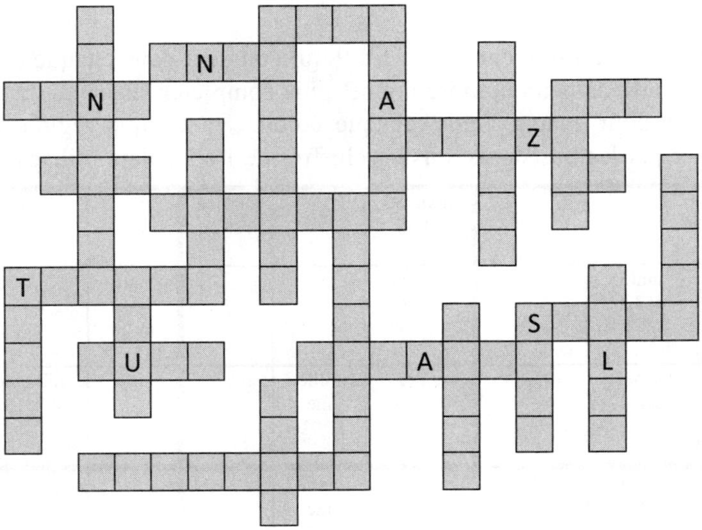

6. a. Reproduire le motif ci-contre sur du papier quadrillé.
b. Répéter le motif de chaque côté pour former une frise colorée, les chiffres identiques étant de la même couleur.

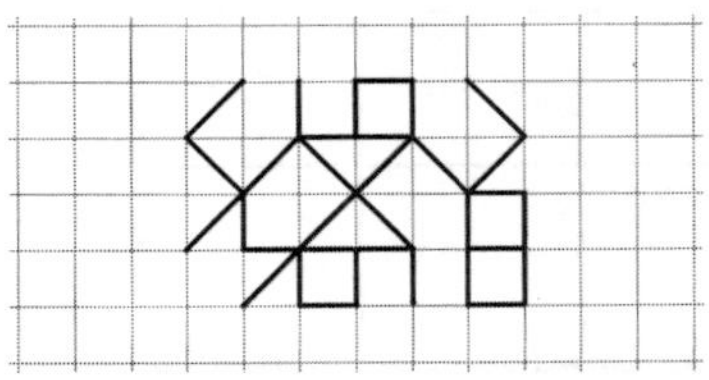

7. Je suis le plus grand nombre de sept chiffres qui s'écrit avec sept mots dont quatre fois le mot « trois ». Trouver mon écriture en lettres.
Je suis inférieur à mon ami précédent mais j'ai les mêmes caractéristiques. Trouver mon écriture, en lettres bien entendu.

8. En écrivant son chèque Monsieur Jean Aiplindessou a commis 4 erreurs d'orthographe, sans compter les tirets oubliés, dans la somme en lettres et une erreur dans la somme en chiffres ; trouve-les et réécris les deux sans erreurs.

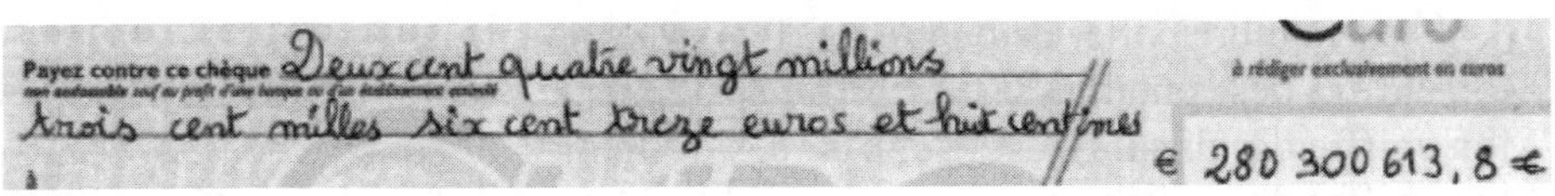

9. Trouver l'intrus : $a = 41{,}08$ $b = 2{,}002$ $c = 41{,}080$ $d = 1000{,}2$ $e = 2{,}001$

$f = 0{,}41$ $g = \frac{2}{10} + \frac{2}{100}$ $h = 1\,000 + \frac{2}{1\,00}$ $i = \frac{41}{100}$ $j = 1\,000 + \frac{200}{1\,000}$

$k = \frac{22}{100}$ $l = 2 + \frac{1}{1\,000}$ $m = 2 + \frac{2}{1\,000}$.

10. Permuter deux à deux les lettres des cases qui comportent des nombres égaux pour découvrir une citation de Pythagore.

N $_{14,5}$	V $_{\frac{53}{10}}$	• $\frac{247}{100}$	T $_{\frac{145}{100}}$	E $_{0,53}$	R $_{81+\frac{9}{100}}$	N $_{\frac{24}{10}}$
N $_{0,5}$	D $_{81,9}$	E $_{100+\frac{450}{1000}}$	M $_{\frac{2}{100}+\frac{7}{1000}}$	E $_{\frac{8109}{10}}$	O $_{5+\frac{3}{100}}$	E $_{5+\frac{3}{10}}$
L $_{1+\frac{2}{10}}$	M $_{\frac{8109}{100}}$	B $_{2+\frac{4}{10}}$	O $_{\frac{53}{100}}$	L $_{\frac{145}{10}}$	N $_{1+\frac{4}{10}+\frac{5}{100}}$	E $_{1,2}$
O $_{810,9}$	G $_{\frac{27}{1000}}$	U $_{5,03}$	R $_{\frac{5}{10}}$	E $_{\frac{819}{10}}$	S $_{100,45}$	S $_{\frac{247}{100}}$

11. Trouver les 7 erreurs dans ce tableau et les corriger.

Ecriture décimale usuelle	Ecriture en fraction décimale	Ecriture avec un entier et une fraction décimale inférieure à 1	Ecriture avec un entier et une somme de fractions décimales
52,57	$\frac{5\,257}{1\,000}$	$52+\frac{57}{100}$	$52+\frac{5}{10}+\frac{7}{100}$
62,48	$\frac{6\,248}{1\,000}$	$6+\frac{248}{1\,000}$	$6+\frac{2}{10}+\frac{4}{100}+\frac{8}{1\,000}$
30,09	$\frac{3\,009}{1\,000}$	$30+\frac{19}{100}$	$30+\frac{9}{10}$
25,016	$\frac{25\,016}{1\,000}$	$25+\frac{16}{100}$	$25+\frac{1}{10}+\frac{6}{1\,000}$

12. Dans le QCM qui suit, il peut y avoir de 0 à 3 réponses justes par ligne.
Trouver **toutes** les réponses justes. Aucune justification n'est demandée.

	Réponse 1	Réponse 2	Réponse 3
a. Une fraction décimale est une fraction qui a comme …	numérateur un nombre décimal	dénominateur un multiple de 10	dénominateur 1 ; 10 ; 100 ; 1 000, etc.
b. $\frac{450}{10}$ est …	une fraction décimale	un nombre décimal non entier	un nombre décimal entier
c. $\frac{549}{100}$ s'écrit :	5,49	$5+\frac{4}{10}+\frac{9}{100}$	$5+\frac{49}{100}$
d. $\frac{7\,628}{100}$ s'écrit :	$7+\frac{628}{100}$	$76+\frac{2}{10}+\frac{8}{100}$	$\frac{762}{10}+\frac{8}{100}$
e. deux-cent-soixante-deux millièmes s'écrit :	$\frac{262}{1\,000}$	$2+\frac{6}{100}+\frac{2}{1\,000}$	2,62

Méthode 1

1. a. 895047236010 = 895 047 236 010
b. 4 est le chiffre des dizaines de millions.
c. 895 047 236 010 = (895 × 1 000 000 000) + (47 236 010 × 1)
Le nombre de milliards de 895 047 236 010 est 895.

2. a. Le chiffre des dizaines de milliards de 45 763 290 128 est 4.
Le chiffre des dizaines de millions de 45 763 290 168 est 6.
b. 6 est le chiffre des unités de milliards de 6 048 972 135.
9 est le chiffre des centaines de milliers de 6 048 972 135.
Le nombre des millions de 6 048 972 135 est 6 048.
Le nombre des milliards est 6.

3. Les nombres dont le nombre de centaines de millions est 88 sont : 8 800 880 000 et 8 888 800 000.

4. a. 7,3 milliards s'écrit 7 300 000 000.
b. mille-millions s'écrit 1 000 × 1 000 000 soit en chiffres 1 000 000 000 et en lettres un milliard.

5. Deux-trillions-huit-cent-cinquante-six-mille-deux-cent-quatre-billions-sept-cent-douze-millions-cent-dix-neuf-mille-cinq-cents s'écrit :
2 856 204 000 712 119 500.

Méthode 2

1. a.

$$47\,236{,}18=(4\times10\,000)+(7\times1\,000)+(2\times100)+(3\times10)+6+(1\times0{,}1)+(8\times0{,}01)$$

4 est le chiffre des dizaines de mille. 2 est le chiffre des centaines.
8 est le chiffre des centièmes.
b. 47 236,18 = (472 361 × 0,1) + (8 × 0,01)
47 236,18 = (472 × 100) + (3 × 10) + 6 + (1 × 0,1) + (8 × 0,01)
Le nombre de dixièmes est 472 361. Le nombre de centaines est 472.

2. a. Le chiffre des dix-millièmes de 753,296 8 est 8.
Le chiffre des dizaines de mille de 471 623,5 est 7.
b. 7 est le chiffre des dizaines de 8 972,105 6.
6 est le chiffre des dix-millièmes de 8 972,105 6.
Le nombre des centaines de 8 972,105 6 est 89.
Le nombre des millièmes de 8 972,105 6 est 8 972 105.

3. a. Dans 813,927 il y a 81 dizaines, 8 139 dixièmes et 813 927 millièmes.
b. Martin a écrit 1 782,596. Il a changé le chiffre des dizaines de 1 732,596.
c. Sandra a écrit 813,457. Elle a changé le chiffre des centièmes de 813,427.
d. Au lieu de 945,106, Louis a noté 945,306.

4. a.

	chiffre des unités	chiffre des millièmes
0,527 3	0	7
76,02	6	0

b.

	chiffre des centaines	chiffre des dixièmes
2,45	0	4
591,38	5	3

c.

	nombre de dizaines	nombre de centièmes
782,504	78	78 250
0,678 4	0	67

d.

	nombre de centaines	nombre de dixièmes
14,567	0	145
810,3	8	8 103

5. 35 dizaines = 35 000 centièmes ; 6 unités 7 millièmes = 6 007 millièmes.

Méthode 3

1. a.
2 689,65 : deux-mille-six-cent-quatre-vingt-neuf unités soixante-cinq centièmes
87 590 : quatre-vingt-sept-mille-cinq-cent-quatre-vingt-dix
580 : cinq-cent-quatre-vingts
1 435 220 : un-million-quatre-cent-trente-cinq-mille-deux-cent-vingt
2 300 785 : deux-millions-trois-cent-mille-sept-cent-quatre-vingt-cinq
0,4 : quatre dixièmes

b. 120,92 : cent-vingt unités-quatre-vingt-douze centièmes
0,94 : quatre-vingt-quatorze centièmes
702 : sept-cent-deux
26 419 307 580 : vingt-six-milliards-quatre-cent-dix-neuf-millions-trois-cent-sept-mille-cinq-cent-quatre-vingts
1 378,104 : mille-trois-cent-soixante-dix-huit unités cent-quatre millièmes
385,9 : trois-cent-quatre-vingt-cinq unités neuf dixièmes

c. 100,87 : cent unités quatre-vingt-sept centièmes
6 280,3 : six-mille-deux-cent-quatre-vingts unités trois dixièmes
0,887 5 : huit-mille-huit-cent-soixante-quinze dix-millièmes
4 040,32 : quatre-mille-quarante unités trente-deux centièmes
74 747 569 : soixante-quatorze-millions-sept-cent-quarante-sept-mille-cinq-cent-soixante-neuf
8,026 : huit unités vingt-six millièmes

2. Treize, dix-neuf, vingt-cinq, trente-et-un
trente-sept, quarante-trois, quarante-neuf, cinquante-cinq
soixante-et-un, soixante-sept, soixante-treize, soixante-dix-neuf

3. deux-cents unités quarante-sept centièmes
deux-cent-une unités trente-sept centièmes
deux-cent-deux unités vingt-sept centièmes
deux-cent-trois unités dix-sept centièmes
deux-cent-quatre unités sept centièmes
deux-cent-quatre unités quatre-vingt-dix-sept centièmes
deux-cent-cinq unités quatre-vingt-sept centièmes
deux-cent-six unités soixante-dix-sept centièmes
deux-cent-sept unités soixante-sept centièmes
deux-cent-huit unités cinquante-sept centièmes
deux-cent-neuf unités quarante-sept centièmes

4. cent-onze-mille-cent-onze

5. Sept-quadrillions-trente-deux-trillions-seize-mille-trois-cents-billions-cinq-cent-soixante-trois-mille-huit-cent-trois-millions-six-cents.

Méthode 4

1. $0{,}004\,6 = \dfrac{46}{10\,000}$

deux-cent-trente-six unités dix-huit millièmes $= \dfrac{236\,018}{1\,000}$

$18{,}5 = \dfrac{185}{10}$ $\quad$ $20{,}34 = \dfrac{2\,034}{100}$

$5\,407{,}102 = \dfrac{5\,407\,102}{1\,000}$ $\quad$ $720{,}9 = \dfrac{7\,209}{10}$

2. $1,205 = 1 + \frac{205}{1\,000}$

$72,05 = 72 + \frac{5}{100}$

$236,001\,2 = 236 + \frac{12}{10\,000}$

$40,018 = 40 + \frac{18}{1\,000}$

$0,9 = 0 + \frac{9}{10}$

dix unités onze centièmes $= 10 + \frac{11}{100}$

3. $8,642\,5 = 8 + \frac{6}{10} + \frac{4}{100} + \frac{2}{1\,000} + \frac{5}{10\,000}$

trois dixièmes $= 0 + \frac{3}{10}$

$214,14 = 214 + \frac{1}{10} + \frac{4}{100}$

$3\,030,303 = 3\,030 + \frac{3}{10} + \frac{0}{100} + \frac{3}{1\,000}$

4. $20,0 = 20$; $7,2 + 3,8 = 11$; $1 + \frac{600}{100} = 1 + 6 = 7$; $\frac{320}{10} = 32$

Les nombres entiers sont : ▪ $20,0$ ▪ $7,2 + 3,8$ ▪ $1 + \frac{600}{100}$ ▪ $\frac{320}{10}$

5. a. $\frac{73}{100} = \frac{\mathbf{7}}{10} + \frac{\mathbf{3}}{100}$

b. $5 + \frac{6}{100} = \frac{\mathbf{506}}{100}$

c. $\frac{74}{10} = \mathbf{7} + \frac{\mathbf{4}}{10}$

d. $\mathbf{9} + \frac{4}{10} + \frac{\mathbf{7}}{100} = \frac{947}{100}$

e. $\frac{258}{100} = \mathbf{2} + \frac{\mathbf{5}}{10} + \frac{\mathbf{8}}{100}$

f. $\frac{7}{10} + \frac{8}{100} = \frac{\mathbf{78}}{100}$

Méthode 5

1. $\frac{34}{1\,000} = 0,034$	$\frac{915}{100} = 9,15$	$78 + \frac{6}{10} = 78,6$
$36 + \frac{2}{10} + \frac{9}{100} = 36,29$	$496 + \frac{9}{100} = 496,09$	$\frac{65}{100} = 0,65$
$\frac{5381}{100} = 53,81$	$77 + \frac{3}{10} + \frac{6}{100} + \frac{4}{10\,000} = 77,360\,4$	$\frac{382}{1\,000} = 0,382$
$21 + \frac{768}{1000} = 21,768$	$49 + \frac{6}{10} + \frac{3}{1\,000} = 49,603$	$\frac{823}{10} = 82,3$
$5000 + 50 + \frac{5}{10} + \frac{5}{1\,000} = 5\,050,505$	$800 + 8 + \frac{8}{100} + \frac{8}{1\,000} = 808,088$	

2. $5+\dfrac{13}{10}=5+1,3$ $5+\dfrac{13}{10}=6,3$	$\dfrac{760}{100}=7,6$
$\dfrac{2\,768}{100}=27,68$	$\dfrac{17}{10}+\dfrac{17}{100}+\dfrac{17}{1\,000}=1+\dfrac{7}{10}+\dfrac{1}{10}+\dfrac{7}{100}+\dfrac{1}{100}+\dfrac{7}{1\,000}$ $\dfrac{17}{10}+\dfrac{17}{100}+\dfrac{17}{1\,000}=1+\dfrac{8}{10}+\dfrac{8}{100}+\dfrac{7}{1\,000}$ $\dfrac{17}{10}+\dfrac{17}{100}+\dfrac{17}{1\,000}=1,887$
$\dfrac{5\,280}{100}=52,8$	$51+\dfrac{22}{10}+\dfrac{11}{100}=51+2+\dfrac{2}{10}+\dfrac{1}{10}+\dfrac{1}{100}$ $51+\dfrac{22}{10}+\dfrac{11}{100}=53+\dfrac{3}{10}+\dfrac{1}{100}$ $51+\dfrac{22}{10}+\dfrac{11}{100}=53,31$
$38+\dfrac{160}{100}=38+1,6$ $38+\dfrac{160}{100}=39,6$	

3. a. dix unités vingt-et-un millièmes : $\dfrac{10\,021}{1\,000}=10,21$

b. sept-cents unités soixante-seize centièmes : $700+\dfrac{76}{100}=700,76$

c. huit-cent-soixante-deux-mille unités quatre-vingt-dix centièmes :

$862\,000+\dfrac{90}{100}=862\,000,9$

Jeux

1. Le premier nombre palindrome supérieur à 2016 est 2 112.
Le premier nombre palindrome supérieur à 854 167 649 est 854 171 458.

2. Sudomath

4	5	1	**8**	2	**3**	6	**9**	7
6	**7**	8	**9**	1	4	**5**	2	3
3	**2**	9	**5**	**6**	7	8	**1**	4
2	**4**	**5**	7	**8**	9	3	6	**1**
8	**1**	**7**	6	3	5	**9**	**4**	2
9	3	6	2	**4**	**1**	**7**	**5**	8
5	**6**	2	1	**7**	**8**	4	**3**	**9**
1	8	**4**	3	9	**6**	2	**7**	**5**
7	**9**	3	**4**	5	**2**	1	8	6

3. Le chiffre des dixièmes du nombre 612,987 3 est 9 donc mon chiffre des centaines est 9.
Le chiffre des millièmes du nombre 56,782 941 est 2 donc mon chiffre des dizaines est 2.
Mon chiffre des unités est le tiers de mon chiffre des centaines or mon chiffre des centaines est 9 donc mon chiffre des unités est 3.
Mon chiffre des unités de mille est le double de mon chiffre des unités or mon chiffre des unités est 3 donc mon chiffre des unités de mille est 6.
Je suis le nombre 6 923.

4. Le chiffre des dizaines de trois-mille-deux-cent-soixante-dix-huit est 7 donc mon chiffre des unités est 7. Le nombre de dizaines de huit-cent-quatorze unités neuf dixièmes est 81 donc mon nombre de dizaines est 81.
Ma partie décimale est deux dizaines et trois millièmes soit 203.
Je suis le nombre 817,203.

5.

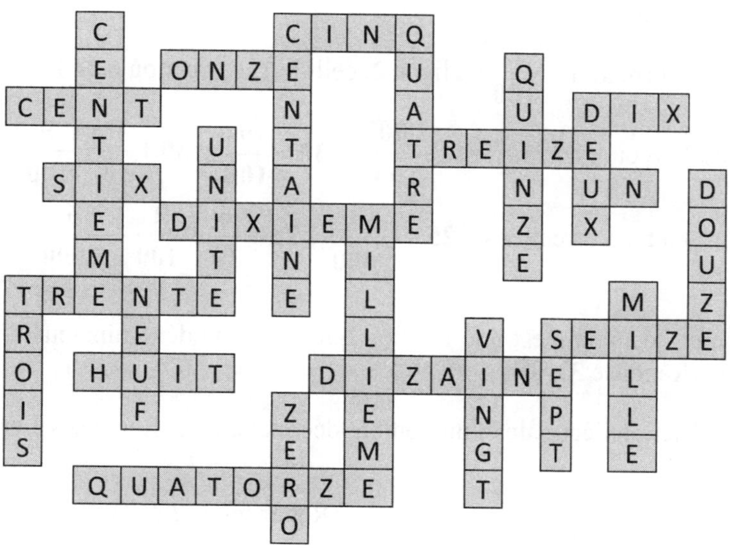

6. a. b. Un exemple de coloriage en noir et blanc.

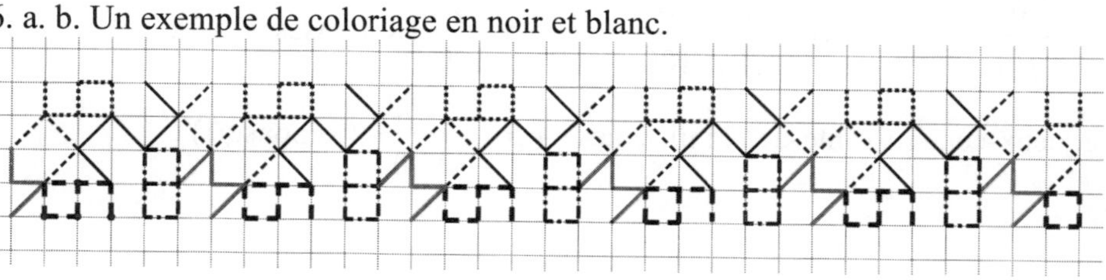

Corrigés du chapitre 1

7. Trois-millions-trois-cent-trois-mille-trois
Trois-millions-trois-mille-trois-cent-trois

8. Deux-cent-quatre-vingts**(s)**-millions-trois-cents**(s)**-mille**(pas de s)**-six-cent-treize**(oubli du i)** euros et huit centimes.   280 300 613,**08** € **(0 oublié)**.

9. $a = c$; $b = m$; $d = j$; $e = l$; $f = i$; $g = k$.
Seul h n'est égal à aucun des autres nombres de la liste, c'est lui l'intrus.

10.

$L_{\frac{145}{10}}$	$E_{5+\frac{3}{10}}$	$S_{\frac{247}{100}}$	$N_{1+\frac{4}{10}+\frac{5}{100}}$	$O_{\frac{53}{100}}$	$M_{\frac{8109}{100}}$	$B_{2+\frac{4}{10}}$
$R_{\frac{5}{10}}$	$E_{\frac{819}{10}}$	$S_{100,45}$	$G_{\frac{27}{1000}}$	$O_{810,9}$	$U_{5,03}$	$V_{\frac{53}{10}}$
$E_{1,2}$	$R_{81+\frac{9}{100}}$	$N_{\frac{24}{10}}$	$E_{0,53}$	$N_{14,5}$	$T_{\frac{145}{100}}$	$L_{1+\frac{2}{10}}$
$E_{\frac{8109}{10}}$	$M_{\frac{2}{100}+\frac{7}{1\,000}}$	$O_{5+\frac{3}{100}}$	$N_{0,5}$	$D_{81,9}$	$E_{100+\frac{450}{1000}}$	$\cdot_{\frac{247}{100}}$

« Les nombres gouvernent le monde. »

11. Les 7 erreurs se situent :

ligne 1, cellule 2, correction $\mathbf{\frac{5\,257}{100}}$; ligne 2, cellule 1, correction **6,248**

ligne 3, cellules 2 ; 3 et 4, corrections : $\mathbf{\frac{3\,009}{100}}$; $\mathbf{30+\frac{9}{100}}$; $\mathbf{30+\frac{0}{10}+\frac{9}{100}}$

ligne 4, cellules 3 et 4, corrections : $\mathbf{25+\frac{16}{1\,000}}$; $\mathbf{25+\frac{0}{10}+\frac{1}{100}+\frac{6}{1\,000}}$

12. a. Une fraction décimale est une fraction qui a comme dénominateur 1, 10, 100, 1 000, etc. (Réponse 3).

b. $\frac{450}{10}$ est une fraction décimale et un nombre décimal entier (Réponses 1 et 3).

c. $\frac{549}{100}$ s'écrit : 5,49 ; $5+\frac{4}{10}+\frac{9}{100}$ et $5+\frac{49}{100}$ (Réponses 1, 2 et 3).

d. $\frac{7\,628}{100}$ s'écrit : $76+\frac{2}{10}+\frac{8}{100}$ et $\frac{762}{10}+\frac{8}{100}$ (Réponses 2 et 3).

e. deux-cent-soixante-deux millièmes s'écrit : $\frac{262}{1\,000}$ (Réponse 1).

Corrigés du chapitre 1

Chapitre 2

Comparaison de nombres décimaux entiers ou non entiers

Signe	Signification	Exemple
<	**« est inférieur à »**	$18{,}5 < 18{,}7$ 18,5 **est inférieur à** 18,7
>	**« est supérieur à »**	$4{,}56 > 4$ 4,56 **est supérieur à** 4
=	**« est égal à »**	$4 \times 5 = 2 \times 10$ 4×5 **est égal à** 2×10

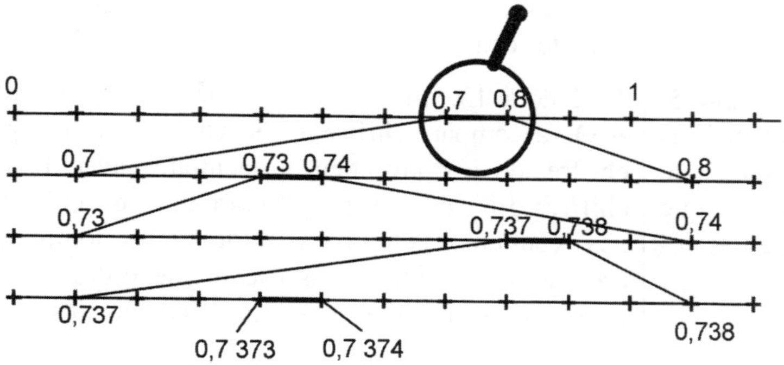

Méthodes

1. Comment comparer deux nombres décimaux ?
2. Comment ranger des nombres décimaux dans l'ordre croissant ou décroissant ?
3. Comment encadrer un nombre décimal par deux nombres entiers consécutifs ou par deux nombres décimaux non entiers ?
4. Comment intercaler un(des) nombre(s) décimal(aux) entre deux nombres décimaux entiers ou non entiers ?
5. Comment placer sur une demi-droite graduée un point d'abscisse donnée ?
6. Comment lire l'abscisse d'un point sur une demi-droite graduée ou en donner un encadrement ?

méthode 1

Comment comparer deux nombres décimaux ?

Pour comparer deux nombres décimaux :

▲ on observe les parties entières ;

- si elles ne sont pas égales, alors le plus grand nombre est celui qui a la plus grande partie entière ;
- si elles sont égales, alors on compare les parties décimales ;

  ▲ soit chiffre à chiffre en partant de la virgule, on repère les deux premiers chiffres de même rang qui sont différents, le plus grand nombre est celui qui a le plus grand de ces chiffres ;

  ▲ soit on écrit les parties décimales avec le même nombre de chiffres, le plus grand nombre est celui qui a la plus grande partie décimale.

EXEMPLES Comparer les nombres.

<table>
<tr><th>3 517,28 et 3 246,5</th><th>13,514 et 13,52</th><th>639,284 1 et 639,27</th></tr>
<tr><td rowspan="3">3 517 > 3 246
► On a comparé les parties entières ; elles ne sont pas égales.</td><td>parties entières : 13 et 13</td><td>parties entières : 639 et 639</td></tr>
<tr><td colspan="2">► On a comparé les parties entières ; elles sont égales.
Comparaison des parties décimales</td></tr>
<tr><td>rang des dixièmes : 5 et 5
rang des centièmes : 1 et 2</td><td>639,284 1 et 639,270 0
2 841 > 2 700</td></tr>
<tr><td>3 517,28 > 3 246,5
► On a ordonné les nombres dans le même ordre que leurs parties entières.</td><td>1 < 2 donc 13,514 < 13,52
► On a comparé chiffre à chiffre, on a trouvé deux chiffres différents au rang des centièmes et on a ordonné les nombres dans le même ordre que ces chiffres.</td><td>639,284 1 > 639,27
► On a écrit les parties décimales avec le même nombre de chiffres et ordonné les nombres dans le même ordre que leurs parties décimales.</td></tr>
</table>

EXERCICES Comparer en remplaçant les pointillés par < ou > ou = :

a. 345,808 ….. 342,808

b. 345,808 ….. 345,88

c. 20,15 ….. 20,16

d. 5,77 ….. 5,8

e. 5,066 ….. 5,06

f. 5,066 ….. 5,606

g. 56,801 ….. 56,81

h. 8,1 ….. 8,10

i. 3,14 ….. 3,104

j. 25,6 ….. 26,5

k. 304,6 ….. 310,52

l. 23,43 ….. 21,45

m. 25,805 ….. 25,8

n. 9,809 ….. 9,89

o. 68,6 ….. 68,60

p. 4,033 ….. 4,33

q. 98,5 ….. 98,4537

r. 21,1 ….. 21,01

s. $\frac{5}{10}$ ….. $\frac{15}{100}$

t. $\frac{723}{10}$ ….. $70+\frac{23}{10}$

u. $\frac{6\,708}{100}$ ….. 67,8

Comment ranger des nombres décimaux dans l'ordre croissant ou décroissant ?

Pour ranger des nombres décimaux dans l'ordre croissant ou décroissant : ▲ on écrit les nombres à la suite les uns des autres séparés par un signe, en utilisant les écritures décimales et la *méthode 1*,	
• pour l'ordre croissant du plus petit au plus grand séparés par le signe « < »	• pour l'ordre décroissant du plus grand au plus petit séparés par le signe « > »

EXEMPLES

1. Ranger les nombres suivants dans l'ordre croissant :
▪ 3,55 ▪ 3,25 ▪ 3,73 ▪ 3,28 ▪ 3,703 ▪ 3,05 ▪ 3,505 ▪ 3,099 ▪ 3,09 ▪ 3,009 ▪ 3,264.

3,009 < 3,05 < 3,09 < 3,099< 3,25 < 3,264 < 3,28 < 3,505 < 3,55 < 3,703 < 3,73
► On a écrit le plus petit nombre de la liste, puis le plus petit de ceux qui restaient et ainsi de suite ; on a écrit le signe « < » entre les nombres.

2. Ranger les nombres suivants dans l'ordre décroissant :

▪ 0,48 ▪ 1,5 ▪ $\frac{51}{100}$ ▪ $\frac{475}{1\,000}$ ▪ 0,492 ▪ $\frac{47}{100}$ ▪ $\frac{6}{10}$.

$\frac{51}{100} = 0{,}51$; $\frac{475}{1\,000} = 0{,}475$; $\frac{47}{100} = 0{,}47$; $\frac{6}{10} = 0{,}6$

► On a transformé les fractions décimales en écritures décimales usuelles.
1,5 > 0,6 > 0,51 > 0,492 > 0,48 > 0,475 > 0,47
► On a utilisé les écritures décimales pour ranger les nombres du plus grand au plus petit et on a écrit le signe « > » entre les nombres.

$1{,}5 > \frac{6}{10} > \frac{51}{100} > 0{,}492 > 0{,}48 > \frac{475}{1\,000} > \frac{47}{100}$ ► On a conclu.

EXERCICES

1. Ranger les nombres suivants dans l'ordre croissant :
a. ▪ 59,5 ▪ 59,078 ▪ 59,379 ▪ 59,41 ▪ 59,069 ▪ 59,248
b. ▪ $\frac{272}{1\,000}$ ▪ 0,22 ▪ $\frac{31}{100}$ ▪ 2 ▪ $\frac{28}{100}$ ▪ 0,25 ▪ $\frac{4}{10}$ ▪ 0,32

2. Ranger les nombres suivants dans l'ordre décroissant :
a. ▪ 8,609 ▪ 9,98 ▪ 7,55 ▪ 9,898 ▪ 8,5 ▪ 8,61 ▪ 7,6
b. ▪ $\frac{2\,226}{1\,000}$ ▪ 2,6 ▪ $\frac{263}{100}$ ▪ 2,59 ▪ $\frac{2\,614}{1\,000}$ ▪ 2,72 ▪ $\frac{206}{100}$ ▪ 2,156 ▪ $\frac{2\,006}{1\,000}$ ▪ 2,26

méthode 3

Comment encadrer un nombre décimal par deux nombres entiers consécutifs ou par deux nombres décimaux non entiers ?

Pour encadrer un nombre décimal par deux nombres entiers consécutifs :
▲ on écrit à gauche la partie entière du nombre ;
▲ on écrit à droite le nombre obtenu en ajoutant 1 au nombre de gauche ;
▲ on met le signe « < » entre les nombres.
Pour encadrer un nombre décimal par deux nombres décimaux non entiers :
▲ on écrit à gauche, pour une précision au dixième, au centième, au millième ou au dix-millième, le nombre décimal obtenu en supprimant de l'écriture du nombre tous les chiffres situés respectivement à droite du chiffre des dixièmes, des centièmes, des millièmes ou des dix-millièmes ;
▲ on écrit à droite le nombre obtenu en ajoutant 1 dixième, 1 centième, 1 millième ou 1 dix-millième au nombre de gauche selon la précision ;
▲ on met le signe « < » entre les nombres.

EXEMPLE

a. Encadrer 43,287 par deux entiers consécutifs.
b. Encadrer 0,851 6 au dixième ; 9,365 1 au centième ; 5,482 7 au millième.

a. 43 < 43,287 < 44 ► On a écrit à gauche 43, partie entière de 43,287 et on a ajouté 1 à 43 pour trouver le nombre de droite.
b. 0,8 < 0,851 6 < 0,9 ► On a écrit à gauche 0,8 obtenu en supprimant 516 et on a ajouté 0,1 à 0,8 pour trouver le nombre de droite.
9,36 < 9,365 1 < 9,37 ► On a écrit à gauche 9,36 obtenu en supprimant 51.
5,482 < 5,482 7 < 5,483 ► On a écrit à gauche 5,482 obtenu en supprimant 7.

EXERCICES

1. Encadrer par deux entiers consécutifs : ▪ 8,3 ▪ 0,449 ▪ 73,29 ▪ 521,037 9

2. a. Encadrer au dixième : ▪ 74,27 ▪ 5,968 ▪ 38,429 ▪ 985,056
b. Encadrer au centième : ▪ 568,921 ▪ 821,405 ▪ 47,796 ▪ 0,345 1
c. Encadrer au millième : ▪ 457,781 5 ▪ 9,570 18 ▪ 81,216 37 ▪ 1,349 28

3. a. Encadrer 63,298 09 au centième puis au dix-millième.
b. Encadrer 12 607,342 8 par deux entiers consécutifs puis au millième.

4. Relier par un trait chaque encadrement à sa précision.

78,06 < 78,067 4 < 78,07	0,148 < 0,148 57 < 0,149	3,8 < 3,89 < 3,9

au dixième	au centième	au millième

Comment intercaler un(des) nombre(s) décimal(aux) entre deux nombres décimaux entiers ou non entiers ?

Pour intercaler un(des) nombre(s) décimal(aux) entre deux nombres décimaux entiers ou non entiers :

▲ on écrit les deux nombres avec le même nombre de décimales si ce n'est pas le cas ;

▲ on choisit un(des) nombre(s)

- de même partie entière que le plus petit et de partie décimale non nulle pour l'intercaler entre deux entiers consécutifs ;
- avec un chiffre non nul (ou plusieurs) rajouté(s) à droite de la partie décimale du plus petit pour l'intercaler entre deux nombres décimaux consécutifs à 1 ; 2 ; 3 ou 4 décimales ;

▲ on conclut en donnant dans l'ordre croissant les nombres donnés et le(s) nombre(s) choisi(s).

EXEMPLE

Intercaler un décimal ayant deux chiffres après la virgule entre les nombres 34,6 et 34,7.

Réponse possible : 34,67 et on a 34,6 < 34,67 < 34,7

► On a ajouté le chiffre 7 à droite de la partie décimale de 34,6 et on a écrit l'encadrement.

En effet 34,6 = 34,60 ; 34,7 = 34,70 ; 60 < 67 < 70 donc 34,6 < 34,67 < 34,7.

Remarque : les autres réponses possibles sont : 34,61 ; 34,62 ; 34,63 ; 34,64 ; 34,65 ; 34,66 ; 34,68 et 34,69.

EXERCICES

1. Intercaler un nombre décimal entre les nombres : a. 50,4 et 50,5   b. 2,99 et 3   c. 240 et 241   d. 99,8 et 99,9   e. 1,033 et 1,034   f. 4,09 et 4,1   g. 62,7 et 62,71

2. Répondre par oui ou par non aux questions suivantes.

6,46 est-il compris entre 6,5 et 6,6 ?	6,64 est-il compris entre 6,5 et 6,6 ?
6,556 est-il compris entre 6,5 et 6,6 ?	6,564 est-il compris entre 6,5 et 6,6 ?

3. Compléter par des nombres décimaux en écriture décimale usuelle :

▪ $\frac{376}{10} < \ldots < \ldots < \frac{377}{10}$ ▪ $73{,}3 < \ldots < \ldots < 73{,}301$ ▪ $\frac{5555}{100} < \ldots < \ldots < \frac{5556}{100}$

4. Ecrire dans l'ordre croissant les nombres 13,87 et 14,4 et tous les nombres décimaux avec au plus une décimale compris entre eux.

5. On donne : 3,4 < ….. ? ….. < 3,5. Trouver tous les nombres de la liste ci-dessous que l'on peut mettre à la place du point d'interrogation.

3,407   3,53   3,41   3,04   3,3   3,499

méthode 5

Comment placer sur une demi-droite graduée un point d'abscisse donnée ?

Pour placer sur une demi-droite graduée un point d'abscisse donnée :
▲ on observe les segments et les nombres donnés de cette graduation ;
▲ on détermine, si besoin, l'écart entre les abscisses de 2 points consécutifs de la graduation à partir de deux nombres donnés et du nombre de segments entre eux ;
▲ on repère le trait de la graduation qui correspond à l'abscisse donnée après l'avoir comparée aux nombres marqués ;
▲ on écrit le nom du point au-dessus de sa graduation.
Remarque : on doit parfois partager certains segments donnés en partie de même longueur, prolonger le tracé représentant la demi-droite et le graduer.

EXEMPLE

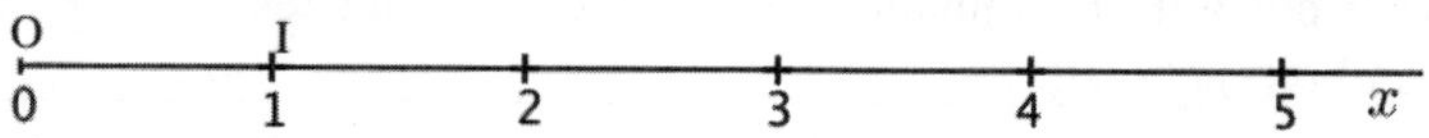

Sur la demi-droite graduée [Ox), placer les points :
a. A d'abscisse 4 ; **b. B d'abscisse 1,4 ;** **c. C d'abscisse 6,5.**

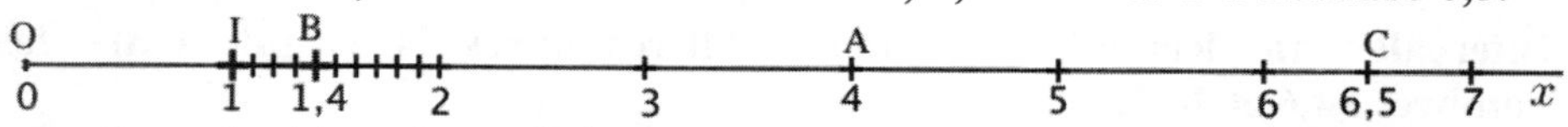

a. ► On a placé le point A d'abscisse 4 à la graduation 4 de la demi-droite [Ox).
b. ► On a divisé le segment entre les points d'abscisses 1 et 2 en dix segments de même longueur et placé B à la deuxième extrémité du quatrième.
c. ► On a prolongé la représentation de la demi-droite [Ox) et la graduation et on a placé le point C au milieu du segment entre les points d'abscisses 6 et 7.

EXERCICES Reproduire les demi-droites graduées.

1.

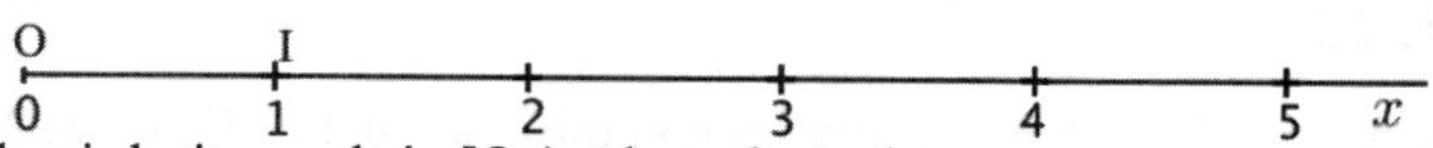

Sur la demi-droite graduée [Ox), placer les points :
a. A d'abscisse 3 ; b. B d'abscisse 2 ; c. C d'abscisse 0,5 ; d. D d'abscisse 6.

2.

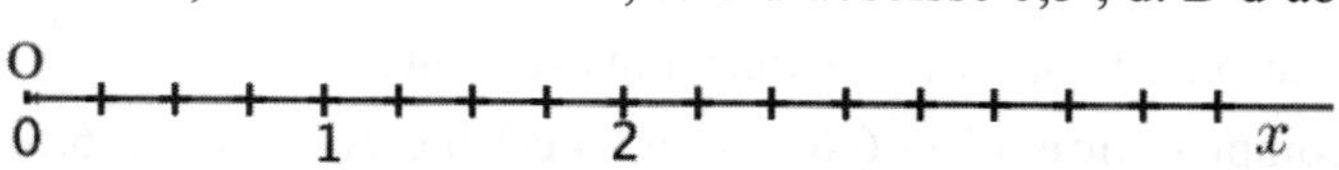

Placer sur la demi-droite graduée ci-dessus les points E, F, G et H d'abscisses respectives 0,75 ; $\frac{5}{10}$; 1,25 et $\frac{275}{100}$.

3. Sur chaque demi-droite graduée, placer les points d'abscisses respectives :

A, B, C d'abscisses 3 ; 6 ; 10,5.

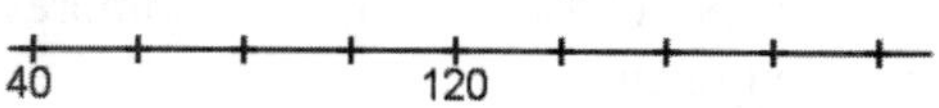

D, E, F d'abscisses 60 ; 200 ; 150.

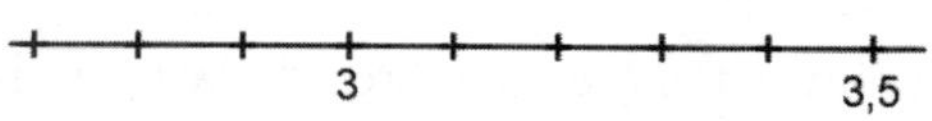

G, H, K d'abscisses 3,1 ; 3,4 ; 2,85.

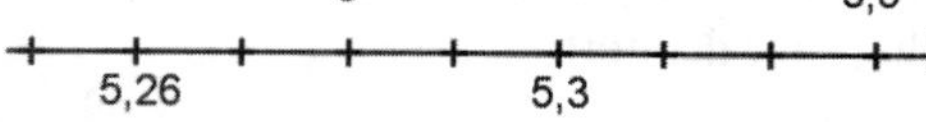

L, M, N d'abscisses 5,32 ; 5,27 ; 5,285.

méthode 6

Comment lire l'abscisse d'un point sur une demi-droite graduée ou en donner un encadrement ?

Pour lire l'abscisse d'un point sur une demi-droite graduée ;
▲ on repère le point sur la demi-droite ;
▲ on trouve une graduation de la demi-droite correspondant au point, le nombre associé à cette graduation est l'abscisse de ce point.
Pour donner un encadrement de l'abscisse d'un point sur une demi-droite graduée :
▲ on choisit pour nombre inférieur de l'encadrement, le nombre associé à la graduation juste avant le point et pour nombre supérieur le nombre associé à la graduation juste après le point, selon la précision demandée.

EXEMPLE

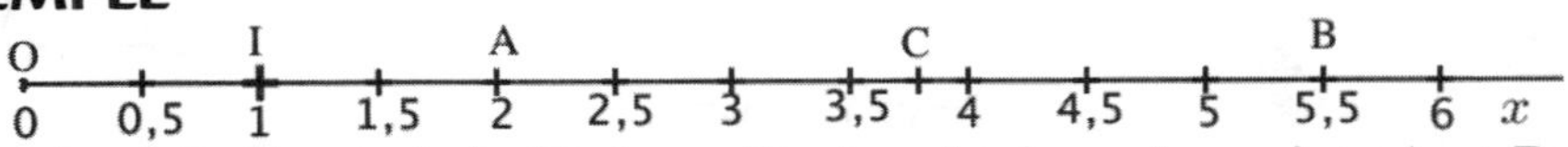

Sur la demi-droite graduée [Ox) : a. lire les abscisses des points A et B ; b. donner un encadrement à l'unité puis à 0,5 de l'abscisse du point C.

a. L'abscisse du point A est 2. ► On a repéré le point A et le nombre 2 de la graduation.

L'abscisse du point B est 5,5. ► On a repéré le point B et le nombre 5,5 de la graduation.

b. L'abscisse du point C est comprise entre 3 et 4, encadrement à l'unité.
L'abscisse du point C est comprise entre 3,5 et 4, encadrement à 0,5.
► On a repéré le point C, le nombre inférieur 3,5 et le nombre supérieur 4 de la graduation ; on a 4 – 3,5 = 0,5.

EXERCICES On considère une demi-droite graduée.

1. Lire les abscisses des six points O, I, J, A, L et M.

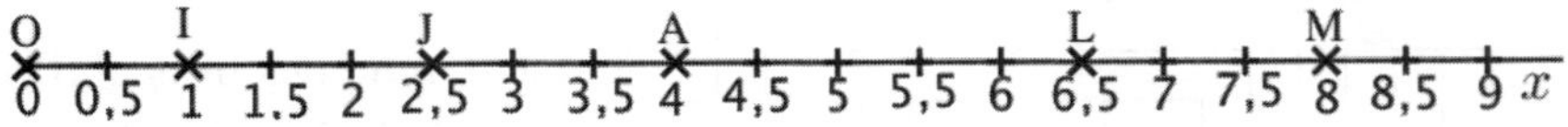

2.

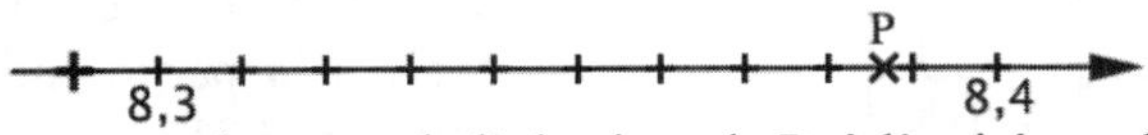

Donner un encadrement de l'abscisse de P, à l'unité, au dixième et au centième.

3.

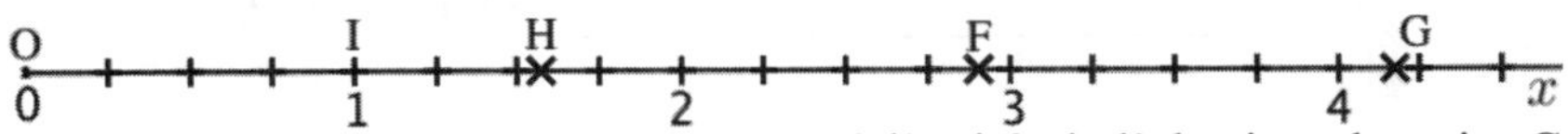

Donner un encadrement :
a. à l'unité de l'abscisse du point G ;
b. à 0,5 de l'abscisse du point H ;
c. à 0,25 de l'abscisse du point F.

4. a. Donner l'abscisse d'un point situé entre C et D.
b. Quels sont les points entre lesquels se situe le point d'abscisse 12,772.

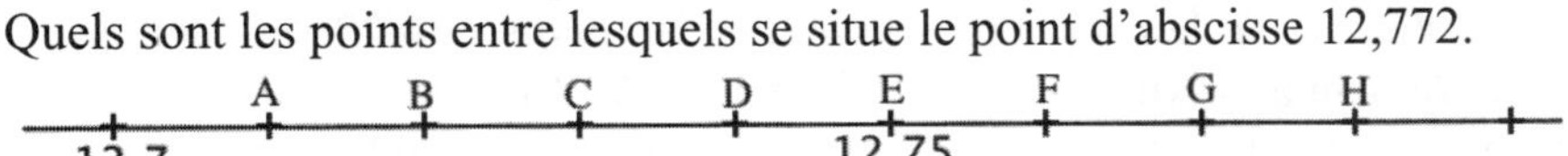

JEUX

1. Pinou qui a faim veut manger un légume. Pour cela il se déplace sur la grille ci-dessous, case par case, horizontalement et verticalement et il ne peut accéder à une case que si le nombre qui y figure est supérieur à celui de la case sur laquelle il se trouve. Quel chemin prend Pinou ? Quel légume mange-t-il ?

endive 	*chou* 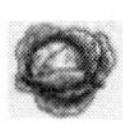	*carotte* 	*salade* 	*radis* 	*blette* 
12,4	12,08	10,9	11,909	9,89	8,899
12,48	12,408	9,11	11,999	9,9	8,9
6,73	12,3	9,109	9,09	8,842	8,87
6,6	4,2	9,12	10,12	8,83	7,83
6	5,5	5,92	7,012	7,009	7,38
4,53	4,8	3,76	7,102	7,12	7,308

case départ

2. Quel chemin suivre pour acheter du carburant au prix le plus bas ?

3. Je suis un nombre décimal.
Je suis encadré par 1199 et 1200. Ma partie décimale est encadrée par 460 et 470. Mon chiffre des millièmes est compris entre mon chiffre des dixièmes et mon chiffre des centièmes.
Qui suis-je ?

4. Je suis un nombre décimal compris entre 41,15 et 41,16.
La somme des trois chiffres de ma partie décimale est égale à la partie entière du nombre 13,31.
Qui suis-je ?

5. Chercher l'intrus dans les propositions suivantes où il manque un nombre :

a. encadrement au millième : ….. < 4 280,670 43 < 4 280,670 5
b. encadrement au dix-millième : ….. < 0,346 73 < 0,347
c. encadrement par deux entiers consécutifs : 668 < 670,28 < …..
d. encadrement au dixième : 2 798,1 < 2 798,15 < …..
e. encadrement au centième : ….. < 12,007 9 < 12,008

6. Qui se cache sous ce dessin. ? Pour le savoir relier les points dans l'ordre décroissant à partir de 8,5.

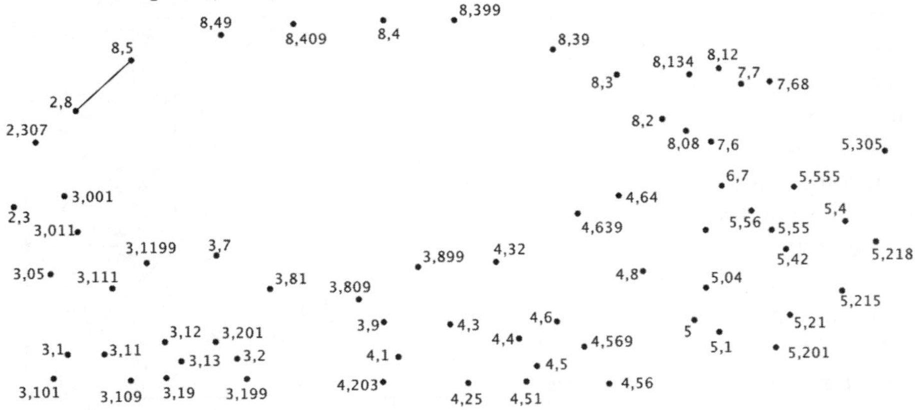

7. Sur une demi-droite graduée en cm, un escargot part du point F d'abscisse 5 et se dirige vers le point L d'abscisse 7, il se repose un peu avant de reprendre la route jusqu'au point E d'abscisse 11. Là il fait demi-tour et rejoint le point U d'abscisse 2. Alors un ver luisant surgit et l'escargot effrayé s'en retourne au point F. Après avoir placé les points F, L, E et U sur la demi-droite graduée, trouver la distance parcourue par l'escargot ?

8. Un monstre habite le labyrinthe ci-contre.
Il mange tous ceux qui passent d'une case à une autre qui contient un nombre plus grand ;
par exemple si on passe de 6,9 à 7,5 alors le monstre nous mange.
Trouver le chemin pour sortir de ce labyrinthe sans se faire manger.

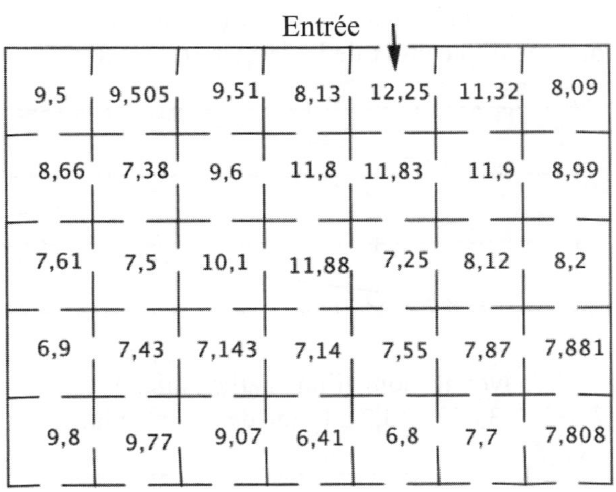

9. a. Placer sur une demi-droite graduée les points suivants :

Point	M	I	E	L	D	A	C
Abscisse	1,5	1	0,4	2,3	$\frac{1}{10}$	1,9	0,75

b. Les sept lettres M, I, E, L, D, A et C lues dans l'ordre croissant des abscisses forment un mot. Lequel ?

10. Pour savoir qui se cache derrière le dessin ci-contre, le reproduire et le colorier de la façon suivante :
- en jaune tous les triangles où figure un nombre compris entre 7,04 et 7,44 ;
- en rouge tous les triangles où figure un nombre compris entre 7,45 et 8,45 ;
- en vert tous les triangles où figure un nombre compris entre 5,8 et 6,25 ;
- en noir tous les triangles où figure un nombre inférieur à 5,799 ou supérieur à 8,502.

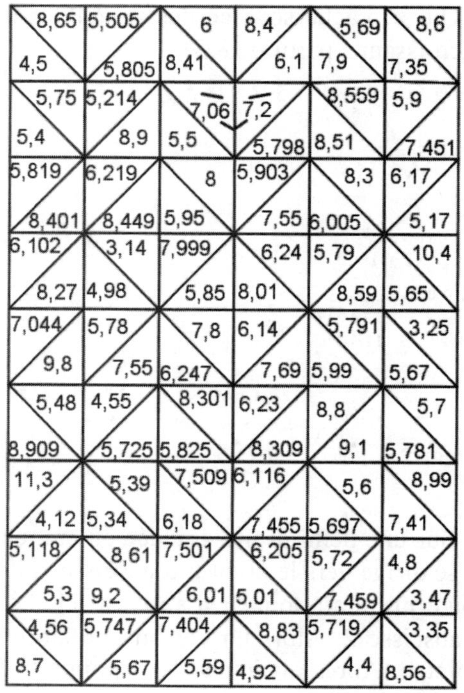

11. Voici une partie d'une demi-droite graduée puis des nouvelles parties obtenues après des zooms des segments en gras. Donner l'abscisse du point marqué d'une croix de la dernière représentation.

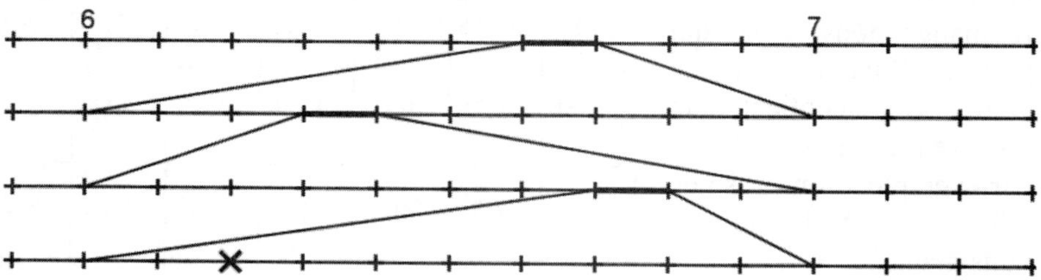

12. Trouver le nom d'un mathématicien flamand qui se cache sous le code : 7,082,513,052,713,7 à l'aide des points placés sur les demi-droites graduées.

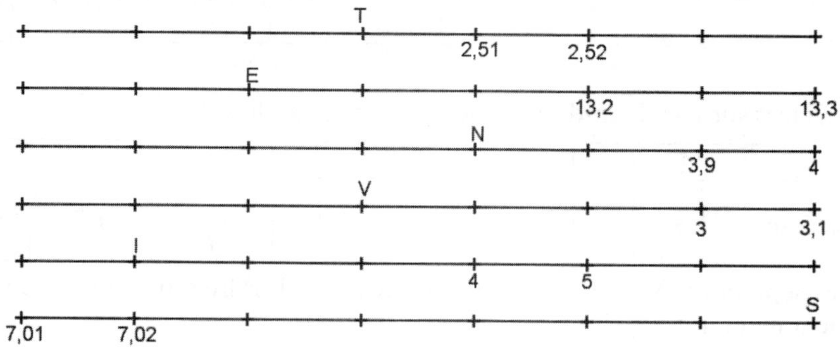

13. Dans les deux QCM qui suivent, il peut y avoir de 0 à 4 réponses justes par ligne. Trouver **toutes** les réponses justes. Aucune justification n'est demandée.

	Réponse 1	Réponse 2	Réponse 3	Réponse 4
a. ... < 8,591 7 < 8,6 Le nombre manquant de l'encadrement est :	8,59	8,5	8,591	8,4
b. Encadrement au dixième : 78,691 64. est compris entre …	78,69 et 78,70	78 et 79	78,6 et 78,7	78,691 et 78,692
c. Il est compris entre 6,38 et 6,39 :	6,3	6,4	6,391	6,387 5
d. Entre les nombres 59,38 et 60,49 il existe…	zéro entier	seulement un entier	seulement deux entiers	seulement trois entiers
e. Entre les nombres 38,7 et 41,1 il existe …	une infinité de décimaux	seulement quatre décimaux	seulement trois entiers	seulement deux entiers

14. Pour ce QCM on utilise la demi-droite graduée ci-dessous.

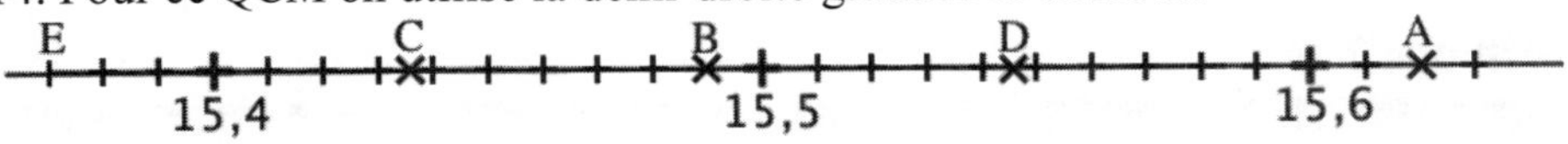

	Réponse 1	Réponse 2	Réponse 3	Réponse 4
a. L'abscisse du point A est …	15,62	$15+\dfrac{62}{10}$	15,8	17,6
b. L'abscisse du point B est …	$\dfrac{156}{100}$	15,4	15,49	15,99
c. L'abscisse du point C est comprise entre…	15 et 16	15,3 et 15,4	15,4 et 15,5	15,43 et 15,44
d. L'abscisse du point D est comprise entre …	15,5 et 15,6	0 et 100	10 et 20	15,55 et 15,56
e. L'abscisse du point E est …	15,1	$\dfrac{15370}{10\,000}$	15,37	$\dfrac{153}{10}+\dfrac{7}{100}$
f. Le point qui a pour abscisse $15,6-\dfrac{11}{100}$ est …	le point A	le point B	le point E	n'existe pas
g. Le milieu du segment [BE] …	a pour abscisse 15,43	a pour abscisse 15,44	a pour abscisse 15,435	est le point C

Méthode 1

a. 345,808 > 342,808

b. 345,808 < 345,88

c. 20,15 < 20,16

d. 5,77 < 5,8

e. 5,066 > 5,06

f. 5,066 < 5,606

g. 56,801 < 56,81

h. 8,1 = 8,10

i. 3,14 > 3,104

j. 25,6 < 26,5

k. 304,6 < 310,52

l. 23,43 > 21,45

m. 25,805 > 25,8

n. 9,809 < 9,89

o. 68,6 = 68,60

p. 4,033 < 4,33

q. 98,5 > 98,4537

r. 21,1 > 21,01

s. $\dfrac{5}{10} = 0,5$ et $\dfrac{5}{100} = 0,05$

donc $\dfrac{5}{10} > \dfrac{15}{100}$

t. $\dfrac{723}{10} = 72,3$ et $70 + \dfrac{23}{10} = 70 + 2,3 = 72,3$

donc $\dfrac{723}{10} = 70 + \dfrac{23}{10}$

u. $\dfrac{6\,708}{100} = 67,08$ et 67,08 < 67,8 donc $\dfrac{6\,708}{100} < 67,08$

Méthode 2

1. a. 59,069 < 59,078 < 59,248 < 59,379 < 59,41 < 59,5

b. $\dfrac{272}{1\,000} = 0,272$; $\dfrac{31}{100} = 0,31$; $\dfrac{28}{100} = 0,28$; $\dfrac{4}{10} = 0,4$;

0,22 < 0,25 < 0,272 < 0,28 < 0,31 < 0,32 < 0,4 < 2

$0,22 < 0,25 < \dfrac{272}{1\,000} < \dfrac{28}{100} < \dfrac{31}{100} < 0,32 < \dfrac{4}{10} < 2$

2. a. 9,98 > 9,898 > 8,61 > 8,609 > 8,5 > 7,6 > 7,55

b. $\dfrac{2\,226}{1\,000} = 2,226$; $\dfrac{263}{100} = 2,63$; $\dfrac{2\,614}{1\,000} = 2,614$; $\dfrac{206}{100} = 2,06$;

$\dfrac{2\,006}{1\,000} = 2,006$;

2,72 > 2,63 > 2,614 > 2,6 > 2,59 > 2,26 > 2,226 > 2,156 > 2,06 > 2,006

$2,72 > \dfrac{263}{100} > \dfrac{2\,614}{1\,000} > 2,6 > 2,59 > 2,26 > \dfrac{2\,226}{1\,000} > 2,156 > \dfrac{206}{100} > \dfrac{2\,006}{1\,000}$

Méthode 3

1. 8 < 8,3 < 9 ; 0 < 0,449 < 1
73 < 73,29 < 74 ; 521 < 521,037 9 < 522

2. a. 74,2 < 74,27 < 74,3 ; 5,9 < 5,968 < 6,0
38,4 < 38,429 < 38,5 ; 985,0 < 985,056 < 985,1

b. 568,92 < 568,921 < 568,93 ; 821,40 < 821,405 < 821,41
47,79 < 47,796 < 47,80 ; 0,34 < 0,345 1 < 0,35

c. 457,781 < 457,781 5 < 457,782 ; 9,570 < 9,570 18 < 9,571
81,216 < 81,216 37 < 81,217 ; 1,349 < 1,349 28 < 1,350

3. a. au centième : 63,29 < 63,298 09 < 63,30
au dix-millième : 63,298 0 < 63,298 09 < 63,298 1
b. par deux entiers consécutifs : 12 607 < 12 607,342 8 < 12 608
par deux décimaux au millième : 12 607,342 < 12 607,342 8 < 12 607,343

4.

78,06 < 78,067 < 78,07	0,148 < 0,148 57 < 0,149	3,8 < 3,89 < 3,9

au dixième	au centième	au millième

Méthode 4

1. a. 50,4 < 50,41 < 50,5
b. 2,99 < 2,993 < 3
c. 240 < 240,5 < 241
d. 99,8< 99,86< 99,9
e. 1,033 < 1,033 2 < 1,034
f. 4,09< 4,097 < 4,1
g. 62,70 < 62,709 < 62,71

2.

6,46 est-il compris entre 6,5 et 6,6 ?	non
6,64 est-il compris entre 6,5 et 6,6 ?	non
6,556 est-il compris entre 6,5 et 6,6 ?	oui
6,564 est-il compris entre 6,5 et 6,6 ?	non

3. $\frac{376}{10} < \underline{37,62 < 37,64} < \frac{377}{10}$; $73,3 < \underline{73,3006 < 73,3009} < 73,301$

$\frac{5555}{100} < \underline{55,553 < 55,557} < \frac{5556}{100}$

4. $13,87 < \underline{13,9 < 14,0 < 14,1 < 14,2 < 14,3} < 14,4$

5. 3,4 < ….. ? ….. < 3,5. Les nombres de la liste que l'on peut mettre à la place du point d'interrogation sont : 3,407 ; 3,41 et 3,499.

Méthode 5

1.

2. On compte 4 espaces entre les points repérés par 0 et 1, et 1 : 4 = 0,25 donc il y a 0,25 entre les nombres sous deux traits consécutifs de la graduation.

On compte de 0,25 en 0,25 à partir de 0. On a : $\frac{5}{10} = 0,5 = 0,50$ et $\frac{275}{100} = 2,75$

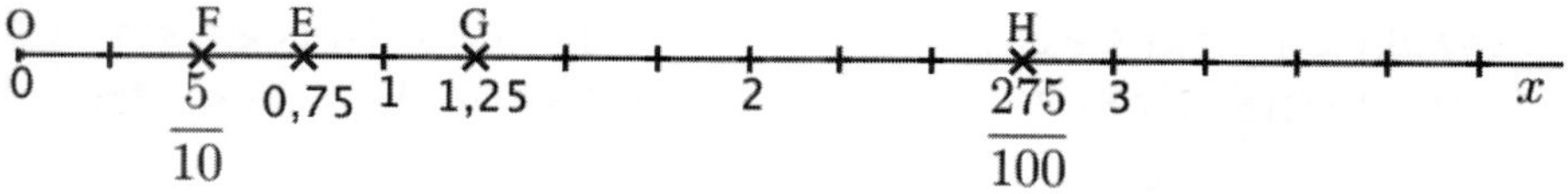

3. Première figure :
Il y a 4 espaces entre les points repérés par 4 et 8 et 8 – 4 = 4 donc il y a une unité entre les nombres sous deux traits consécutifs de la graduation.

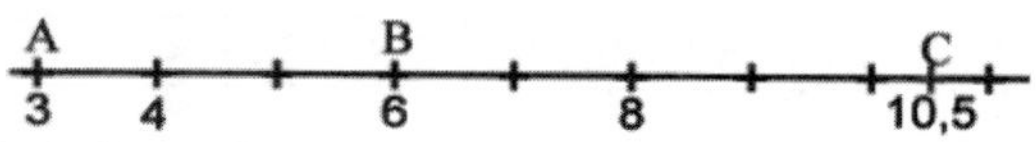

Deuxième figure :
Il y a 4 espaces entre les points repérés par 40 et 120 ; 120 – 40 = 80 et 80 : 4 = 20 donc on compte de 20 en 20.

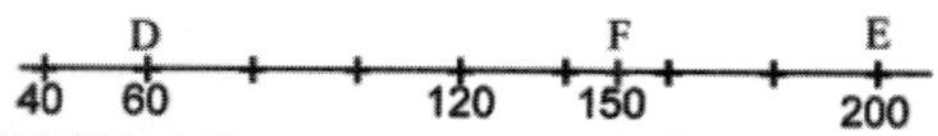

Troisième figure :
Il y a 0,1 entre les nombres sous deux traits consécutifs de la graduation.

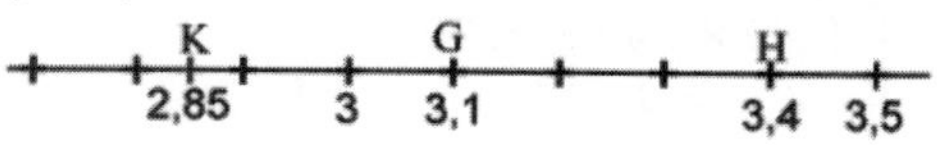

Quatrième figure :
Il y a 0,01 entre les nombres sous deux traits consécutifs de la graduation.

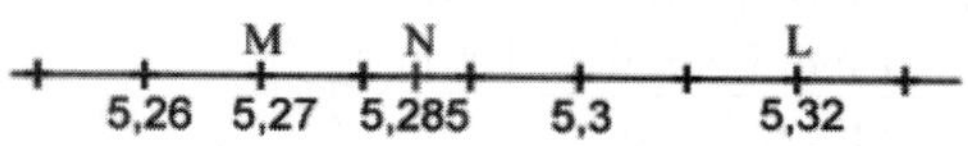

Méthode 6

1.

Point	O	I	J	A	L	M
Abscisse	0	1	2,5	4	6,5	8

2. L'abscisse du point P est comprise entre 8 et 9 (encadrement à l'unité).
L'abscisse du point P est comprise entre 8,3 et 8,4 (encadrement au dixième).
L'abscisse du point P est comprise entre 8,38 et 8,39 (encadrement au centième).

3. a. L'abscisse du point G est comprise entre 4 et 5 (encadrement à l'unité).
b. L'abscisse du point H est comprise entre 1,5 et 2,0 (encadrement à 0,5).
c. L'abscisse du point F est comprise entre 2,75 et 3,00 (encadrement à 0,25).

4. a. L'abscisse d'un point situé entre C et D peut être un nombre compris entre 12,73 et 12,74, par exemple en prenant un nombre décimal à trois chiffres après la virgule : 12,731 ; 12,732 ; 12,733 ; 12,734 ; 12,735 ; 12,736 ; 12,737 ; 12,738, 12,739.
b. Les points entre lesquels se situe le point d'abscisse 12,772 sont G et H.

Jeux

1. Pinou va manger une carotte.

endive	*chou*	*carotte*	*salade*	*radis*	*blette*
12,4	12,08	10,9	11,909	9,89	8,899
12,48	12,408	9,11	11,999	9,9	8,9
6,73	12,3	9,109	9,09	8,842	8,87
6,6	4,2	9,12	10,12	8,83	7,83
6	5,5	5,92	7,012	7,009	7,38
4,53	4,8	3,76	7,102	7,12	7,308

case départ

2.

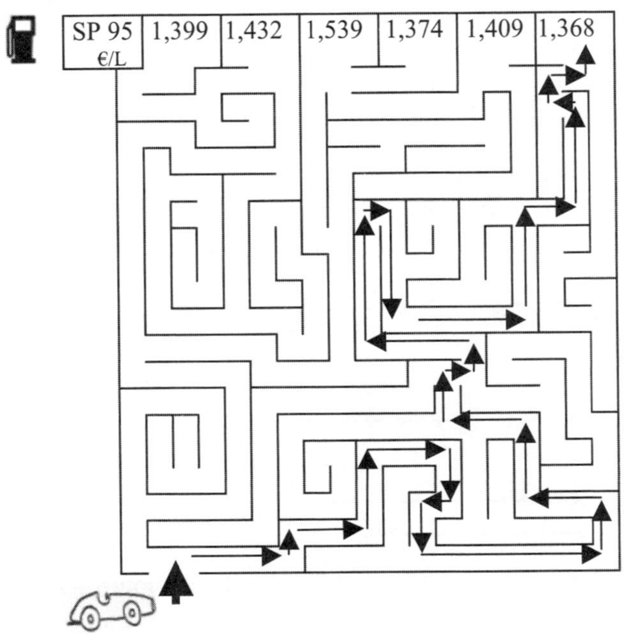

3. Je suis encadré par 1199 et 1200 donc ma partie entière est égale à 1 199. Ma partie décimale est encadrée par 460 et 470 donc elle peut être égale à 461, 462, 463, 464, 465, 466, 467, 468 ou 469. Et comme mon chiffre des millièmes doit être compris entre mon chiffre des dixièmes 4 et mon chiffre des centièmes 6, ma partie décimale ne peut être que 465. Je suis le nombre 1 199,465.

4. Ma partie décimale a trois chiffres et je suis compris entre 41,15 et 41,16.
Je peux être l'un des nombres : 41,151 ; 41,152 ; 41,153 ; 41,154 ; 42,155 ; 41,156 ; 41,157 ; 41,158 ou 41,159.
La partie entière du nombre 13,31 est 13 donc la somme des trois chiffres de ma partie décimale est égale à 13, ma partie décimale est donc 157 (1 + 5 + 7 = 13). Je suis donc 41,157.

5. L'intrus est le d, c'est la seule proposition qui est correcte en complétant ; encadrement au dixième : 2 798,1 < 2 798,15 < 2 798,2
Les autres sont à modifier pour obtenir une proposition juste.
a. encadrement au dix-millième et non au millième :
4 280,670 4 < 4 280,670 43 < 4 280,670 5
b. encadrement au millième et non au dix-millième : 0,346 < 0,346 73 < 0,347
c. encadrement par deux entiers consécutifs impossible il faut écrire 669 et non 668 : 669 < 670,28 < 670
e. encadrement au millième et non au centième : 12,007 < 12,007 9 < 12,008

6. Il apparaît un rhinocéros.

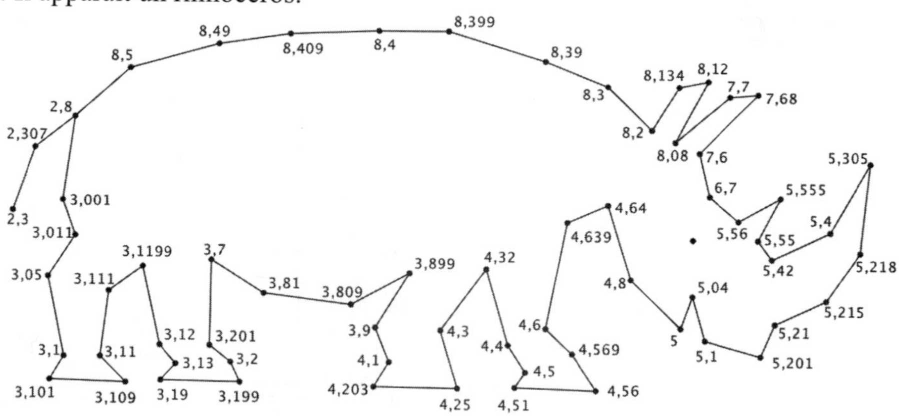

7.

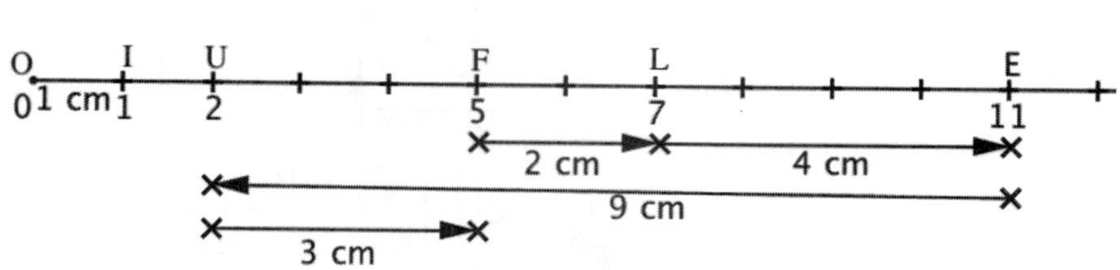

2 cm + 4 cm + 9 cm + 3 cm = 18 cm. L'escargot a parcouru 18 cm.

8.

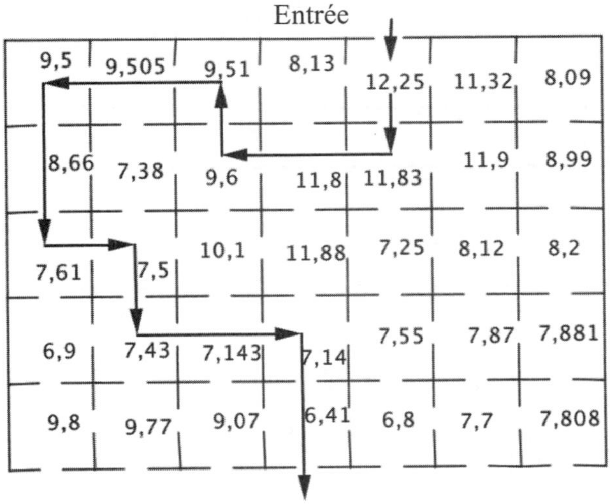

9. a.

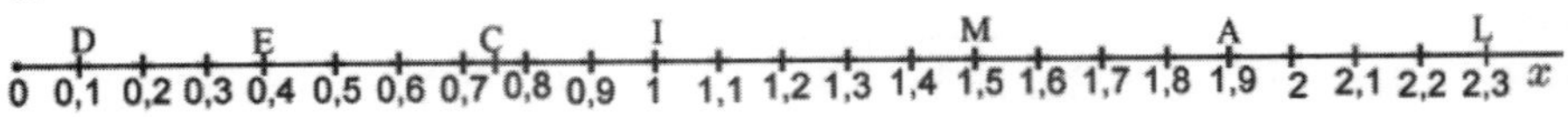

b. Les sept lettres M, I, E, L, D, A et C lues dans l'ordre croissant des abscisses forment le mot DECIMAL.

10. Le jaune correspond au gris sur ce dessin, les pointillés au vert et le quadrillage au rouge.

11. L'abscisse du point marqué d'une croix de la dernière représentation est 6,637 2.

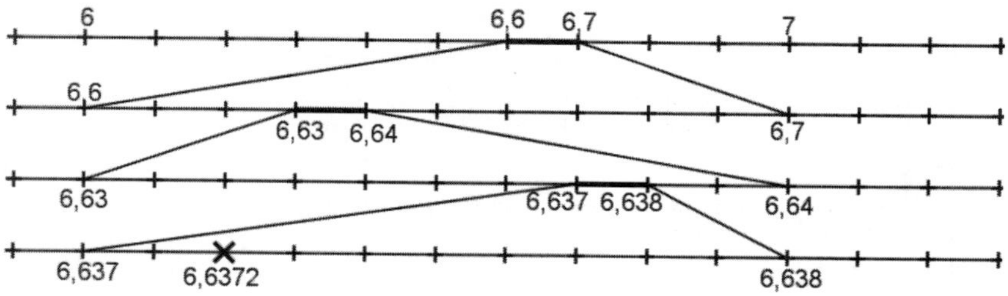

12. Le nom du mathématicien flamand est STEVIN.

Point	T	E	N	V	I	S
Abscisse	2,5	13,05	3,7	2,7	1	7,08

7,082,513,052,713,7					
7,08	2,5	13,05	2,7	1	3,7
S	T	E	V	I	N

13. a. Le nombre manquant de l'encadrement est soit 8,59 (encadrement au centième), soit 8,5 (encadrement au dixième), il peut être aussi 8,591 et aussi 8,4 (Réponses 1, 2, 3 et 4).

b. a = 78,691 64. L'encadrement au dixième de a est $78,6 < a < 78,7$ (Réponse 3).

c. Il est compris entre 6,38 et 6,39 : 6,387 5 (Réponse 4).

d. Entre les nombres 59,38 et 60,49 il existe seulement un entier (Réponse 2).

e. Entre les nombres 38,7 et 41,1 il existe une infinité de décimaux et seulement 3 entiers (Réponses 1 et 3).

14. a. L'abscisse du point A est 15,62 (Réponse 1).

b. L'abscisse du point B est 15,49 (Réponse 3).

c. L'abscisse du point C est comprise entre 15 et 16 ; entre 15,4 et 15,5 et entre 15,43 et 15,44 (Réponses 1, 3 et 4).

d. L'abscisse du point D est comprise entre 15,5 et 15,6 ; entre 0 et 100 et entre 10 et 20 (Réponses 1, 2 et 3).

e. L'abscisse du point E est 15,37 et $\frac{153}{10}+\frac{7}{100}$ (Réponses 3 et 4).

f. Le point qui a pour abscisse $15,6-\frac{11}{100}$ est le point B (Réponse 2).

g. Le milieu du segment [BE] a pour abscisse 15,43 (Réponse 1).

Chapitre 3

Multiplication de nombres décimaux

$10\times10=100$ **$100\times1\,000=100\,000$** **Il suffit de bien compter le nombre total de 0 !**		**$0,1\times0,1=0,01$** **$0,001\times0,0001=0,000\,000\,1$** **Il suffit de bien compter le nombre de chiffres après la virgule qui est aussi le nombre de 0 !**		
$10\times0,1=1$	**$100\times0,01=1$**	**$1\,000\times0,001=1$**	**$10\,000\times0,000\,1=1$**	
$100\times0,1=10$ **$1\,000\times0,1=100$**	**$1\,000\times0,01=10$** **$10\,000\times0,01=100$**	**$10\,000\times0,001=10$** **$1\,000\,000\times0,001=1\,000$**		
$0,001\times10=0,01$	**$0,000\,1\times100=0,01$**	**$0,000\,001\times1\,000=0,001$**		

Lorsque l'on effectue une multiplication, on calcule le produit de plusieurs nombres qui sont appelés les facteurs de ce produit.

Méthodes

1. Comment multiplier un nombre décimal par 10 ; 100 ; 1000, par 0,1 ; 0,01 ; 0,001 ?
2. Comment calculer le produit de deux nombres décimaux sans poser l'opération ?
3. Comment calculer le produit de deux nombres décimaux en posant l'opération ?
4. Comment résoudre un problème conduisant à des multiplications de nombres décimaux ?
5. Comment utiliser une calculatrice pour calculer un produit ?
6. Comment donner un ordre de grandeur d'un produit de nombres décimaux ?

méthode 1

Comment multiplier un nombre décimal par 10 ; 100 ; 1 000, par 0,1 ; 0,01 ; 0,001 ?

Pour multiplier un nombre décimal par 10 ; 100 ; 1 000 :
▲ on ajoute respectivement 1 ; 2 ; 3 zéros à droite si le nombre est entier sinon on décale la virgule respectivement de 1 ; 2 ; 3 rangs vers la droite, le chiffre des unités devient alors respectivement celui des dizaines, des centaines, des unités de mille.
Remarque : on ajoute si nécessaire un ou plusieurs 0 à droite de la partie décimale.

Pour multiplier un nombre décimal par 0,1 ; 0,01 ; 0,001 :
▲ on décale la virgule respectivement de 1 ; 2 ; 3 rangs vers la gauche, le chiffre des unités devient alors respectivement celui des dixièmes, des centièmes, des millièmes.
Remarque : on ajoute si nécessaire un ou plusieurs 0 à gauche de la partie entière.

EXEMPLES

1. Calculer : $\mathbf{8{,}51\times10}$; $\mathbf{10\times5\,625}$; $\mathbf{45{,}2\times100}$; $\mathbf{74{,}253\times1\,000}$.

$8{,}51\times10=85{,}1$ ► On a décalé la virgule de 1 rang vers la droite.

$10\times5\,625=56\,250$ ► On a ajouté 1 zéro à droite.

$45{,}2\times100=4\,520$ ► On a décalé la virgule de 2 rangs vers la droite après avoir ajouté 1 zéro puis supprimer la virgule.

$74{,}253\times1\,000=74\,253$ ► On a décalé la virgule de 3 rangs vers la droite.

2. Calculer : $\mathbf{0{,}1\times718{,}5}$; $\mathbf{62{,}4\times0{,}01}$; $\mathbf{5{,}9\times0{,}001}$.

$0{,}1\times718{,}5=71{,}85$ ► On a décalé la virgule de 1 rang vers la gauche.

$62{,}4\times0{,}01=0{,}624$ ► On a décalé la virgule de 2 rangs vers la gauche après avoir ajouté 1 zéro.

$5{,}9\times0{,}001=0{,}005\,9$ ► On a décalé la virgule de 3 rangs vers la gauche après avoir ajouté 2 zéros.

EXERCICES Calculer :

a. $38{,}297\times10$	$100\times910{,}45$	$0{,}016\,8\times1\,000$
b. $0{,}23\times0{,}1$	$561{,}73\times0{,}01$	$0{,}6\times0{,}001$
c. $1\,000\times12{,}4$	$265{,}3\times10$	$0{,}01\times0{,}612$
d. $100\times0{,}001$	$409{,}83\times0{,}001$	$0{,}1\times505{,}2$
e. $380\times0{,}1$	$8\,580\times0{,}01$	$100\times0{,}778$
f. $0{,}001\times25$	$1\,000\times41{,}28$	$0{,}01\times100$
g. $0{,}01\times1{,}6$	42×100	$20\,314\times0{,}001$
h. 10×39	$0{,}1\times10$	$706{,}4\times100$

Comment calculer le produit de deux nombres décimaux sans poser l'opération ?

Pour calculer le produit de deux nombres décimaux sans poser l'opération :
▲ on écrit chaque facteur non entier comme produit d'un nombre entier par un dixième ou un centième ou un millième etc. ;
▲ on effectue alors le produit des nombres entiers et celui des nombres tels que 0,1 ; 0,01 ; 0,001 etc. ;
▲ on utilise ensuite la *méthode 1* pour bien placer la virgule ;
▲ on répond en écrivant le résultat en écriture décimale usuelle.
Remarque : toutes ces étapes se font souvent « de tête ».

EXEMPLE Calculer sans poser les opérations : 2,7 × 0,8 ; 3,125 × 0,04.

$2{,}7\times0{,}8=27\times0{,}1\times8\times0{,}1$ | $3{,}125\times0{,}04=3125\times0{,}001\times4\times0{,}01$

► On a écrit chaque facteur comme produit d'un entier par un des nombres 0,1 ; 0,01 ou 0,001.

$2{,}7\times0{,}8=(27\times8)\times(0{,}1\times0{,}1)$ | $3{,}125\times0{,}04=(3125\times4)\times(0{,}001\times0{,}01)$

$2{,}7\times0{,}8=216\times0{,}01=2{,}16$ | $3{,}125\times0{,}04=12\ 500\times0{,}000\ 01=0{,}125\ 00$

► On a effectué les calculs entre parenthèses et appliqué la *méthode 1.*

$2{,}7\times0{,}8=2{,}16$ | $3{,}125\times0{,}04=0{,}125$

► On a répondu en écrivant le résultat en écriture décimale usuelle.

EXERCICES Calculer sans poser les opérations et compléter :

a. $0{,}4\times0{,}5=$ $\quad 0{,}03\times0{,}8=$ $\quad 0{,}4\times0{,}25=$ $\quad 1{,}5\times0{,}6=$

b. $5{,}51\times0{,}03=$ $\quad 0{,}45\times0{,}2=$ $\quad 6\times0{,}07=$ $\quad 28{,}5\times0{,}04=$

c. $0{,}6\times0{,}08=$ $\quad 7{,}3\times0{,}09=$ $\quad 60\times0{,}03=$ $\quad 64{,}2\times0{,}5=$

d. $201\times0{,}5=$ $\quad 4{,}5\times7=$ $\quad 0{,}008\times8\,000=$ $\quad 800\times0{,}000\,7=$

e. $1\,005\times0{,}09=$ $\quad 0{,}2\times5{,}5=$ $\quad 0{,}17\times0{,}4$ $\quad 270\times0{,}02=$

f. $1{,}1\times0{,}12=$ $\quad 0{,}5\times71{,}54=$ $\quad 70\times0{,}8=$ $\quad 0{,}125\times0{,}8=$

g. $\frac{15}{10}\times\frac{13}{10}=$ $\quad \frac{5}{100}\times\frac{6}{10}=$ $\quad 5\times\frac{12}{100}=$ $\quad \frac{36}{100}\times\frac{6}{100}=$

h. $90\times0{,}8=$ $\quad 9{,}01\times0{,}5=$ $\quad 9{,}9\times0{,}35=$ $\quad 4{,}8\times101=$

méthode 3

Comment calculer le produit de deux nombres décimaux en posant l'opération ?

Pour calculer le produit de deux nombres décimaux en posant l'opération :
▲ on effectue la multiplication comme si les deux nombres étaient des nombres entiers ;
▲ on place ensuite la virgule au résultat, son nombre de décimales est la somme du nombre de décimales des deux facteurs ;
▲ on écrit l'égalité associée à l'opération.

EXEMPLE Calculer en posant l'opération a. 164,23 × 7,8 ; b. 47,4 × 3,705.

a.

1 6 4, 2 3	164,23 a 2 décimales.	} Le produit aura (2 + 1) décimales.
× 7, 8	7,8 a 1 décimale.	
1 3 1 3 8 4	16 423 × 8 = 131 384	► On a calculé et écrit le produit.
1 1 4 9 6 1 .	16 423 × 70 = 1 149 610	► On a calculé et écrit le produit en remplaçant le 0 par un point.
1 2 8 0, 9 9 4	► On a placé la virgule pour que le produit ait 3 décimales.	

$164{,}23 \times 7{,}8 = 1\,280{,}994$ ► On a écrit l'égalité associée à l'opération.

b.

4 7, 4	47,4 a 1 décimale.	} Le produit aura (1 + 3) décimales.
× 3, 7 **0** 5	3,705 a 3 décimales.	
2 3 7 0	474 × 5 = 2 370	► On a calculé et écrit le produit.
3 3 1 8 **0** .	474 × 700 = 331 800	► On a calculé puis remplacé le 0 des unités par un point et gardé celui des dizaines (474 × 0).
1 4 2 2 . . .	474 × 3 000 = 1 422 000	► On a remplacé 0 par des points.
1 7 5, 6 1 7 0	► On a placé la virgule pour que le produit ait 4 décimales.	

$47{,}4 \times 3{,}705 = 175{,}617$ ► On a écrit l'égalité en supprimant le zéro inutile.

EXERCICES

1. Calculer en posant les opérations : a. 3,16 × 5,7 b. 529,2 × 6,3
c. 7,56 × 4,03 d. 65,35 × 49,06 e. 627,5 × 9,4 f. 56,75 × 3,158

2. a. Calculer en posant l'opération : 210,3 × 50,14.
b. En déduire les produits : ▪ 21,03 × 501,4 ▪ 21 030 × 0,050 14 ▪ 2,103 × 5,014.

3. Trouver les chiffres manquant et placer la virgule au produit :

```
  6 □, 0 5
×     0, □
----------
□ □ 1 3 5
```

```
      7, □ 6
×     □, □
------------
  □ □ □ □
7 □ □ 4 .
------------
□ □ □ 9 8
```

```
        3, 5 □
×       7 □, □
---------------
      □ □ □ 6
    □ □ □ .
□ □ □ 9 . .
---------------
□ □ 9 □ □ □
```

Comment résoudre un problème conduisant à des multiplications de nombres décimaux ?

Pour résoudre un problème conduisant à des multiplications de nombres décimaux :
- ▲ on prélève l'information et on écrit le calcul qui répond à la question ;
- ▲ on applique les méthodes de ce chapitre pour calculer l'expression ;
- ▲ on répond à la question en faisant une phrase.

EXEMPLES

1. Adèle achète au marché 1,6 kg de pommes à 2,25 € le kg. Combien a-t-elle dépensé ?

$2,25\times1,6=3,6$ ► On a écrit et effectué le calcul qui répond à la question.
Adèle a dépensé 3,60 €. ► On a répondu en écrivant le chiffre des centièmes 0 qui correspond aux centimes.

2. Le réfectoire du collège compte douze rangées de cinq tables de quatre places chacune. Il y a deux services. Combien d'élèves peuvent manger au maximum dans ce réfectoire ?

$12\times5\times4\times2=480$ ► On a écrit et effectué le calcul qui répond à la question.
480 élèves peuvent manger dans ce réfectoire. ► On a répondu à la question.

EXERCICES

1. Quel est le prix de 15 timbres à 0,68 € l'un ?

2. Le côté d'un losange mesure 6,7 cm. Quel est le périmètre de ce losange ?

3. Aurélie est allée faire des courses. Elle a acheté 1,2 kg de viande à 9,50 € le kg. Combien a-t-elle dépensé ?

4. Un libraire achète 400 stylos à 6,40 € l'un. Combien paie-t-il ?

5. Une rame de papier contient 20 mains et une main contient 25 feuilles de papier. Combien y a-t-il de feuilles dans 8 rames de papier ?

6. Antoine fait laver sa voiture deux fois par mois. Chaque lavage coûte 4,80 €. Combien Antoine dépense-il par an pour le lavage de sa voiture ?

7. Quel est le prix de deux douzaines et demie d'œufs à 3,84 € la douzaine ?

8. Un autocar prend le matin les enfants des hameaux pour les transporter à l'école du village et le soir il les reconduit chez eux. Chaque trajet est de 37,5 km. Quelle distance parcourt-il pour le transport des enfants par semaine de classe de 5 jours ?

méthode 5

Comment utiliser une calculatrice pour calculer un produit ?

Pour utiliser une calculatrice pour calculer un produit :
▲ on tape le premier facteur ;
▲ on appuie sur la touche [×], on tape le deuxième facteur, on appuie sur la touche [×], on tape le facteur suivant et ainsi de suite jusqu'au dernier facteur ;
▲ on appuie sur la touche [=] pour obtenir le résultat.
Remarques : - ne pas oublier de mettre en marche la calculatrice ;
- bien lire le mode d'emploi.
Attention, le résultat affiché n'est pas toujours le résultat exact, la calculatrice ne fait pas d'erreurs mais elle arrondit parfois.

EXEMPLE

Avec une calculatrice, calculer : $7,257 \times 6,4$ et $0,58 \times 3,6 \times 57,43$.

$7,257 \times 6,4 = 46,444\,8$ ► On a tapé : [7] [,] [2] [5] [7] [×] [6] [,] [4] [=]

$0,58 \times 3,6 \times 57,43 = 119,913\,84$

► On a tapé : [,] [5] [8] [×] [3] [,] [6] [×] [5] [7] [,] [4] [3] [=]

Remarque : pour les nombres inférieurs à 1, on peut ne pas taper la partie entière 0.

EXERCICES

1. Avec une calculatrice, calculer les produits suivants :
a. $12,287 \times 69,52$ b. $98,34 \times 14,72$ c. $0,586 \times 0,68$ d. $241,6 \times 0,72 \times 46,5$

2. Compléter le tableau ci-dessous à l'aide d'une calculatrice.

Prix en euros	0,780 kg	0,820 kg	1,3 kg	1,6 kg
Fraises à 5,50 € le kg				
Pêches à 2,45 € le kg				
Tomates à 1,39 € le kg				

3. Dans une salle de spectacle, il y a trente-quatre rangées de treize fauteuils. Le prix d'une place de spectacle est de 23,50 euros. A l'aide d'une calculatrice, trouver la recette pour une séance où toutes les places sont occupées.

4. Calculer les produits suivants avec une calculatrice : a. $456,267 \times 16\,593,8$
b. $57,8 \times 345,186\,2$ c. $7\,654,13 \times 912,58$ d. $9\,785,9 \times 189,829$
Vérifier sans poser d'opération si la calculatrice affiche les valeurs exactes des produits demandés.

Comment donner un ordre de grandeur d'un produit de nombres décimaux ?

Pour donner un ordre de grandeur d'un produit de nombres décimaux :
▲ on cherche un ordre de grandeur de chaque facteur, en prenant des valeurs permettant d'effectuer le calcul très rapidement ;
▲ on calcule le produit des ordres de grandeur choisis.
Remarque : un produit de nombres décimaux peut avoir plusieurs ordres de grandeur.

EXEMPLE

Donner un ordre de grandeur de : a. $52 \times 12{,}8$ b. $0{,}96 \times 2016 \times 9{,}7$.

a. Pour 52 on choisit 50 comme ordre de grandeur. Pour 12,8 on choisit 13.
► On a cherché des ordres de grandeur de chaque facteur.
$50 \times 13 = 650$ ► On a calculé le produit des ordres de grandeur.
Un ordre de grandeur de $52 \times 12{,}8$ est 650.

b. Pour 0,96 on choisit 1 comme ordre de grandeur, pour 2016 on choisit 2 000 et pour 9,7 on choisit 10.
► On a cherché des ordres de grandeur de chaque facteur.
$1 \times 2\,000 \times 10 = 20\,000$ ► On a calculé le produit des ordres de grandeur.
Un ordre de grandeur de $0{,}96 \times 2\,016 \times 9{,}7$ est 20 000.

EXERCICES

1. Donner un ordre de grandeur de : a. $209{,}65 \times 785{,}2$ b. $47{,}16 \times 10{,}3 \times 2{,}17$.

2. a. Déterminer un ordre de grandeur de $487{,}35 \times 9{,}85$ et de $0{,}108 \times 83{,}516$.
b. Vérifier avec une calculatrice si chaque estimation est correcte.

3. a. Déterminer un ordre de grandeur des produits suivants :
$76{,}2 \times 9{,}81$ $6{,}34 \times 391{,}3$ $59{,}6 \times 0{,}62$ $92{,}3 \times 2{,}94$.
b. Un de ces produits est égal à 271,362. Utiliser les réponses de la question précédente pour trouver lequel.

4. Ophélie doit calculer $976{,}5 \times 0{,}088$. Elle pose l'opération et trouve 8,593 2. Sa grande sœur Alisson lui dit aussitôt que son résultat est faux. Pourquoi ?

5. Pour clôturer son poulailler de 21,4 m de périmètre, porte incluse, Pierre va acheter du grillage. Il a le choix pour les hauteurs. Celui de 1,50 m de haut a sa préférence, il coûte 5,75 € le mètre linéaire. Pierre n'a qu'un billet de 100 €, peut-il l'acheter ? Répondre à la question en utilisant un ordre de grandeur.

JEUX

1. Nombres croisés.

Horizontalement :
1. $20\times0{,}9$; 3×3 ; 6×6.
2. 3×4 ; 10×10.
3. $0{,}01\times100$; 5×9 ; $0{,}75\times4$.
4. 6×7 ; 7×9 ; 2×4.
5. 3×17 ; 9×6.
6. $2\times3{,}5$; 8×8 ; 7×13.
7. 9×3 ; 10×8 ; 1×5.

Verticalement :
A. $10\times0{,}1$; 2×7 ; 8×9.
B. 9×9 ; 5×5 ; $100\times0{,}07$.
C. 3×8 ; 4×4.
D. $2\times4{,}5$; 8×7 ; 6×8.
E. 1×1 ; 7×5 ; 4×0.
F. 3×101 ; 7×7.
G. 5×12 ; $10\times0{,}8$; 3×5.

	A	B	C	D	E	F	G
1			■		■		
2	■			■			
3		■			■		■
4			■			■	
5	■			■			■
6		■			■		
7			■			■	

2. Carré magique multiplicatif : le produit des nombres de chaque ligne, chaque colonne et des deux diagonales est le même.

a. Intervertir 2 nombres pour que le carré soit magique.

63	1	147
49	21	7
3	441	9

b. Compléter le carré magique multiplicatif ci-dessous.

12		18
	6	
		3

c. Compléter le carré magique ci-dessous dont le produit magique est 1000.

		5
1		
		2

3. Pour découvrir le mot mystérieux, trouver dans les opérations ci-dessous le chiffre attribué à chaque lettre puis placer les lettres dans la grille.

```
   O E         G L         O O        L T E        H L
 × O E       × A A       × M T      −   I T      × M H
 -------     -------     ------     -------      ------
 T O E E     G G H H      L R L      G L G        T T O
```

9	8	7	6	5	4	3	2	1	0

4. Dans le QCM qui suit, il peut y avoir de 0 à 4 réponses justes par ligne. Trouver toutes les réponses justes. Aucune justification n'est demandée.

	Réponses	a	b	c	d
1	$85\times54 = 4\,590$ donc :	$8{,}5\times5\,400 = 459$	$850\times0{,}54 = 459$	$0{,}085\times5{,}4 = 0{,}459$	$8{,}5\times5{,}4 = 45{,}9$
2	$6{,}7\times31{,}4 = 210{,}38$ donc on a :	$0{,}67\times3{,}14 = 2{,}103\,8$	$6\,700\times0{,}314 = 21{,}038$	$670\times314 = 210\,380$	$6{,}7\times314 = 2\,103{,}8$
3	$68{,}6\times4{,}9$ est proche de :	300	350	400	450
4	Meilleur ordre de grandeur de 34×625 :	2 000	10 000	20 000	200 000
5	Un ordre de grandeur de $7{,}62\times21{,}25$ est :	160	161,925	721	8×21

5. Dominos. Placer les dominos en suivant le parcours de façon que les nombres se trouvant de part et d'autre des deux côtés adjacents soient égaux.

$0{,}5\times10$	$0{,}2\times2{,}25$	$450\times0{,}1$	$4{,}5\times20$	$0{,}3\times0{,}3$	$7{,}5\times20$
$0{,}5\times1{,}8$	$0{,}05\times10$	$0{,}3\times0{,}5$	$12{,}5\times4$	$0{,}3\times10$	$20\times22{,}5$
30×3	45×20	$0{,}9\times500$	10×15	$0{,}3\times15$	$0{,}1\times90$
$10\times4{,}5$	$15\times0{,}1$	10×3	$0{,}25\times0{,}2$	$20\times0{,}15$	$4{,}5\times0{,}1$
$9\times0{,}1$	$0{,}75\times0{,}2$	$0{,}2\times250$	$30\times0{,}3$	$0{,}5\times0{,}1$	$10\times0{,}15$
$25\times0{,}2$	$10\times0{,}45$	15×60	$9\times0{,}01$	$5\times0{,}1$	$1{,}2\times25$

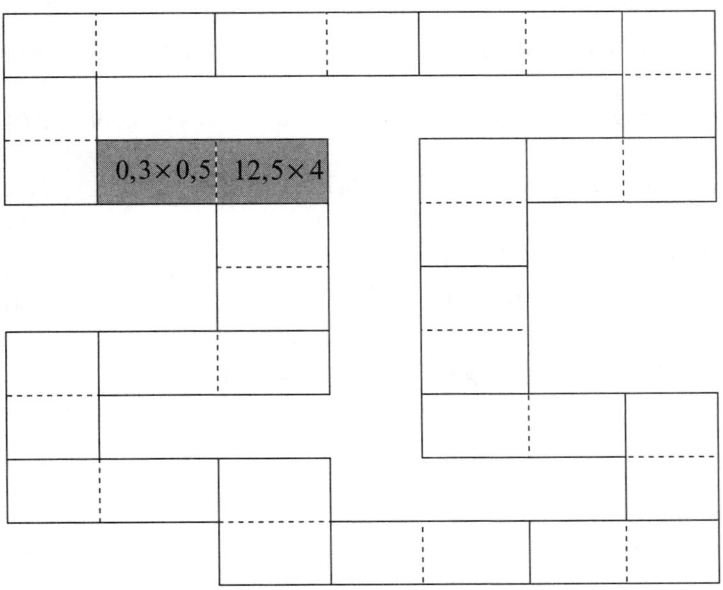

Méthode 1

a. $38{,}297 \times 10 = 382{,}97$	$100 \times 910{,}45 = 91\,045$	$0{,}016\,8 \times 1\,000 = 16{,}8$
b. $0{,}23 \times 0{,}1 = 0{,}023$	$561{,}73 \times 0{,}01 = 5{,}617\,3$	$0{,}6 \times 0{,}001 = 0{,}000\,6$
c. $1\,000 \times 12{,}4 = 12\,400$	$265{,}3 \times 10 = 2\,653$	$0{,}01 \times 0{,}612 = 0{,}006\,12$
d. $100 \times 0{,}001 = 0{,}1$	$409{,}83 \times 0{,}001 = 0{,}409\,83$	$0{,}1 \times 505{,}2 = 50{,}52$
e. $380 \times 0{,}1 = 38$	$8\,580 \times 0{,}01 = 85{,}8$	$100 \times 0{,}778 = 77{,}8$
f. $0{,}001 \times 25 = 0{,}025$	$1\,000 \times 41{,}28 = 41\,280$	$0{,}01 \times 100 = 1$
g. $0{,}01 \times 1{,}6 = 0{,}016$	$42 \times 100 = 4\,200$	$20\,314 \times 0{,}001 = 20{,}314$
h. $10 \times 39 = 390$	$0{,}1 \times 10 = 1$	$706{,}4 \times 100 = 70\,640$

Méthode 2

a. $0{,}4 \times 0{,}5 = 0{,}2$	$0{,}03 \times 0{,}8 = 0{,}024$	$0{,}4 \times 0{,}25 = 0{,}1$	$1{,}5 \times 0{,}6 = 0{,}9$
b. $5{,}51 \times 0{,}03 = 0{,}1653$	$0{,}45 \times 0{,}2 = 0{,}09$	$6 \times 0{,}07 = 0{,}42$	$28{,}5 \times 0{,}04 = 1{,}14$
c. $0{,}6 \times 0{,}08 = 0{,}048$	$7{,}3 \times 0{,}09 = 0{,}657$	$60 \times 0{,}03 = 1{,}8$	$64{,}2 \times 0{,}5 = 32{,}1$
d. $201 \times 0{,}5 = 100{,}5$	$4{,}5 \times 7 = 31{,}5$	$0{,}008 \times 8\,000 = 64$	$800 \times 0{,}000\,7 = 0{,}56$
e. $1005 \times 0{,}09 = 90{,}45$	$0{,}2 \times 5{,}5 = 1{,}1$	$0{,}17 \times 0{,}4 = 0{,}068$	$270 \times 0{,}02 = 5{,}4$
f. $1{,}1 \times 0{,}12 = 0{,}132$	$0{,}5 \times 71{,}54 = 35{,}77$	$70 \times 0{,}8 = 56$	$0{,}125 \times 0{,}8 = 0{,}1$
g. $\frac{15}{10} \times \frac{13}{10} = 1{,}95$	$\frac{5}{100} \times \frac{6}{10} = 0{,}03$	$5 \times \frac{12}{100} = 0{,}6$	$\frac{36}{100} \times \frac{6}{100} = 0{,}0216$
h. $90 \times 0{,}8 = 72$	$9{,}01 \times 0{,}5 = 4{,}505$	$9{,}9 \times 0{,}35 = 3{,}465$	$4{,}8 \times 101 = 484{,}8$

Méthode 3

1. a.

$$\begin{array}{r} 3,16 \\ \times \quad 5,7 \\ \hline 2212 \\ 1580. \\ \hline 18,012 \end{array}$$

$3,16 \times 5,7 = 18,012$

b.

$$\begin{array}{r} 529,2 \\ \times \quad 6,3 \\ \hline 15876 \\ 31752. \\ \hline 3333,96 \end{array}$$

$529,2 \times 6,3 = 3\,333,96$

c.

$$\begin{array}{r} 7,56 \\ \times \quad 4,03 \\ \hline 2268 \\ 30240. \\ \hline 30,4668 \end{array}$$

$7,56 \times 4,03 = 30,466\,8$

d.

$$\begin{array}{r} 65,35 \\ \times \quad 49,06 \\ \hline 39210 \\ 588150. \\ 26140.. \\ \hline 3206,071 \end{array}$$

$65,35 \times 49,06 = 3\,206,071$

e.

$$\begin{array}{r} 627,5 \\ \times \quad 9,4 \\ \hline 25100 \\ 56475. \\ \hline 5898,50 \end{array}$$

$627,5 \times 9,4 = 5\,898,5$

f.

$$\begin{array}{r} 56,75 \\ \times \quad 3,158 \\ \hline 45400 \\ 28375. \\ 5675.. \\ 17025... \\ \hline 179,21650 \end{array}$$

$56,75 \times 3,158 = 179,216\,5$

2. a.

$$\begin{array}{r} 210,3 \\ \times \quad 50,14 \\ \hline 8412 \\ 2103. \\ 105150.. \\ \hline 10544,442 \end{array}$$

$210,3 \times 50,14 = 10\,544,442$

b. $21,03 \times 501,4 = 10\,544,442$

$21030 \times 0,05014 = 1\,054,444\,2$

$2,103 \times 5,014 = 10,544\,442$

3.

$$\begin{array}{r} 6\boxed{3},05 \\ \times \quad 0,\boxed{7} \\ \hline \boxed{4}\boxed{4},135 \end{array}$$

$$\begin{array}{r} 7,\boxed{8}6 \\ \times \quad \boxed{9},\boxed{3} \\ \hline \boxed{2}\boxed{3}\boxed{5}\boxed{8} \\ 7\boxed{0}\boxed{7}4\,. \\ \hline \boxed{7}\boxed{3},\boxed{0}98 \end{array}$$

$$\begin{array}{r} 3,5\boxed{7} \\ \times \quad 7\boxed{2},\boxed{8} \\ \hline \boxed{2}\boxed{8}\boxed{5}6 \\ \boxed{7}\boxed{1}\boxed{4}\,. \\ \boxed{2}\boxed{4}\boxed{9}9\,.\,. \\ \hline \boxed{2}\boxed{5}9,\boxed{8}\boxed{9}\boxed{6} \end{array}$$

Méthode 4

1. $0,68 \times 15 = 10,2$ Le prix de 15 timbres à 0,68 € est 10,20 €.	2. $6,7 \times 4 = 26,8$ Le périmètre du losange est 26,8 cm.

3. $9{,}5 \times 1{,}2 = 11{,}4$ Aurélie a dépensé 11,40 €.	4. $6{,}4 \times 400 = 2560$ Le libraire paie les 400 stylos 2 560 €
5. $25 \times 20 \times 8 = 500 \times 8 = 4\,000$ Il y a 4 000 feuilles dans 8 rames de papier.	6. $4{,}8 \times 2 \times 12 = 115{,}2$ Antoine dépense 115,20 € par an pour le lavage de sa voiture.
7. $3{,}84 \times 2{,}5 = 9{,}6$ Le prix de deux douzaines et demie d'œufs à 3,84 € la douzaine est 9,60 €.	8. $37{,}5 \times 2 \times 5 = 375$ L'autocar parcourt 375 km par semaine de classe de 5 jours.

Méthode 5

1. a. $12{,}287 \times 69{,}52 = 854{,}192\,24$
b. $98{,}34 \times 14{,}72 = 1\,447{,}564\,8$
c. $0{,}586 \times 0{,}68 = 0{,}398\,48$
d. $241{,}6 \times 0{,}72 \times 46{,}5 = 8\,088{,}768$.

2.

Prix en euros	0,780 kg	0,820 kg	1,3 kg	1,6 kg
Fraises à 5,50 € le kg	4,29	4,51	7,15	8,80
Pêches à 2,45 € le kg	1,911	2,009	3,185	3,92
Tomates à 1,39 € le kg	1,084 2	1,139 8	1,807	2,224

3. $23{,}5 \times 34 \times 13 = 10\,387$
La recette pour une séance où toutes les places sont occupées est 10 387 €.

4. a. $456{,}267 \times 16\,593{,}8 =$ la calculatrice affiche 7571203,345
456,267 se termine par 7 et 16 593,8 se termine par 8 donc la valeur exacte du produit doit se terminer par 6 ($7 \times 8 = 56$) et non par 5 comme le résultat affiché donc la calculatrice n'affiche pas la valeur exacte du produit.

b. $57{,}8 \times 345{,}186\,2 =$ la calculatrice affiche 19 951,762 36
57,8 se termine par 8 et a 1 décimale, 345,186 2 se termine par 2 et a 4 décimales donc la valeur exacte du produit doit se terminer par 6 ($2 \times 8 = 16$) et avoir 5 décimales (1 + 4), le résultat affiché remplit ces deux conditions donc la calculatrice affiche la valeur exacte du produit.

c. $7\,654{,}13 \times 912{,}58 =$ la calculatrice affiche 6 985 005,955
7 654,13 se termine par 3 et 912,58 se termine par 8 donc la valeur exacte du produit doit se terminer par 4 ($3 \times 8 = 24$) et non par 5 comme le résultat affiché donc la calculatrice n'affiche pas la valeur exacte du produit.

d. $9\,785{,}9 \times 189{,}829 =$ la calculatrice affiche 1 857 647,611
9 785,9 se termine par 9 et a 1 décimale, 189,829 se termine par 9 et a 3 décimales, or $9 \times 9 = 81$ et 1 + 3 = 4, le résultat affiché se termine bien par 1 mais il a 3 décimales alors que la valeur exacte du produit doit en avoir 4 donc la calculatrice n'affiche pas la valeur exacte du produit.

Méthode 6

1. a. $200 \times 800 = 160\ 000$
Un ordre de grandeur de $209{,}65 \times 785{,}2$ est 160 000.
b. $50 \times 10 \times 2 = 1\ 000$
Un ordre de grandeur de $47{,}16 \times 10{,}3 \times 2{,}17$ est 1 000.

2. a. $500 \times 10 = 5\ 000$
Un ordre de grandeur de $487{,}35 \times 9{,}85$ est 5 000.

$0{,}1 \times 100 = 10$. Un ordre de grandeur de $0{,}108 \times 83{,}516$ est 10.

b. $487{,}35 \times 9{,}85 = 4\ 800{,}397\ 5$
5 000 est donc un ordre de grandeur correct.

$0{,}108 \times 83{,}516 = 9{,}019728$
10 est donc un ordre de grandeur correct.

3. a.

Produit	Calcul	Ordre de grandeur
$76{,}2 \times 9{,}81$	$75 \times 10 = 750$	750
$6{,}34 \times 391{,}3$	$6 \times 400 = 2\ 400$	2 400
$59{,}6 \times 0{,}62$	$60 \times 0{,}5 = 30$	30
$92{,}3 \times 2{,}94$	$100 \times 3 = 300$	300

b. Parmi les ordres de grandeur trouvés, 300 est le plus proche de 271,362 donc parmi ces quatre produits celui qui est égal à 271,362 est $92{,}3 \times 2{,}94$.

4. $1000 \times 0{,}1 = 100$
Alisson a calculé rapidement un ordre de grandeur de $976{,}5 \times 0{,}088$, elle a trouvé 100. Le résultat d'Ophélie 8,593 2 est très inférieur à cet ordre de grandeur donc il n'est pas correct. Ophélie avait mal placé la virgule.

5. $6 \times 20 = 120$
Un ordre de grandeur de $5{,}75 \times 21{,}4$ est 120.
Avec 100 € Pierre ne peut donc pas acheter assez de ce grillage.

Jeux

1. Nombres croisés.

	A	B	C	D	E	F	G
1	1	8	■	9	■	3	6
2	■	1	2	■	1	0	0
3	1	■	4	5	■	3	■
4	4	2	■	6	3	■	8
5	■	5	1	■	5	4	■
6	7	■	6	4	■	9	1
7	2	7	■	8	0	■	5

2. Carré magique multiplicatif.

a.

63	1	147
49	21	▲9
3	441	▼7

On a interverti 7 et 9.

b.

12	**1**	18
9	6	**4**
2	**36**	3

c.

50	**4**	5
1	**10**	**100**
20	**25**	2

3. Mot mystérieux.

$$\begin{array}{r} 60 \\ \times\ 60 \\ \hline 3600 \end{array} \qquad \begin{array}{r} 78 \\ \times\ 99 \\ \hline 7722 \end{array} \qquad \begin{array}{r} 66 \\ \times\ 13 \\ \hline 858 \end{array} \qquad \begin{array}{r} 830 \\ -\ 43 \\ \hline 787 \end{array} \qquad \begin{array}{r} 28 \\ \times\ 12 \\ \hline 336 \end{array}$$

9	8	7	6	5	4	3	2	1	0
A	L	G	O	R	I	T	H	M	E

4. QCM.

1. Réponses b, c et d
2. Réponses a, c et d
3. Réponse b
4. Réponse c
5. Réponse a

5. Dominos.

0,5×1,8 = 0,9	0,05×10 = 0,5	5×0,1 = 0,5	1,2×25 = 30	10×3 = 30	0,25×0,2 = 0,05	0,5×0,1 = 0,05
9×0,1 = 0,9						10×0,15 = 1,5
0,75×0,2 = 0,15	0,3×0,5 = 0,15	12,5×4 = 50		450×0,1 = 45	10×4,5 = 45	15×0,1 = 1,5
		0,2×250 = 50		4,5×20 = 90		
		30×0,3 = 9		30×3 = 90		
10×0,45 = 4,5	0,3×15 = 4,5	0,1×90 = 9		45×20 = 900		
25×0,2 = 5				15×60 = 900	9×0,01 = 0,09	0,3×0,3 = 0,09
0,5×10 = 5	0,2×2,25 = 0,45	4,5×0,1 = 0,45				7,5×20 = 150
		20×0,15 = 3	0,3×10 = 3	20×22,5 = 450	0,9×500 = 450	10×15 =150

Chapitre 4

Division

dividende	diviseur
	quotient
reste	

Lorsque l'on pose une division, le diviseur est toujours un nombre entier.
A chaque étape d'une division posée, le reste doit être inférieur au diviseur.
La division ne fournit un quotient que lorsque tous les chiffres du dividende ont été abaissés.

Rappel : dans une division euclidienne, le dividende, le diviseur, le quotient et le reste sont des nombres entiers.
Le dividende est égal au produit du diviseur par le quotient auquel est ajouté le reste ; le reste est toujours inférieur au diviseur.

Critères de divisibilité par 2, 3, 4, 5, 9 et 10

Divisibilité par	
2	le chiffre des unités est : 0, 2, 4, 6 ou 8.
5	le chiffre des unités est : 0 ou 5.
10	le chiffre des unités est 0.
3	la somme des chiffres est divisible par 3.
9	la somme des chiffres est divisible par 9.
4	le nombre formé par les deux chiffres de droite est divisible par 4.

Méthodes

1. Comment utiliser les notions de multiple et de diviseur d'un nombre entier ?
2. Comment connaître et utiliser les critères de divisibilité par 2, 3, 4, 5, 9 et 10 ?
3. Comment diviser un nombre décimal par 10 ; 100 ; 1 000 ?
4. Comment trouver le quotient et le reste d'une division euclidienne ?
5. Comment effectuer une division d'un décimal par un entier ?
6. Comment résoudre un problème conduisant à une division ?
7. Comment utiliser une calculatrice pour effectuer une division ou pour donner le quotient et le reste d'une division euclidienne ?

méthode 1

Comment utiliser les notions de multiple et de diviseur d'un nombre entier ?

Pour utiliser les notions de multiple et de diviseur d'un nombre entier :

- on multiplie un nombre entier par un entier, on obtient un multiple du nombre ;
- on multiplie un nombre entier par deux entiers consécutifs, alors on obtient deux multiples consécutifs du nombre ;
- on décompose un nombre entier en produit de facteurs entiers, alors chaque facteur est un diviseur du nombre, on dit aussi qu'il divise le nombre.

Remarques : si un entier est un multiple d'un autre entier, alors ce dernier est un diviseur du premier.

0 est un multiple de tous les nombres.

1 est un diviseur de tous les nombres.

EXEMPLES

1. 119 est-il un multiple de 13 ? Justifier.

$13 \times 9 = 117$ et $13 \times 10 = 130$ or $117 < 119 < 130$ donc $13 \times 9 < 119 < 13 \times 10$

► On a encadré 119 par deux multiples consécutifs de 13.

On en déduit que 119 n'est pas un multiple de 13.

2. 13 est-il un diviseur de 65 ? Justifier.

$65 = 13 \times 5$ donc 13 est un diviseur de 65.

EXERCICES

1. a. 114 et 196 sont-ils des multiples de 14 ? Justifier.
b. 14 est-il un diviseur de 168 ? De 240 ? Justifier.
c. Pourquoi est-on sûr que 14 ne divise pas 77 ?
d. 14 divise-t-il 98 ? Justifier.

2. Ecrire les dix premiers multiples de 8.

3. a. 120 et 170 sont-ils des multiples de 15 ? Justifier.
b. 37 divise-t-il 130 ? Justifier.
c. 37 est-il un diviseur de 111 ? Justifier.

4. Ecrire la liste des multiples de 25 compris entre 190 et 410.

5. a. 49 et 56 sont-ils des multiples consécutifs de 7 ? Justifier.
b. 36 et 48 sont-ils des multiples consécutifs de 6 ? Justifier.

6. a. Donner quatre diviseurs de 91.
b. Donner deux diviseurs de 33 autre que 1 et 33.

Comment connaître et utiliser les critères de divisibilité par 2, 3, 4, 5, 9 et 10 ?

Pour connaître et utiliser les critères de divisibilité par 2, 3, 4, 5, 9 et 10 :
▲ on s'aide du tableau de la page d'introduction du chapitre qui donne les critères de divisibilité ;
▲ on regarde le chiffre des unités du nombre pour les critères de divisibilité par 2, 5 ou 10 et on applique le critère correspondant ;
▲ on calcule la somme des chiffres du nombre pour les critères de divisibilité par 3 et 9 et on applique le critère correspondant ;
▲ on regarde le nombre formé par les deux derniers chiffres du nombre pour le critère de divisibilité par 4 et on applique le critère.

EXEMPLES

1. 2 016, 840 et 95 sont-ils divisibles par 2, par 5, par 10 ?

	chiffre des unités	divisible par 2	divisible par 5	divisible par10
2 016	6	oui	non	non
840	0	oui	oui	oui
95	5	non	oui	non

2. 2 016, 840 et 95 sont-ils divisibles par 3, par 9 ?

	somme des chiffres	divisible par 3	divisible par 9
2 016	2 + 0 + 1 + 6 = 9	oui	oui
840	8 + 4 + 0 = 12	oui	non
95	9 + 5 = 14	non	non

3. Parmi les nombres 436, 978 et 1 200, quels sont ceux divisibles par 4 ?

436 se termine par 36 or 36 est divisible par 4 donc 436 est divisible par 4.
78 n'est pas divisible par 4 donc 978 n'est pas divisible par 4.
1 200 se termine par 00 donc 1 200 est divisible par 4.

EXERCICES

1. a. 70 ; 491 ; 1 515 et 32 sont-ils divisibles par 2, par 5, par 10 ? Justifier.
b. 564 ; 144 ; 98 et 627 sont-ils divisibles par 3 et 9 ? Justifier.
c. 1 914 ; 948 ; 420 ; 73 500 et 626 sont-ils divisibles par 4 ? Justifier.

2. Compléter le tableau suivant en mettant une croix dans les bonnes cellules :

	2	3	4	5	9	10
324 est divisible par …						
510 est divisible par …						
875 est divisible par …						
1 000 est divisible par …						
3 652 est divisible par …						

méthode 3

Comment diviser un nombre décimal par 10 ; 100 ; 1 000 ?

Pour diviser un nombre décimal par 10 ; 100 ; 1 000 :
▲ on décale la virgule respectivement de 1 ; 2 ; 3 rangs vers la gauche autrement dit le chiffre des unités devient respectivement celui des dixièmes, des centièmes, des millièmes.
Remarque 1 : on peut écrire autant de zéros que l'on veut à gauche de la partie entière du nombre. L'écriture usuelle d'un entier ne comporte pas de virgule mais on peut en supposer une à droite.
Remarque 2 : diviser par 10 ; 100 ; 1 000, revient à multiplier par 0,1 ; 0,01 ; 0,001 (*chapitre 3 méthode 1*).

EXEMPLE Calculer :

a. $90,51 \div 10$ **b.** $2675,8 \div 100$ **c.** $12,4 \div 1\,000$ **d.** $357 \div 1\,000$

a. $90,51 \div 10 = 9,051$ ► On a décalé la virgule de 1 rang vers la gauche.

b. $2\,675,8 \div 100 = 26,758$ ► On a décalé la virgule de 2 rangs vers la gauche.

c. $12,4 \div 1\,000 = 0,0124$ ► On a décalé la virgule de 3 rangs vers la gauche après avoir écrit 2 zéros à gauche.

d. $357 \div 1\,000 = 0,357$ ► On a décalé la virgule, sous entendue à droite, de 3 rangs vers la gauche après avoir écrit un 0 à gauche.

EXERCICES

1. Calculer :

a. $29,68 \div 10$ $134,7 \div 100$ $52,8 \div 1\,000$

b. $78 \div 10$ $62 \div 100$ $49\,312 \div 1\,000$

c. $3\,758,9 \div 1\,000$ $8,5 \div 10$ $12,4 \div 100$

d. $0,99 \div 100$ $9,9 \div 1\,000$ $0,29 \div 10$

2. Compléter le tableau suivant par l'écriture décimale du quotient :

Divisé par →	1	10	100	1 000
1 000				
100				
10				
1				

méthode 4

Comment trouver le quotient et le reste d’une division euclidienne ?

Pour trouver le quotient et le reste d’une division euclidienne :
▲ on cherche deux multiples consécutifs du diviseur qui encadrent le dividende, le premier pouvant être égal à celui-ci (plusieurs méthodes) ;
▲ on donne le nombre par lequel est multiplié le diviseur pour obtenir le premier multiple, ce nombre est le quotient entier ou quotient euclidien ;
▲ on trouve la différence entre le dividende et le premier multiple, cette différence est le reste.
Remarque : le dividende est égal au produit du diviseur par le quotient auquel est ajouté le reste ; le reste est toujours inférieur au diviseur.

EXEMPLES Donner le quotient et le reste des divisions euclidiennes :

1. de 487 par 8 **2. de 5 493 par 42.**

1. $48 = 8 \times 6$ donc $480 = 8 \times 60$ et $8 \times 61 = 488$
$8 \times \mathbf{60} < 487 < 8 \times 61$ le quotient de la division euclidienne 487 par 8 est 60.
$487 - 480 = \mathbf{7}$ le reste de la division euclidienne de 487 par 8 est 7.
► On a observé les deux nombres et utilisé des multiples connus de 8.
► On a encadré le dividende entre deux multiples consécutifs du diviseur et donné le quotient.
► On a calculé la différence entre le dividende et le premier multiple et donné le reste.

2.

5 4 9 3	4 2
−4 2 ↓	
1 2 9	1 3 0
−1 2 6 ↓	
3 3	

$5\,493 = 42 \times 130 + 33$

Le quotient est 130.
Le reste est 33.

► On a posé la division euclidienne de 5 493 par 42.
► On l’a effectuée par étapes.
En 54 combien de fois 42 ? 1 fois
on écrit 1 au quotient.
$42 \times 1 < 42 < 42 \times 2$ et $54 - 42 = 12$
On abaisse le 9. En 129 combien de fois 42 ? 3 fois
on écrit 3 au quotient.
$3 \times 42 = 126$; $3 \times 42 < 129 < 4 \times 42$; $129 - 126 = 3$
On abaisse le 3. En 33 combien de fois 42 ? 0 fois
on écrit 0 au quotient.
► On a conclu.

EXERCICES

1. Donner le quotient et le reste des divisions euclidiennes de :
a. 268 par 7 b. 582 par 56 c. 5 375 par 14
d. 6 535 par 49 e. 7 041 par 350 f. 5 442 par 23
g. 1 001 par 13. Que remarque-t-on ?

2. Dans une division euclidienne, le diviseur est 145, le quotient est 18 et le reste est 32. Quel est le dividende ?

méthode 5

Comment effectuer une division d'un décimal par un entier?

> Pour effectuer une division d'un décimal par un entier :
> ▲ on effectue la division euclidienne de la partie entière du dividende par le diviseur, voir *méthode 4 exemple 2* ;
> ▲ on place la virgule après le chiffre des unités du quotient ;
> ▲ on abaisse le chiffre des dixièmes, qui est 0 si le dividende est entier ;
> ▲ on divise le nombre obtenu après avoir abaissé ce chiffre pour trouver le chiffre des dixièmes du quotient et le reste en dixièmes ;
> ▲ on abaisse ensuite le chiffre des centièmes, on trouve le chiffre des centièmes du quotient et le reste en centièmes et ainsi de suite.
> **Remarque :** lorsque tous les chiffres du dividende ont été abaissés, si le reste est 0, le quotient trouvé est exact sinon il est approché.

EXEMPLE

Poser, effectuer les divisions de 749 par 9 et de 963,75 par 15 et conclure.

7 4 9, **0 0**	9
2 9 ↓ ↓	
2 **0** ↓	8 3, 2 2
2 **0**	
2	

$749 = 9 \times 83{,}22 + 0{,}02$

83,22 est un quotient approché au centième de 749 par 9 ;

$749 \div 9 \approx 83{,}22$

► On a effectué la division euclidienne de 749 par 9.

► On a complété l'écriture de 749 pour abaisser le chiffre des dixièmes, puis le chiffre des centièmes.

9 6 3,**7** 5	1 5
6 3 ↓ ↓	
0 3 **7** ↓	6 4, 2 5
0 7 5	
0	

$963{,}75 = 15 \times 64{,}25 + 0$

64,25 est le quotient exact de 963,75 par 15.

$963{,}75 \div 15 = 64{,}25$

► On a effectué la division euclidienne de 963 par 9.

► On a abaissé le chiffre des dixièmes puis celui des centièmes de 963,75.

Remarque : on a effectué les soustractions mentalement.

EXERCICES

1. Poser et effectuer les divisions suivantes : de 55,6 par 4 ; de 158,75 par 25.

2. a. Trouver un quotient approché au dixième de 184 par 7 et de 145,6 par 38.
b. Trouver un quotient approché au centième de 219,13 par 8.
c. Trouver un quotient approché au centième de 98,5 par 15 et le reste associé.

3. Trouver les chiffres qui manquent.

□ 4, □	6
□ □	
□ □	7, □ 5
0	

□ □ □	1 7
− 1 0 2	
1 0 0	□,□ □
− 8 5	
□ □	

Comment résoudre un problème conduisant à une division ?

Pour résoudre un problème conduisant à une division :
▲ on prélève l'information et on écrit le calcul qui répond à la question ;
▲ on applique les méthodes de ce chapitre pour calculer l'expression ;
▲ on répond à la question en faisant une phrase.

EXEMPLES

1. Un carré a un périmètre de 5,6 m. Quelle est la longueur de son côté ?

$5{,}6 \div 4 = 1{,}4$ ► On a écrit le calcul.
La longueur du côté du carré est 1,4 m. ► On a répondu à la question.

2. On a 100 œufs à ranger dans des boîtes de 6, on veut qu'ils soient tous dans des boîtes pour ne pas les casser. Combien faut-il de boîtes ?

$100 = 6 \times 16 + 4$
Comme on veut que tous les œufs soient dans les boîtes, il faudra 17 boîtes.

EXERCICES

1. Une couturière coupe un ruban de 235 cm en 5 morceaux identiques. Combien mesure chaque morceau ?

2. Un menuisier veut découper des morceaux de 80 cm dans une baguette de bois de 6 m. Combien obtiendra-t-il au maximum de morceaux de 80 cm ?

3. Pour fêter son anniversaire Estelle doit acheter 68 boîtes de soda qui ne se vendent que par pack de 6. Combien doit-elle acheter de packs ? Combien aura-t-elle acheté de boîtes en trop ?

4. Un cultivateur doit conditionner 281,50 kg de pommes de terre en sacs de 5 kg. Combien doit-il prévoir de sacs ? Combien lui reste-t-il de kilogrammes de pommes de terre ?

5. 400 billes identiques pèsent 1,800 kg. Combien pèse une bille ?

6. Trois livres de beurre coûtent 4,68 €. Combien coûte une livre de beurre ?

7. Mamie a préparé 4,6 kg de confiture. Elle dispose de pots de 350 g. Combien de pots doit-t-elle prévoir si elle veut que toute la confiture soit dans des pots ?

8. a. Au supermarché, 3 packs de 6 bouteilles d'eau de source de 1,5 L coûtent 4,50 €. A combien revient une bouteille ?
b. Lors d'une vente promotionnelle le magasin propose 3 packs pour le prix de 2 soit 3 € les 3 packs de 6 bouteilles. A combien revient alors une bouteille ?

méthode 7

Comment utiliser une calculatrice pour effectuer une division ou pour donner le quotient et le reste dans une division euclidienne ?

Pour utiliser une calculatrice pour effectuer une division :
▲ on tape le dividende ;
▲ on appuie sur la touche [÷] et on tape le diviseur ;
▲ on appuie sur la touche [=], un quotient exact ou approché s'affiche.

Pour utiliser une calculatrice pour donner le quotient et le reste dans une division euclidienne :
▲ on met en marche la calculatrice et on tape le dividende ;
▲ on appuie sur les touches [2nde] [÷] avec une calculatrice TI ou sur la touche [⊢] avec une calculatrice Casio, et on tape le diviseur ;
▲ on appuie sur la touche [=], le quotient et le reste s'affichent.

Remarques : - ne pas oublier de mettre en marche la calculatrice ;
- bien lire le mode d'emploi.

EXEMPLES Utiliser une calculatrice.

1. a. Donner le quotient exact de : 2529 par 45.
b. Donner un quotient approché à un centième de 586,26 par 17.

a. $2529 \div 45 = 56{,}2$.
Le quotient exact est 56,2.

b. $586{,}26 \div 17 \approx 34{,}48588235$
Un quotient approché à un centième est 34,48.

► On a répondu après avoir tapé sur les touches :

[2] [5] [2] [9] [÷] [4] [5] [=]

[5] [8] [6] [,] [2] [6] [÷] [1] [7] [=]

2. Donner le quotient et le reste de la division euclidienne de 763 par 64.

Le quotient est 11 et le reste 59. On a $763 = 64 \times 11 + 59$.

► On a lu les réponses après avoir tapé sur les touches d'une calculatrice :

TI : [7] [6] [3] [2nde] [÷] [6] [4] [=]

Casio : [7] [6] [3] [⊢] [6] [4] [=]

EXERCICES Utiliser une calculatrice.

1. Effectuer : a. $16\,893 \div 9$ b. $14{,}7 \div 15$ c. $10{,}62 \div 36$ d. $764 \div 55$.

2. Donner le quotient et le reste de la division euclidienne de 983 par 37 puis de la division euclidienne de 2 193 par 52.

3. Calculer un quotient approché : a. au centième de 64 832 par 72
b. au dix-millième de 8,6 par 14 c. au millième de 71,97 par 56.

JEUX

1. Colorier en rouge les triangles contenant des multiples de 2.

Colorier en bleu les triangles contenant des multiples de 3.

Des triangles sont coloriés de deux couleurs, en rouge et en bleu c'est-à-dire en violet. Que remarque-t-on ?

.

Voyez-vous des coïncidences ?

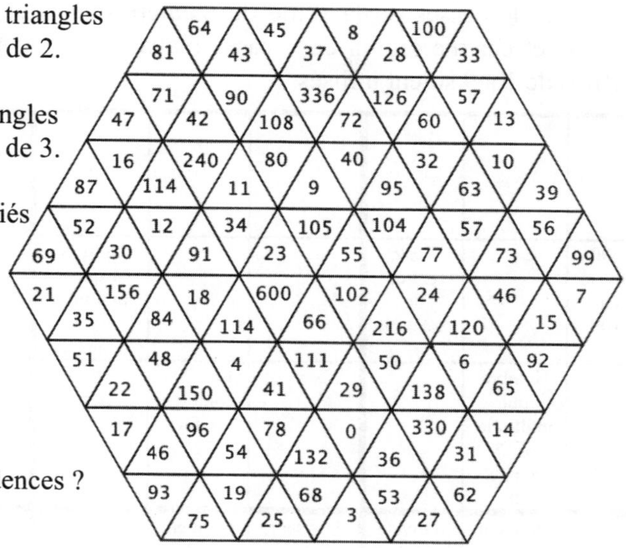

2. Compléter les calculs par le nombre ou le symbole qui convient puis relier les points à partir des résultats trouvés (les deux premiers points sont déjà reliés sur la figure).

1. $250 \div 100 = ...$
2. $\frac{1}{10} \times ...... = 0{,}001$
3. $4{,}8 \div ...... = 0{,}48$
4. $0{,}056 \times 10 = ...$
5. $7{,}5 ...... 10 = 0{,}75$
6. $8 \times ...... = 0$
7. $4{,}5 \times 0{,}2 = ...$
8. $0{,}8 \times 90 = ...$
9. $0 \div 100 = ...$
10. $0{,}005\,6 \times 1\,000 = ...$
11. $10 ...... 100 = 0{,}1$
12. $0{,}10 \times 10 = ...$
13. $...... \div 3 = 2{,}5$
14. $3 ...... 3 = 9$
15. $7{,}5 \div ...... = 7{,}5$
16. $0{,}005\,6 \times 10\,000 = ...$
17. $1 \div 2 = ...$
18. $\frac{1}{1000} \times 10 = ...$
19. $0{,}01 \times .... = 0{,}48$
20. $0{,}2 \times 50 = ...$
21. $40 \times ...... = 100$
22. $9 \div 10 = ...$
23. $.... \div 1000 = 0{,}005\,6$
24. $0{,}01 \times 250 = ...$

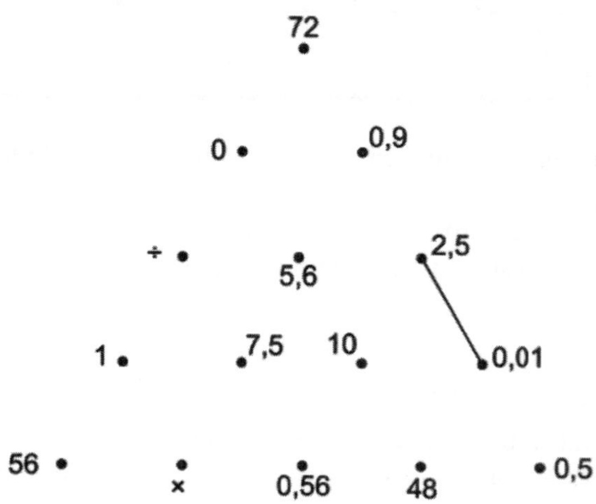

3. Sudomath : Retrouver les nombres de 1 à 9 à l'aide des indications puis compléter les cases de la grille de manière que pour chaque ligne, chaque colonne et chaque région de 9 cases matérialisée par les traits gras tous les chiffres de 1 à 9 soient utilisés.

							En 100 combien de fois 20	Le quotient de 100 par 25
500 divisé par 100		Reste entier de 84 ÷ 9			Nombre qui multiplié par 9 donne 54			
	Nombre qui multiplié par 7 donne 28			En 1000 combien de fois 125	49 divisé par 7			Diviseur de 6 ÷ 3
	Quotient de 32 par 4	Il divise tous les nombres	Diviseur de 14 ÷ 7	Quotient de 36 par 9	55 ÷ 11	En 63 combien de fois 7		
Quotient de 42 par 6	En 45 combien de fois 5		Deuxième multiple de 2		Quotient entier de 45 par 14	45 divisé par 9	Quotient de 17 par 17	
51 divisé par 17	Quotient de 60 par 12		Reste entier de 13 divisé par 4				40 divisé par 10	
		Il divise tous les nombres pairs	Diviseur de 111 et 177 différent de 1		En 9 combien de fois 9	500 divisé par 125		
			Quotient de 64 par 8				Quotient de 35 par 5	
		72 divisé par 9		91 ÷ 13	Dividende de 9 ÷ 3			

4. Trouver un nombre compris entre 460 et 500 divisible à la fois par 2, 3 et 5.

5. Nous avons quatre chiffres, nous sommes divisibles par 3 et 10, notre chiffre des dizaines est 3 et celui de nos unités de mille est 7. Qui sommes-nous ?

6. Nous sommes les nombres qui s'écrivent 72☐ et comme vous le voyez nous avons perdu notre chiffre des unités. Pouvez-vous le retrouver dans les deux cas suivants ? a. 5 nous divise b. 3 est un de nos diviseurs.

7. L'arrière-grand-père de Dany est nonagénaire. Cette année, son âge est divisible par 2 et l'année dernière il était divisible par 5. Quel âge a-t-il ?

8. On donne quatre cercles : figure 1 ; figure 2 ; figure 3 et figure 4.
Sur chaque cercle, on a numéroté 10 points de 0 à 9. Relier les points :
sur la figure 1, dans l'ordre des chiffres des unités des multiples de 1 ;
sur la figure 3, dans l'ordre des chiffres des unités des multiples de 3 ;
sur la figure 4 dans l'ordre des chiffres des unités des multiples de 4.
On obtient quatre polygones. Quel est le nom de chacun ?
Chaque figure aurait pu être obtenue en reliant les points dans l'ordre des chiffres des unités des multiples de 6 ou de 7 ou de 8 ou de 9. Pour chacune d'elles, retrouver aux multiples de quel nombre elle correspond.
Quelle figure obtient-on avec les chiffres des unités des multiples de 5 ?

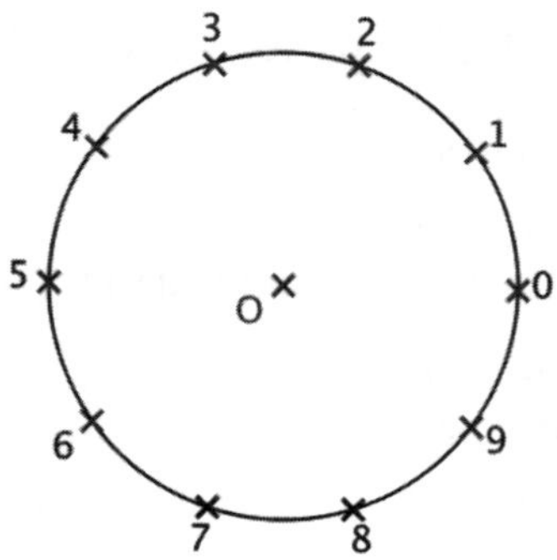

figure 1

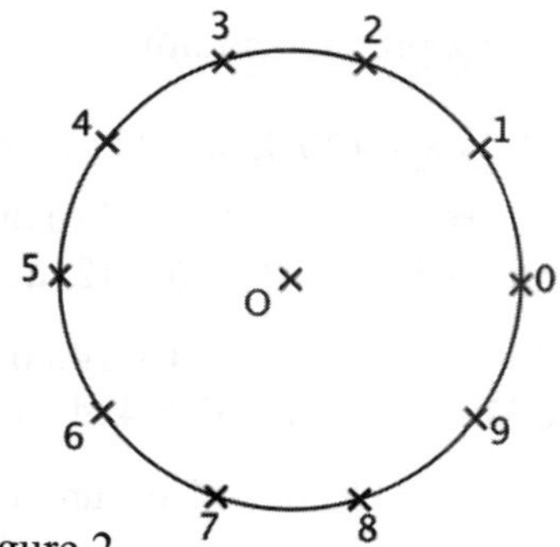

figure 2

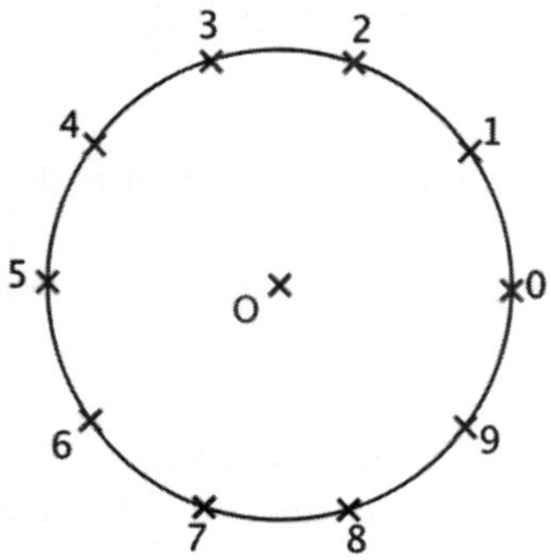

figure 3

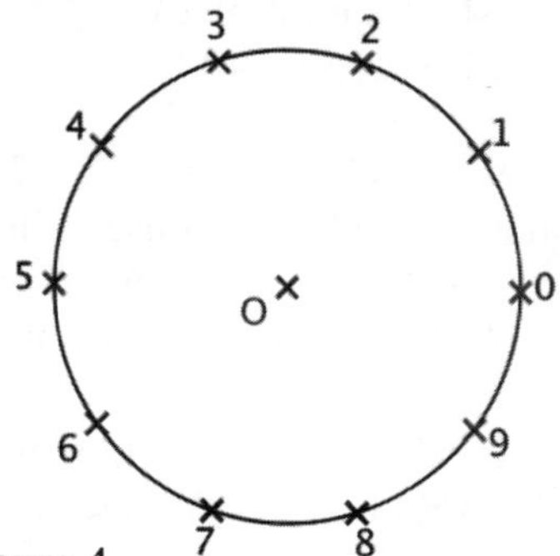

figure 4

Méthode 1

1. a. $14 \times 8 = 112$ et $14 \times 9 = 126$ or $112 < 114 < 126$
donc $14 \times 8 < 114 < 14 \times 9$ donc 114 n'est pas un multiple de 14.

$14 \times 14 = 196$ donc 196 est un multiple de 14.

b. $14 \times 12 = 168$ donc 14 est un diviseur de 168.

$14 \times 17 = 238$ et $14 \times 18 = 252$ or $238 < 240 < 252$
donc $14 \times 17 < 238 < 14 \times 18$ donc 14 n'est pas un diviseur de 238.

c. 14 étant un nombre pair et 77 un nombre impair, 14 ne peut pas diviser 77.

d. $14 \times 7 = 98$ donc 14 divise 98.

2. Les dix premiers multiples de 8 sont 0, 8, 16, 24, 32, 40, 48, 56, 64, 72.

3. a. $15 \times 8 = 120$ donc 120 est un multiple de 15.

$15 \times 11 = 165$ et $15 \times 12 = 180$ or $165 < 170 < 180$
donc $15 \times 11 < 170 < 15 \times 12$ donc 170 n'est pas un multiple de 15.

b. $37 \times 3 = 111$ et $37 \times 4 = 148$ or $111 < 130 < 148$
donc $37 \times 3 < 130 < 37 \times 4$ donc 37 ne divise pas 130.

c. $37 \times 3 = 111$ donc 37 est un diviseur de 111.

4. La liste des multiples de 25 compris entre 190 et 410 est 200, 225, 250, 275, 300, 325, 350, 375, 400.

5. a. $49 = 7 \times 7$ et $56 = 7 \times 8$; 7 et 8 sont des nombres consécutifs donc 49 et 56 sont des multiples consécutifs de 7.

b. $36 = 6 \times 6$ et $48 = 6 \times 8$ or 6 et 8 ne sont pas des nombres consécutifs donc 36 et 48 ne sont pas des multiples consécutifs de 6.

6. a. $91 = 7 \times 13$ Quatre diviseurs de 91 sont 1, 7, 13 et 91.
b. $33 = 3 \times 11$ Deux diviseurs de 33 autres que 1 et 33 sont 3 et 11.

Méthode 2

1. a.

	chiffre des unités	divisible par 2	divisible par 5	divisible par10
70	0	oui	oui	oui
491	1	non	non	non
1 515	5	non	oui	non
32	2	oui	non	non

b.

	somme des chiffres	divisible par 3	divisible par 9
564	5 + 6 + 4 = 15	oui	non
144	1 + 4 + 4 = 9	oui	oui
98	9 + 8 = 17	non	non
627	6 + 2 + 7 = 15	oui	non

c.

	deux derniers chiffres	divisible par 4
1 914	14	non
948	48	oui
420	20	oui
73 500	00	oui
626	26	non

2.

	2	3	4	5	9	10
324 est divisible par …	×	×	×		×	
510 est divisible par …	×	×		×		×
875 est divisible par …				×		
1 000 est divisible par …	×		×	×		×
3 652 est divisible par …	×		×			

Méthode 3

1.

a. 29,68 ÷ 10 = 2,968 | 134,7 ÷ 100 =1,347 | 52,8 ÷ 1 000 = 0,052 8

b. 78 ÷ 10 = 7,8 | 62 ÷ 100 = 0,62 | 49 312 ÷ 1 000 = 49,312

c. 3 758,9 ÷ 1 000 = 3,758 9 | 8,5 ÷ 10 = 0,85 | 12,4 ÷ 100 = 0,124

d. 0,99 ÷ 100 = 0,009 9 | 9,9 ÷ 1 000 = 0,009 9 | 0,29 ÷ 10 = 0,029

2.

Diviser par →	1	10	100	1 000
1 000	1 000	100	10	1
100	100	10	1	0,1
10	10	1	0,1	0,01
1	1	0,1	0,01	0,001

Méthode 4

1.

a. 2 6 8 ∣ 7 − 2 1 ∣ 3 8 0 5 8 − 5 6 2 $268 = 7\times 38 + 2$ Le quotient entier de 268 par 7 est 38 et le reste 2.	b. $56 \times 10 = 560$ et $56 \times 11 = 616$ $56 \times 10 < 582 < 56 \times 11$ $582 - 560 = 22$ $582 = 56 \times 10 + 22$ Dans la division euclidienne de 582 par 56 le quotient est 10 et le reste 22.	c. 5 3 7 5 ∣ 1 4 − 4 2 ∣ 3 8 3 1 1 7 − 1 1 2 5 5 − 4 2 1 3 $5\ 375 = 14\times 383 + 13$ Le quotient entier de 5 375 par 14 est 383 et le reste 13.
d. 6 5 3 5 ∣ 4 9 − 4 9 ∣ 1 3 3 1 6 3 − 1 4 7 1 6 5 − 1 4 7 1 8 $6\ 535 = 49\times 133 + 18$ Le quotient entier de 6 535 par 49 est 133 et le reste 18.	e. $35 \times 2 = 70$ donc $350 \times 20 = 7\ 000$ $7\ 041 = 7\ 000 + 41$ $7\ 041 = 350 \times 20 + 41$ Le quotient entier de 7 041 par 350 est 20 et le reste 41.	f. 5 4 4 2 ∣ 2 3 0 8 4 ∣ 2 3 6 1 5 2 1 4 On n'a pas posé les soustractions. $5\ 442 = 23\times 236 + 14$ Le quotient entier de 5 442 par 23 est 236 et le reste 14.
g. 1 0 0 1 ∣ 1 3 0 9 1 ∣ 7 7 0	$1\ 001 = 13\times 77 + 0$ Le quotient entier de 1 001 par 13 est 77 et le reste 0.	On remarque que le reste de la division est 0 ; 1001 est un multiple de 13.

2. $(145\times 18) + 32 = 2\ 610 + 32 = 2\ 642$
Le dividende est égal à 2 642.

Méthode 5

1. 5 5, 6 ∣ 4 1 5 ∣ 1 3, 9 3 6 0 $55{,}6 \div 4 = 13{,}9$	1 5 8, 7 5 ∣ 2 5 8 7 ∣ 6, 3 5 1 2 5 0 $158{,}75 \div 25 = 6{,}35$

2\. a.

```
184 | 7
 44 |-----
  20| 26,2
   6|
```

$184 \div 7 \approx 26{,}2$

```
145,6 | 38
  316 |-----
   12 | 3,8
```

$145{,}6 \div 38 \approx 3{,}8$

b.

```
219,13 | 8
 59    |------
  31   | 27,39
   73  |
    1  |
```

$219{,}13 \div 8 \approx 27{,}39$

c.

```
98,5 | 15
 85  |------
 100 | 6,56
  10 |
```

$98{,}5 \div 15 \approx 6{,}56$; le reste est 0,10.

3\.

$\boxed{4}\,4,\boxed{1}$ | 6
$\boxed{2}\ \boxed{1}$
$\boxed{3}\ \boxed{0}$ | $7,\boxed{3}\,5$
0

$\boxed{1}\,\boxed{0}\,\boxed{3}$ | 17
$-1\ 0\ 2$
100 | $\boxed{6},\boxed{0}\,\boxed{5}$
$-\ 85$
$\boxed{1}\,\boxed{5}$

Méthode 6

1\. $235 \div 5 = 47$
Chaque morceau mesure 47 cm.

2\. 6 m = 600 cm et $600 = 80 \times 7 + 40$
Il pourra obtenir au maximum 7 morceaux de 80 cm (il restera 40 cm).

3\. $6 \times 11 = 66 = 68 - 2$ et $6 \times 12 = 72 = 68 + 4$.
Estelle doit acheter 12 packs de 6. Elle aura acheté 4 boîtes en trop.

4\. $281{,}50 \div 5 \approx 56$ et $281{,}50 - (5 \times 56) = 1{,}5$
Le cultivateur doit prévoir 56 sacs. Il lui restera 1,5 kg de pommes de terre.

5\. 1,800 kg = 1800 g et $1\,800 \div 400 = 4{,}5$
Une bille pèse 4,5 g.

6\. $4{,}68 \div 3 = 1{,}56$
Une livre de beurre coûte 1,56 €.

7\. 4,6 kg = 4 600 g et $4\,600 = 350 \times 13 + 50$
Mamie doit prévoir 14 pots pour avoir toute la confiture dans des pots.
13 pots seront pleins et le dernier contiendra 50 g de confiture.

8. a. Dans 3 packs de 6 bouteilles il y a 18 bouteilles.
$4{,}5 \div 18 = 0{,}25$
Une bouteille revient à 0,25 €.
b. $3 \div 18 \approx 0{,}166$
Lors de cette vente promotionnelle, une bouteille revient à environ 0,17 €.

Méthode 7

1. a. $16\,893 \div 9 = 1\,877$
b. $14{,}7 \div 15 = 0{,}98$
c. $10{,}62 \div 36 = 0{,}295$
d. $764 \div 55 \approx 13{,}890\,909\,09$

2. Le quotient de la division euclidienne de 983 par 37 est 26 et le reste est 21.
$983 = 37 \times 26 + 21$
Le quotient de la division euclidienne de 2 193 par 52 est 42 et le reste est 9.
$2\,193 = 52 \times 42 + 9$

3. a. $64\,832 \div 72 \approx 900{,}44$
b. $8{,}6 \div 14 \approx 0{,}614\,2$
c. $71{,}97 \div 56 \approx 1{,}285$

Jeux

1.

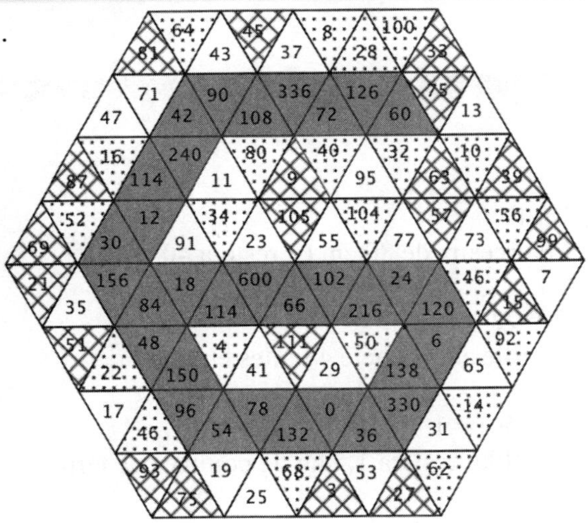

Les multiples de 2 (rouge) sont en pointillés et les multiples de 3 (bleu) sont hachurés.
Les multiples de 2 et 3 (violet) sont grisés. Ils forment un 6, ce sont des multiples de 6.
Coïncidences :
un 6 dans ce polygone qui a 6 côtés (hexagone), et 6 est votre niveau de classe !

2.

1. $250 \div 100 = \mathbf{2{,}5}$
2. $\frac{1}{10} \times \mathbf{0{,}01} = 0{,}001$
3. $4{,}8 \div \mathbf{10} = 0{,}48$
4. $0{,}056 \times 10 = \mathbf{0{,}56}$
5. $7{,}5 \div 10 = 0{,}75$
6. $8 \times \mathbf{0} = 0$
7. $4{,}5 \times 0{,}2 = \mathbf{0{,}9}$
8. $0{,}8 \times 90 = \mathbf{72}$
9. $0 \div 100 = \mathbf{0}$
10. $0{,}005\,6 \times 1\,000 = \mathbf{5{,}6}$
11. $10 \div 100 = 0{,}1$
12. $0{,}10 \times 10 = \mathbf{1}$
13. $\mathbf{7{,}5} \div 3 = 2{,}5$
14. $3 \times 3 = 9$
15. $7{,}5 \div \mathbf{1} = 7{,}5$

16. 0,005 6 × 10 000 = **56**　17. 1 ÷ 2 = **0,5**　18. $\frac{1}{1000}$ × 10 = **0,01**

19. 0,01 × **48** = 0,48　20. 0,2 × 50 = **10**　21. 40 × **2,5** = 100

22. 9 ÷ 10 = **0,9**　23. **5,6** ÷ 1000 = 0,005 6　24. 0,01 × 250 = **2,5**

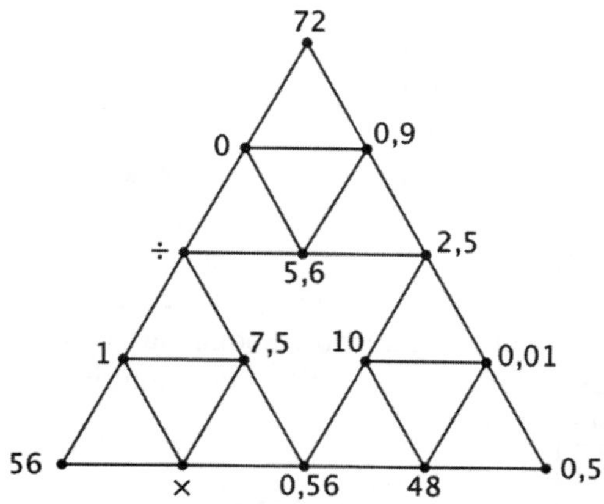

Ce triangle s'appelle triangle de Sierpinski.

3.

8	6	7	9	3	2	1	**5**	**4**
5	2	**3**	4	1	**6**	8	9	7
1	**4**	9	5	**8**	**7**	2	6	**3**
2	**8**	**1**	**7**	**4**	**5**	**9**	3	6
7	**9**	4	**2**	6	**3**	**5**	**1**	8
3	**5**	6	**1**	9	8	7	**4**	2
6	7	**2**	**3**	5	**1**	**4**	8	9
9	3	5	**8**	2	4	6	**7**	1
4	1	**8**	6	**7**	**9**	3	2	5

4. 2 × 3 × 5 = 30 donc un nombre divisible à la fois par 2, 3 et 5 est un multiple de 30. On a 30 × 16 = 480 donc un nombre entre 460 et 500 qui soit divisible à la fois par 2, 3 et 5 est 480.

5. Comme nous sommes divisibles par 10, notre chiffre des unités est 0 et notre chiffre des dizaines étant 3, nous nous terminons donc par 30.
Comme notre chiffre des unités de mille est 7, alors la somme de nos chiffres sans le chiffre des centaines est 7 + 3 + 0 soit 10.
Comme nous sommes divisibles par 3, la somme de 10 et du chiffre des centaines est 12, 15 ou 18. Notre chiffre des centaines est donc soit 2, soit 5, soit 8.
Nous sommes les nombres 7 230 ; 7 530 et 7 830.

6. a. 5 divise 72☐ donc les nombres possibles sont 720 et 725.

b. 3 divise 72☐ donc la somme de ses chiffres est divisible par 3.

7 + 2 = 9 donc le chiffre des unités peut être 0, 3, 6 ou 9 donc les nombres possibles sont 720 ; 723 ; 726 et 729.
On remarque que 720 est divisible à la fois par 3 et 5.

7. L'âge de l'arrière-grand-père de Dany est un nombre pair de la liste :
90 ; 91 ; 92 ; 93 ; 94 ; 95 ; 96 ; 97 ; 98 ; 99
et comme l'entier qui le précède est un multiple de 5, le seul nombre qui convienne est 96.
L'arrière-grand-père de Dany a donc 96 ans.

8.

figure 1 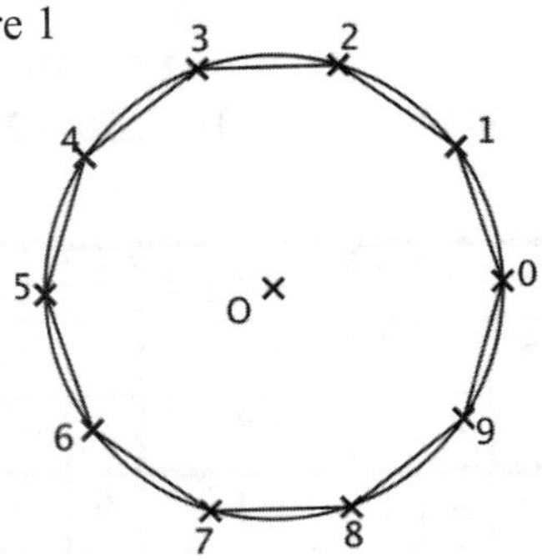 On obtient un décagone régulier. Cette figure correspond aussi aux chiffres des unités des multiples de 9.	figure 2 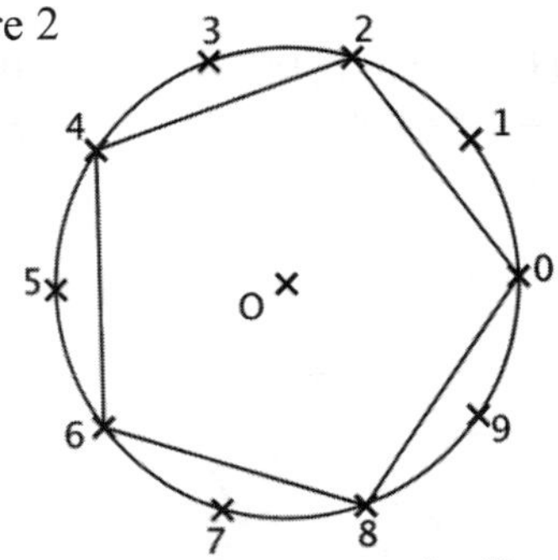 On obtient un pentagone régulier. Cette figure correspond aussi aux chiffres des unités des multiples de 8
figure 3 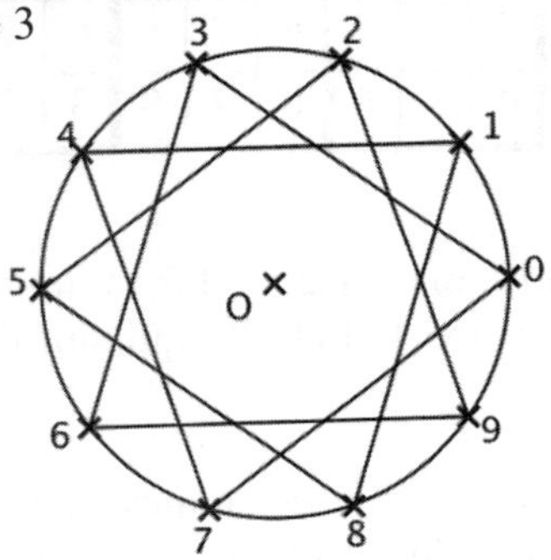 On obtient un décagone étoilé. Cette figure correspond aussi aux chiffres des unités des multiples de 7.	figure 4 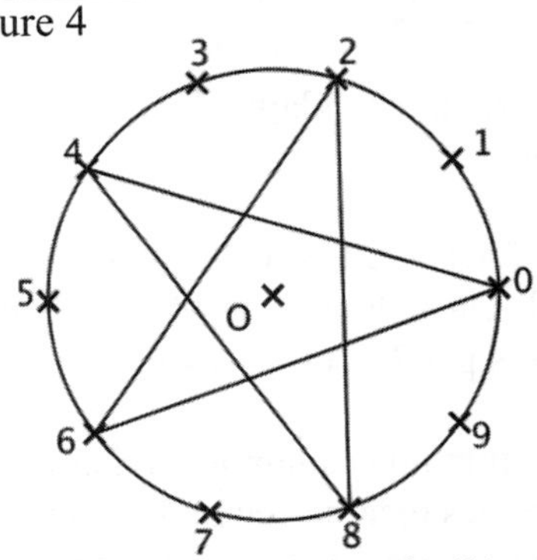 On obtient un pentagone étoilé. Cette figure correspond aussi aux chiffres des unités des multiples de 6.
Pour les multiples de 5, la figure obtenue est un segment.	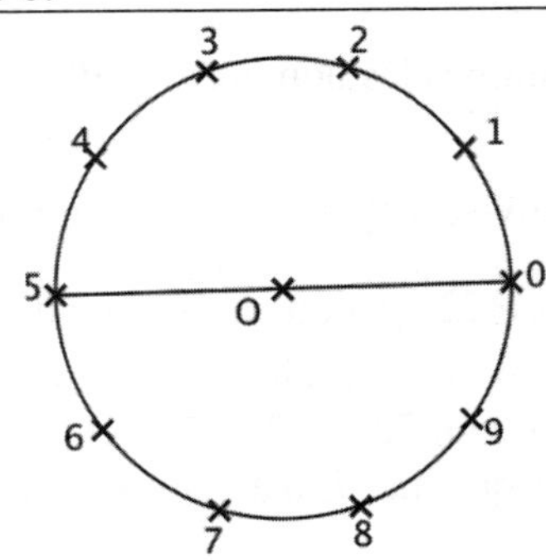

Chapitre 5

Fractions

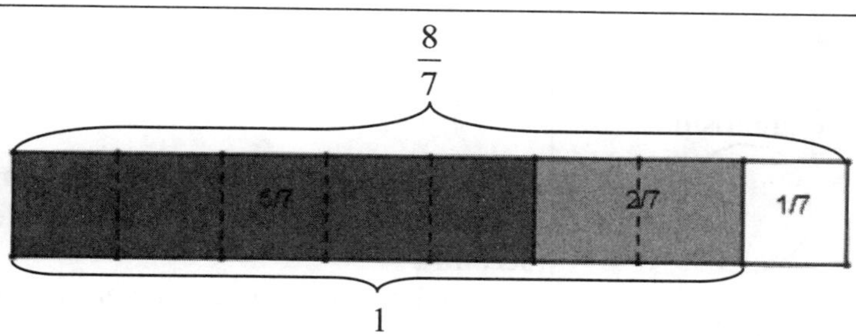

Numérateur
———————— **Trait de fraction**
Dénominateur

Le **numérateur** et le **dénominateur** sont des **nombres entiers,** **le dénominateur est toujours différent de 0**.
Une fraction est une **écriture** du quotient du numérateur par le dénominateur.

Méthodes

2. Comment trouver la fraction d'une mesure à partager représentée par une mesure donnée ?
3. Comment prendre une fraction d'une quantité ?
4. Comment multiplier un nombre décimal par 0,5 ; par 5 ; par 50 ; par 0,25 ou par 25 ?
5. Comment encadrer une fraction entre deux entiers consécutifs ?
6. Comment faire le lien entre fraction et quotient de deux entiers ?
7. Comment résoudre un problème utilisant des fractions ?
8. Comment repérer un point par une fraction et placer une fraction sur une demi-droite graduée (voir *chapitre 2 méthodes 5 et 6*) ?

méthode 1

Comment utiliser des fractions dans un partage de grandeurs ?

Pour utiliser des fractions dans un partage de grandeurs :
▲ on retient que le dénominateur de la fraction représente le nombre de parts égales contenues dans la grandeur ;
▲ on retient que le numérateur de la fraction représente le nombre de parts choisies parmi les parts égales de la grandeur.

EXEMPLES

1. Colorier $\frac{1}{4}$ du disque.

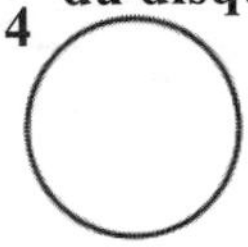

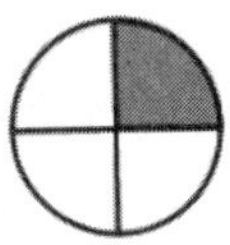

► On a partagé le disque en 4 parties superposables.
► On a grisé 1 partie sur 4.

2.

Quelle fraction de la longueur du premier segment représente celle du second ?

La longueur du second segment représente $\frac{5}{3}$ de la longueur du premier.

► On a observé que le premier segment contenait 3 longueurs égales.
► On a compté 5 de ces longueurs dans le second.

EXERCICES

1. Colorier une surface correspondant à la fraction donnée de la surface totale :

a. $\frac{7}{10}$ 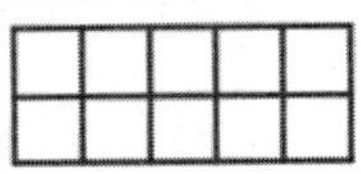 b. $\frac{2}{5}$ 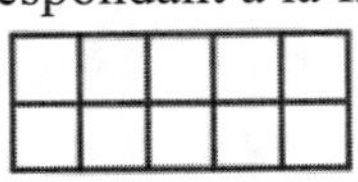 c. $\frac{1}{2}$ 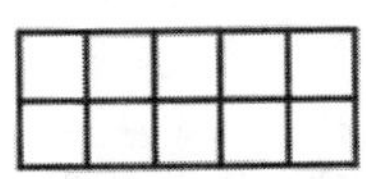 d. $\frac{11}{6}$ 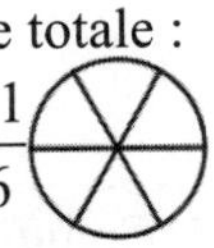

2. Colorier $\frac{4}{7}$ du segment [AB].

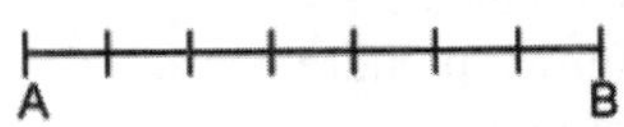

3. Pour chaque figure quelle fraction a-t-on coloriée ?

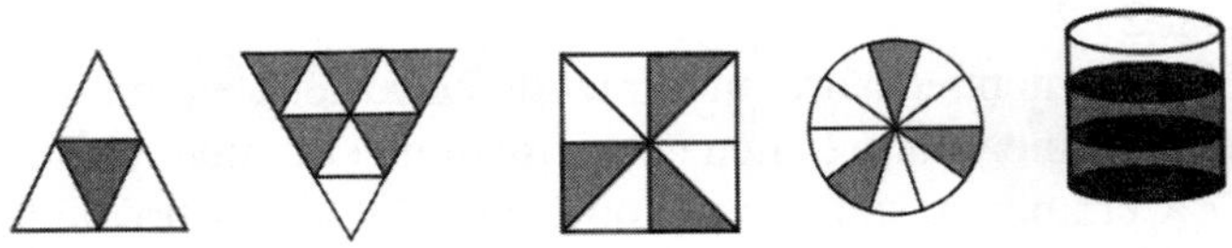

4. Quelle fraction de l'aire d'un des triangles représente l'aire de la surface grisée ?

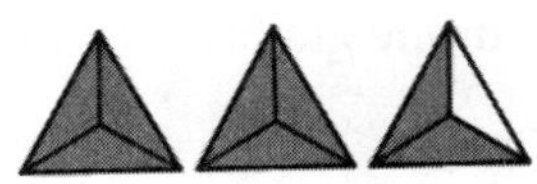

5. Pour le rectangle ci-contre, hachurer quatre septièmes de la surface puis, sans chevauchement, en griser un quart. Quelle fraction de la surface du rectangle représente la surface restante ?

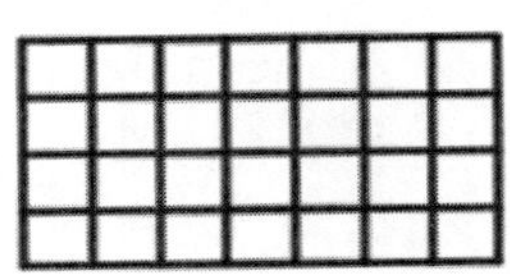

Comment trouver la fraction d'une mesure à partager représentée par une mesure donnée ?

Pour trouver la fraction d'une mesure à partager représentée par une mesure donnée :

▲ on exprime les mesures dans la même unité, si ce n'est pas le cas ;

▲ on écrit la fraction de numérateur, la mesure donnée et de dénominateur, la mesure à partager.

Remarque : si on constate que la mesure à partager est un nombre entier de fois la mesure donnée, la fraction de numérateur 1 et de dénominateur ce nombre de fois est la meilleure réponse ; cette fraction est égale à celle trouvée avec la méthode exposée.

EXEMPLES

1. Quelle fraction de litre représentent 75 cL ?

1 L = 100 cL ► On a mis les mesures de grandeur avec la même unité.

$\frac{75}{100}=0,75=\frac{3}{4}$ ► On a écrit au numérateur 75, mesure donnée et au dénominateur 100, mesure de la grandeur à partager.

La fraction de litre que représentent 75 cL est $\frac{3}{4}$.

2. Quelle fraction d'heure représentent 20 min ?

$1\text{ h}=60\text{ min}$ ► On a exprimé les mesures dans la même unité.

$60=3\times20$ donc la fraction d'heure représentée par 20 min est $\frac{1}{3}$.

► On a écrit la fraction de numérateur 1 et de dénominateur 3, nombre de fois 20 dans 60 et on a $\frac{1}{3}=\frac{20}{60}$ (voir la remarque).

EXERCICES

1. Quelles fractions de mètre représentent 25 cm ? 3 dm ? 500 mm ?

2. Quelles fractions de kilogramme représentent 100 g ? 250g ?

3. A quelles fractions d'heure sont égales les durées 10 min et 13 min ?

4. Quelles fractions de semaine représentent 3 jours ? 7 jours ?

5. Quelles fractions d'une année représentent un trimestre ? un semestre ?

6. Jules et José ont un budget de 120 € chacun. Jules dépense 40 € et José 30 €. Quelles fractions de leur budget ont-ils dépensées ?

7. Une tablette de chocolat est formée de 24 carrés. J'en mange 8. Quelle fraction de la tablette ai-je mangée ?

méthode 3

Comment prendre une fraction d'une quantité ?

Pour prendre une fraction d'une quantité :
▲ on divise la quantité par le dénominateur de la fraction ;
▲ on multiplie le résultat obtenu par le numérateur de la fraction.
Remarque : pour prendre une fraction d'une quantité, on peut aussi :
- diviser le numérateur de la fraction par son dénominateur puis multiplier le résultat par la quantité ;
- ou encore multiplier le numérateur de la fraction par la quantité puis diviser le résultat par le dénominateur de la fraction.
Le calcul s'écrit en intercalant le signe × entre la fraction et la quantité.

EXEMPLES

1. Calculer les neuf treizièmes de 52 cm.

$\frac{9}{13}\times 52 = 9\times(52\div 13) = 9\times 4 = 36$; les neuf treizièmes de 52 cm font 36 cm.

► On a divisé 52 par 13 pour avoir un treizième de 52 puis on a multiplié par 9.

2. Calculer de 3 façons $\frac{2}{5}$ de 12 kg.

a. $\frac{2}{5}\times 12 = 2\times(12\div 5) = 2\times 2{,}4 = 4{,}8$

► On a d'abord divisé 12 par 5

b. $\frac{2}{5}\times 12 = (2\div 5)\times 12 = 0{,}4\times 12 = 4{,}8$

► On a d'abord divisé 2 par 5

c. $\frac{2}{5}\times 12 = (2\times 12)\div 5 = 24\div 5 = 4{,}8$ ► On a multiplié 2 par 12 puis divisé par 5.

$\frac{2}{5}$ de 12 kg font 4,8 kg.

EXERCICES

1. Calculer : a. $\frac{2}{3}$ de 75 cL b. $\frac{5}{2}$ de 3 kg c. $\frac{2}{7}$ de 210 m
d. cinq quarts de 360°
e. six centièmes de 5 000 €
f. quatre neuvièmes de 45 m^2
g. la masse d'un tiers d'un gâteau de 750 g.

2. Calculer de 3 façons $\frac{3}{20}$ de 400 €.

3. Retrouver par un calcul le nombre de minutes dans :
a. une demi-heure b. un quart d'heure c. trois quarts d'heure.

Comment multiplier un nombre décimal par 0,5 ; par 5 ; par 50 ; par 0,25 ou par 25 ?

Pour multiplier un nombre décimal par 0,5 ; par 5 ; par 50 ; par 0,25 ou par 25 :

▲ on utilise l'égalité qui convient parmi les suivantes :

$0{,}5=\frac{1}{2}$; $5=\frac{1}{2}\times 10$; $50=\frac{1}{2}\times 100$; $0{,}25=\frac{1}{4}$; $25=\frac{1}{4}\times 100$;

▲ on utilise la méthode précédente pour terminer le calcul,
- prendre un demi revient à diviser par 2,
- prendre un quart revient à diviser par 4.

Remarque : cette méthode s'utilise essentiellement pour le calcul mental, en particulier pour multiplier un nombre pair par 0,5 ; par 5 ou par 50 et pour multiplier un multiple de 4 par 0,25 ou par 25.

EXEMPLE

Calculer : a. $18\times 0{,}5$ b 13×5 c. 41×50 d. $28\times 0{,}25$.

a. $18\times 0{,}5=18\times\frac{1}{2}=18\div 2=9$

► On a pris la moitié de 18 c'est-à-dire divisé 18 par 2.

b. $13\times 5=(13\times 10)\times\frac{1}{2}=(13\times 10)\div 2=130\div 2=65$

► On a multiplié 13 par 10 puis divisé le résultat par 2.

c. $41\times 50=(41\times 100)\times\frac{1}{2}=(41\times 100)\div 2=4\,100\div 2=2\,050$

► On a multiplié 41 par 100 puis divisé le résultat par 2.

d. $28\times 0{,}25=28\times\frac{1}{4}=28\div 4=7$

► On a pris le quart de 28 c'est-à-dire divisé 28 par 4.

EXERCICES

Calculer mentalement

a. $48\times 0{,}5$ $240\times 0{,}5$ $146\times 0{,}5$

b. 16×5 38×5 328×5

c. 66×50 42×50 286×50

d. $36\times 0{,}25$ $44\times 0{,}25$ $848\times 0{,}25$

e. $0{,}08\times 25$ $0{,}14\times 50$ $3{,}2\times 25$

méthode 5

Comment encadrer une fraction entre deux entiers consécutifs ?

Pour encadrer une fraction entre deux entiers consécutifs :
▲ on compare le numérateur et le dénominateur,
- si le numérateur est inférieur au dénominateur, on conclut que la fraction est comprise entre 0 et 1 ;
- si le numérateur est supérieur au dénominateur, on effectue la division euclidienne du numérateur par le dénominateur et on encadre la fraction entre le quotient entier et l'entier qui le suit.

Remarque : on n'encadre pas la fraction entre deux entiers consécutifs si le numérateur est multiple du dénominateur, car elle est égale à un entier ; en particulier, elle est égale à 1 si le numérateur est égal au dénominateur.

EXEMPLE **Encadrer entre deux entiers consécutifs : a. $\frac{5}{7}$ et b. $\frac{19}{6}$.**

a. $5 < 7$ donc $0 < \frac{5}{7} < 1$

► On a remarqué que le numérateur est inférieur au dénominateur.

b. $19 > 6$ et $19 = 6 \times 3 + 1$ donc $3 < \frac{19}{6} < 4$

► On a remarqué que le numérateur est supérieur au dénominateur et encadré entre le quotient entier du numérateur par le dénominateur et l'entier qui le suit.

EXERCICES

1. Encadrer entre deux entiers consécutifs : ▪ $\frac{7}{11}$ ▪ $\frac{23}{3}$ ▪ $\frac{46}{5}$ ▪ $\frac{2}{13}$ ▪ $\frac{67}{10}$

2. Compléter les fractions pour que l'encadrement soit exact,

a. en donnant tous les numérateurs possibles : $0 < \frac{.....}{7} < 1$ et $0 < \frac{.....}{3} < 1$

b. en donnant le plus petit numérateur possible : $5 < \frac{.....}{11} < 6$ et $2 < \frac{.....}{9} < 3$

c. en donnant le plus grand numérateur possible : $13 < \frac{.....}{2} < 14$ et $3 < \frac{.....}{16} < 4$

3. Placer dans le tableau ci-dessous les fractions :
$\frac{7}{3}$; $\frac{3}{13}$; $\frac{12}{5}$; $\frac{100}{100}$; $\frac{6}{4}$; $\frac{5}{6}$; $\frac{13}{10}$; $\frac{17}{17}$; $\frac{8}{7}$; $\frac{12}{13}$; $\frac{2}{2}$.

Fractions inférieures à 1	Fractions égales à 1	Fractions supérieures à 1

Comment faire le lien entre fraction et quotient de deux entiers ?

Pour faire le lien entre fraction et quotient de deux entiers :
▲ on retient que toute fraction représente le quotient de son numérateur par son dénominateur.
Remarques :
- la division euclidienne du numérateur par le dénominateur d'une fraction permet d'écrire celle-ci comme somme d'un entier, le quotient, et d'une fraction inférieure à 1, de numérateur le reste et de dénominateur celui de la fraction initiale ;
- lorsque la division d'un entier par un entier ne fournit jamais un reste nul, le quotient exact du premier par le second n'est pas un nombre décimal, il s'écrit seulement sous forme de fraction ;
- le produit d'une fraction par son dénominateur est égal à son numérateur.

EXEMPLES

1. Ecrire $\frac{23}{4}$ comme somme d'un entier et d'une fraction inférieure à 1.

$23=4\times5+3$ donc $\frac{23}{4}=5+\frac{3}{4}$ ► On a effectué la division euclidienne de 23 par 4.

2. Ecrire sous forme de fraction les quotients de 8 par 11 et de 9 par 5.
Un seul de ces quotients est un nombre décimal, lequel ?

$8\div11=\frac{8}{11}$ et $9\div5=\frac{9}{5}$; la division de 8 par 11 ne fournit jamais un reste nul et $9\div5=1{,}8$ donc seul le quotient de 9 par 5 est un nombre décimal.

3. Quel nombre représente la fraction $\frac{3}{7}$? Compléter $\frac{3}{7}\times7=$.........

$\frac{3}{7}$ représente le quotient de 3 par 7 et $\frac{3}{7}\times7=3$.

EXERCICES

1. Ecrire comme somme d'un entier et d'une fraction inférieure à 1 :
▪ $\frac{13}{5}$ ▪ $\frac{35}{8}$ ▪ $\frac{28}{9}$ ▪ $\frac{58}{7}$ ▪ $\frac{47}{4}$.

2. Ecrire sous forme de fraction puis en écriture décimale si c'est possible les quotients de : ▪ 7 par 4 ▪ 4 par 7 ▪ 5 par 3 ▪ 3 par 5 ▪ 1 par 25.

3. a. Par quel nombre doit-on multiplier 4 pour obtenir 13 ?
b. Par quel nombre doit-on multiplier 7 pour obtenir 12 ?
c. Calculer : ▪ $13\times\frac{7}{13}$ ▪ $\frac{8}{27}\times27$ ▪ $\frac{11}{7}\times56$.

méthode 7

Comment résoudre un problème utilisant des fractions ?

Pour résoudre un problème utilisant des fractions :
- ▲ on prélève l'information et on écrit le calcul qui répond à la question ;
- ▲ on applique les méthodes de ce chapitre pour calculer l'expression ;
- ▲ on répond à la question en faisant une phrase.

EXEMPLE

Lors de l'élection de la déléguée d'une classe de 30 élèves, le professeur a annoncé les résultats ainsi : quatre quinzièmes d'entre vous ont voté pour Julia, un tiers pour Cloé, trois dixièmes pour Nina et les autres ont mis un bulletin nul.
Combien d'élèves ont voté pour Julia ? pour Cloé ? pour Nina ?
Quelle fraction du nombre d'élèves les bulletins nuls représentent-ils ?

$\frac{4}{15}\times 30=(30\div 15)\times 4=2\times 4=8$

$\frac{3}{10}\times 30=(30\div 10)\times 3=3\times 3=9$

$\frac{1}{3}\times 30=30\div 3=10$

► On a utilisé la *méthode 4.*

8 élèves ont voté pour Julia, 10 pour Cloé et 9 pour Nina.
$8+10+9=27$ et $30-27=3$ donc il y a eu 3 bulletins nuls.

$\frac{3}{30}=0{,}1=\frac{1}{10}$ donc les bulletins nuls représentent $\frac{1}{10}$ du nombre d'élèves.

► On a utilisé les *méthodes 2 et 3* et répondu aux deux questions par une phrase.

EXERCICES

1. Sacha veut préparer 1,5 L de cocktail en suivant la recette de sa tante Léonie : mettre deux cinquièmes de jus d'orange, trois dixièmes de jus d'ananas, deux quinzièmes de sirop de canne et compléter avec de l'eau pétillante. Quelles quantités en cL de jus d'orange, jus d'ananas et sirop de canne, Sacha doit-il mettre ? Quelle fraction du volume total représente l'eau pétillante ?

2. Pour la sortie de dimanche, l'association des marins a réservé un car de 54 places, treize dix-huitièmes des places sont occupées.
a. Combien y a-t-il de personnes dans le car ?
b. L'association compte 65 personnes. Quelle fraction du nombre d'adhérents représente le nombre de personnes à cette sortie ?

3. Un rôti de bœuf de 1,8 kg a perdu un sixième de sa masse à la cuisson.
Oncle Jean qui a bon appétit a mangé 300g de ce rôti et les 8 autres convives se sont partagé équitablement le reste.
a. Combien pesait le rôti après cuisson ?
b. Quelle fraction du rôti cuit Oncle Jean a-t-il mangée ?
c. Quelle fraction du rôti cuit représente la part de chacun des autres convives ?

méthode 8

Comment repérer un point par une fraction et placer une fraction sur une demi-droite graduée (*voir chapitre 2 méthodes 5 et 6*) ?

Pour repérer un point par une fraction sur une demi-droite graduée :
▲ on cherche l'entier inférieur le plus proche du point ;
▲ on ajoute à cet entier une fraction qui a pour dénominateur le nombre de segments superposables qui partagent l'unité et pour numérateur le nombre de ces segments compris entre l'entier et le point ;
▲ on écrit le résultat sous forme d'une fraction, c'est la fraction cherchée.

Pour placer une fraction sur une demi-droite graduée :
▲ on choisit une unité qui se partage facilement en segments superposables dont le nombre est le dénominateur de la fraction ;
▲ on met la fraction en somme d'un entier et d'une fraction inférieure à 1 ;
▲ on repère cet entier et on « avance » à partir de cet entier d'un nombre de graduations égal au numérateur de la fraction et on écrit le nom du point.

EXEMPLES

1. Lire les abscisses des points A et B.

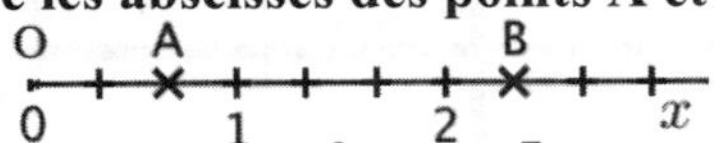

A a pour abscisse : $\frac{2}{3}$ et B : $\frac{7}{3}$.

► On a repéré que l'entier inférieur le plus proche de A est 0, de B est 2, qu'il y a 2 segments entre 0 et A et 1 entre 2 et B, que l'unité est partagée en 3.

$0+\frac{2}{3}=\frac{2}{3}$ et $2+\frac{1}{3}=\frac{6}{3}+\frac{1}{3}=\frac{7}{3}$.

2. Placer sur une demi-droite graduée les fractions $\frac{3}{5}$ et $\frac{11}{5}$.

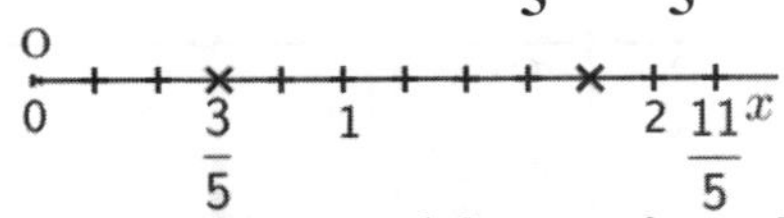

► On a pris une unité partagée en 5, placé $\frac{3}{5}$ à 3 graduations de 0 et $\frac{11}{5}$ à 1 graduation après 2, $\frac{11}{5}=2+\frac{1}{5}$.

EXERCICES On considère une demi-droite graduée [Ox).

1. Lire les abscisses des points A, B, C et D.

2. Placer à chacune des graduations une fraction qui lui correspond.

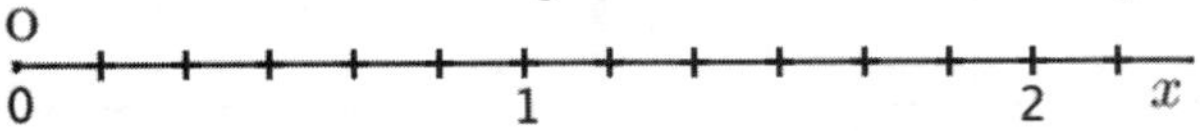

3. a. Lire les abscisses des quatre points A, B, C et D.

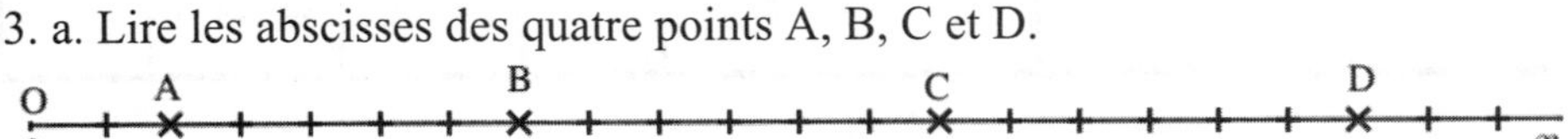

b. Placer le point E d'abscisse $\frac{16}{18}$ et le point F d'abscisse $\frac{5}{3}$.

JEUX

1. Placer sur une demi-droite graduée les points N ; G ; S ; O ; A ; E et L qui ont pour abscisses respectives les fractions : $\frac{15}{8}$; $\frac{19}{8}$; $\frac{7}{8}$; $\frac{3}{4}$; $\frac{5}{4}$; $\frac{5}{2}$ et $\frac{1}{2}$.

Quel mot apparaît ?

2. Sudomath : Retrouver les chiffres de 1 à 9 à l'aide des indications puis compléter les cases de la grille de manière que pour chaque ligne, chaque colonne et chaque région de 9 cases matérialisée par les traits gras tous les chiffres de 1 à 9 soient utilisés.

	Moitié du double de 3	Produit d'un tiers par 3		Double du double de 2			Trente-six sixièmes	Quart du quart de 32
	Quart de 24	Double de 1	Quadruple de 1				Trentième de 150	
						Double de la moitié de 9	Tiers de 9	
Quatre demis				Triple du triple de 1		Quart de 20		Double de 1,5
Cinquième de 25	Quart du double de 18			Dixième de 20			$\frac{3}{7} \times ? = 3$	Tiers du tiers de 54
Numérateur de $\frac{7}{8}$		Double du quart de 12		Nombre qui multiplié par $\frac{5}{4}$ donne 5				Double de $\frac{1}{2}$
	Dix cinquièmes	Quart du triple de 12						
	Tiers du double de 6				Triple de $\frac{2}{3}$	Dénominateur de $\frac{5}{6}$	Quatre quart	
Soixante dixièmes	Triple de sept tiers			Moitié de 6		Huitième de 64	Quatorze septièmes	

3. Tous les mots de la liste ci-dessous sont cachés dans la grille. Ils peuvent être placés indifféremment à l'horizontale, à la verticale ou en diagonale, à l'endroit comme à l'envers. Une lettre peut être utilisée pour plusieurs mots. Dès que l'on repère un mot, on le barre. Quand tous les mots seront barrés, quelques lettres ne seront pas barrées, trouver le mot qu'elles forment.

N	O	I	T	C	A	R	F	D	S
U	N	M	E	R	S	R	E	I	T
M	O	E	N	T	I	T	M	V	T
E	M	D	I	U	A	P	M	I	N
R	B	A	R	I	L	E	L	S	E
A	R	M	O	I	T	I	E	E	I
T	E	O	F	S	U	R	D	U	T
E	T	I	L	A	G	E	A	R	O
U	E	L	B	U	O	D	N	U	U
R	E	L	P	U	R	D	A	U	Q

DEMI, DIVISEUR, DOUBLE, EGALITE, MOITIE, NOMBRE, NUMERATEUR, SIMPLIFIER, SUR, TRAIT, FRACTION, TIERS, TRIPLE, QUADRUPLE, QUART, QUOTIENT.

4. Calculs croisés : compléter les tableaux. Utiliser la calculatrice.

3,5	×	$\frac{4}{7}$	=	
×		×		×
$\frac{3}{14}$	×	21	=	
=		=		=
	×		=	

$\frac{3}{4}$	×		=	
×		×		×
	×	$\frac{5}{3}$	=	$\frac{10}{3}$
=		=		=
	×		=	30

5. Qui se cache sous ce dessin ? Pour le savoir relier les points dans l'ordre croissant à partir de $\frac{1}{10}$.

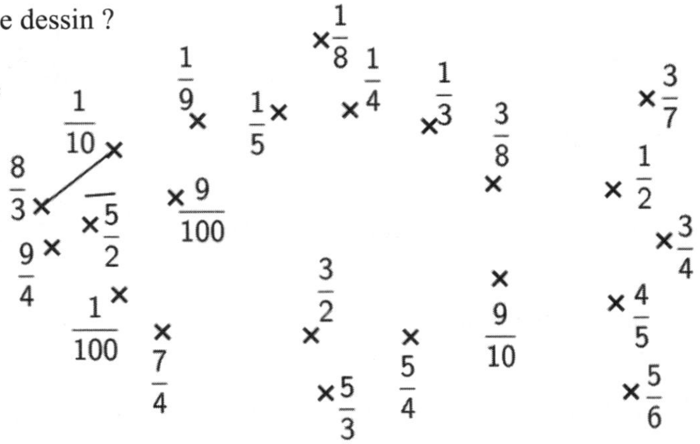

Méthode 1

1. a. $\frac{7}{10}$ 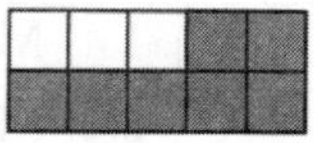 b. $\frac{2}{5}$ 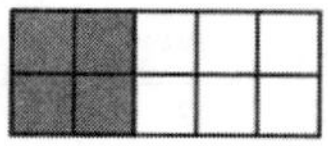 c. $\frac{1}{2}$ 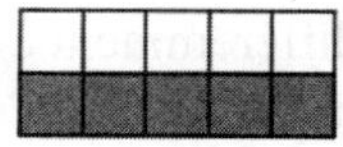

d. $\frac{11}{6}$ 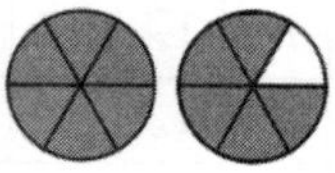

2. 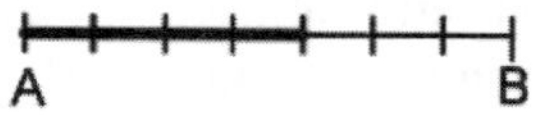

3.

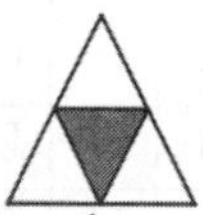
$\frac{1}{3}$

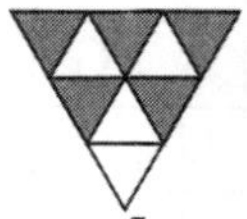
$\frac{5}{9}$

$\frac{3}{8}$

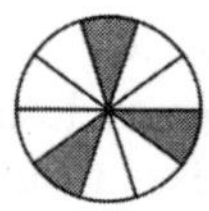
$\frac{3}{10}$

$\frac{2}{3}$

4. L'aire de la surface grisée représente $\frac{8}{3}$ de l'aire d'un des triangles.

5. La surface restante représente $\frac{5}{28}$ de la surface du rectangle.

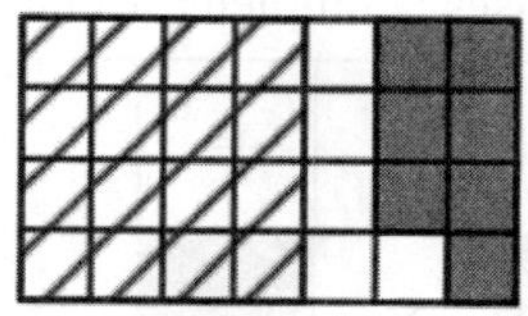

Méthode 2

1. $1 \text{ m} = 100 \text{ cm}$ et $100 = 4 \times 25$ donc $25 \text{ cm} = \frac{1}{4} \text{ m}$;

$1 \text{ m} = 10 \text{ dm}$ donc $3 \text{ dm} = \frac{3}{10} \text{ m}$;

$1 \text{ m} = 1\,000 \text{ mm}$ et $1000 = 2 \times 500$ donc $500 \text{ mm} = \frac{1}{2} \text{ m}$.

2. 1 kg = 1 000 g et $1000 = 10 \times 100$ donc $100 \text{ g} = \frac{1}{10}$ kg ;

1 kg = 1 000 g et $1000 = 4 \times 250$ donc $250 \text{ g} = \frac{1}{4}$ kg.

3. $1 \text{ h} = 60 \text{ min}$ et $60 = 6 \times 10$ donc $10 \text{ min} = \frac{1}{6} \text{ h}$; $13 \text{ min} = \frac{13}{60} \text{ h}$.

4. 3 jours représentent $\frac{3}{7}$ de semaine et 7 jours représentent $\frac{7}{7}$ de semaine.

5. Un trimestre représente $\frac{1}{4}$ d'année et un semestre représente $\frac{1}{2}$ d'année.

6. $3\times 40=120$ donc $\frac{40}{120}=\frac{1}{3}$; Jules a dépensé $\frac{40}{120}$ soit $\frac{1}{3}$ de son budget.

$4\times 30=120$ donc $\frac{30}{120}=\frac{1}{4}$; José a dépensé $\frac{30}{120}$ soit $\frac{1}{4}$ de son budget.

7. $3\times 8=24$ donc $\frac{8}{24}=\frac{1}{3}$; j'ai mangé $\frac{8}{24}$ soit $\frac{1}{3}$ de la tablette de chocolat.

Méthode 3

1. a. $\frac{2}{3}\times 75=2\times(75\div 3)=2\times 25=50$ donc $\frac{2}{3}$ de 75 cL = 25 cL.

b. $\frac{5}{2}\times 3=(5\times 3)\div 2=15\div 2=7{,}5$ donc $\frac{5}{2}$ de 3 kg = 7,5 kg.

c. $\frac{2}{7}\times 210=2\times(210\div 7)=2\times 30=60$ donc $\frac{2}{7}$ de 210 m = 60 m.

d. $\frac{5}{4}\times 360=5\times(360\div 4)=5\times 90=450$ donc cinq quarts de 360° font 135°.

e. $\frac{6}{100}\times 5\,000=6\times(5\,000\div 100)=6\times 50=300$ donc six centièmes de 5 000 € font 300 €.

f. $\frac{4}{9}\times 45=4\times(45\div 9)=4\times 5=20$; quatre neuvièmes de 45 m^2 font 20 m^2.

g. $\frac{1}{3}\times 750=750\div 3=250$; le tiers d'un gâteau de 750 g a une masse de 250 g.

2. $\frac{3}{20}\times 400=(400\div 20)\times 3=20\times 3=60$ donc $\frac{3}{20}$ de 400 € font 60 €.

$\frac{3}{20}\times 400=(3\div 20)\times 400=0{,}15\times 400=60$ donc $\frac{3}{20}$ de 400 € font 60 €.

$\frac{3}{20}\times 400=(3\times 400)\div 20=1\,200\div 20=60$ donc $\frac{3}{20}$ de 400 € font 60 €.

3. $1\text{ h}=60\text{ min}$

$\frac{1}{2}\times 60=60\div 2=30$; $\frac{1}{4}\times 60=60\div 4=15$; $\frac{3}{4}\times 60=(60\div 4)\times 3=15\times 3=45$;

donc dans une demi-heure, il y a 30 min ; dans un quart d'heure, il y a 15 min et dans trois quarts d'heure il y a 45 min.

Méthode 4

a. $48\times0,5=48\div2=24$; $240\times0,5=240\div2=120$; $146\times0,5=146\div2=73$.

b. $16\times5=160\div2=80$; $38\times5=380\div2=190$; $328\times5=3\,280\div2=1\,640$.

c. $66\times50=33\times100=3\,300$; $42\times50=21\times100=2\,100$;
$286\times50=143\times100=14\,300$.

d. $36\times0,25=36\div4=9$; $44\times0,25=44\div4=11$; $848\times0,25=848\div4=212$.

e. $0,08\times25=0,08\times100\times\frac{1}{4}=8\div4=2$; $0,14\times50=0,14\times100\times\frac{1}{2}=14\div2=7$;

$3,2\times25=3,2\times100\times\frac{1}{4}=320\div4=80$.

Méthode 5

1. ▪ $0<\frac{7}{11}<1$ ▪ $7<\frac{23}{3}<8$ ▪ $9<\frac{46}{5}<10$ ▪ $0<\frac{2}{13}<1$ ▪ $6<\frac{67}{10}<7$

2. a. $0<\frac{2}{7}<1$; $0<\frac{3}{7}<1$; $0<\frac{4}{7}<1$; $0<\frac{5}{7}<1$; $0<\frac{6}{7}<1$; 5 possibilités

$0<\frac{1}{3}<1$; $0<\frac{2}{3}<1$; 2 possibilités

b. $5<\frac{56}{11}<6$ et $2<\frac{19}{9}<3$

c. $13<\frac{27}{2}<14$ et $3<\frac{63}{16}<4$

3.

Fractions inférieures à 1	Fractions égales à 1	Fractions supérieures à 1
$\frac{3}{13}$; $\frac{5}{6}$; $\frac{12}{13}$	$\frac{100}{100}$; $\frac{17}{17}$; $\frac{2}{2}$	$\frac{7}{3}$; $\frac{12}{5}$; $\frac{6}{4}$; $\frac{13}{10}$; $\frac{8}{7}$

Méthode 6

1. $13=5\times2+3$ donc $\frac{13}{5}=2+\frac{3}{5}$; $35=8\times4+3$ donc $\frac{35}{8}=4+\frac{3}{8}$

$28=9\times3+1$ donc $\frac{28}{9}=3+\frac{1}{9}$; $58=7\times8+2$ donc $\frac{58}{7}=8+\frac{2}{7}$

$47=4\times11+3$ donc $\frac{47}{4}=11+\frac{3}{4}$

2. $7 \div 4 = \frac{7}{4} = 1{,}75$; $4 \div 7 = \frac{4}{7}$, ce n'est pas un nombre décimal.

$5 \div 3 = \frac{5}{3}$, ce n'est pas un nombre décimal ; $3 \div 5 = \frac{3}{5} = 0{,}6$

$1 \div 25 = \frac{1}{25} = 0{,}04$

3. a. Il faut multiplier 4 par $\frac{13}{4}$ qui est égal à 3,25 pour obtenir 13.

b. Il faut multiplier 7 par $\frac{12}{7}$ qui n'est pas un nombre décimal pour obtenir 12.

4. ▪ $13 \times \frac{7}{13} = 7$ ▪ $\frac{8}{27} \times 27 = 8$ ▪ $\frac{11}{7} \times 56 = \frac{11}{7} \times 7 \times 8 = 11 \times 8 = 88$

Méthode 7

1. 1,5L = 150 cL ; $\frac{2}{5} \times 150 = 60$ donc Sacha doit mettre 60 cL de jus d'orange.

$\frac{3}{10} \times 150 = 45$ donc Sacha doit mettre 45 cL de jus d'ananas.

$\frac{2}{15} \times 150 = 20$ donc Sacha doit mettre 20 cL de sirop de canne.

$60 + 45 + 20 = 125$; $150 - 125 = 25$;
pour obtenir les 1,5 L de cocktail, Sacha a mis 25 cL d'eau pétillante.

L'eau pétillante représente $\frac{25}{150}$ soit $\frac{1}{6}$ du volume total.

2. a. $\frac{13}{18} \times 54 = 13 \times (54 \div 18) = 13 \times 3 = 39$ donc il y a 39 personnes dans le car.

b. $\frac{39}{65} = 0{,}6 = \frac{3}{5}$ donc le nombre de personnes présentes à cette sortie est égal à $\frac{3}{5}$ du nombre d'adhérents.

3. a. 1 kg = 1 000 g donc 1,8 kg = 1 800 g

$\frac{1}{6} \times 1\,800 = 1\,800 \div 6 = 300$ et $1\,800 - 300 = 1\,500$

donc le rôti a perdu 300 g à la cuisson et il pesait 1 500 g cuit.

b. $1\,500 = 300 \times 5$ donc Oncle Jean a mangé $\frac{1}{5}$ du rôti cuit.

c. $1\,500 - 300 = 1\,200$ et $1\,200 \div 8 = 150$ et $1\,500 = 150 \times 10$
donc les 8 autres convives se sont partagé équitablement 1 200g, chacun a mangé 150 g de rôti cuit ce qui représente $\frac{1}{10}$ du rôti cuit.

Méthode 8

1. L'unité a été partagée en 7 segments de même longueur.

L'abscisse de A est $\frac{2}{7}$; celle de B est $\frac{6}{7}$; celle de C est $\frac{11}{7}$; celle de D est $\frac{15}{7}$

2.
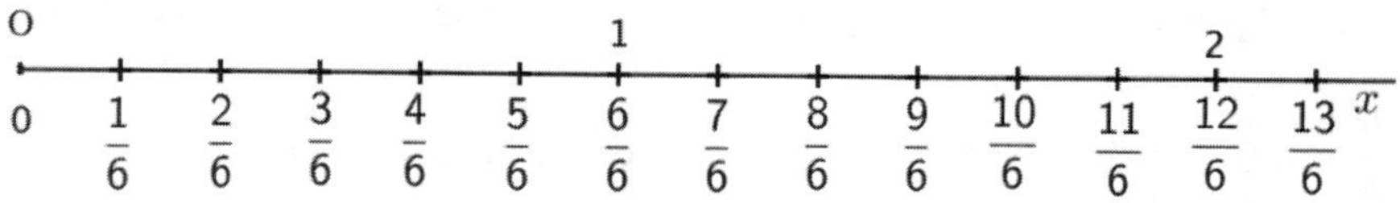

3. a. L'unité a été partagée en 9 segments de même longueur.

L'abscisse de A est $\frac{2}{9}$; celle de B, $\frac{7}{9}$; celle de C, $\frac{13}{9}$ et celle de D est $\frac{19}{9}$.

b.
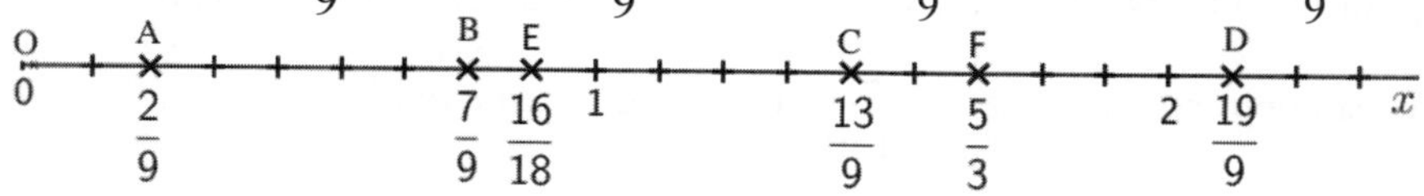

Jeux

1.
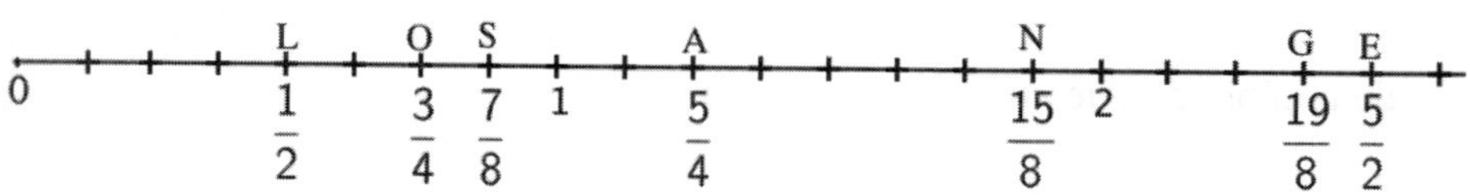

Le mot qui apparaît est LOSANGE.

2.

4	**3**	**1**	5	**8**	9	7	**6**	**2**
9	**6**	**2**	**4**	7	3	1	**5**	8
8	5	7	2	1	6	**9**	**3**	4
2	1	4	6	**9**	7	**5**	8	**3**
5	**9**	3	8	**2**	1	4	**7**	**6**
7	8	**6**	3	**4**	5	2	9	**1**
1	**2**	**9**	7	6	8	3	4	5
3	**4**	8	9	5	**2**	**6**	**1**	7
6	**7**	5	1	**3**	4	**8**	**2**	9

3.

N	O	I	T	C	A	R	F	D	S
U	N	M	**E**	R	S	R	E	I	T
M	O	E	**N**	T	I	**T**	M	V	T
E	M	D	I	**U**	**A**	P	**M**	I	N
R	B	A	**R**	**I**	L	**E**	L	S	E
A	R	M	O	I	T	I	E	E	I
T	E	**O**	F	S	U	R	**D**	U	T
E	T	I	L	A	G	E	A	R	O
U	E	L	B	U	O	D	**N**	U	U
R	E	L	P	U	R	D	A	U	Q

Le mot formé par les lettres non barrées (en gras, cases grisées) est DENOMINATEUR.

4.

3,5	×	$\frac{4}{7}$	=	**2**
×		×		×
$\frac{3}{14}$	×	21	=	**4,5**
=		=		=
0,75	×	**12**	=	**9**

$\frac{3}{4}$	×	**12**	=	**9**
×		×		×
2	×	$\frac{5}{3}$	=	$\frac{10}{3}$
=		=		=
1,5	×	**20**	=	30

5. C'est un poisson.

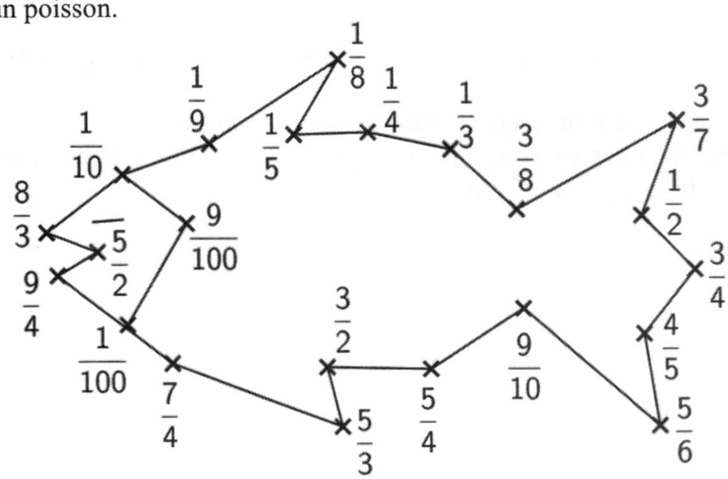

Chapitre 6

Calculs en ligne

Addition	Soustraction	Multiplication	Division
Somme de **termes**. Les termes sont séparés par le **signe +** **On peut changer l'ordre des termes.**	**Différence** de **deux termes**. Les termes sont séparés par le **signe −** En sixième le premier terme est toujours supérieur au second. **On ne peut pas les intervertir.**	**Produit** de **facteurs**. Les facteurs sont séparés par le **signe ×** **On peut changer l'ordre des facteurs.**	**Quotient** d'un nombre par un nombre **non nul**. Les nombres sont séparés par le **signe ÷** Le premier nombre est le **dividende**, le second est le **diviseur**. **On ne peut pas les intervertir.**

Méthodes

1. Comment calculer une somme de nombres décimaux en organisant les calculs ?
2. Comment calculer un produit de nombres décimaux en organisant les calculs ?
3. Comment traiter un calcul en ligne avec des parenthèses ?
4. Comment effectuer avec une calculatrice un calcul en ligne contenant des multiplications et des additions ou soustractions ?

Comment calculer une somme de nombres décimaux en organisant les calculs ?

Pour calculer une somme de nombres décimaux en organisant les calculs :
▲ on repère des termes dont la somme donne un nombre facile à trouver et à utiliser ensuite et on les regroupe entre parenthèses ;
▲ on calcule les sommes entre parenthèses et on supprime les parenthèses ;
▲ on peut si nécessaire regrouper à nouveau des termes entre parenthèses ;
▲ on termine le calcul.

EXEMPLE Calculer en organisant les calculs :

a. 8,55 + 55 + 0,12 + 3,45 + 2,88 **b. 4,4 + 2,8 + 42 + 3,6.**

a. 8,55 + 55 + 0,12 + 3,45 + 2,88 = (8,55 + 3,45) + (0,12 + 2,88) + 55
► On a regroupé et mis entre parenthèses les termes 8,55 et 3,45 ainsi que les termes 0,12 et 2,88 car leurs sommes sont des nombres entiers.
8,55 + 55 + 0,12 + 3,45 + 2,88 = 12 + 3 + 55
► On a calculé les sommes entre parenthèses et supprimé les parenthèses.
8,55 + 55 + 0,12 + 3,45 + 2,88 = 15 + 55
► On a calculé la somme des deux premiers termes.
8,55 + 55 + 0,12 + 3,45 + 2,88 = 70 ► On a terminé le calcul.

b. 4,4 + 2,8 + 42 + 3,6 = (4,4 + 3,6) + 2,8 + 42
► On a regroupé et mis entre parenthèses les termes 4,4 et 3,6 car leur somme est un nombre entier.
4,4 + 2,8 + 42 + 3,6 = 8 + 2,8 + 42
4,4 + 2,8 + 42 + 3,6 = (8 + 42) +2,8
► On a calculé la somme entre parenthèses puis regroupé 8 et 42.
4,4 + 2,8 + 42 + 3,6 = 50 +2,8
4,4 + 2,8 + 42 + 3,6 = 52,8 ► On a terminé le calcul.

EXERCICES Calculer en organisant les calculs.

A = 125 + 77 + 75

B = 82 + 57 + 143 + 218

C = 9,45 + 15 + 0,12 + 3,55 + 1,88

D = 2,5 + 115 + 7,5 + 85

E = 27 + 38 + 69 + 23 + 12 + 31

F = 5,7 + 3,75 + 3 + 6,25 + 4,3

G = 2,3 + 5,6 + 63 + 4,7

H = 45,9 + 9,3 + 8,1 + 6

I = 567,4 + 0,89 + 12,6 + 3,4 + 0,11

J = 6,4 + 5,08 + 3,6 + 2,02

K = 4,25 + 58,7 + 6 + 2,75 + 1,3

L = 0,5 + 29 + 1,2+ 31 + 0,3

méthode 2

Comment calculer un produit de nombres décimaux en organisant les calculs ?

Pour calculer un produit de nombres décimaux en organisant les calculs :
▲ on repère des facteurs dont le produit donne un nombre facile à trouver et à utiliser ensuite, puis on les regroupe entre parenthèses ;
▲ on calcule les produits entre parenthèses et on supprime les parenthèses ;
▲ on peut si nécessaire regrouper à nouveau des facteurs entre parenthèses ;
▲ on termine le calcul.
Remarques : un produit ne dépend pas de l'ordre des facteurs.
Si un facteur d'un produit est égal à 0, alors le produit est égal à 0.
Penser à utiliser : $2\times5=10$; $4\times25=100$; $8\times125=1\,000$.

EXEMPLE Calculer en organisant les calculs :

a. $\mathbf{40\times7\times0{,}8\times9\times2{,}5\times12{,}5}$ **b.** $\mathbf{0{,}2\times16\times5\times0{,}4\times0{,}5}$

a. $40\times7\times0{,}8\times9\times2{,}5\times12{,}5=(40\times2{,}5)\times(0{,}8\times12{,}5)\times7\times9$

► On a regroupé et mis entre parenthèses les facteurs 40 et 2,5 ainsi que les facteurs 0,8 et 12,5 car leurs produits sont respectivement 100 et 10.
$40\times7\times0{,}8\times9\times2{,}5\times12{,}5=100\times10\times7\times9$

► On a calculé les produits entre parenthèses et supprimé les parenthèses.

$40\times7\times0{,}8\times9\times2{,}5\times12{,}5=(100\times10)\times(7\times9)$ ► On a regroupé des facteurs.

$40\times7\times0{,}8\times9\times2{,}5\times12{,}5=1\,000\times63$ ► On a calculé les parenthèses.

$40\times7\times0{,}8\times9\times2{,}5\times12{,}5=63\,000$ ► On a terminé le calcul.

b. $0{,}2\times16\times5\times0{,}4\times0{,}5=(0{,}2\times5)\times(0{,}4\times0{,}5)\times16$

► On a regroupé les facteurs 0,2 et 5 ainsi que les facteurs 0,4 et 0,5 car les deux produits sont 1 et 0,2.
$0{,}2\times16\times5\times0{,}4\times0{,}5=1\times0{,}2\times16$

► On a calculé les produits entre parenthèses et supprimé les parenthèses.
$0{,}2\times16\times5\times0{,}4\times0{,}5=3{,}2$ ► On a terminé le calcul.

EXERCICES Calculer en organisant les calculs.

$A=4\times43\times25$

$B=12{,}5\times13{,}4\times2\times0{,}8$

$C=5{,}2\times2{,}5\times3\times4$

$D=0{,}8\times20\times7{,}5\times19\times0{,}5\times3$

$E=75\times25\times71\times0{,}4\times0{,}04$

$F=0{,}2\times0{,}02\times85\times25$

$G=50\times0{,}08\times568\times25$

$H=14\times1{,}2\times0{,}3\times5\times5$

$I=0{,}25\times60\times9\times0\times0{,}05\times4$

$J=0{,}012\,5\times12\times9\times0{,}05\times8$

méthode 3

Comment traiter un calcul en ligne avec des parenthèses ?

Pour traiter un calcul en ligne avec des parenthèses :
▲ on commence par effectuer les calculs entre parenthèses.

EXEMPLE

$A = 5{,}4 \div (83{,}3 - 77{,}3)$ et $B = (13{,}5 - 9{,}5) \times (9{,}6 - 2{,}65)$. Calculer A et B.

$A = 5{,}4 \div (83{,}3 - 77{,}3)$
$A = 5{,}4 \div 6$ ► On a effectué le calcul entre parenthèses.
$A = 0{,}9$

$B = (13{,}5 - 9{,}5) \times (9{,}6 - 2{,}65)$
$B = 4 \times 6{,}95$ ► On a effectué les calculs entre parenthèses.
$B = 27{,}8$

EXERCICES

1. Calculer A, B, C et D.
$A = (19 + 116) \div (67 - 49)$ $B = 25 \times (14{,}8 - 11{,}2)$
$C = (91 \div 7) \times (37{,}3 - 32{,}8)$ $D = (96 - 12) \div (75 - 67)$.

2. a. $E = 6{,}7 \times (3 + 8)$. Calculer E.
b. $F = 6{,}7 \times 3 + 8$. Utiliser une calculatrice pour calculer F.
Que remarque-t-on ?

3. $G = 15{,}8 - (7{,}2 - 5{,}76)$ et $H = (15{,}8 - 7{,}2) - 5{,}76$. Calculer G et H.
Que remarque-t-on ?

4. Armand a acheté un magazine à 7,95 €, un journal à 1,10 € et un stylo à 1,32 €. Il a payé avec un billet de 20 €. Utiliser un calcul en ligne pour trouver combien la caissière lui a rendu.

5. Dans le collège de Léonie, il y a 4 classes de sixième, la 6^{e}A avec 23 élèves, la 6^{e}B avec 21 élèves, la 6^{e}C avec 26 élèves et la 6^{e}D avec 24 élèves. A la rentrée des classes, on a distribué en prêt 8 livres par élève de sixième mais il en manquait 3. Ecrire le calcul en ligne et utiliser une calculatrice pour déterminer le nombre de livres distribués.

6. Bruno a décidé de s'acheter un ordinateur portable, il a choisi un modèle à 949,96 €. Il verse 175 € au comptant et le reste en 12 mensualités. Par un calcul en ligne trouver le montant de chaque mensualité.

7. Maxence a 58,55 € dans sa tirelire. Sa grand-mère lui donne 15 €. En tout il a 18,25 € de plus que sa sœur Candice. Quelle somme d'argent possède Candice ?

méthode 4

Comment effectuer avec une calculatrice un calcul en ligne contenant des multiplications et des additions ou soustractions ?

Pour effectuer avec une calculatrice un calcul en ligne contenant des multiplications et des additions ou soustractions :

▲ on tape le calcul tel qu'il est écrit en ligne ;

▲ on appuie sur la touche [=] pour obtenir le résultat.

Remarques : - ne pas oublier de mettre en marche la calculatrice ;
- la calculatrice ne donne pas les calculs intermédiaires, elle affiche directement le résultat final.

EXEMPLE Effectuer avec une calculatrice :

a. $(14+3)\times15$; b. $14+3\times15$; c. $14\times15+3\times15$. Que constate-t-on ?

a. $(14+3)\times15=255$ ► On a tapé : [(] [1] [4] [+] [3] [)] [×] [1] [5] [=]

$17\times15=255$; il faut d'abord effectuer le calcul entre parenthèses.

b. $14+3\times15=59$ ► On a tapé : [1] [4] [+] [3] [×] [1] [5] [=]

$3\times15=45$ et $14+45=59$; il faut calculer le produit 3×15 avant d'ajouter 14.

c. $14\times15+3\times15=255$ ► On a tapé : [1] [4] [×] [1] [5] [+] [3] [×] [1] [5] [=]

$14\times15=210$; $3\times15=45$ et $210+45=255$; il faut d'abord effectuer les produits 14×15 et 3×15 puis ajouter les résultats.

On constate que : $(14+3)\times15\neq14+3\times15$ et que $(14+3)\times15=14\times15+3\times15$

EXERCICES

1. Avec une calculatrice, effectuer le calcul : $32+8\times25$.
Paul a fait rapidement le calcul de tête et a trouvé 1 000.
Commenter les résultats.

2. Avec une calculatrice, calculer :
$5{,}8\times14{,}7-2{,}7\times6$ $67{,}5+8\times95-45$ $17\times85-75$

3. a. Trouver un ordre de grandeur de : $18\times43+57$.
b. Vérifier avec une calculatrice si cette estimation est correcte.

4. Un restaurateur a servi à midi 23 repas à 12 € et 9 repas à 15 €. Trouver directement avec une calculatrice la somme d'argent qu'il a encaissée ?

5. Sophie a acheté à la boulangerie cinq croissants à 0,85 €. Elle a payé avec un billet de 10 €. Combien la boulangère lui a-t-elle rendu ? Ecrire le calcul en ligne et l'effectuer à la calculatrice.

JEUX

1. Sudomath portant sur le vocabulaire addition, soustraction, multiplication : Retrouver les nombres de 1 à 9 à l'aide des indications puis compléter les cases de la grille de manière que pour chaque ligne, chaque colonne et chaque région de 9 cases matérialisée par les traits gras tous les chiffres de 1 à 9 soient utilisés.

		Différence de seize et sept					Différence de deux nombres impairs consécutifs	Produit de sept facteurs tous égaux à 1
	Quadruple de 1						Double de la somme de 1 et 2	Second terme de la somme de 1 et 5
Produit de sept dixièmes par dix			Somme des chiffres du double de onze	Ecart entre quarante dixièmes et deux			17 = 8 + ?	Produit de cinq par seize dixièmes
Triple de 1						Premier facteur de 9 × 8		
						Double du double de 0,5	Différence de 21 et 18	Ecart entre 43 et la dizaine supérieure
Produit des deux premiers entiers non nuls			Double de 4,5	Somme de trois termes tous égaux à 1	Triple du double de 1		Produit de 3 facteurs tous égaux à deux	
		Quadruple de 2		Différence de 2 entiers consécutifs		Double du triple de un	Somme de 27 dixièmes et 43 dixièmes	
						Ecart entre 92 et la centaine supérieure		Différence du triple de 2 et du double de 1,5
	Somme de 5 et 2		Différence de 101 et 99	Somme des quatre premiers entiers			Dernier facteur de 3 × 2 × 1	Second terme de la différence de 12 et 9

2. **Sans faire de calcul** retrouver la bonne réponse.

Calculs	Réponses		
57,46 + 6,5	62,51	639,6	6396
	63,51	63,96	65,96
20,4 – 7,7	13,7	137	127
	12,3	133	12,7
39×56	1184	11 184	672
	2184	994	2186
$246 \div 25$	9,45	10	9,4
	0,984	9,84	0,945

3. On considère les mots : ADDITION, APPROCHE, CALCUL, DIFFERENCE, DIVISION, EGAL, EN, EXACT, FACTEUR, FOIS, FRACTION, LIGNE, MENTAL, MOINS, MULTIPLICATION, PARENTHESES, PLUS, PRODUIT, QUOTIENT, RESTE, SOMME, SOUSTRACTION, TERME.
Faire entrer tous ces mots dans la grille ci-dessous.

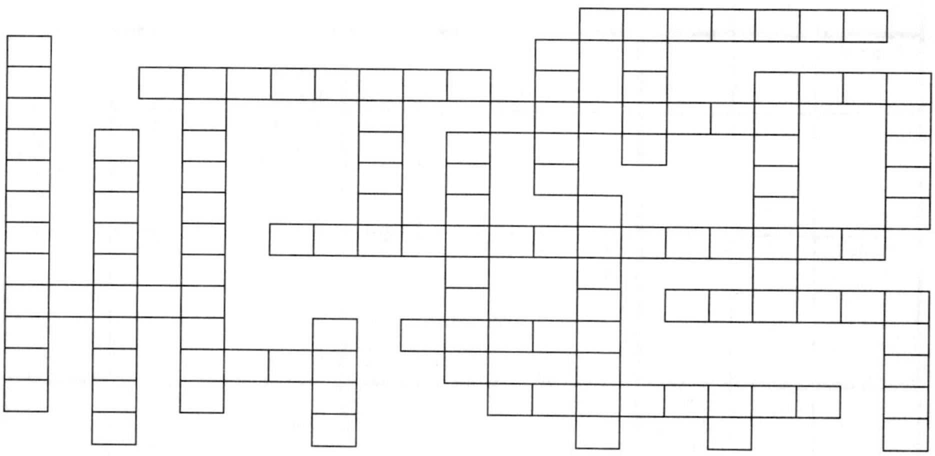

Méthode 1

A = 125 + 77 + 75
A = (125 + 75) + 77
A = 200 + 77 ; A = 277

B = 82 + 57 + 143 + 218
B = (82 + 218) + (57 + 143)
B = 300 + 200 ; B = 500

C = 9,45 + 15 + 0,12 + 3,55 + 1,88
C = (9,45 + 3,55) + (0,12 + 1,88) + 15
C = 13 + 2 + 15 ; C = 30

D = 2,5 + 115 + 7,5 + 85
D = (2,5 + 7,5) + (115 + 85)
D = 10 + 200 ; D = 210

E = 27 + 38 + 69 + 23 + 12 + 31
E = (27 + 23) + (38 + 12) + (69 + 31)
E = 50 + 50 + 100 ; E = 200

F = 5,7 + 3,75 + 3 + 6,25 + 4,3
F = (5,7 + 4,3) + (3,75 + 6,25) + 3
F = 10 + 10 + 3 ; F = 23

G = 2,3 + 5,6 + 63 + 4,7
G = (2,3 + 4,7) + 5,6 + 63
G = (7 + 63) + 5,6
G = 70 + 5,6 ;
G = 75,6

H = 45,9 + 9,3 + 8,1 + 6
H = (45,9 + 8,1) +9,3 + 6
H = 54 + 9,3+ 6
H = (54 + 6) + 9,3
H = 60 + 9,3 ; H = 69,3

I = 567,4 + 0,89 + 12,6 + 3,4 + 0,11
I = (567,4 + 12,6) + (0,89 + 0,11) + 3,4
I = 580 + 1 + 3,4 ; I = 584,4

J = 6,4 + 5,08 + 3,6 + 2,02
J = (6,4 + 3,6) + (5,08 + 2,02)
J = 10 + 7,1 ; J = 17,1

K = 4,25 + 58,7 + 6 + 2,75 + 1,3
K = (4,25 + 2,75) + (58,7 + 1,3) + 6
K = 7 + 60 + 6 ; K = 73

L = 0,5 + 29 + 1,2+ 31 + 0,3
L = (0,5 + 1,2 + 0,3) + (29 + 31)
L = 2 + 60 ; L = 62

Méthode 2

$A = 4 \times 43 \times 25$
$A = (4 \times 25) \times 43$
$A = 100 \times 43$
$A = 4\,300$

$B = 12{,}5 \times 13{,}4 \times 2 \times 0{,}8$
$B = (12{,}5 \times 0{,}8) \times (13{,}4 \times 2)$
$B = 10 \times 26{,}8$
$B = 268$

$C = 5{,}2 \times 2{,}5 \times 3 \times 4$
$C = (2{,}5 \times 4) \times (5{,}2 \times 3)$
$C = 10 \times 15{,}6$
$C = 156$

$D = 0{,}8 \times 20 \times 7{,}5 \times 19 \times 0{,}5 \times 3$
$D = (20 \times 0{,}5) \times (0{,}8 \times 7{,}5) \times (19 \times 3)$
$D = 10 \times 6 \times 57$
$D = 3\,420$

$E = 75 \times 25 \times 71 \times 0{,}4 \times 0{,}04$
$E = (25 \times 0{,}04) \times (75 \times 0{,}4) \times 71$
$E = 1 \times 30 \times 71$
$E = 2\,130$

$F = 0{,}2 \times 0{,}02 \times 85 \times 25$
$F = (0{,}2 \times 25 \times 0{,}02) \times 85$
$F = 0{,}1 \times 85$
$F = 8{,}5$

$G = 50 \times 0{,}08 \times 568 \times 25$
$G = (0{,}08 \times 25) \times 50 \times 568$
$G = (2 \times 50) \times 568$
$G = 100 \times 568$; $G = 56\,800$

$H = 14 \times 1{,}2 \times 0{,}3 \times 5 \times 5$
$H = (1{,}2 \times 5) \times (5 \times 14) \times 0{,}3$
$H = (6 \times 70) \times 0{,}3$
$H = 420 \times 0{,}3$; $H = 126$

$I = 0{,}25 \times 60 \times 9 \times 0 \times 0{,}05 \times 4$
$I = 0$

$J = 0{,}012\,5 \times 12 \times 9 \times 0{,}05 \times 8$
$J = (0{,}012\,5 \times 8) \times (12 \times 0{,}05) \times 9$
$J = 0{,}1 \times 0{,}6 \times 9$; $J = 0{,}54$

Méthode 3

1. $A = (19 + 116) \div (67 - 49)$
$A = 135 \div 18$; $A = 7{,}5$

$B = 25 \times (14{,}8 - 11{,}2)$
$B = 25 \times 3{,}6$; $B = 90$

$C = (91 \div 7) \times (37{,}3 - 32{,}8)$
$C = 13 \times 4{,}5$; $C = 58{,}5$

$D = (96 - 12) \div (75 - 67)$
$D = 84 \div 8$; $D = 10{,}5$

2. a. $E = 6{,}7 \times (3 + 8)$
$E = 6{,}7 \times 11$; $E = 73{,}7$

b. $F = 6{,}7 \times 3 + 8$
$F = 28{,}1$

On remarque que les nombres et les signes opératoires sont les mêmes pour E et F mais les résultats sont différents. Pour E c'est le calcul entre parenthèses qui a été effectué en premier alors que pour F c'est le produit de 6,7 par 3.

3. $G = 15{,}8 - (7{,}2 - 5{,}76)$
$G = 15{,}8 - 1{,}44$
$G = 14{,}36$

$H = (15{,}8 - 7{,}2) - 5{,}76$
$H = 8{,}6 - 5{,}76$
$H = 2{,}84$

On remarque que les nombres et les signes opératoires sont les mêmes pour G et H mais les résultats sont différents.

4. $20 - (7{,}95 + 1{,}1 + 1{,}32)$
$= 20 - 10{,}37$
$= 9{,}63$
La caissière a rendu 9,63 € à Armand.

5. $(23 + 21 + 26 + 24) \times 8 - 3 = 749$
Le nombre de livres distribués en prêt aux sixièmes à la rentrée des classes dans le collège de Léonie est 749.

6. $(949{,}96 - 175) \div 12 = 774{,}96 \div 12$
$= 64{,}58$
Le montant de chaque mensualité que doit payer Bruno est 64,58 €.

7. $(58{,}55 + 15) - 18{,}25$
$= 73{,}55 - 18{,}25$
$= 55{,}3$
Candice possède 55,30 €.

Méthode 4

1. $32+8\times25=232$; Paul a trouvé 1 000, il a calculé 32 + 8 et a multiplié le résultat 40 par 25. La calculatrice ne se trompe pas, Paul s'est trompé. On doit, en l'absence de parenthèses, effectuer la multiplication avant l'addition.

2. $5,8\times14,7-2,7\times6=69,06$; $67,5+8\times95-45=782,5$; $17\times85-75=1370$

3. a. $20\times40+50=850$
Un ordre de grandeur de $18\times43+57$ est 850.

b. $18\times43+57=831$.
L'estimation est correcte.

4. $23\times12+9\times15=411$
Le restaurateur a encaissé 411 €.

5. $10-5\times0,85=5,75$;
La boulangère a rendu 5,75 € à Sophie.

Jeux

1.

8	3	**9**	6	5	7	4	**2**	**1**
1	**4**	2	8	9	3	7	**6**	**5**
7	6	5	**4**	**2**	1	3	**9**	**8**
3	1	4	7	8	2	**9**	5	6
9	8	6	1	4	5	**2**	**3**	**7**
2	5	7	**9**	**3**	**6**	1	**8**	4
5	9	**8**	3	**1**	4	**6**	**7**	2
6	2	1	5	7	9	**8**	4	**3**
4	**7**	3	**2**	**6**	8	5	**1**	**9**

2.

Calculs	Bonnes réponses		
57,46 + 6,5		639,6	
20,4 – 7,7			12,7
39 × 56	2184		
246 ÷ 25		9,84	

3.

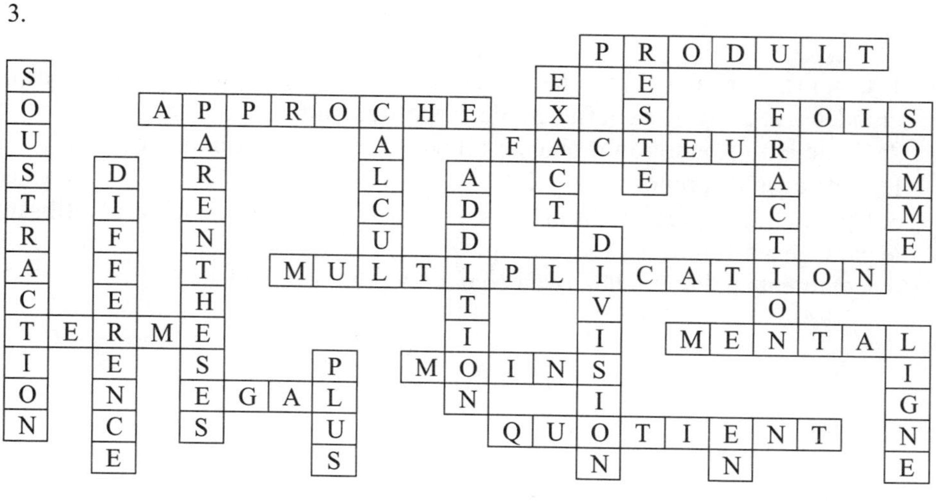

Chapitre

7

Grandeurs et proportionnalité

PROPORTIONNALITE

÷2 ↻ PROPORTIONNALITE ↻ ×2

Deux grandeurs sont proportionnelles lorsque les valeurs de l'une s'obtiennent en multipliant les valeurs de l'autre par un même nombre.

Dans les problèmes de proportionnalité, on utilise le plus souvent des tableaux.

$10\ \% = \frac{10}{100} = \frac{1}{10} = 0{,}1$

$25\ \% = \frac{25}{100} = \frac{1}{4} = 0{,}25$

$50\ \% = \frac{50}{100} = \frac{1}{2} = 0{,}5$

$75\ \% = \frac{75}{100} = \frac{3}{4} = 0{,}75$

$100\ \% = \frac{100}{100} = \frac{1}{1} = 1$

Méthodes

1. Comment reconnaître une situation de proportionnalité entre deux grandeurs et trouver le coefficient de proportionnalité ?
2. Comment résoudre un problème relevant de la proportionnalité en utilisant le coefficient de proportionnalité ?
3. Comment résoudre un problème relevant de la proportionnalité en utilisant le passage par l'unité ?
4. Comment appliquer un taux de pourcentage à une grandeur ?

méthode 1

Comment reconnaître une situation de proportionnalité entre deux grandeurs et trouver le coefficient de proportionnalité ?

Pour reconnaître une situation de proportionnalité entre deux grandeurs et trouver le coefficient de proportionnalité :

▲ on divise chaque valeur d'une des deux grandeurs par la valeur correspondante de l'autre,

- si les quotients sont égaux, on a une situation de proportionnalité, le coefficient de proportionnalité est la valeur commune des quotients ;
- si deux quotients ne sont pas égaux, on n'a pas une situation de proportionnalité.

EXEMPLE

Dans les deux cas suivants, a-t-on une situation de proportionnalité ? Si oui donner le coefficient de proportionnalité.

a. A Super X, trois baguettes sont vendues 1,65 € et cinq baguettes 2,75 €.

b. A Super Y, trois baguettes sont vendues 1,95 € et cinq baguettes 2,60 €.

a. $1{,}65 \div 3 = 0{,}55$ et $2{,}75 \div 5 = 0{,}55$ donc $1{,}65 \div 3 = 2{,}75 \div 5 = 0{,}55$

► On a divisé chaque prix par le nombre de baguettes lui correspondant et on a trouvé le même quotient.

On a une situation de proportionnalité dont le coefficient est 0,55.

b. $1{,}95 \div 3 = 0{,}65$ et $2{,}6 \div 5 = 0{,}52$ donc $1{,}95 \div 3 \neq 2{,}6 \div 5$

► On a divisé chaque prix par le nombre de baguettes lui correspondant et on n'a pas trouvé le même quotient. On n'a pas une situation de proportionnalité.

EXERCICES Donner le coefficient de proportionnalité si la situation proposée est une situation de proportionnalité.

1. Romain a représenté sa chambre de 5 m sur 3,5 m par un rectangle de 20 cm sur 14 cm, le lit de 190 cm sur 90 cm mesure sur son dessin 7,6 cm sur 3,6 cm. Les mesures sur le dessin sont-elles proportionnelles aux mesures réelles ?

2. Quand Ulysse avait 2 ans il mesurait 86 cm. Il a maintenant 9 ans il mesure 126 cm. A-t-on une situation de proportionnalité ?

3. Au marché, un maraîcher vendait deux laitues pour 1,50 € et trois laitues pour 2,10 €. Le prix des laitues était-il proportionnel au nombre de laitues ?

4. a. Le périmètre d'un carré est-il proportionnel à la longueur de son côté ?

b. L'aire d'un carré s'obtient en multipliant le côté par lui-même. Compléter le tableau ci-contre. Y-a-t-il proportionnalité ? Non !

Côté (en cm)	3	5
Aire (en cm^2)	9	25

5. La distance d'arrêt (temps de réaction plus distance de freinage) sur route sèche d'une voiture roulant à 50 km par heure est de 30 m et celle d'une voiture roulant à 30 km par heure est de 14 m. A-t-on une situation de proportionnalité ?

méthode 2

Comment résoudre un problème relevant de la proportionnalité en utilisant le coefficient de proportionnalité ?

Pour résoudre un problème relevant de la proportionnalité en utilisant le coefficient de proportionnalité :
▲ on utilise un tableau de proportionnalité qui est donné ou que l'on crée ;
▲ on calcule le coefficient de proportionnalité en divisant une valeur de la seconde grandeur par la valeur correspondante de la première ;
▲ on fait apparaître le coefficient de proportionnalité précédé de × à côté d'une flèche qui va de la première ligne à la seconde ;
▲ on multiplie une valeur de la première grandeur par le coefficient de proportionnalité pour trouver la valeur correspondante de la seconde ou on divise une valeur de la seconde grandeur par le coefficient de proportionnalité pour trouver la valeur correspondante de la première ;
▲ on répond aux questions en faisant des phrases.

EXEMPLE

Pour la tombola de la fête du village, on vend des billets dont le prix est proportionnel au nombre de billets achetés. Pour faciliter la tâche des vendeurs, il a été décidé de leur donner le tableau ci-dessous qu'il faut compléter :

Nombre de billets	2	3	4	5	6	7	8	9	10
Prix (en €)					15				

15 ÷ 6 = 2,5 ► On a cherché le coefficient de proportionnalité.
Remarque : ce coefficient correspond au prix d'un billet soit 2,50 €.

Nombre de billets	2	3	4	5	6	7	8	9	10	× 2,5
Prix (en €)	5	7,50	10	12,50	15	17,50	20	22,50	25	

► On a multiplié chaque nombre de billets par 2,5 pour trouver le prix à payer.

EXERCICES On pourra utiliser la calculatrice.

1. Dans 100 g de persil, il y a environ 200 mg de vitamine C. Les apports nutritionnels conseillés sont 110 mg de vitamine C par jour pour un adulte. Quelle quantité de persil est suffisante pour avoir cet apport sur une journée ?

2. Le prix à payer est proportionnel au nombre de journaux achetés.

Compléter le tableau ci-contre :

Nombre de journaux	5	8	
Prix à payer (en €)		9,60	2,40

3. La maquette d'un terrain de football est un rectangle de 21 cm de long sur 13,5 cm de large. L'échelle est 1/500 ; cela signifie que 1 cm sur la maquette représente 500 cm dans la réalité. Calculer les dimensions réelles de ce terrain.

4. Les stylos se vendent à l'unité, 3 stylos coûtent 1,65 €.
a. Quel est le prix de 5 stylos ? 13 stylos ?
b. Combien de stylos achète-t-on si on paie 1,10 € ; 55 € ?

Comment résoudre un problème relevant de la proportionnalité en utilisant le passage par l'unité ?

Pour résoudre un problème relevant de la proportionnalité en utilisant le passage par l'unité :
▲ on divise la valeur donnée de la grandeur sur laquelle porte la question par la valeur correspondante de l'autre grandeur, on trouve ainsi le nombre correspondant à une unité de cette dernière ;
▲ on multiplie par ce nombre la valeur concernée pour trouver le résultat cherché ;
▲ on répond à la question en faisant une phrase.

EXEMPLE

Maxime parcourt 11 km en 4 h. Combien de kilomètres parcourt-il en 6 h au même rythme ?

$11 \div 4 = 2{,}75$ donc en 1 h Maxime parcourt 2,75 km (4 fois moins qu'en 4 h).
► On a divisé 11 par 4 pour se ramener à la durée de 1 h.
Remarque : 2,75 est le coefficient de proportionnalité.
$2{,}75 \times 6 = 16{,}5$ donc en 6 h Maxime parcourt 16,5 km (6 fois plus qu'en 1 h).
► On a multiplié le nombre trouvé 2,75 par la valeur 6 pour trouver la valeur correspondante. ► On a répondu à la question par une phrase.

EXERCICES

1. A la boulangerie, Etienne a payé 3,45 € pour trois sucettes identiques. Combien paiera Marion pour 7 de ces sucettes ?

2. Pour préparer un gâteau, Emma utilise les quantités suivantes :
farine : 80 g œufs : 2 sucre : 90 g
Calculer la quantité de farine et de sucre qu'elle mélangera avec 5 œufs, en respectant les mêmes proportions.

3. Un cyclomotoriste parcourt 48 km en une heure. En combien de minutes parcourt-t-il 28 km en gardant le même rythme ?

4. Pour faire 10 L de sangria sans alcool, il faut 4 L de jus de raisin rouge. Combien faut-il de jus de raisin rouge pour faire 3 L de cette sangria?

5. Le cuisinier a prévu pour le repas de midi à la cantine 98 kg de frites pour 350 personnes. La quantité de frites étant proportionnelle au nombre de personnes, quelle quantité totale de frites doit prévoir le cuisinier avec 75 personnes supplémentaires ?

6. Sur une carte, 5 cm séparent deux hameaux situés en réalité à 4 km à vol d'oiseau l'un de l'autre. Sur la carte, Samia a mesuré 24 cm entre deux villes, quelle est leur distance réelle à vol d'oiseau ?

méthode 4

Comment appliquer un taux de pourcentage à une grandeur ?

Pour appliquer un taux de pourcentage à une grandeur :
▲ on multiplie la quantité ou la mesure de la grandeur par le taux de pourcentage (voir *chapitre 5 méthode 3*).

EXEMPLE

$126\times\frac{15}{100} = 126\times 0{,}15 = 18{,}9$ donc 15 % de 126 kg = 18,9 kg.

► On a multiplié 126 par $\frac{15}{100}$ c'est-à-dire par 0,15.

EXERCICES

1. a. Calculer 30 % de : 126 km ; 90° ; 580 collégiens.
b. Calculer 65 % de : 40 billes ; 195 g ; 6 370 €.

2. Compléter le tableau suivant :

Pourcentage de 750 €	10 %	25 %	50 %	75 %	100 %	120 %	200 %
Résultat (en €)							

3. Calculer : a. 40 % de 75 cL b. 13 % de 3 kg c. 25 % de 210 m
d. 43 % de 34 000 habitants e. 4,2 % de 990 m^2 f. 1,5 % de 456 €.

4. a. Un libraire accorde systématiquement 5 % sur le prix des livres.
Compléter le tableau suivant :

Prix d'un livre (en €)	20	30	12	5	41	16
Remise (en €)						

b. Andy a choisi un livre à 22 €. Ajouter une colonne au tableau précédent pour donner la remise accordée à Andy.
c. Combien Andy va-t-il payé le livre ?

5. Dans une maison de retraite de 225 personnes, il y a 56 % de résidents qui participent à l'activité chant chorale. Calculer le nombre de personnes qui se rendent à cette activité.

6. a. Le prix TTC (Toutes Taxes Comprises) se calcule en appliquant la TVA (Taxe sur la Valeur Ajoutée) au prix HT (Hors Taxes). La TVA est de 20 %.
Compléter le tableau suivant :

Prix HT (en €)	18	245	435	7	350	27
TVA (en €)						

b. Une tablette numérique coûte 286 € HT plus 0,25 € HT pour l'Eco-Participation DEEE (Déchets d'Equipements Electriques et Electroniques). Compléter le tableau précédent pour ces deux prix.
c. Quel est le prix total TTC de la tablette ?

JEUX

1. Dans le QCM qui suit, pour chaque question, une seule des cinq réponses proposées est exacte. Trouver la bonne réponse.

	Questions	a	b	c	d	e
1	Les 4 % de 1 500 € sont égaux à :	0,04 €	6 €	60 €	600 €	6 000 €
2	Pour calculer les 9 % d'une quantité, on la multiplie par :	90	9	0,9	0,09	0,009
3	21 m représente les 30 % de :	700 m	6,3 m	63 m	7 m	70 m
4	Quelle est la fraction qui est égale à 2,5 % ?	$\frac{25}{10}$	$\frac{1}{4}$	$\frac{25}{100}$	$\frac{1}{40}$	$\frac{25}{1000}$
5	Un ordinateur coûtait 1000 €. Son prix a baissé de 10 % puis un mois après de 10 %. Quel est son nouveau prix ?	800 €	810 €	890 €	900 €	980 €
6	Une action en bourse valait 100 €. Elle a baissé de 20 %, puis a augmenté de 20%. Elle vaut alors :	80 €	90 €	96 €	100 €	116 €

2. Colorier :

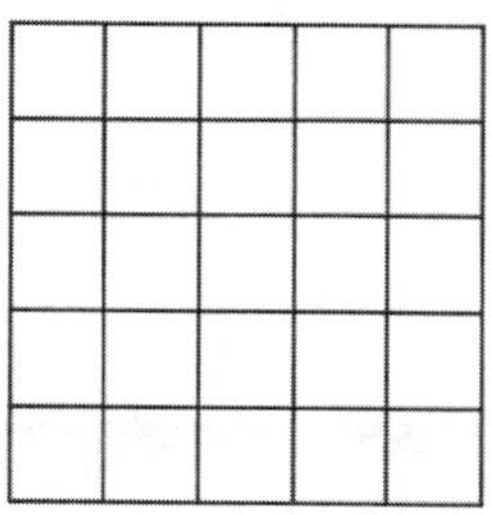

40 % de l'aire de ce carré

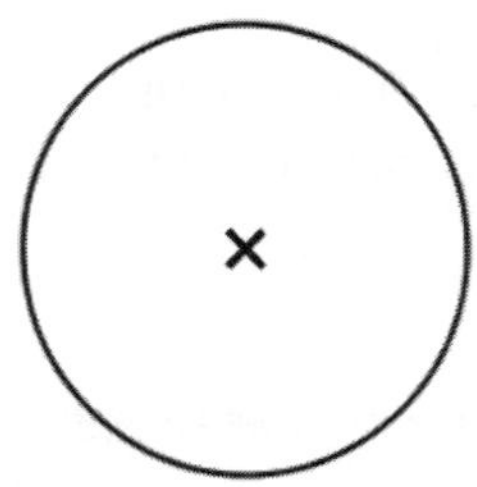

25 % de l'aire de ce disque

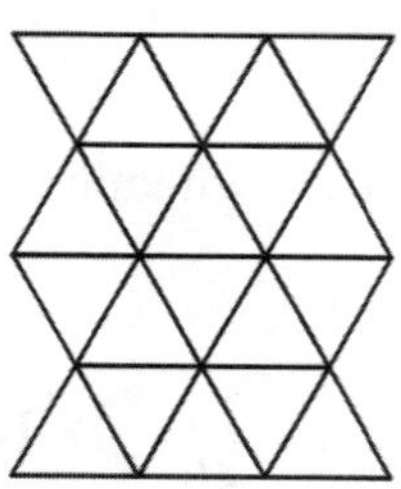

70 % de l'aire de cette figure

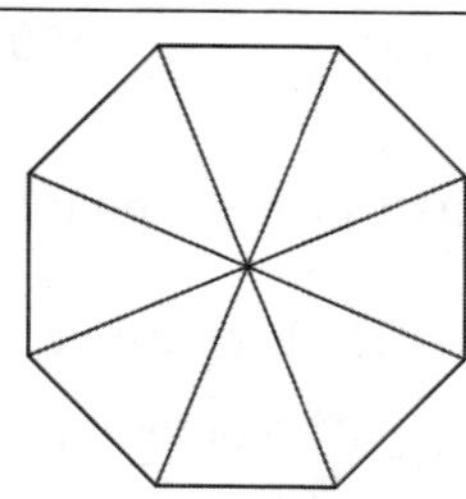

37,5 % de l'aire de cet octogone

Méthode 1

1. 5 m = 500 cm ; 3,5 m = 350 cm

Mesures réelles (en cm)	500	350	190	90
Mesures sur le dessin (en cm)	20	14	7,6	3,6

$20 \div 500 = 0{,}04$; $14 \div 350 = 0{,}04$; $7{,}6 \div 190 = 0{,}04$
donc $20 \div 500 = 14 \div 350 = 7{,}6 \div 190 = 0{,}04$
Les mesures sur le dessin sont proportionnelles aux mesures réelles.
Le coefficient de proportionnalité est 0,04.

2. $86 \div 2 = 43$ et $126 \div 9 = 14$ donc $86 \div 2 \neq 126 \div 9$
On n'a pas une situation de proportionnalité.

3. $1{,}5 \div 2 = 0{,}75$ et $2{,}1 \div 3 = 0{,}7$ donc $1{,}5 \div 2 \neq 2{,}1 \div 3$
On n'a pas une situation de proportionnalité.

4. a. Le périmètre d'un carré est égal à 4 fois la longueur de son côté.
Le périmètre d'un carré est proportionnel à la longueur de son côté.
Le coefficient de proportionnalité est 4.

b.

Côté (en cm)	3	5
Aire (en cm^2)	9	25

$9 \div 3 = 3$ et $25 \div 5 = 5$ donc $9 \div 3 \neq 25 \div 5$
Il n'y a pas proportionnalité.

5. $30 \div 50 = 0{,}6$ mais $14 \div 30 \neq 0{,}6$
On n'a pas une situation de proportionnalité.

Méthode 2

1. $100 \div 200 = 0{,}5$; le coefficient de proportionnalité est 0,5.

Vitamine C (en mg)	200	110
Persil (en g)	100	**55**

×0,5

$110 \times 0{,}5 = 55$
55 g de persil suffisent pour avoir son apport quotidien en vitamine C.

2. $9{,}6 \div 8 = 1{,}2$; le coefficient de proportionnalité est 1,2.

÷ 1,2

Nombre de journaux	5	8	**2**
Prix à payer (en €)	**6**	9,60	2,40

× 1,2

3. 1 cm sur la maquette représente 500 cm dans la réalité donc le coefficient de proportionnalité est 500.

Distance sur la maquette (en cm)	1	21	13,5
Distance réelle (en cm)	500	**10 500**	**6 750**

10 500 cm = 105 m et 6 750 cm = 67,5 m.
Les dimensions réelles de ce terrain sont 105 m de long sur 67,5 m de large.

4. a. b. $1{,}65 \div 3 = 0{,}55$; le coefficient de proportionnalité est 0,55.

Nombre de stylos	3	5	13	**2**	**100**
Prix à payer (en €)	1,65	**2,75**	**7,15**	1,10	55

Le prix de 5 stylos est 2,75 € et le prix de 13 stylos est 7,15 €.
Si on paie 1,10 €, on achète 2 stylos et si on paie 55 €, on en achète 100.

Méthode 3

1. $3{,}45 \div 3 = 1{,}15$ donc 1 sucette coûte 1,15 € (3 fois moins que 3 sucettes).
$1{,}15 \times 7 = 8{,}05$ donc 7 sucettes coûtent 8,05 € (7 fois plus qu'une sucette).
Marion paiera 8,05 € pour ces 7 sucettes.

2. $80 \div 2 = 40$ et $70 \div 2 = 35$ donc avec 1 œuf, Emma utiliserait 40 g de farine et 35 g de sucre.
$40 \times 5 = 200$ et $35 \times 5 = 175$ donc avec 5 œufs, Emma mélangera 200 g de farine et 175 g de sucre.

3. 1 h = 60 min
$60 \div 48 = 1{,}25$ donc le cyclomotoriste met 1,25 min pour parcourir 1 km (48 fois moins de temps que pour 48 km).
$1{,}25 \times 28 = 35$ donc il met 35 min pour parcourir 28 km (28 fois plus de temps que pour 1 km).
En gardant le même rythme, le cyclomotoriste parcourt 28 km en 35 min.

4. $4 \div 10 = 0{,}4$ donc pour faire 1 L de sangria sans alcool il faut 0,4 L de jus de raisin rouge (10 fois moins que pour 10 L).
$0{,}4 \times 3 = 1{,}2$ donc pour faire 3 L de sangria sans alcool, il faut 1,2 L de jus de raisin rouge (3 fois plus que pour 1 L).

5. $350 + 75 = 425$. Le cuisinier doit prévoir des frites pour 425 personnes.
$98 \div 350 = 0{,}28$ donc pour une personne, le cuisinier doit prévoir 0,28 kg de frites (350 fois moins que pour 350 personnes).
$0{,}28 \times 425 = 119$ donc pour 425 personnes, le cuisinier doit prévoir 119 kg de frites (425 fois plus que pour une personne).
Le cuisinier doit prévoir en tout 119 kg de frites avec 75 personnes supplémentaires.

6. $4 \div 5 = 0{,}8$ donc 1 cm sur la carte représente 0,8 km soit 800 m de la réalité (5 fois moins que 5 cm).
$0{,}8 \times 24 = 19{,}2$ donc 24 cm sur la carte représentent 19,2 km de la réalité (24 fois plus que 1 cm).
La distance réelle à vol d'oiseau entre les deux villes est 19,2 km.

Méthode 4

1. a. $126 \times 0{,}3 = 37{,}8$; 30 % de 126 km = 37,8 km
$90 \times 0{,}3 = 27$; 30 % de 90° = 27°
$580 \times 0{,}3 = 174$; 30 % de 580 collégiens = 174 collégiens
b. $40 \times 0{,}65 = 26$; 65 % de 40 billes = 26 billes
$195 \times 0{,}65 = 126{,}75$; 65 % de 195 g = 126,75 g
$6\ 370 \times 0{,}65 = 4\ 140{,}5$; 65 % de 6 370 € = 4 140,50 €

2.

Pourcentage de 750 €	10 %	25 %	50 %	75 %	100 %	120 %	200 %
Résultat (en €)	75	187,50	375	562,50	750	900	1 500

3. a. $75 \times 0{,}4 = 30$; 40 % de 75 cL = 30 cL
b. $3 \times 0{,}13 = 0{,}39$; 13 % de 3 kg = 0,39 kg = 390 g
c. $210 \times 0{,}25 = 52{,}5$; 25 % de 210 m = 52,5 m
d. $34\ 000 \times 0{,}43 = 14\ 620$; 43 % de 34 000 habitants = 14 620 habitants
e. $990 \times 0{,}042 = 41{,}58$; 4,2 % de 990 m^2 = 41,58 m^2
f. $456 \times 0{,}015 = 6{,}84$; 1,5 % de 456 € = 6,84 €.

4. a et b.

Prix d'un livre (en €)	20	30	12	5	41	16	22
Remise (en €)	1	1,50	0,60	0,25	2,05	0,80	1,10

c. $22 - 1{,}1 = 20{,}9$
Andy paiera le livre 20,90 €.

5. $225 \times 0{,}56 = 126$
Il y a 126 personnes qui se rendent à l'activité chant chorale.

6. a. et b.

Prix HT (en €)	18	245	435	7	350	27	286	0,25
TVA (en €)	3,60	196	87	1,40	70	5,40	57,20	0,05

c. $286 + 57{,}2 + 0{,}25 + 0{,}05 = 343{,}5$
Le prix total TTC de la tablette est 343,50 €.

Jeux

1. Question 1 : $1\ 500\ € \times 0{,}04 = 60\ €$ (réponse c)

Question 2 : $9\ \% = 0{,}09$ (réponse d)

Question 3 : $70\ \text{m} \times 0{,}3 = 21\ \text{m}$ (réponse e)

Question 4 : $\frac{2{,}5}{100} = \frac{1}{40}$ (réponse d)

Question 5 : $1\ 000 \times 0{,}1 = 100$ et $1\ 000 - 100 = 900$
Après une baisse de 10 %, l'ordinateur vaut 900 €.
$900 \times 0{,}1 = 90$ et $900 - 90 = 810$
Le nouveau prix est 810 €. (réponse b)

Question 6 : $100 \times 0{,}2 = 20$ et $100 - 20 = 80$
Après une baisse de 20 % l'action vaut 80 €.
$80 \times 0{,}2 = 16$ et $80 + 16 = 96$
L'action vaut alors 96 €. (réponse c)

2.

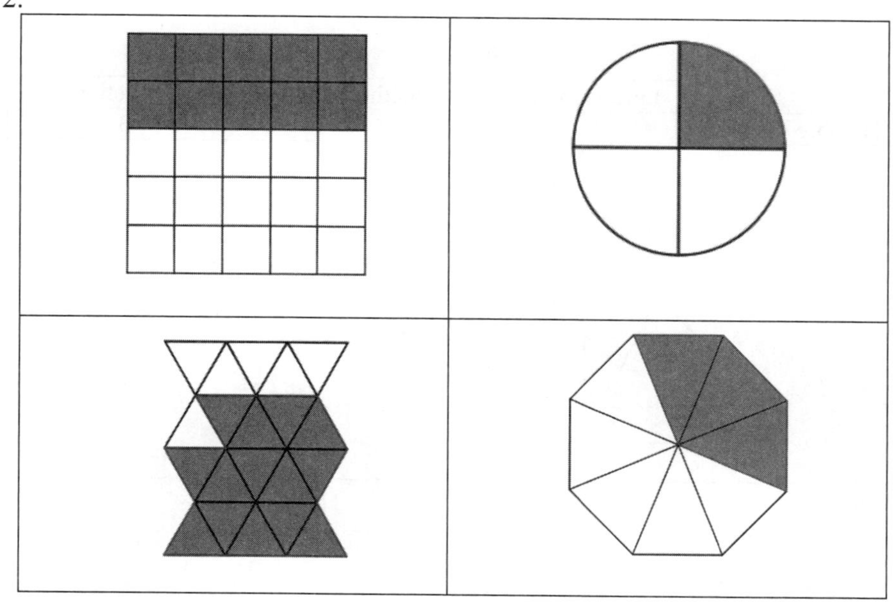

Chapitre
8

Gestion de données

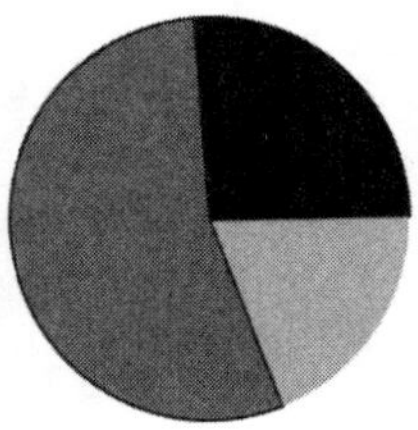

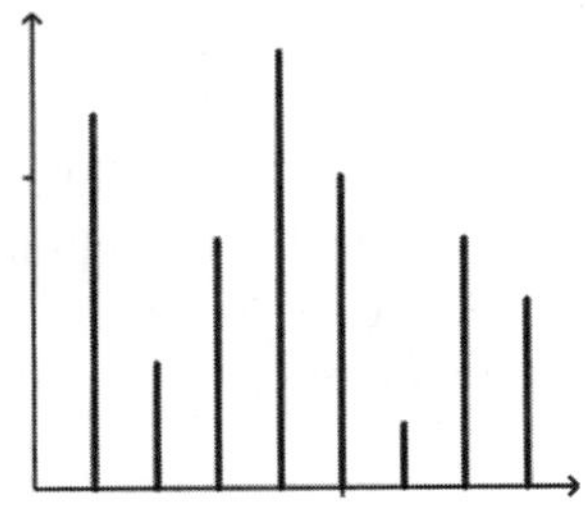

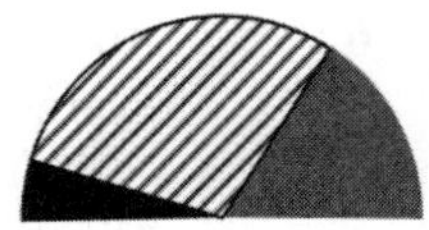

Chapitre 8

	Introduction	Fiches méthodes	Jeux	Corrections
Nombre de pages	1	5	1	3

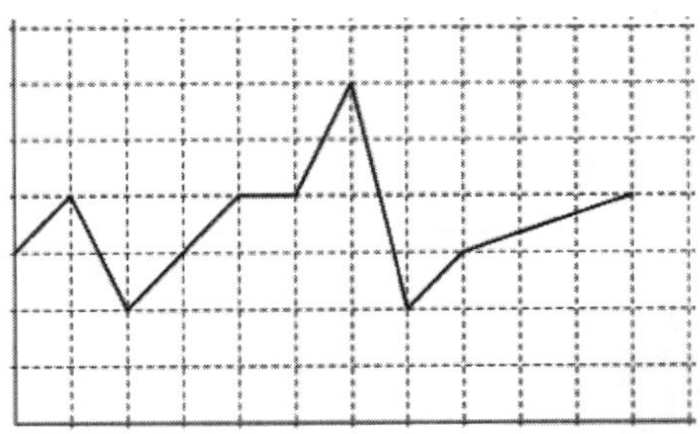

Méthodes

1. Comment lire et interpréter un tableau à double entrée ?
2. Comment présenter et compléter des résultats dans un tableau à double entrée ?
3. Comment utiliser des diagrammes circulaires ou semi-circulaires ?
4. Comment utiliser des diagrammes en bâtons ?
5. Comment utiliser des graphiques cartésiens ?

méthode 1

Comment lire et interpréter un tableau à double entrée ?

Pour lire et interpréter un tableau à double entrée :
▲ on repère les deux types d'informations mises en relation dans le tableau ;
▲ on interprète le contenu d'une cellule en prenant en compte l'intitulé de la colonne et de celui de la ligne où elle figure ;
Remarque : lorsque le tableau est incomplet, on peut déduire les résultats manquants en utilisant les informations données, on rajoute souvent une ligne ou une colonne ou les deux pour le total.

EXEMPLE

On a demandé à des élèves de 6e d'un collège s'ils prenaient un petit déjeuner le matin. Le tableau suivant récapitule leurs réponses.

	oui	non
6eA	13	14
6eB	11	18
6eC	15	13
6eD	9	17

1. Combien d'élèves de 6eB ne prennent pas de petit déjeuner ?
2. Même question pour les 6e ?

1. Il y a 18 élèves de 6eB qui ne prennent pas de petit déjeuner.
► On a repéré les deux types d'informations : réponse oui ou non ; classe concernée.
► On a lu la réponse à l'intersection de la ligne « 6eB » et de la colonne « non ».
2. $14+18+13+17=32+30=62$
Il y a 62 élèves de 6e qui ne prennent pas de petit déjeuner.
► On a calculé la somme des nombres de la colonne dont l'intitulé est non.

EXERCICES

1. Utiliser l'exemple pour répondre aux questions.
a. A quoi correspond le nombre 9 du tableau ?
b. Dans quelle classe les élèves prenant un petit déjeuner sont-ils plus nombreux que ceux n'en prenant pas ?

2. Le tableau indique la répartition des élèves de 6e d'un collège selon la façon dont ils se rendent en général au collège le matin.

	En vélo	En trottinette	A pied	En car	En voiture
6eA	7	1	3	12	4
6eB	3	4	2	15	5
6eC	6	3	8	9	2
6eD	4	2	4	13	3

a. A quoi correspond le nombre 13 du tableau ?
b. Combien d'élèves de 6eA viennent en vélo au collège ?
c. Combien d'élèves de 6e se rendent au collège à pied ?
d. Quel est le moyen de transport le plus utilisé ? Le moins utilisé ?

méthode 2

Comment présenter et compléter des résultats dans un tableau à double entrée ?

Pour présenter et compléter des résultats dans un tableau à double entrée :
▲ on trace le nombre de lignes et de colonnes nécessaires en tenant compte de leurs intitulés et des données ;
▲ on écrit sur la première ligne les éléments relatifs à la première information et sur la première colonne ceux relatifs à la seconde ;
▲ on remplit le reste du tableau avec les données fournies en repérant bien où chacune doit figurer et on effectue des calculs pour compléter si besoin.
Remarque : on peut ajouter une ligne et/ou une colonne pour le total.

EXEMPLE

On a demandé à 50 enfants de 9 ans et 50 enfants de 11 ans où ils avaient passé leurs vacances d'hiver ; 15 enfants de 9 ans et 18 de 11 ans ont répondu à la maison, 26 de 9 ans et 19 de 11 ans ont répondu chez leurs grands-parents et les autres au ski avec leurs parents. Présenter ces résultats dans un tableau et le compléter.

	à la maison	chez les grands-parents	au ski avec leurs parents	Total
9 ans	15	26	**9**	50
11 ans	18	19	**13**	50
Total	33	45	**22**	100

► On a écrit sur la première ligne les trois manières de passer les vacances et sur la première colonne les âges des enfants interrogés.
► On a ajouté une ligne et une colonne pour le total.
► On a rempli le tableau et complété la ligne et la colonne « Total ».
$50 - (15 + 26) = 50 - 41 = 9$ et $50 - (18 + 19) = 50 - 37 = 13$
► On a calculé le nombre d'enfants de 9 ans et celui de 11 ans qui sont partis au ski et écrit leur total qui est égal à $9 + 13$ et aussi à $100 - (33 + 45)$.

EXERCICES

1. Dans une classe de 6e de 29 élèves il y a 16 filles dont 5 externes et des garçons dont 6 demi-pensionnaires. Présenter ces informations dans un tableau et le compléter.

2. Dans un livre de 6e de mathématiques on a compté 20 pages d'introduction, 123 pages de fiches méthodes, 32 pages de jeux et 68 pages de corrections. Dans la même collection le livre de 5e a 251 pages dont 22 pages d'introduction, 138 de fiches méthodes, 25 pages de jeux et le reste en corrections. Présenter ces informations dans un tableau et le compléter.

3. Présenter dans un tableau la table de multiplication des nombres de 0 à 9.

méthode 3

Comment utiliser des diagrammes circulaires ou semi-circulaires ?

Pour utiliser des diagrammes circulaires ou semi-circulaires :
▲ on observe les secteurs angulaires et on repère les informations qu'ils fournissent : catégorie concernée, résultat chiffré ;
▲ on lit directement l'information attendue ou on prend en compte la taille des secteurs angulaires concernés pour effectuer des comparaisons.

EXEMPLE

Sources d'énergie pour produire de l'électricité en France

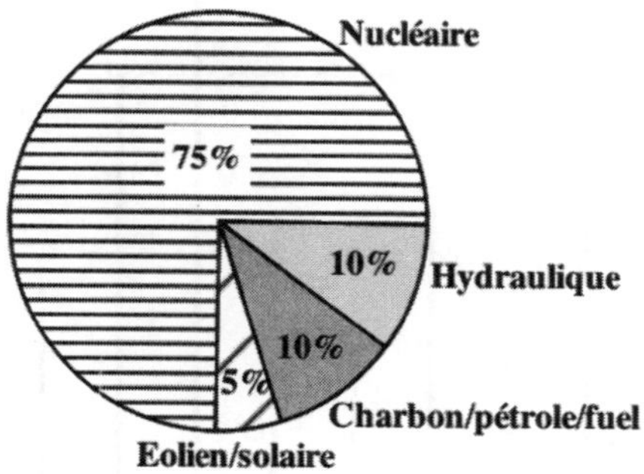

1. Quel est, en France, le pourcentage de l'énergie électrique de source hydraulique ?
2. Quelle source d'énergie produit en France : a. le plus d'électricité ? b. le moins d'électricité ?

1. Le pourcentage de l'énergie électrique de source hydraulique est 10%.
► On a lu la réponse sur le diagramme.
2. a. La source d'énergie qui produit en France le plus d'électricité est le nucléaire.
► On a repéré le plus grand secteur et donné l'énergie associée.
b. La source d'énergie qui produit en France le moins d'électricité est l'éolien/solaire.
► On a repéré le plus petit secteur et donné l'énergie associée.
Remarque : on pouvait répondre au 2. grâce aux pourcentages donnés.

EXERCICES

1. Population en 2015

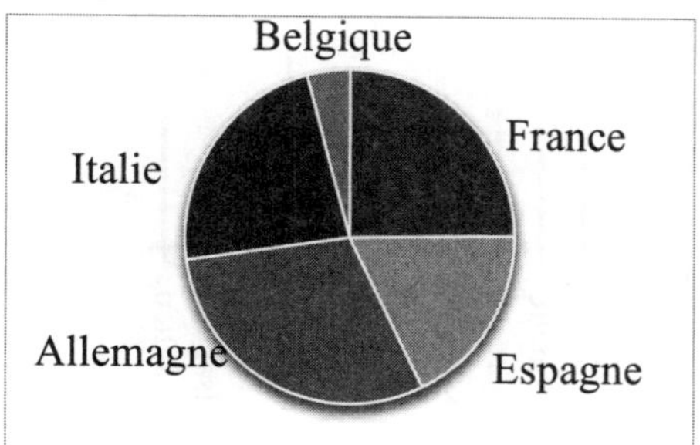

a. Des cinq pays quel est celui qui est le plus peuplé ? Le moins peuplé ?
b. Classer les pays du plus peuplé au moins peuplé.

2. Enquête sur le genre de lectures préférées de 180 adultes.

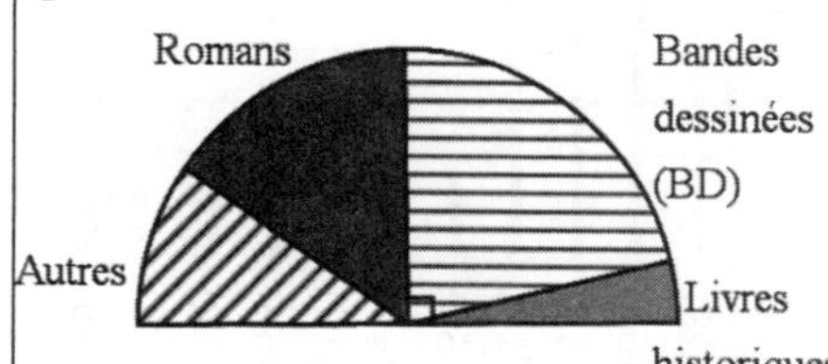

a. Quels sont les livres les plus lus ? Les moins lus ?
b. Que peut-on dire du nombre de lecteurs de BD et de livres historiques par rapport à celui des lecteurs de romans et autres ?

méthode 4

Comment utiliser des diagrammes en bâtons ?

Pour utiliser des diagrammes en bâtons :
- ▲ on repère les informations fournies : catégorie, résultat chiffré ;
- ▲ on lit au pied du bâton la catégorie étudiée et sur l'axe vertical sa hauteur.

EXEMPLE

Pointures des touristes voulant louer des chaussures de ski.

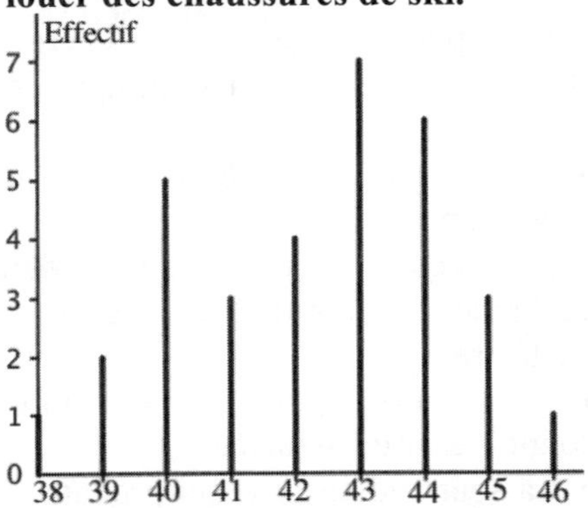

1. Combien réserver de paires de chaussures de ski en 39 ? en 44 ?
2. Quelle pointure faut-il pour 4 touristes exactement ?

1. Il faut réserver 2 paires de chaussures de ski en 39 et 6 en 44.
2. La pointure 42 est pour 4 touristes.

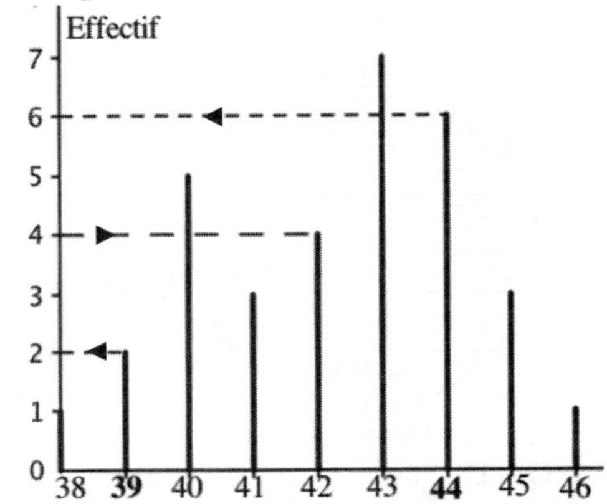

► On a fait sur le diagramme des tracés permettant de lire les réponses.

EXERCICES

1. Dans l'exemple, combien de touristes veulent louer des chaussures de ski ?

2. Précipitations janvier 2016

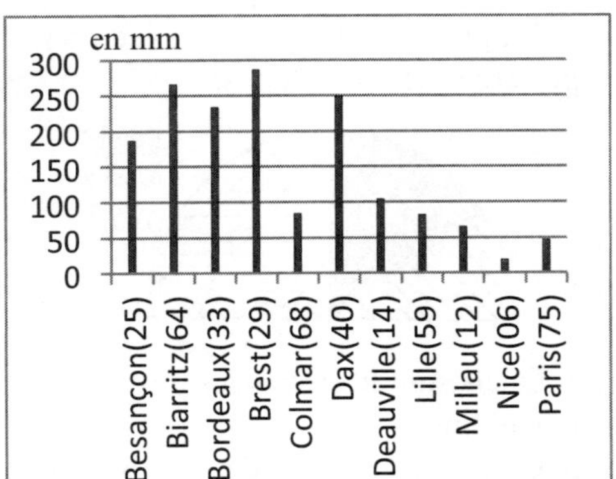

a. Dans quelle ville a-t-il le moins plu ?
b. Quelles sont les villes où les précipitations ont dépassé 200 mm ?

3. Résultats d'un test d'orthographe sur 5 pour 10 élèves.

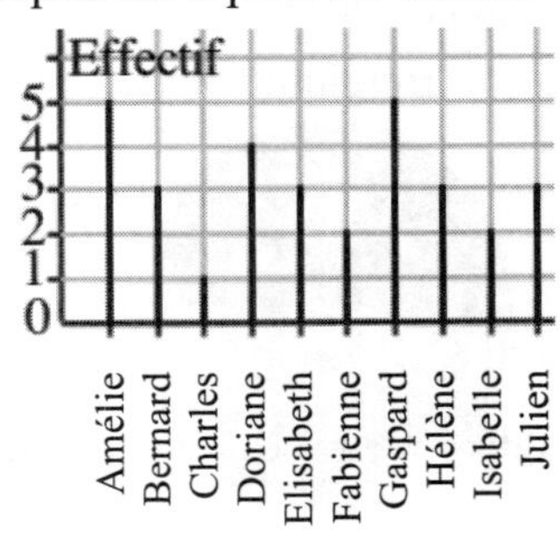

a. Qui a réussi le mieux le test ?
b. Quelle est la note la plus basse ?
c. Combien d'élèves ont 3 ?
d. Quels sont les élèves qui ont moins de 2,5 ? plus de 3,5 ?

méthode 5

Comment utiliser des graphiques cartésiens ?

Pour utiliser des graphiques cartésiens :
▲ on repère les informations fournies sur les deux axes ;
▲ on associe une donnée de l'axe horizontal à une donnée de l'axe vertical par l'intermédiaire du point de la courbe qui correspond à l'information.

EXEMPLE

Températures en °C relevées à midi pendant une semaine.

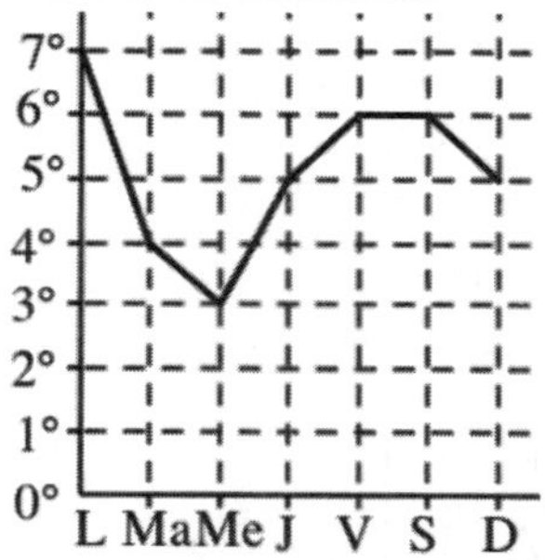

1. Quelle est la température la plus basse ? La plus haute ?
2. Quel(s) jour(s) a-t-il fait 5°C ?
3. Que constate-t-on vendredi et samedi ?

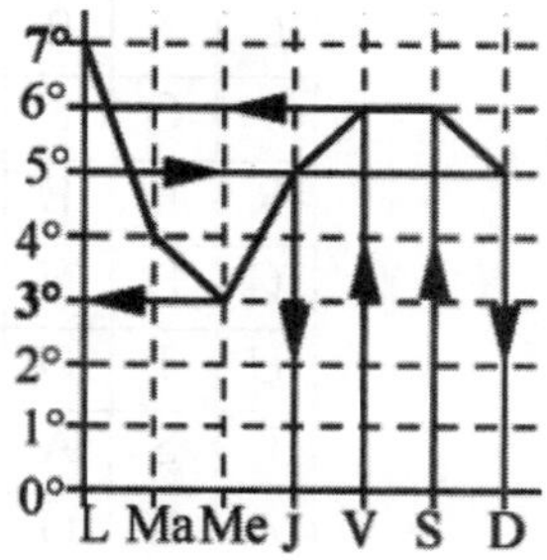

1. La température la plus basse est 3°C et la plus haute 7°C.
2. Il a fait 5°C jeudi et dimanche.
3. Vendredi et samedi on a relevé la même température 6°C.
► On a fait sur le graphique des tracés permettant de lire les réponses.

EXERCICES

1. Poids moyen en kg d'un nourrisson de la naissance à 4 mois.
a. Quel est le poids du nourrisson à 4 mois ?
b. A quel mois le nourrisson pèse-t-il 4 kg ?
c. Combien de grammes le nourrisson prend-il entre 2 mois et 3 mois ?

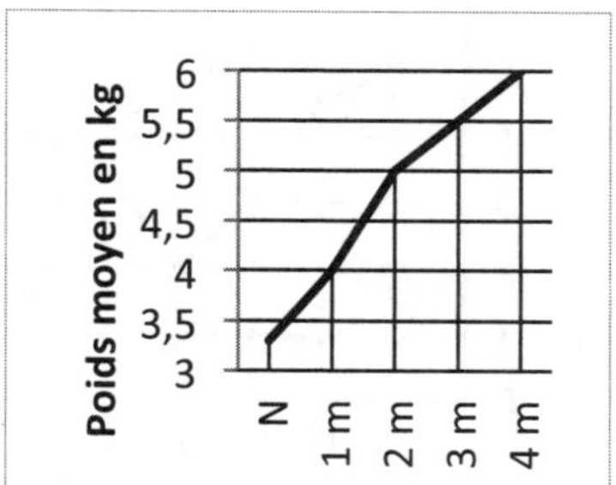

2. Trajets de deux trains de banlieue T_1 et T_2 entre 3 gares A, B et C.
a. Quelle est la durée d'arrêt des trains en gare B ?
b. Quelle est l'heure d'arrivée du train T_2 en gare A ?
c. Quelle distance le train T_1 a-t-il parcouru à 14 h 05 ?
d. A quelle heure les deux trains se croisent-ils ?

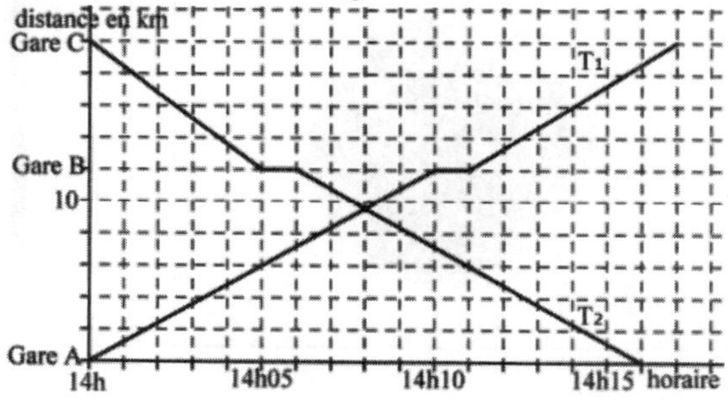

JEUX

1. Tous les mots de la liste ci-dessous sont cachés dans la grille. Ils peuvent être placés indifféremment à l'horizontale, à la verticale ou en diagonale, à l'endroit comme à l'envers. Une lettre peut être utilisée pour plusieurs mots. Dès que l'on repère un mot, on le barre. Quand tous les mots seront barrés, quelques lettres ne seront pas barrées, trouver le mot qu'elles forment.
ANGLE, AXES, BATONS, CARTESIEN, SEMI, CIRCULAIRE, DIAGRAMME, DOUBLE, ENTREE, GESTION, DONNEES, GRAPHIQUE, TABLEAU.

C	A	R	T	E	S	I	E	N
I	G	S	E	M	I	S	I	D
R	E	E	G	N	N	I	I	O
C	D	N	S	O	R	A	A	N
U	T	O	T	T	G	A	E	N
L	S	A	U	R	I	S	L	E
A	B	O	A	B	E	O	G	E
I	N	M	O	X	L	E	N	S
R	M	T	A	B	L	E	A	U
E	U	Q	I	H	P	A	R	G

2. Les mêmes données sont gérées de façons différentes, seulement il s'est glissé trois erreurs lesquelles ?

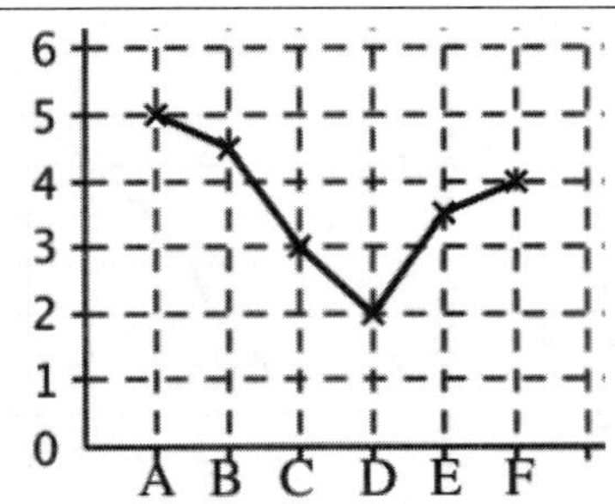

A	B	C	D	E	F
5	4,5	3	2,5	3,5	4

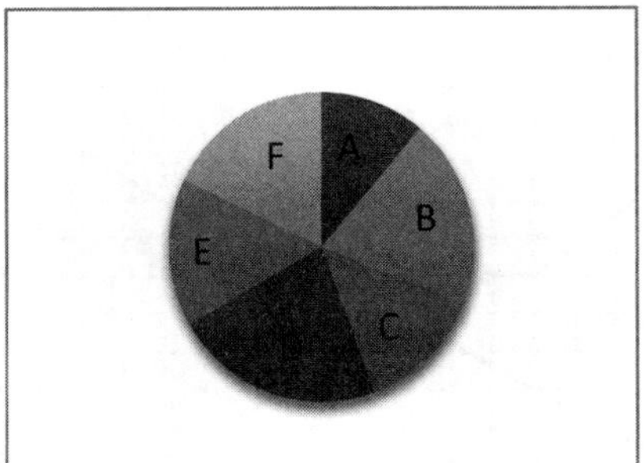

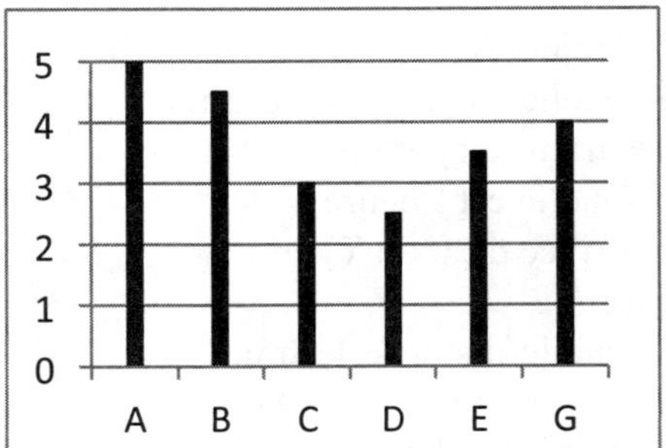

Méthode 1

1. a. 9 correspond au nombre d'élèves de 6^{e}D qui ont répondu qu'ils prenaient un petit déjeuner le matin.
b. 15 > 13 ; dans la classe de 6^{e}C, les élèves prenant un petit déjeuner sont plus nombreux que ceux n'en prenant pas.

2. a. 13 correspond au nombre d'élèves de 6^{e}D qui viennent en car au collège.
b. Il y a 7 élèves de 6^{e}A qui viennent en vélo au collège.
c. On ajoute une ligne supplémentaire au tableau pour le total.

	En vélo	En trottinette	A pied	En car	En voiture	Total
6^{e}A	7	1	3	12	4	27
6^{e}B	3	4	2	15	5	29
6^{e}C	6	3	8	9	2	28
6^{e}D	4	2	4	13	3	26
Total	**20**	**10**	**17**	**49**	**14**	**110**

Il y a 17 élèves de 6e qui se rendent au collège à pied.
d. Le moyen de transport le plus utilisé est le car (49 élèves), le moins utilisé est la trottinette (10 élèves).

Méthode 2

1.

	externes	demi-pensionnaires	Total
filles	5	**11**	16
garçons	**7**	6	**13**
Total	**12**	**17**	29

16 – 5 = 11 ; il y a 11 filles demi-pensionnaires.
29 – 16 = 13 ; il y a 13 garçons dans la classe.
13 – 6 = 7 ; il y a 7 garçons externes.
5 + 7 = 12 ; il y a 12 élèves externes dans la classe.
11 + 6 = 17 ; il y a 17 élèves demi-pensionnaires dans la classe.
Vérification : 12 + 17 = 29 ; on a bien 29 élèves dans la classe.

2.

	Introduction	Fiches méthodes	Jeux	Corrections	Total
Livre 6^e	20	123	32	68	**243**
Livre de 5^e	22	138	25	**66**	251

20 + 123 + 32 + 68 = 243 ; le livre de 6e a 243 pages.
249 – (22 + 138 + 25) = 251 − 185 = 66
Il y a 66 pages de corrections dans le livre de 5e.

3.

×	0	1	2	3	4	5	6	7	8	9
0	0	0	0	0	0	0	0	0	0	0
1	0	1	2	3	4	5	6	7	8	9
2	0	2	4	6	8	10	12	14	16	18
3	0	3	6	9	12	15	18	21	24	27
4	0	4	8	12	16	20	24	28	32	36
5	0	5	10	15	20	25	30	35	40	45
6	0	6	12	18	24	30	36	42	48	54
7	0	7	14	21	28	35	42	49	56	63
8	0	8	16	24	32	40	48	56	64	72
9	0	9	18	27	36	45	54	63	72	81

Méthode 3

1. a. Le plus grand secteur angulaire est celui de l'Allemagne donc des cinq pays celui qui est le plus peuplé est l'Allemagne.
Le secteur angulaire le plus petit est celui de la Belgique donc des cinq pays celui qui est le moins peuplé est la Belgique.
b. Allemagne, France, Italie, Espagne, Belgique.

2. a. Les livres les plus lus sont les bandes dessinées, les moins lus sont les livres historiques.
b. Les lecteurs de BD et de livres historiques réunis occupent un secteur angulaire d'angle 90° et il en est de même des lecteurs de romans et autres réunis donc le nombre de lecteurs de BD et de livres historiques est égal à celui des lecteurs de romans et autres.

Méthode 4

1. $1 + 2 + 5 + 3 + 4 + 7 + 6 + 3 + 1 = 32$; il y a 32 touristes qui veulent louer des chaussures de ski.

2. a. C'est à Nice qu'il a le moins plu.
b. Les villes où les précipitations ont dépassé 200 mm sont : Biarritz, Bordeaux, Brest et Dax.

3. a. Ce sont Amélie et Gaspard qui ont le mieux réussi le test, avec 5 sur 5.
b. La note la plus basse est 1.
c. 4 élèves ont 3 : Bernard, Elisabeth, Hélène et Julien.
d. Les élèves qui ont moins de 2,5 sont : Charles, Fabienne et Isabelle.
Les élèves qui ont plus de 3,5 sont : Amélie, Doriane et Gaspard.

Méthode 5

1. a. Le poids du nourrisson à 4 mois est 6 kg.
b. Le nourrisson pèse 4 kg à 1 mois.
c. 5,5 – 5 = 0,5 (en kg) et 0,5 kg = 500 g.
Le nourrisson prend 500 g entre 2 mois et 3 mois.

2. a. Les trains s'arrêtent 1 min en gare B.
b. L'heure d'arrivée du train T_2 en gare A est 14 h 16.
c. A 14 h 05 le train T_1 a parcouru 6 km.
d. Les deux trains se croisent à 14 h 08.

Jeux

1.

C	A	R	T	E	S	I	E	N
I	G	S	E	M	I	S	**I**	D
R	E	E	**G**	**N**	N	**I**	I	O
C	D	N	S	O	**R**	A	**A**	N
U	**T**	O	T	T	G	**A**	E	N
L	**S**	A	U	R	I	S	L	E
A	B	**O**	A	B	E	O	G	E
I	**N**	M	**O**	X	L	E	N	S
R	M	T	A	B	L	E	A	U
E	U	Q	I	H	P	A	R	G

Le mot formé par les lettres non barrées (en gras, cases grisées) est ORGANISATION.

2. Première erreur : le point du graphique correspondant à D doit lui associer 2,5 et non 2, il faut le remonter de 0,5 unité.

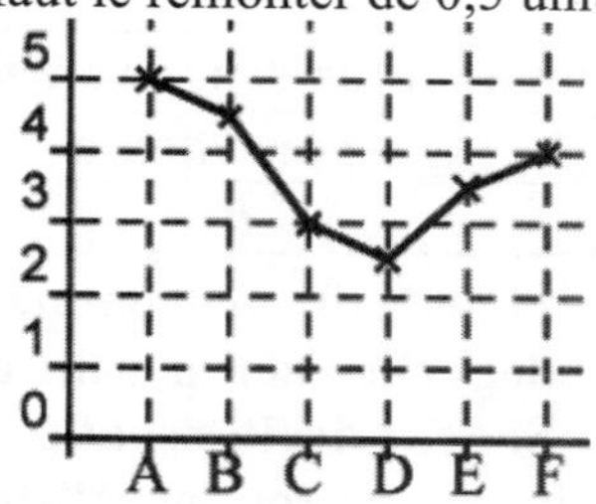

Deuxième erreur : il y a eu inversion entre les secteurs A et D car 5 est le double de 2,5.

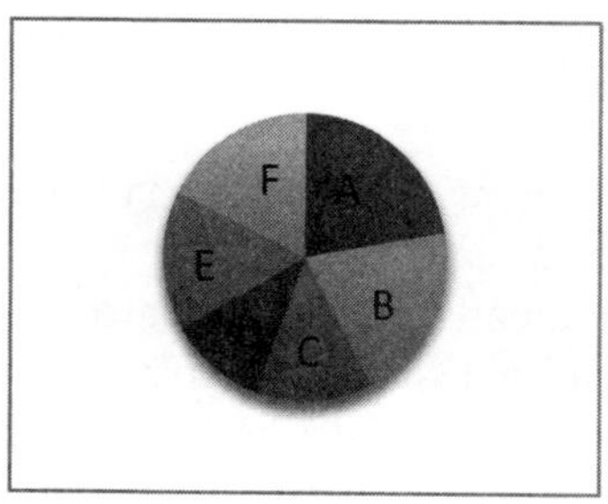

Troisième erreur : dans le diagramme en bâtons, la dernière information de la liste horizontale doit être F et non G.

Chapitre 9

Segments - Demi-droites - Droites Parallèles et perpendiculaires

A et B étant deux points distincts du plan,

segment d'**extrémités** A et B	[AB]	
demi-droite d'**origine** A passant par B	[AB)	
droite passant par A et B	(AB)	

Entre les noms d'un point et d'une ligne (segment, droite, demi-droite)

… appartient à …	**… n'appartient pas à …**
$\in$	$\notin$

Entre les noms de deux droites

… est parallèle à …	**… est perpendiculaire à …**
//	$\perp$

- **Si deux droites sont parallèles à une même troisième, alors elles sont parallèles.**
- **Si deux droites sont perpendiculaires à une même troisième, alors elles sont parallèles.**
- **Si deux droites sont parallèles, toute droite perpendiculaire à l'une est perpendiculaire à l'autre.**

Autrement dit : si deux droites sont parallèles et si une troisième droite est perpendiculaire à l'une, alors elle est perpendiculaire à l'autre.

Méthodes

1. Comment connaître et utiliser les notations de segments, demi-droites et droites ?
2 Comment construire la droite perpendiculaire à une droite passant par un point à l'aide d'une équerre et d'une règle ?
3. Comment construire la droite parallèle à une droite passant par un point à l'aide d'une équerre et d'une règle ?
4. Comment rédiger un programme de construction mettant en œuvre des droites parallèles et des droites perpendiculaires ?
5. Comment utiliser les propriétés des droites parallèles et des droites perpendiculaires ?
6. Comment réaliser une figure mettant en œuvre des droites parallèles et des droites perpendiculaires et utiliser leurs propriétés ?

méthode 1

Comment connaître et utiliser les notations de segments, demi-droites et droites ?

Pour connaître et utiliser les notations de segments, demi-droites et droites :
▲ on observe les signes utilisés : crochets, parenthèses, noms des points ;
▲ on s'aide du tableau de la page d'introduction du chapitre ;
▲ on trace les lignes demandées, on place les points voulus accompagnés de leur nom et on répond aux questions en suivant les tracés du doigt.

EXEMPLE Trois points A, B et C non alignés sont déjà placés.

a. Tracer en pointillés le segment [AB], en tirets la demi-droite [AC), en tirets-pointillés la droite (BC), en gras la demi-droite [Ax) de la droite (AB) qui ne passe pas par B.
b. Placer un point M sur [BC] et un point N sur [AB].
c. Compléter par le mot qui convient : les points A, B et N sont ……….. .
d. Ecrire un nom pour chaque demi-droite d'origine M que l'on peut obtenir avec un autre point nommé de la figure.
e. Compléter par le symbole qui convient : B … [CM] ; C … (MN) ; M …. [CN) ; N … [Ax) ; N … [AB).

a. b.

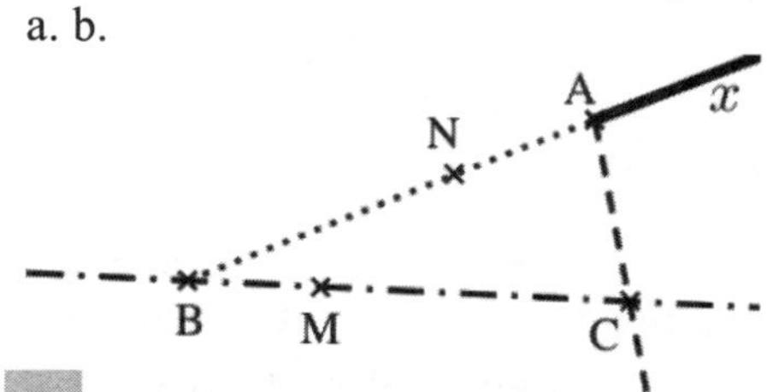

c. Les points A, B et N sont alignés.
d. Les demi-droites d'origine M sont [MA), [MB), [MC) et [MN).
e. B $\notin$ [CM] ; C $\in$ [BM) ;
M $\notin$ [CN) ; N $\notin$ [Ax) ; N $\in$ [AB).
► On a complété par $\in$ ou $\notin$.

EXERCICES Reproduire les figures et suivre les consignes.

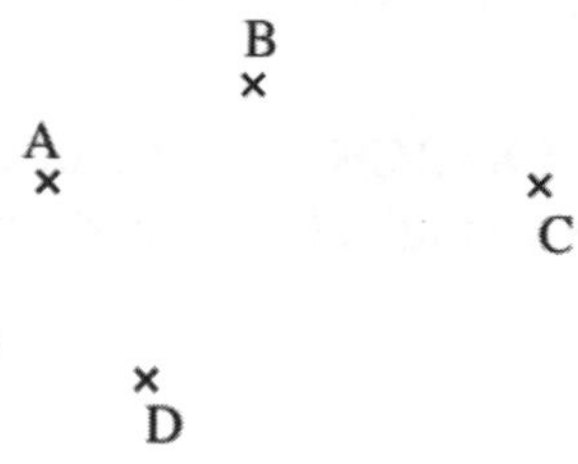

1. a. Tracer en pointillés [AD], en tirets (AC), en gras [BD] et en tirets-pointillés [BC].
b. Placer M, N et P tels que : M $\in$ [BC], N $\in$ (AC) et N $\in$ (BD), P $\in$ (AC) et P $\notin$ [AC).
c. Citer toutes les droites passant par le point N que l'on peut nommer avec les points de la figure.
d. Que peut-on dire des points B, D et N ?
e. Compléter : C … [NA] ; P … [NA) ; D …. (BN) ; M … (BC) ; A … [NC).

2. a. Colorier en gras le segment [LN] et compléter : K … [LN] ; M … [LN].

b. Colorier en gras la demi-droite [ML) et compléter : K … [ML) ; N … [ML).

c. Colorier en gras la droite (KM) et compléter : L … (KM) ; N … (KM).

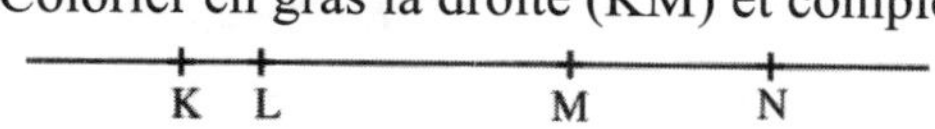

méthode 2

Comment construire la droite perpendiculaire à une droite passant par un point à l'aide d'une équerre et d'une règle ?

Pour construire la droite perpendiculaire à une droite passant par un point à l'aide d'une équerre et d'une règle :
- ▲ on place l'un des côtés de l'angle droit de l'équerre sur la droite ;
- ▲ on fait glisser l'équerre le long de la droite jusqu'à ce que le second côté de son angle droit arrive au point ;
- ▲ on place la règle contre le second côté, on enlève l'équerre ;
- ▲ on trace la droite le long de la règle ;
- ▲ on nomme la droite et on code la figure.

EXEMPLE

Construire la droite (d') perpendiculaire à la droite (d) passant par le point C.

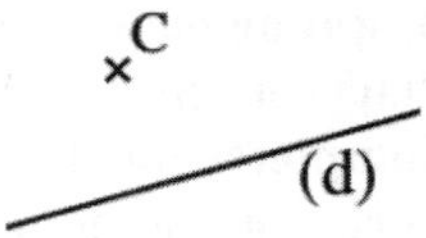

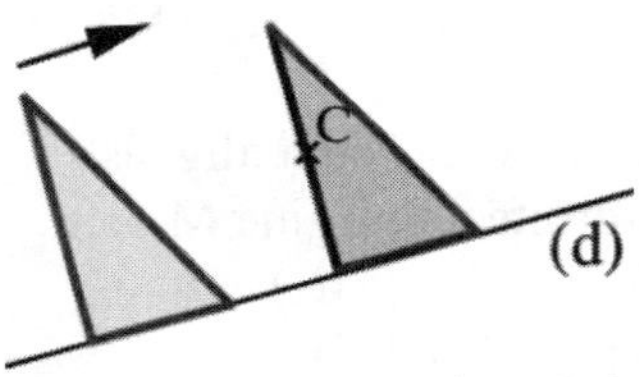

► On a placé l'un des côtés de l'angle droit de l'équerre sur la droite (d) et fait glisser l'équerre sur (d) jusqu'au point C.

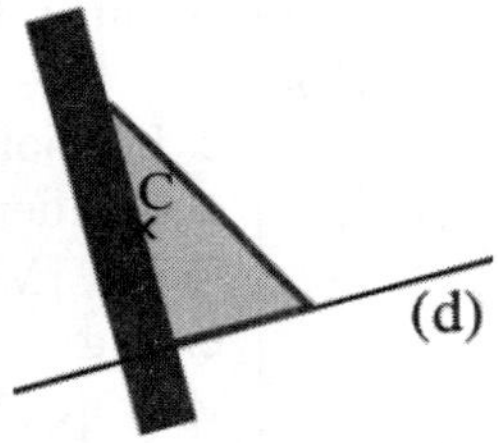

► On a placé la règle contre le second côté de l'angle droit.

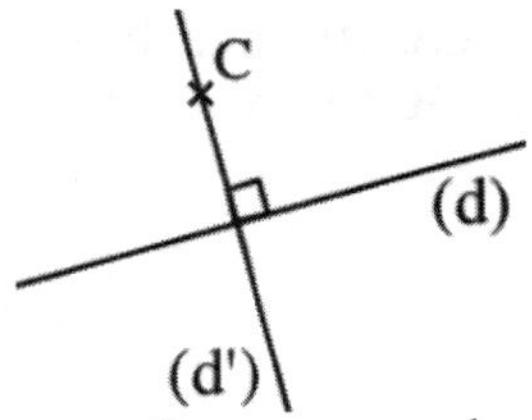

► On a enlevé l'équerre et tracé la droite avec la règle.

► On a nommé (d') la droite et codé la figure.

EXERCICES **Reproduire chaque figure puis construire la droite (d') perpendiculaire à la droite (d) passant par le point A.**

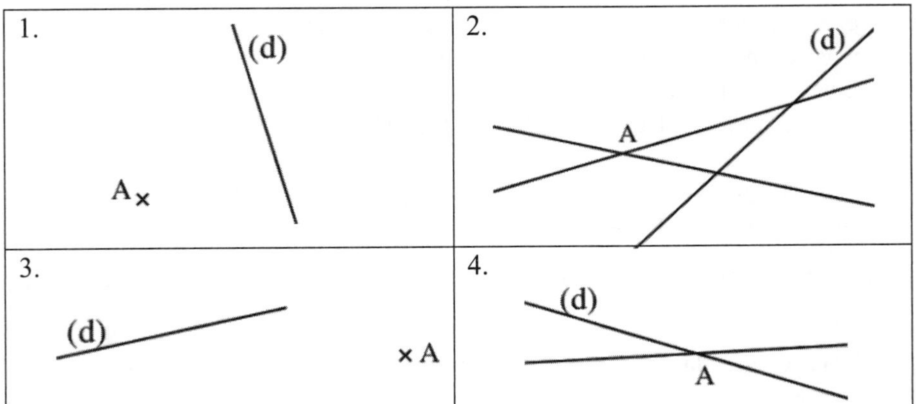

méthode 3

Comment construire la droite parallèle à une droite passant par un point à l'aide d'une équerre et d'une règle ?

Pour construire la droite parallèle à une droite passant par un point à l'aide d'une équerre et d'une règle :
▲ on place l'un des côtés de l'angle droit de l'équerre le long de la droite et la règle contre le second côté de l'angle droit ;
▲ on fait glisser l'équerre le long de la règle jusqu'à ce que le premier côté de l'angle droit de l'équerre passe par le point et on enlève la règle ;
▲ on trace la droite voulue en suivant le premier côté et on écrit son nom.

EXEMPLE

Construire la droite (d') parallèle à la droite (d) passant par le point C.

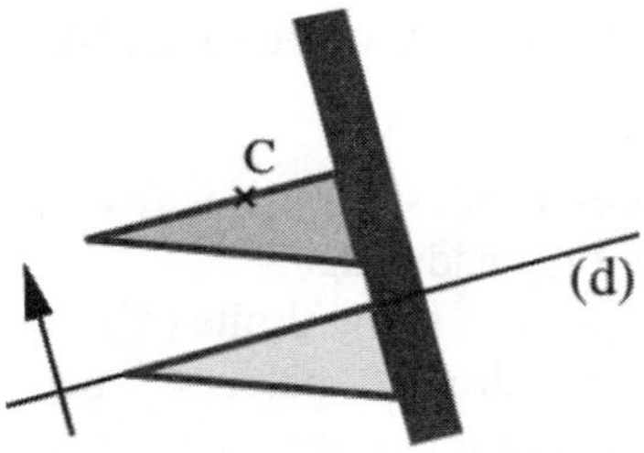

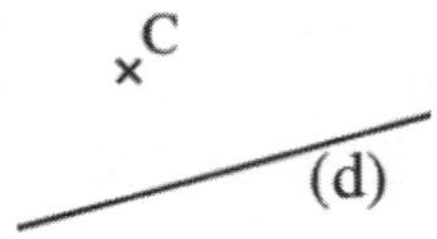

► On a placé l'un des côtés de l'angle droit de l'équerre le long de la droite (d) et la règle le long du second côté de l'angle droit.
► On a fait glisser l'équerre le long de la règle jusqu'à ce que le premier côté de l'angle droit de l'équerre passe par C.

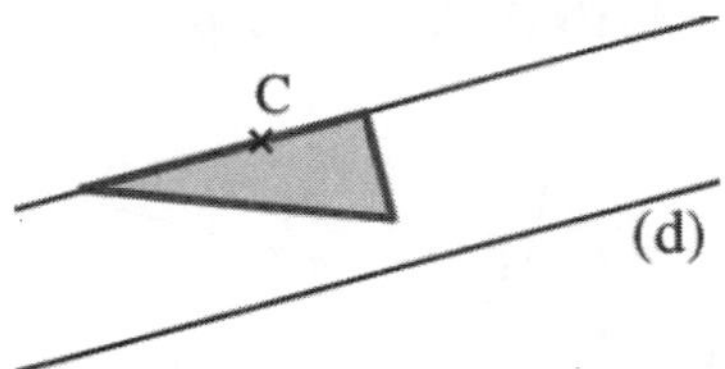

► On a enlevé la règle et tracé la droite en suivant le premier côté.

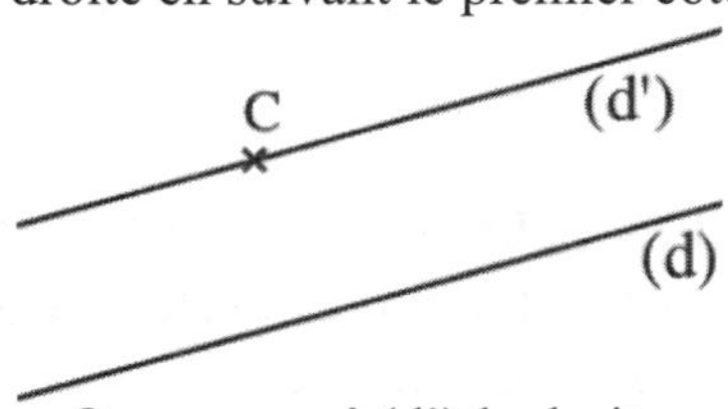

► On a nommé (d') la droite.

EXERCICES **Reproduire chaque figure puis construire la droite (d') parallèle à la droite (d) passant par le point A.**

1.

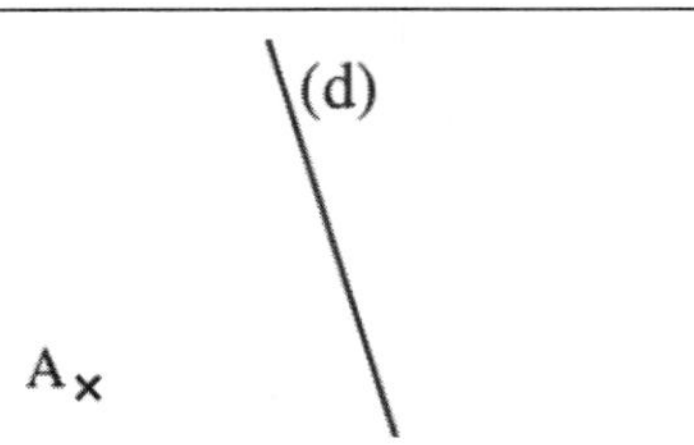

2.

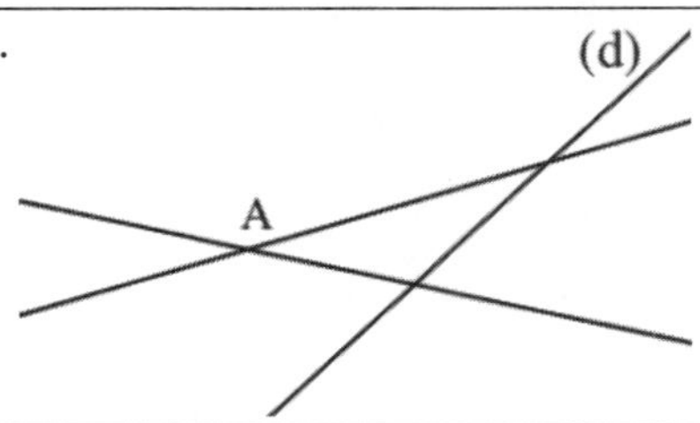

3.

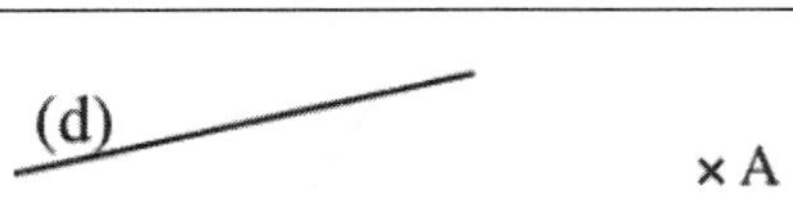

4.

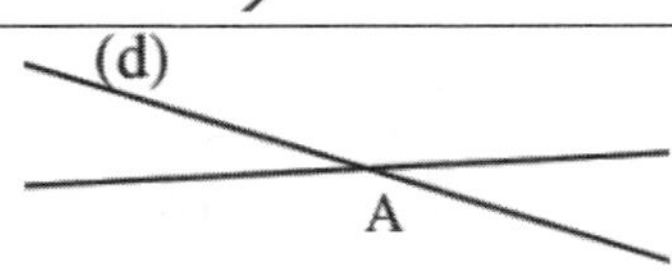

méthode 4

Comment rédiger un programme de construction mettant en œuvre des droites parallèles et des droites perpendiculaires ?

Pour rédiger un programme de construction mettant en œuvre des droites parallèles et des droites perpendiculaires :
▲ on écrit les consignes à la suite l'une de l'autre dans un ordre cohérent, chaque nouvel élément devant être défini à partir d'éléments déjà précisés ;
▲ on utilise le vocabulaire géométrique approprié ;
▲ on vérifie que le programme de construction est correct en le suivant pour construire la figure ou mieux en demandant à un camarade qui ne connaît pas la figure de le faire.
Remarque : il est préférable de séparer les étapes en allant à la ligne, d'écrire les verbes des consignes à l'infinitif ou à l'impératif et de ne citer les instruments utilisés que s'ils sont imposés.

EXEMPLE Ecrire le programme de construction correspondant à la figure.

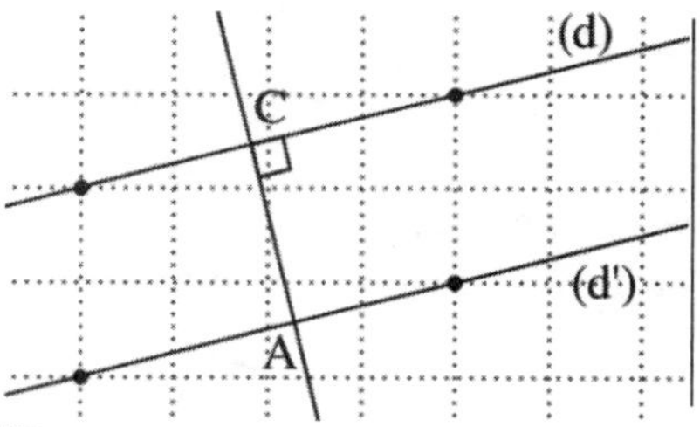

Tracer deux droites parallèles (d) et (d'), en utilisant le quadrillage.
Placer un point A sur la droite (d').
Tracer la droite passant par A perpendiculaire à la droite (d) et nommer C son point d'intersection avec (d).

EXERCICES Ecrire le programme de construction correspondant à chacune des figures. Certaines données sont codées et d'autres écrites au-dessus de la figure.

1.

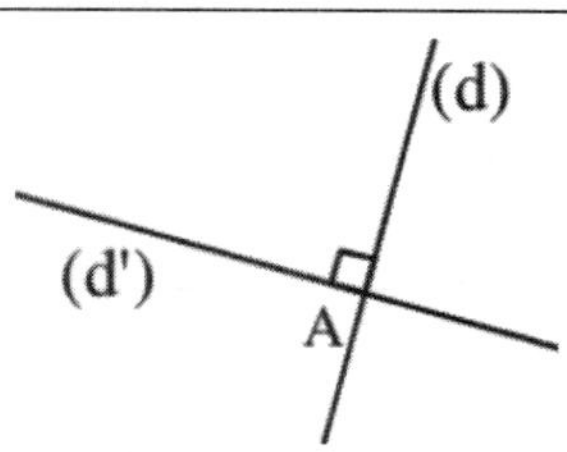

2.

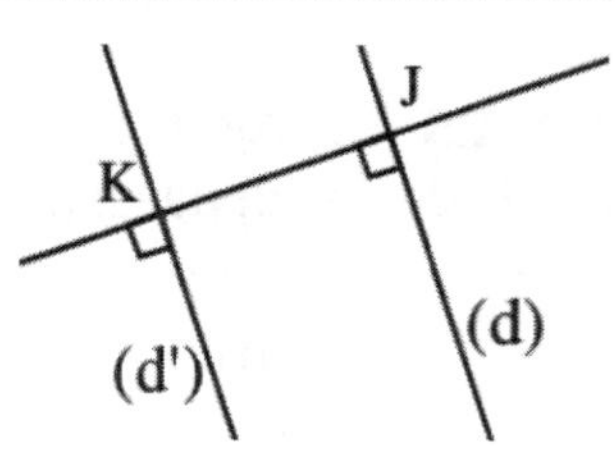

3. (d)//(d')

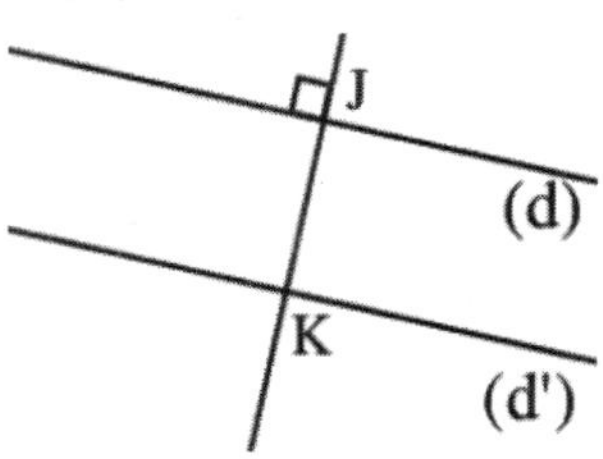

4. (AE)//(MN)

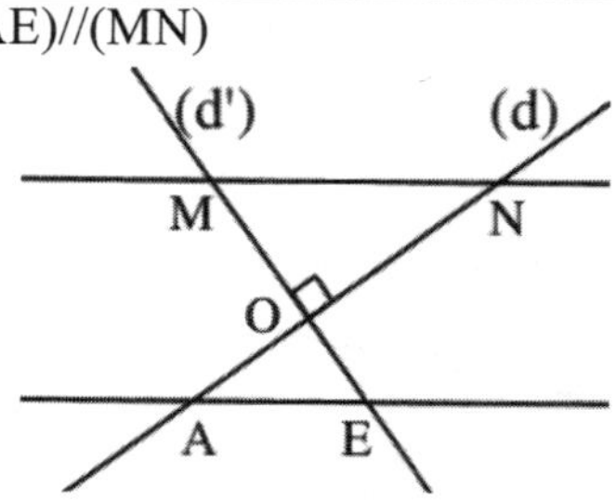

méthode **5**

Comment utiliser les propriétés des droites parallèles et des droites perpendiculaires ?

Pour utiliser les propriétés des droites parallèles et des droites perpendiculaires :

▲ on prend en compte les données écrites à côté de la figure et les codages ;

▲ on fait une déduction :

- si l'on a deux droites parallèles ou perpendiculaires à une même troisième droite, on en déduit qu'elles sont parallèles ;
- si l'on a deux droites parallèles et une droite perpendiculaire à l'une d'elle, on en déduit qu'elle est perpendiculaire à l'autre.

EXEMPLES Pour chaque figure écrire les données. Que peut-on en déduire pour les droites (d_1) et (d_2) ? Citer la propriété utilisée.

1. $(d_1) // (d_3)$

$(d_2) // (d_3)$

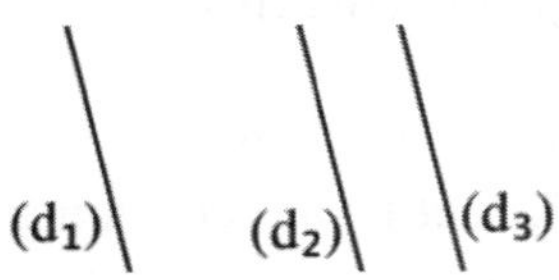

Données :
$(d_1) // (d_3)$ et $(d_2) // (d_3)$
Déduction : $(d_1) // (d_2)$
► On a pris en compte les données écrites et fait la déduction.

Si deux droites sont parallèles à une même troisième, alors elles sont parallèles.

2.

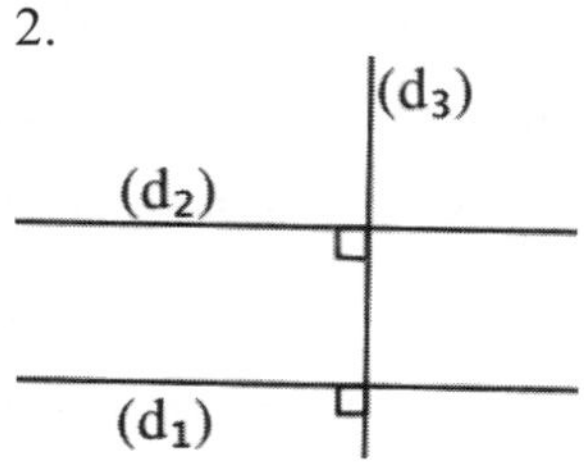

Données :
$(d_1) \perp (d_3)$ et $(d_2) \perp (d_3)$
Déduction : $(d_1) // (d_2)$.
► On a pris en compte les données codées et fait la déduction.

Si deux droites sont perpendiculaires à une même troisième, alors elles sont parallèles.

3. $(d_1) // (d_3)$

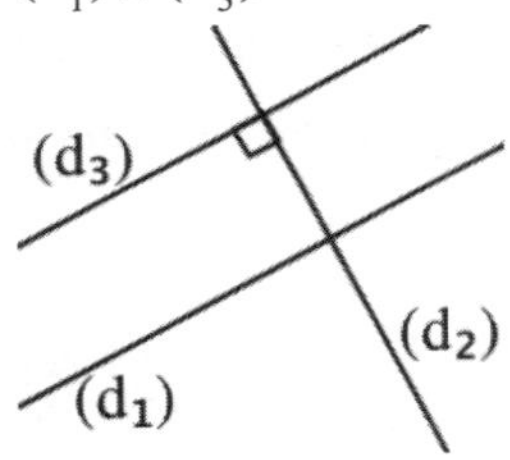

Données :
$(d_1) // (d_3)$ et $(d_2) \perp (d_3)$
Déduction : $(d_2) \perp (d_1)$.
► On a pris en compte les données, une écrite et l'autre codée et conclu.

Si deux droites sont parallèles et si une droite est perpendiculaire à l'une, alors elle est perpendiculaire à l'autre.

EXERCICES Pour chaque figure écrire les données. Que peut-on en déduire pour les droites (EF) et (GH) ? Citer la propriété utilisée.

1.

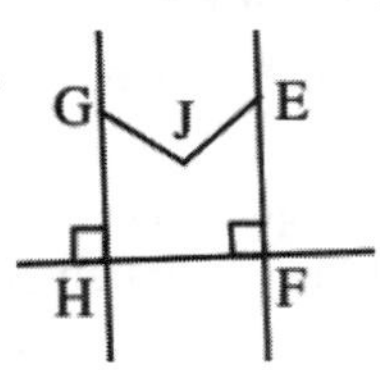

2. (EF)//(GK)

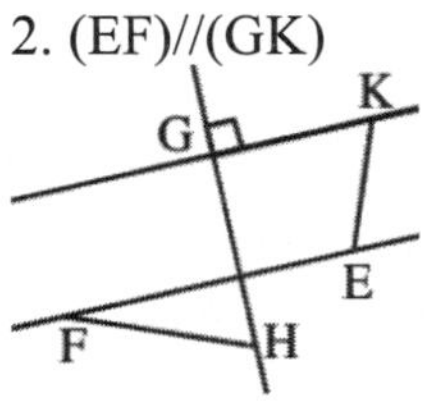

3. (EF)//(AB) et (AB)//(GH)

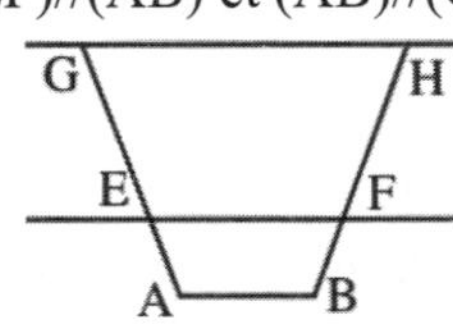

méthode 6

Comment réaliser une figure mettant en œuvre des droites parallèles et des droites perpendiculaires et utiliser leurs propriétés ?

Pour réaliser une figure mettant en œuvre des droites parallèles et des droites perpendiculaires et utiliser leurs propriétés :
▲ on suit le programme de construction pas à pas ;
▲ on utilise les *méthodes 2 et 3* de ce chapitre pour construire les droites perpendiculaires ou parallèles ;
▲ on code la figure et on utilise la *méthode 5* pour répondre aux questions.

EXEMPLE

Tracer deux droites (d) et (d') sécantes en A.
Placer un point E sur (d).
Tracer la droite (d_1) passant par E, perpendiculaire à (d') en F.
Tracer la droite (d_2) passant par F, perpendiculaire à (d) en G.
Tracer la droite (d_3) passant par G, perpendiculaire à (d') en H.
Que peut-on dire des droites (EF) et (GH). Citer la propriété utilisée.

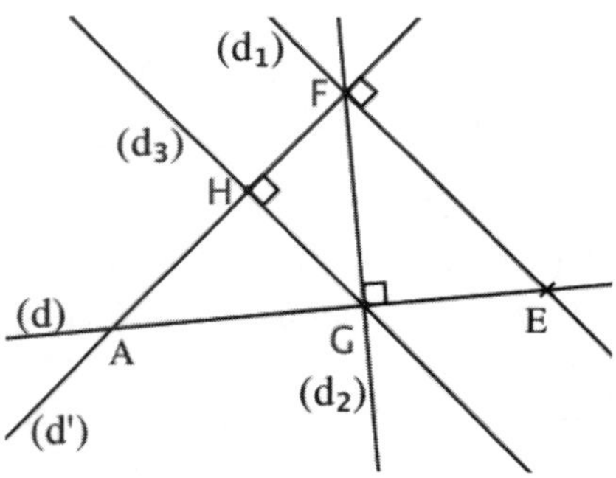

► On a suivi le programme de construction et codé la figure.

(d_1) et (d_3) sont perpendiculaires à la même droite (d'), E et F sont des points de (d_1), G et H sont des points de (d_3) donc les droites (EF) et (GH) sont parallèles.

► On a pris en compte les données utiles et tirer la conclusion.

Propriété utilisée : Si deux droites sont perpendiculaires à une même troisième, alors elles sont parallèles.
(voir *méthode 5*)

EXERCICES

1. a. Tracer deux droites (d) et (d') sécantes en A et une droite (d") qui coupe la droite (d) au point B et la droite (d') au point C. Placer deux points M et N tels que : $M \in (d)$ et $M \notin [AB)$; $N \in [AB)$ et $N \notin [AB]$. Tracer les parallèles à (BC) passant par M et N, elles coupent (d') respectivement en M' et N'.
b. Que peut-on dire des droites (MM') et (NN') ? Citer la propriété utilisée.

2. a. Tracer une droite (d) et placer trois points A, C et M tels que : $A \in (d)$, $C \notin (d)$ et $M \in [AC]$. Tracer la droite passant par C perpendiculaire à (d) en B. Tracer la droite passant par M parallèle à la droite (BC), elle coupe (AB) en N.
b. Que peut-on dire des droites (MN) et (AB) ? Citer la propriété utilisée.

JEUX

1. Reproduire et colorier les dessins suivants sur une feuille à carreaux :

a.

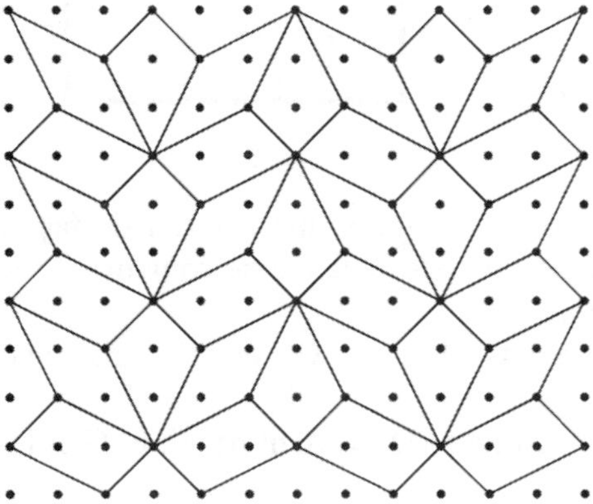

b.

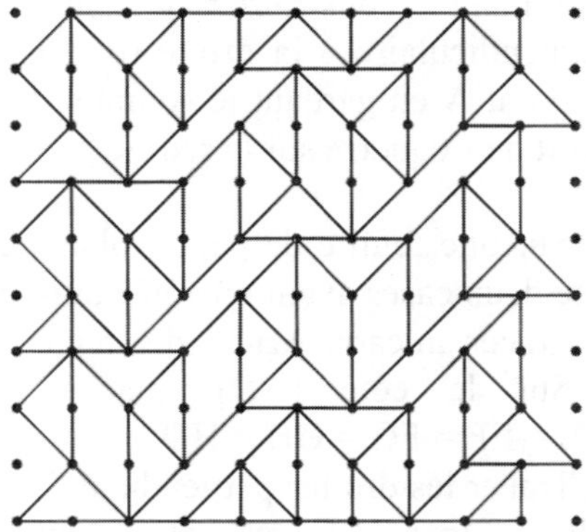

2. Dans la grille donnée, chaque ligne correspond à un mot. Ce mot est à retrouver grâce à la figure ci-dessous. La colonne grisée a un lien avec la réponse finale (*d'après Le vocabulaire mathématique, Apprendre en s'amusant de Christophe POULAIN, éditions Ellipses*).

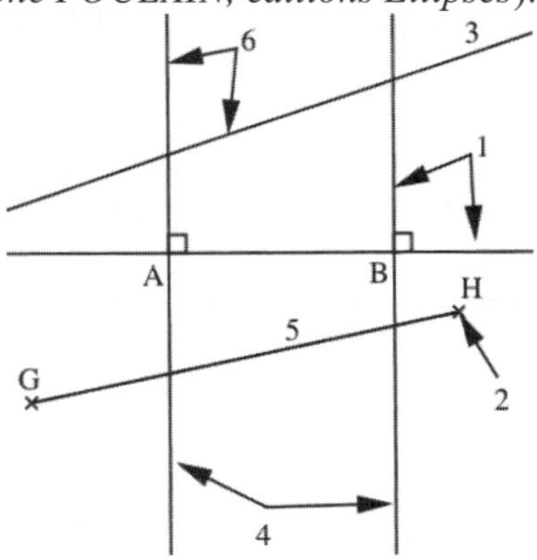

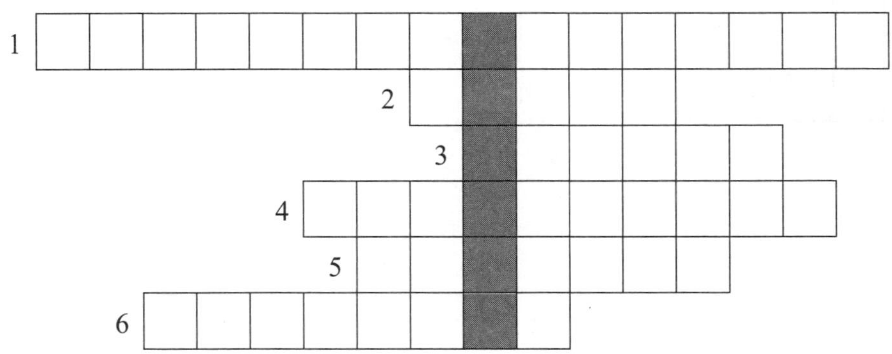

Indique sur une figure des informations connues : …………………

3. La figure ci-contre représente une feuille de papier blanc sur laquelle on a placé un point A et tracé une droite (d).
Comment construire la droite (d') perpendiculaire à la droite (d) passant par le point A en gardant le sommet de l'angle droit de l'équerre sur la feuille ?

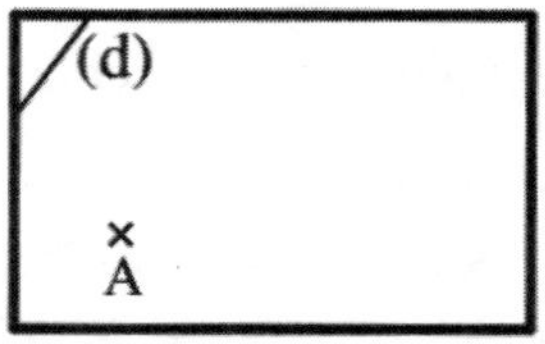

4. Sur une feuille de papier blanc, construire la figure puis colorier de façon que deux cases ayant un côté commun ne soient pas de la même couleur.
a. Tracer un carré ABCD de 15 cm de côté.
b. Sur le côté [AD], placer les points E, F, G et H tels que AE = EF = FG = GH = HD.
c. Tracer les droites perpendiculaires à la droite (AD) passant par E, F, G et H. Elles coupent [BC] respectivement en I, J, K et L.
d. Sur le côté [AB], placer les points M, N, O et P tels que AM = MN = NO = OP = PB.
e. Tracer les segments [FN], [HP], [JO] et [LM].
f. Tracer les parallèles à la droite (HP) passant par les points I et K et les parallèles à la droite (LM) passant par les points E et G.
g. Tracer les droites perpendiculaires à la droite (AB) passant par les points M, N, O et P.

5. Si deux droites se coupent en un seul point, alors elles sont perpendiculaires. Cette phrase est-elle vraie ou fausse ?

6. Reproduire sur du papier à carreaux la figure puis répéter le motif et colorier la frise.

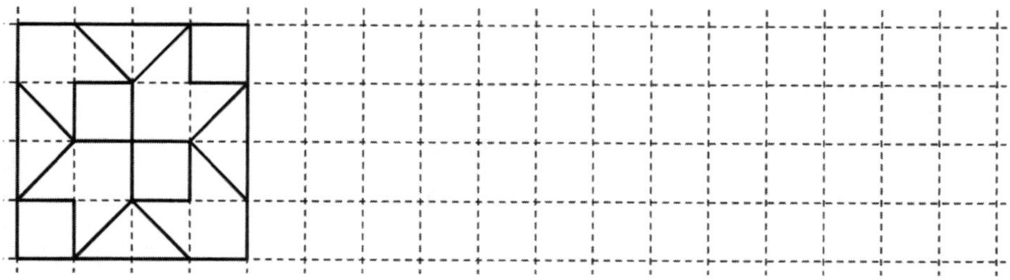

Le vocabulaire du chapitre

Droite : une droite est constituée d'une infinité de points, elle est illimitée, elle peut être matérialisée par un tracé suivant l'arête d'une règle.

Demi-droite : portion de droite ayant une origine.

Segment : portion de droite ayant deux extrémités.

Remarque : la donnée de deux points distincts A et B permet de définir et si besoin de tracer :
la droite (AB), le segment [AB], la demi-droite [AB) et son opposée, la demi-droite [BA) et son opposée.

Alignés : se dit d'au moins trois points situés sur une même droite.

Sécantes : deux droites sécantes sont deux droites qui ont un et seul point commun, matérialisé ou non.

Perpendiculaires : deux droites perpendiculaires sont deux droites qui forment quatre angles superposables ; chaque angle est un angle droit.

Parallèles : deux droites parallèles sont deux droites qui ne sont pas sécantes. Deux droites parallèles n'ont dans le cas général aucun point commun ; elles peuvent aussi avoir tous leurs points en commun, elles sont alors dites **confondues**.

<table>
<tr><td>
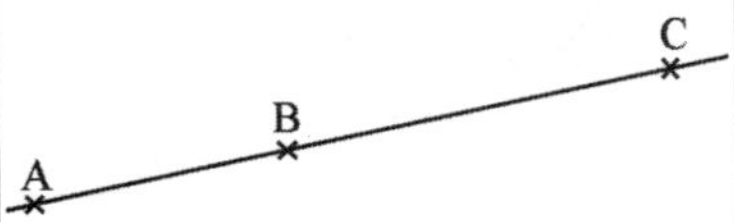

</td><td>Les points A, B et C sont alignés.
Les droites (AB) et (AC) sont confondues.
Les demi-droites [BA) et [BC) sont opposées.</td></tr>
<tr><td>
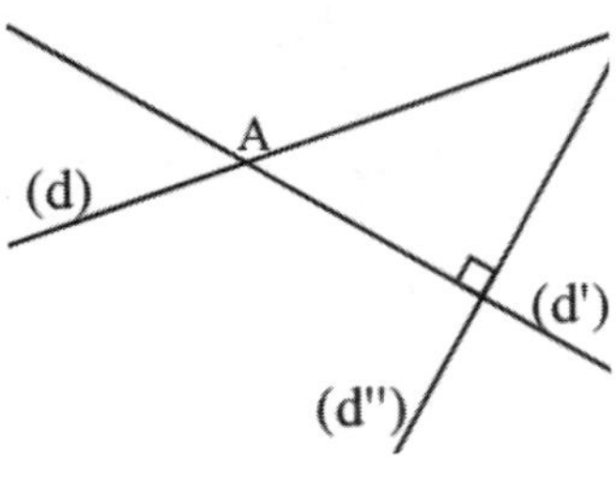

(d') ⊥ (d")
</td><td>Les droites (d) et (d') sont sécantes en A.
Les droites (d) et (d'') sont sécantes, leur point d'intersection n'est pas matérialisé.
Les droites (d') et (d") sont perpendiculaires.</td></tr>
<tr><td colspan="2">
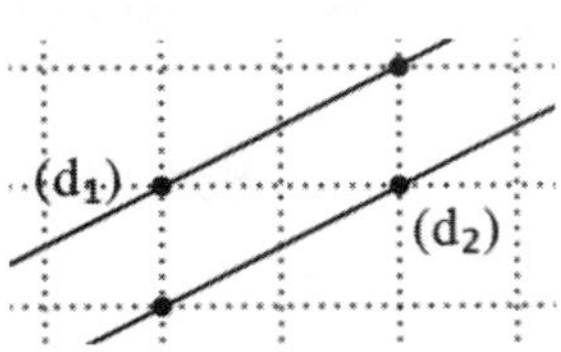

(d_1) et (d_2) sont parallèles.
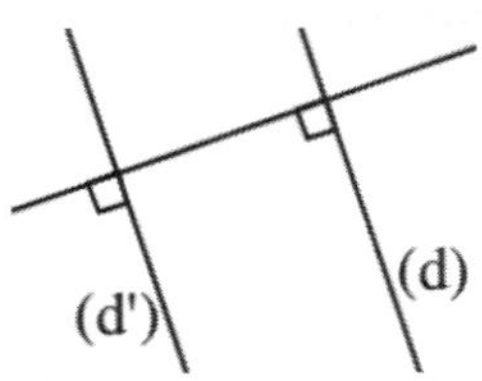

(d') // (d)
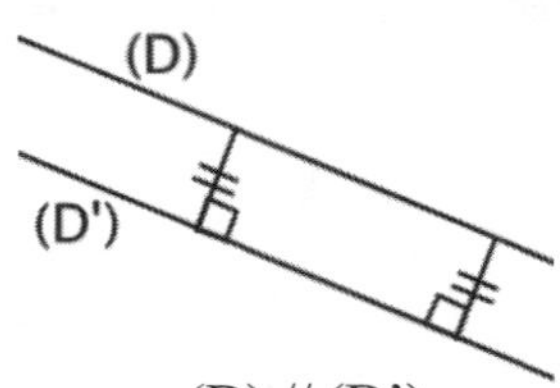

(D) // (D')
</td></tr>
</table>

Méthode 1

1. a. b.

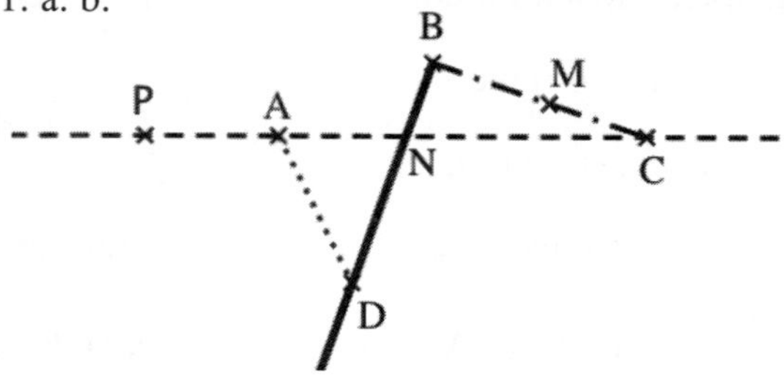

c. Les droites passant par le point N sont :
(NA), (NB) et (NM).

d. Les points B, D et N sont alignés.

e. C ∉ [NA] ; P ∈ [NA) ;
D ∈ (BN) ; M ∈ (BC) ;
A ∉ [NC).

2. a. 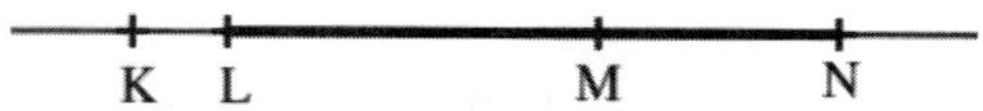

K ∉ [LN] ; M ∈ [LN].

b. 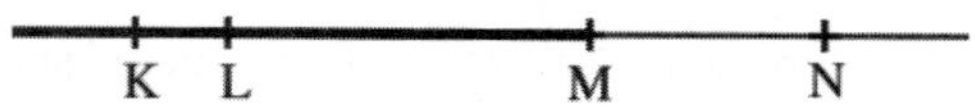

K ∈ [ML) ; N ∉ [ML).

c. 

L ∈ (KM) ; N ∈ (KM).

Méthode 2

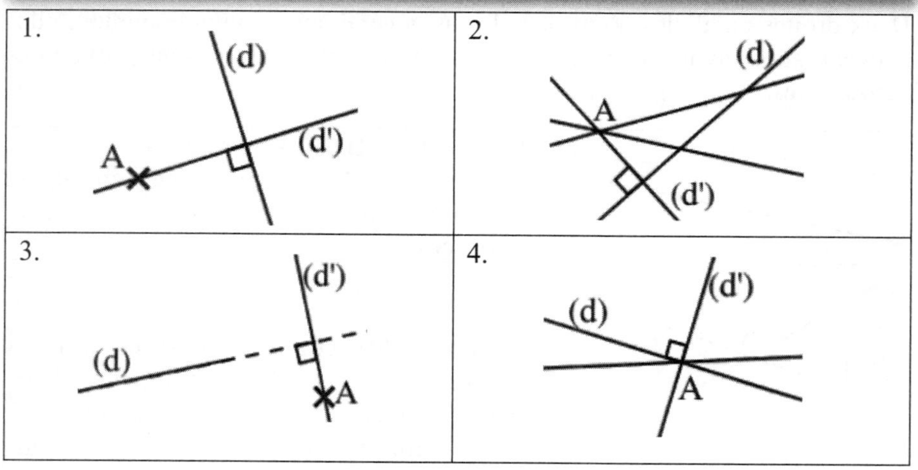

Méthode 3

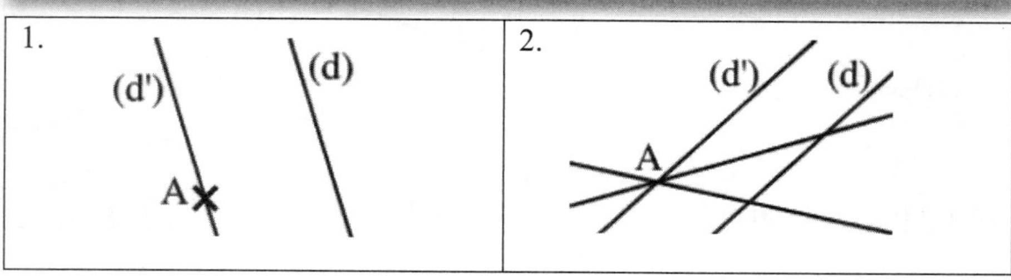

3.

4. La droite (d') est déjà tracée, elle est confondue avec (d).

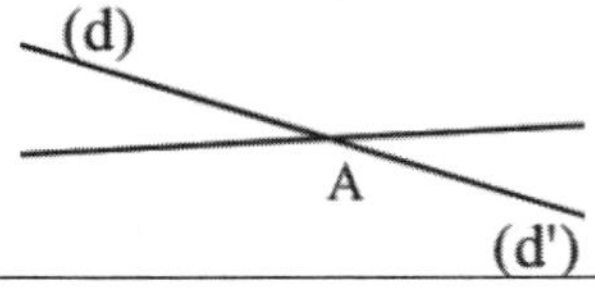

Méthode 4

1. Tracer deux droites perpendiculaires (d) et (d'). Elles se coupent au point A.

2. Placer deux points J et K. Tracer la droite (d) perpendiculaire à la droite (JK) en J et la droite (d') perpendiculaire à la droite (JK) en K.

3. Tracer deux droites parallèles (d) et (d') et placer un point K sur la droite (d'). Tracer la droite, passant par K, perpendiculaire à la droite (d) en J.

Autre solution
Tracer deux droites parallèles (d) et (d') et placer un point J sur la droite (d). Tracer la perpendiculaire à la droite (d) en J qui coupe la droite (d') en K.

4. Tracer deux droites (d) et (d') perpendiculaires en O. Placer sur (d) deux points A et N de part et d'autre de O. Placer un point E sur (d').Tracer la droite parallèle à (AE) passant par N et nommer M son point d'intersection avec (d').

Méthode 5

1. D'après les données codées, les droites (EF) et (GH) sont perpendiculaires à la même droite (FH) donc les droites (EF) et (GH) sont parallèles.
Propriété : si deux droites sont perpendiculaires à une même troisième, alors elles sont parallèles.

2. D'après les données, les droites (EF) et (GK) sont parallèles et la droite (GH) est perpendiculaire à l'une des deux, (GK) donc la droite (GH) est perpendiculaire à l'autre, (EF). Les droites (EF) et (GH) sont perpendiculaires.
Propriété : Si deux droites sont parallèles et si une droite est perpendiculaire à l'une, alors elle est perpendiculaire à l'autre.

3. D'après les données, les droites (EF) et (GH) sont parallèles à la même droite (AB) donc les droites (EF) et (GH) sont parallèles.
Propriété : Si deux droites sont parallèles à une même troisième, alors elles sont parallèles.

Méthode 6

1. a.

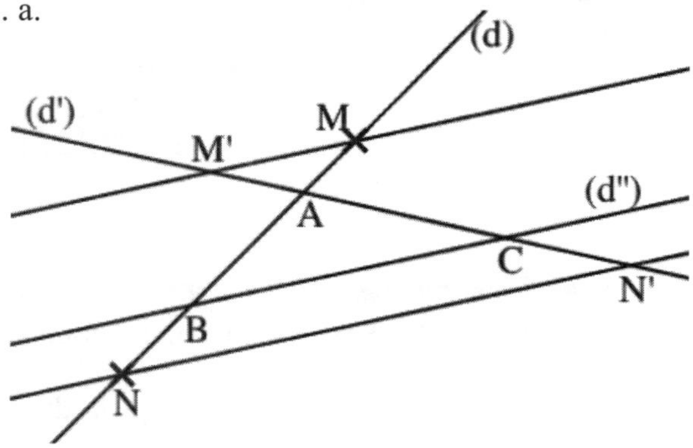

b. Les droites (MM') et (NN') sont construites parallèles à la même droite (BC). Les droites (MM') et (NN') sont donc parallèles.
Propriété : Si deux droites sont parallèles à une même troisième, alors elles sont parallèles.

2. a.

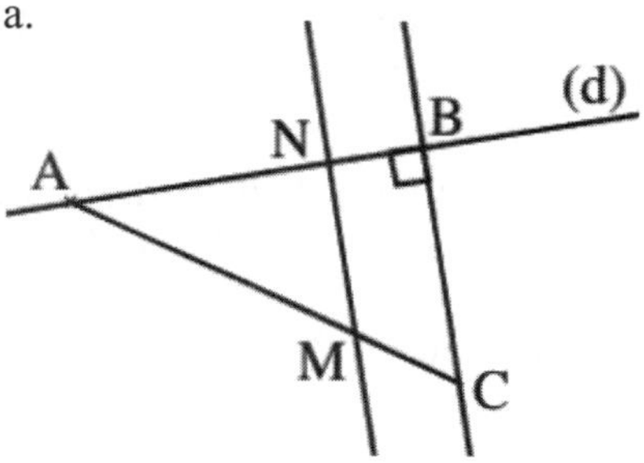

b. Les droites (MN) et (BC) sont parallèles et (AB) est perpendiculaire à l'une des deux, (BC), (AB) est donc perpendiculaire à l'autre, (MN).
Les droites (MN) et (AB) sont perpendiculaires.
Propriété : Si deux droites sont parallèles et si une droite est perpendiculaire à l'une, alors elle est perpendiculaire à l'autre.

Jeux

1. a.

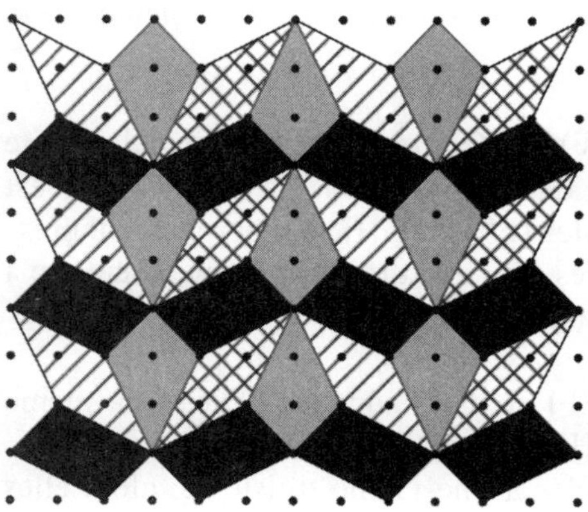

b. Proposition de coloriage en noir et blanc

2.

p	e	r	p	e	n	d	i	c	u	l	a	i	r	e	s
							p	o	i	n	t				
								d	r	o	i	t	e		
					p	a	r	a	l	l	è	l	e	s	
						s	e	g	m	e	n	t			
		s	é	c	a	n	t	e	s						

Indique sur une figure des informations connues : CODAGE

3.

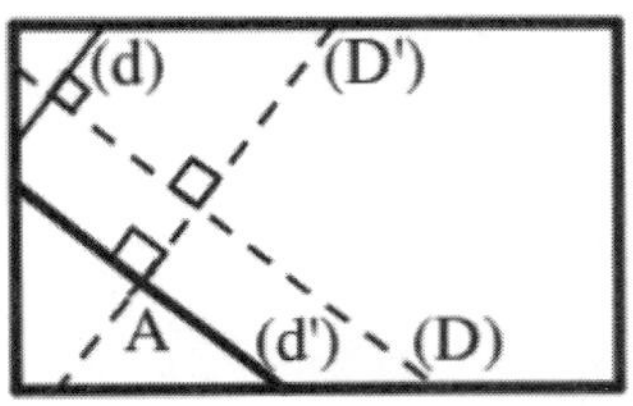

Tracer une droite (D) perpendiculaire à la droite (d).
Tracer la droite (D') perpendiculaire à la droite (D) en A.
Tracer la droite (d') perpendiculaire à la droite (D') en A.
Les droites (D') et (d) sont perpendiculaires à la même droite (D) donc elles sont parallèles.
Les droites (D') et (d) sont parallèles et la droite (d') est perpendiculaire à la droite (D') donc la droite (d') est perpendiculaire à la droite (d).

4. Proposition de coloriage :

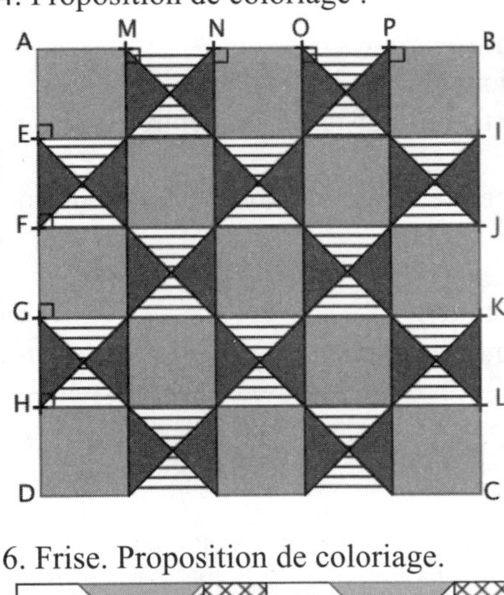

5. Cette phrase est fausse. Il existe des droites qui se coupent en seul point et qui ne sont pas perpendiculaires, les droites sont sécantes et non perpendiculaires.
Exemple de deux droites qui se coupent en un seul point et qui ne sont pas perpendiculaires :

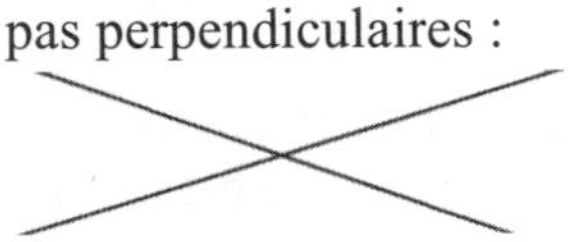

Par contre, la phrase « si deux droites sont perpendiculaires, alors elles se coupent en seul point » est vraie.

6. Frise. Proposition de coloriage.

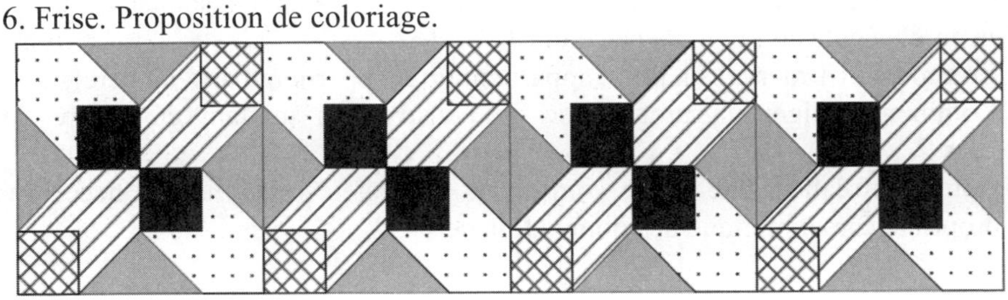

Chapitre 10

Cercles - Constructions au compas

Le rayon du cercle est 2,2 cm.

Le diamètre du cercle est 4,4 cm.

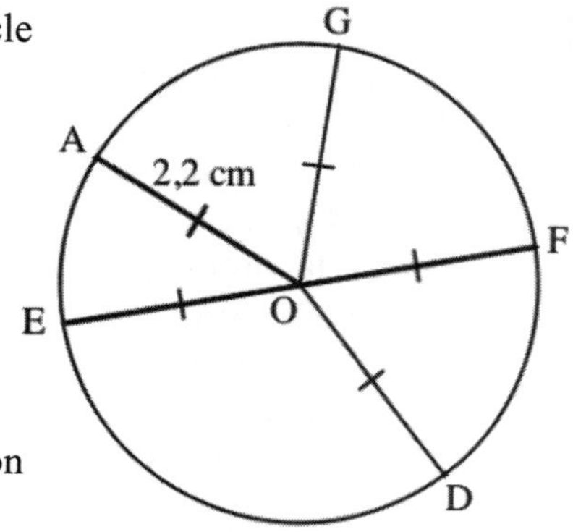

[OA] est **un** rayon du cercle.

[EF] est **un** diamètre du cercle.

O est le centre du cercle.

Propriété caractéristique des points d'un cercle

Le centre et le rayon d'un cercle étant donnés,

• tout point qui appartient au cercle est à une distance du centre égale au rayon ;

• tout point situé à une distance du centre égale au rayon appartient au cercle.

Remarques :

- la distance de deux points A et B se note AB ;
- le centre d'un cercle est le milieu de tous ses diamètres.

Méthodes

1. Comment affirmer qu'un point est ou n'est pas à une distance du centre d'un cercle égale au rayon de ce cercle ?
2. Comment affirmer qu'un point appartient ou n'appartient pas à un cercle ?
3. Comment rédiger un programme de construction mettant en œuvre des cercles ?
4. Comment réaliser une figure comportant des cercles et utiliser si nécessaire la propriété caractéristique des points d'un cercle ?

Comment affirmer qu'un point est ou n'est pas à une distance du centre d'un cercle égale au rayon de ce cercle ?

Pour affirmer qu'un point est ou n'est pas à une distance du centre d'un cercle égale au rayon de ce cercle :
▲ on regarde si ce point appartient ou non au cercle, seulement si le point appartient au cercle sa distance au centre du cercle est égale au rayon.

EXEMPLE

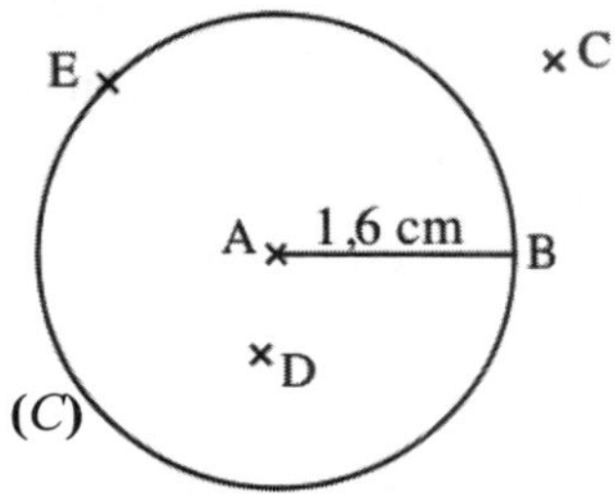

Sur la figure ci-contre on a tracé le cercle (*C*) de centre A et de rayon 1,6 cm.
a. Quelle est la distance AE ? Justifier la réponse.
b. Compléter par ∈ ou ∉ et = ou ≠ :
C.....(*C*) donc AC.....1,6 cm ;
D.....(*C*) donc AD.....1,6 cm.

a. Le point E appartient au cercle de centre A de rayon 1,6 cm donc AE = 1,6 cm soit avec le symbole d'appartenance : E ∈ (*C*) donc AE = 1,6 cm.
b. C ∉ (*C*) donc AC ≠ 1,6 cm ; D ∉ (*C*) donc AD ≠ 1,6 cm.

EXERCICES

1. On a tracé un rectangle ABCD et le cercle (*C*) de centre O de rayon OA.
Compléter par ∈ ou ∉ et par = ou ≠ :
B.....(*C*) donc OB.....OA ;
C.....(*C*) donc OC.....OA ;
D.....(*C*) donc OD.....OA ;
E.....(*C*) donc OE.....OA ;
F.....(*C*) donc OF.....OA ;
G.....(*C*) donc OG.....OA ;
H.....(*C*) donc OH.....OA.

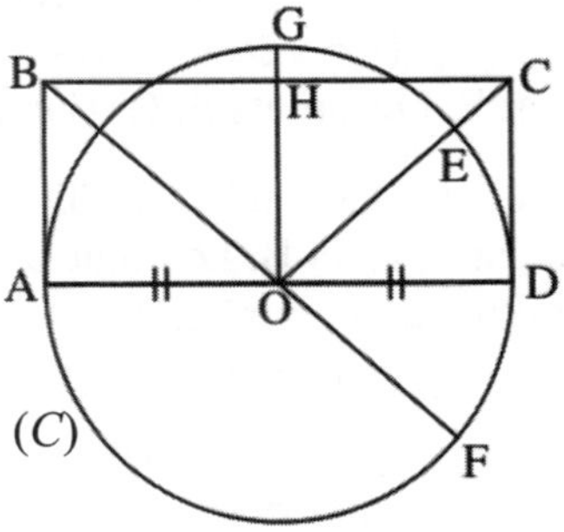

2.

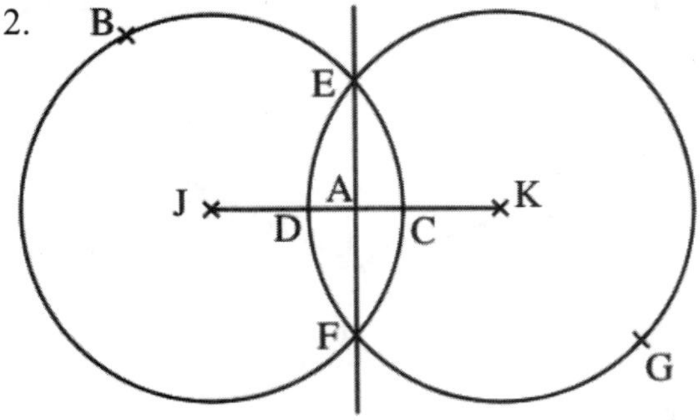

Les cercles ont pour rayon 2 cm.

a. Quels sont les points appartenant au cercle de centre J ? Que peut-on en déduire ?

b. Quels sont les points appartenant au cercle de centre K ? Que peut-on en déduire ?

méthode 2

Comment affirmer qu'un point appartient ou n'appartient pas à un cercle ?

Pour affirmer qu'un point appartient ou n'appartient pas à un cercle :
▲ on compare la distance du point au centre du cercle avec le rayon de ce dernier, seulement si cette distance est égale au rayon du cercle, alors le point appartient au cercle.

EXEMPLE

A, B, C, D et E sont cinq points tels que AB = 3 cm, AC = 2,5 cm, AD = 4 cm et AE = 3 cm. (*C*) est le cercle de centre A qui passe par le point B. Les points C, D et E sont-ils sur ce cercle (*C*)?

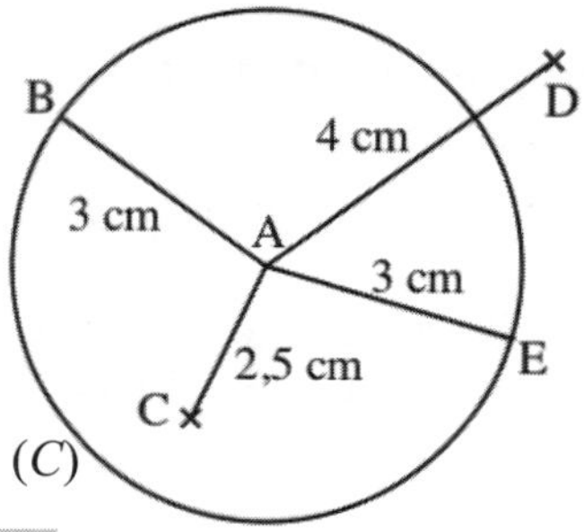

AB = 3 cm donc le rayon du cercle (*C*) est 3 cm.

AC = 2,5 cm donc AC ≠ 3 cm donc le point C n'est pas sur le cercle (*C*).

AD = 4 cm donc AD ≠ 3 cm donc le point D n'est pas sur le cercle (*C*).

AE = 3 cm donc le point E est sur le cercle (*C*).

La figure n'est pas en vraie grandeur.

EXERCICES

1. Placer des points E, F, G, H, I et J tels que IE = 2,5 cm, IF = 2 cm, IG = 2 cm, IH = 3,5 cm et IJ = 2 cm. Tracer le cercle de centre I qui passe par le point F. Les points E, G, H et J sont-ils sur ce cercle ? Justifier la réponse.

2. a. Soit un rectangle ABCD non carré. On trace le cercle de centre C qui passe par le point B. Le point D appartient-il à ce cercle ? Justifier la réponse.
b. On donne un carré EFGH. On trace le cercle de centre G qui passe par le point F. Le point H appartient-il à ce cercle ? Justifier la réponse.

3. On donne un triangle DEF isocèle en E. On trace le cercle de centre E qui passe par le point F. Comparer les distances ED et EF. Le point D appartient-il à ce cercle ?

4. Les points A, C et J sont alignés.
Les longueurs égales sont codées sur la figure.
Quels points appartiennent au cercle
a. de centre J de rayon JD ?
b. de centre J de rayon JB ?
c. de centre C de rayon JB ?
Que représente [JA] pour l'un de ces cercles ? On précisera le cercle.

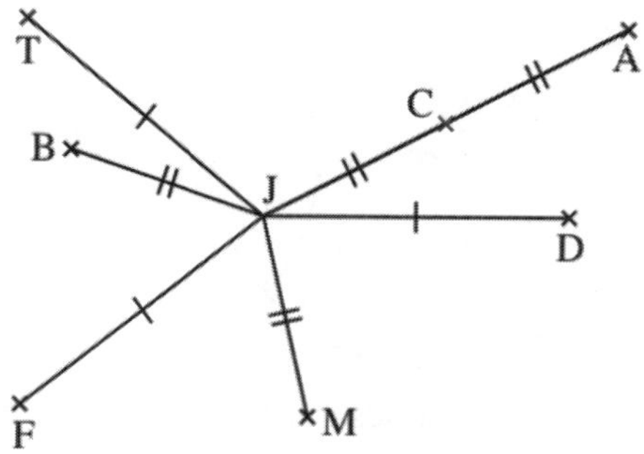

Comment rédiger un programme de construction mettant en œuvre des cercles ?

Pour rédiger un programme de construction mettant en œuvre des cercles :
▲ on écrit les consignes à la suite l'une de l'autre dans un ordre cohérent, chaque nouvel élément devant être défini à partir d'éléments déjà précisés ;
▲ on utilise le vocabulaire géométrique approprié ; chaque cercle doit être défini soit par son centre et son rayon ou son diamètre, soit par son centre et un de ses points, soit par un de ses diamètres ;
▲ on vérifie que le programme de construction est correct en le suivant pour construire la figure ou mieux en demandant à un camarade qui ne connaît pas la figure de le faire.
Remarque : il est préférable de séparer les étapes en allant à la ligne, d'écrire les verbes des consignes à l'infinitif ou à l'impératif, de ne pas préciser que l'on utilise un compas pour tracer un cercle.

EXEMPLE Rédiger un programme de construction correspondant à la figure ci-dessous.

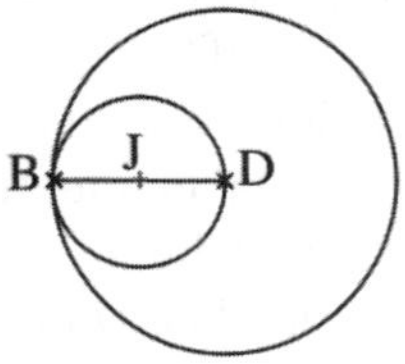

Tracer un segment [BD].
Tracer le cercle de centre D passant par le point B.
Tracer le cercle de diamètre [BD].
Nommer J son centre.

EXERCICES Les figures ne sont pas construites en vraie grandeur.

1. Proposer un autre programme de construction pour la figure de l'exemple.

2. Ecrire le programme de construction correspondant à chacune des figures :

a.

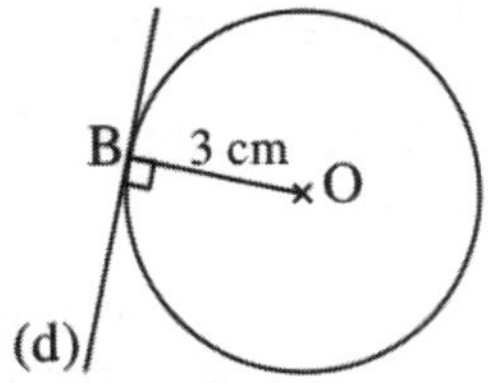

b.

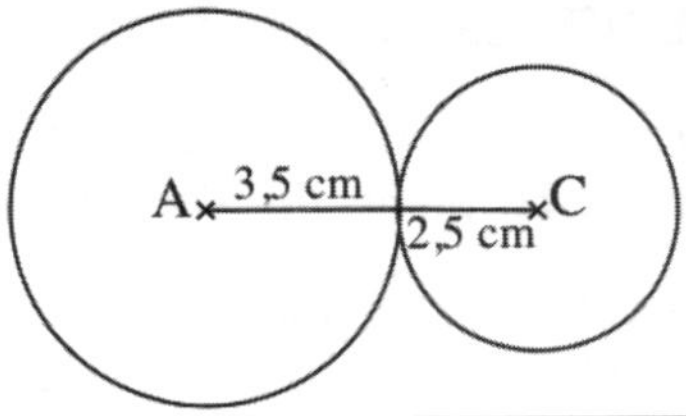

c.

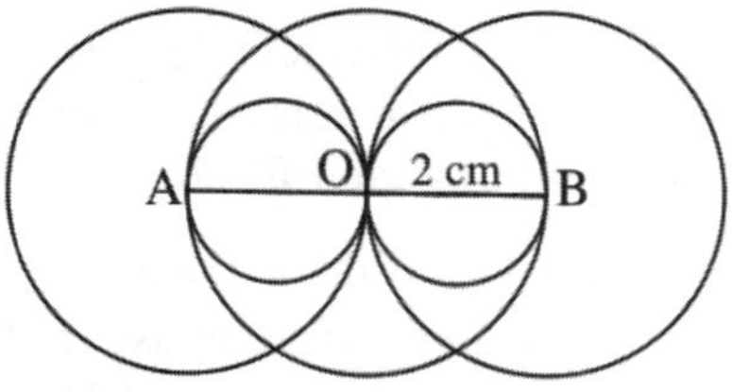

d.

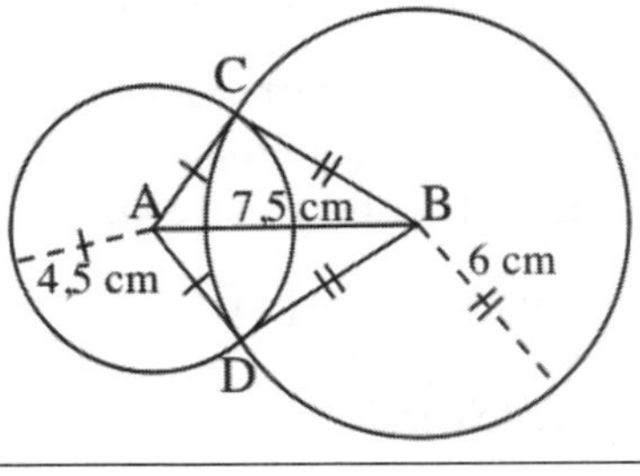

Comment réaliser une figure comportant des cercles et utiliser si nécessaire la propriété caractéristique des points d'un cercle ?

Pour réaliser une figure comportant des cercles et utiliser si nécessaire la propriété caractéristique des points d'un cercle :
▲ on suit le programme de construction avec précision ;
▲ on se sert d'un compas pour tracer les cercles ;
▲ on code la figure et on utilise si nécessaire les *méthodes 1* et *2*.

EXEMPLE

Tracer un segment [OO'] de 4 cm et placer le milieu J du segment [OO']. Tracer le cercle (*C*) de centre O' passant par le point J. Tracer le cercle (*C'*) de diamètre [OJ]. Nommer A son centre. Tracer le cercle (*C''*) de centre J et de rayon 2 cm. Ecrire les données permettant d'écrire que JO = JO' = 2 cm. En déduire que les points O et O' appartiennent à ce cercle. Citer la propriété utilisée.

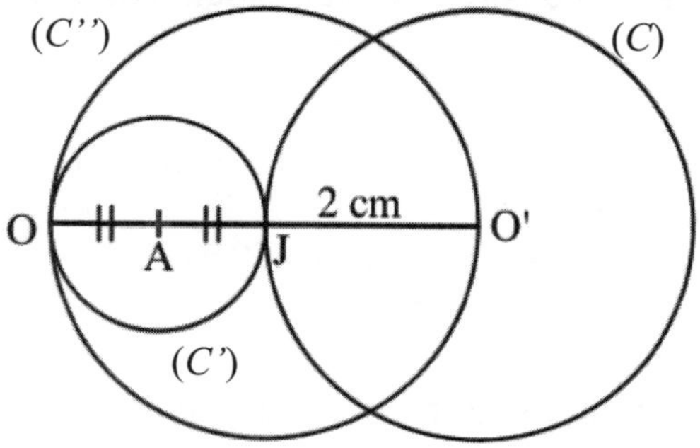

► On a suivi le programme de construction et codé la figure.

Données : J est le milieu du segment [OO'] et OO' = 4 cm.
On a donc JO = JO'= 2 cm.
On en déduit que O et O' appartiennent au cercle (*C''*) de centre J de rayon 2 cm.
► On a appliqué la *méthode 2*.
Propriété utilisée : tout point situé à une distance du centre égale au rayon d'un cercle appartient à ce cercle.

EXERCICES Ecrire les données permettant de justifier si nécessaire.

1. Tracer un cercle de rayon 3,5 cm. Marquer un point A sur ce cercle. Construire les points de ce cercle situés à 5 cm du point A.

2. Marquer deux points A et C. Tracer le cercle de centre A qui passe par le point C et le cercle de centre C qui passe par le point A. Les deux cercles se coupent en B et D. Que peut-on dire du quadrilatère ABCD ?

3. Construire deux carrés AEFB et EFCD. Tracer le demi-cercle de centre E passant par F d'extrémités A et D, puis le quart de cercle de centre F d'extrémités B et E ; ils se coupent en G. Que dire du triangle EFG ?

4. Tracer un segment [AB]. Construire le cercle de centre B de diamètre AB, il coupe [AB] en C. Marquer le point D diamétralement opposé à C. Construire le cercle de diamètre [AD] et le cercle de centre C de rayon CD.

JEUX

1. Remplacer les pointillés par « un » ou par « le » puis construire la figure.

Tracer ..... cercle de centre O et dont ..... rayon mesure 3 cm.
Marquer ..... point K sur ..... cercle.
Placer ..... point L diamétralement opposé au point K.
Construire ..... cercle (*C*) dont [OL] est ..... diamètre.
Construire ..... cercle (*C'*) de centre K et dont ..... diamètre est OK.
Construire ..... cercle (*C''*) de centre K dont [OK] est ..... rayon.

2. Reproduire et colorier. On pourra utiliser du papier à carreaux.

a. La figure est formée de quarts de cercle et de segments.

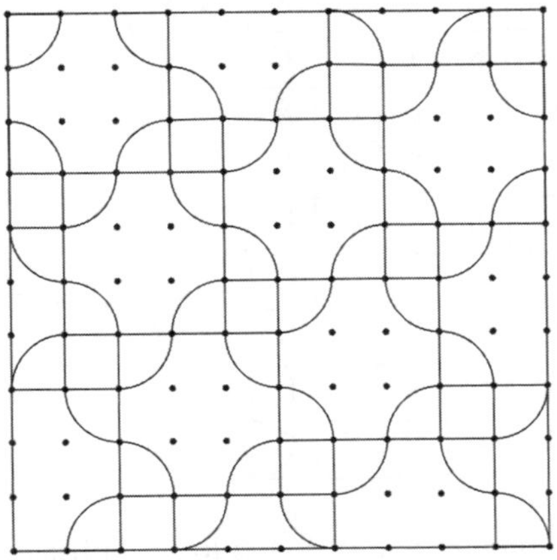

b. Mandala.

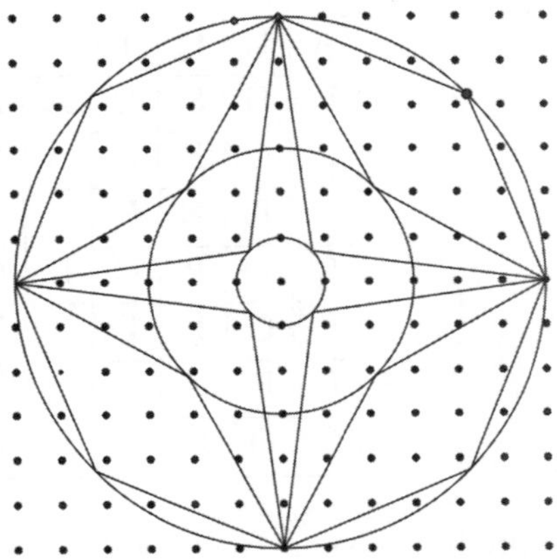

3. Mandala à construire et à colorier.
Tracer deux cercles concentriques (*C*) et (*C'*) ayant respectivement pour rayons 8 cm et 4 cm.
Sur le cercle (*C*) reporter six fois 8 cm en tournant à partir d'un point choisi du cercle.
A l'intérieur du cercle (*C*), tracer les six arcs de cercle qui ont pour centre chacun des six points obtenus et pour rayon 8 cm (on obtient une rosace) et tracer l'hexagone formé par les six points.
Tracer un diamètre du cercle (*C*) passant par un des six points pour obtenir un point du cercle (*C'*), point de départ d'une rosace à tracer dans le cercle (*C'*).
Effacer le diamètre et les arcs du cercle (*C'*) qui se trouvent dans les « branches de la rosace » du cercle (*C*).
Colorier le mandala.

4. Tous les mots de la liste ci-dessous sont cachés dans la grille. Ils peuvent être placés indifféremment à l'horizontale, à la verticale ou en diagonale, à l'endroit comme à l'envers. Une lettre peut être utilisée pour plusieurs mots. Dès que l'on repère un mot, on le barre. Quand tous les mots seront barrés, quelques lettres ne seront pas barrées, trouver le mot qu'elles forment.
ARCS, CENTRER, CERCEAU, CERCLAGE, CERCLE, CERNES, CIRCUIT, CIRCULAIRE, CIRCULATION, CIRCULER, CIRQUE, COMPAS, CORDE, DEMI, DIAMETRES, ENCERCLER, MILIEU, RAYON, ROND, QUART (voir la page « vocabulaire du chapitre » après les jeux).

N	S	R	E	L	C	R	E	C	N	E
O	O	E	R	I	D	N	O	R	C	E
Y	T	I	R	Q	E	M	E	E	A	R
A	I	Q	T	T	P	D	R	T	R	I
R	U	S	U	A	E	C	R	E	C	A
E	C	E	S	A	L	M	L	O	S	L
L	R	N	I	A	R	U	A	U	C	U
C	I	R	G	L	C	T	C	I	N	C
R	C	E	I	R	I	C	C	R	D	R
E	E	C	I	D	E	M	I	S	I	I
C	O	C	N	R	E	R	T	N	E	C

5. Reproduire chaque figure ci-dessous puis répéter le motif et colorier la frise.

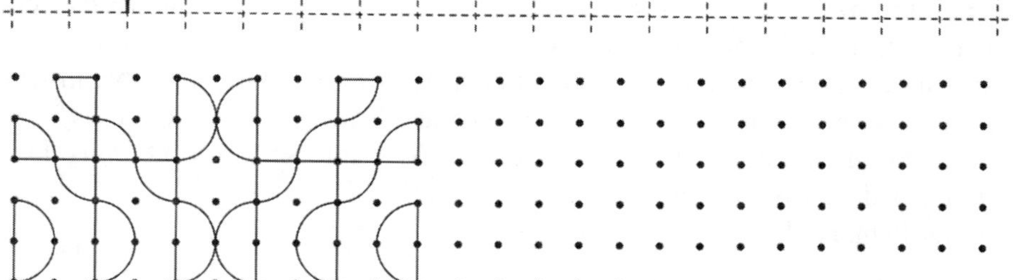

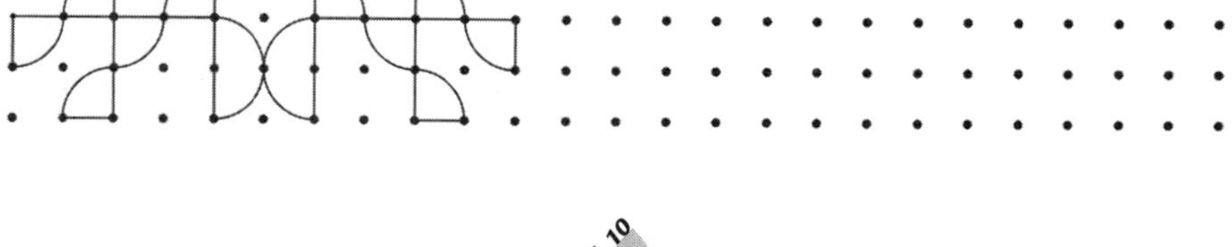

Le vocabulaire du chapitre

Cercle, son centre, son rayon, son diamètre :
Un **cercle** est une ligne courbe fermée constituée par tous les points situés à une même distance d'un point appelé **centre** ;
la distance de tout point du cercle au centre est **le rayon** du cercle ; le double de cette distance est **le diamètre** du cercle.
Deux cercles sont dits **concentriques** s'ils ont le même centre.

Rayon, diamètre, corde :
Un rayon est un segment qui joint un point du cercle et son centre.
Un diamètre est un segment qui passe par le centre du cercle et qui joint deux points du cercle.
Une corde est un segment qui joint deux points du cercle.
Deux points sont dits **diamétralement opposés** s'ils sont les deux extrémités d'un diamètre tracé ou non.

Remarques : un diamètre est une corde particulière, c'est une corde qui passe par le centre. Le centre du cercle est le milieu de tous les diamètres.

Attention : **le** rayon d'un cercle est **un nombre** avec une unité, c'est la distance d'un point du cercle au centre ; **un** rayon du cercle est **un segment** qui a pour longueur le rayon. Il faut distinguer de même **le** diamètre et **un** diamètre.

Arc de cercle :
Un **arc de cercle** est une portion de cercle limitée par deux points du cercle.
Un **demi-cercle** est un arc de cercle dont les extrémités sont diamétralement opposées. Un demi-cercle peut être partagé en deux arcs de cercles superposables qui sont des **quarts de cercle**.

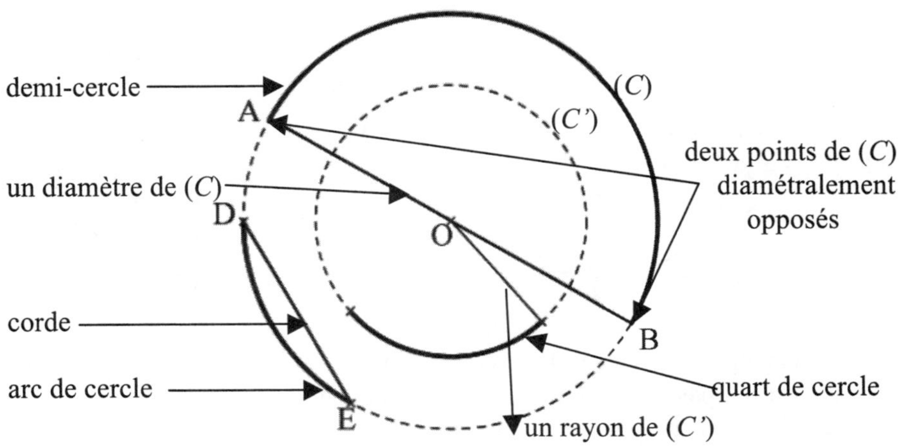

(*C*) et (*C'*) sont deux cercles de centre O, (*C*) et (*C'*) sont concentriques.

Méthode 1

1. $B \notin (C)$ donc $OB \neq OA$; $C \notin (C)$ donc $OC \neq OA$;
$D \in (C)$ donc $OD = OA$; $E \in (C)$ donc $OE = OA$;
$F \in (C)$ donc $OF = OA$; $G \in (C)$ donc $OG = OA$;
$H \notin (C)$ donc $OH \neq OA$.

2. a. Les points appartenant au cercle de centre J et de rayon 2 cm sont B, C, E et F. On en déduit que : JB = JC = JE = JF = 2 cm.
b. Les points appartenant au cercle de centre K et de rayon 2 cm sont D, E, F et G. On en déduit que KD = KE = KF = KG = 2 cm.

Méthode 2

1.

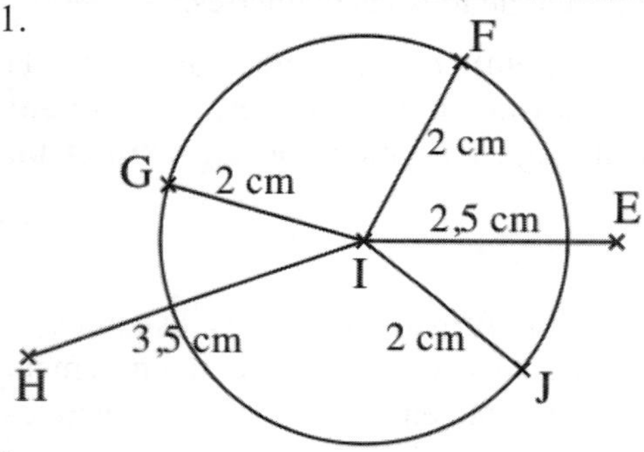

IF = 2 cm donc le rayon du cercle de centre I passant par F est 2 cm.
IE = 2,5 cm et IH = 3,5 cm donc les points E et H ne sont pas sur le cercle de centre I passant par F.
IG = IJ = 2 cm donc les points G et J sont sur le cercle de centre I passant par F.

2. a.

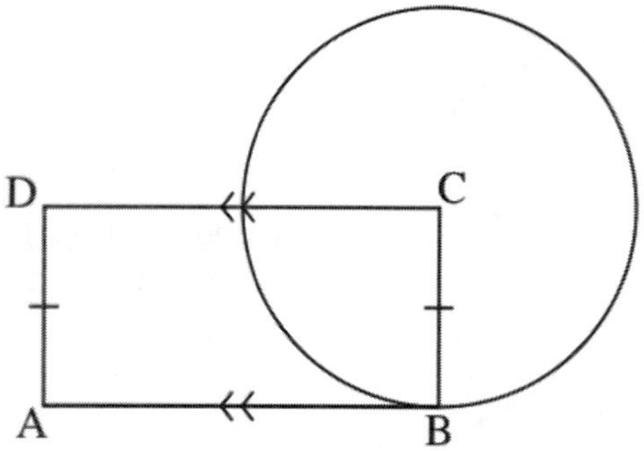

Dans un rectangle non carré, deux côtés consécutifs n'ont pas la même longueur.
$CD \neq CB$ donc D n'appartient pas au cercle de centre C qui passe par le point B.

2. b.

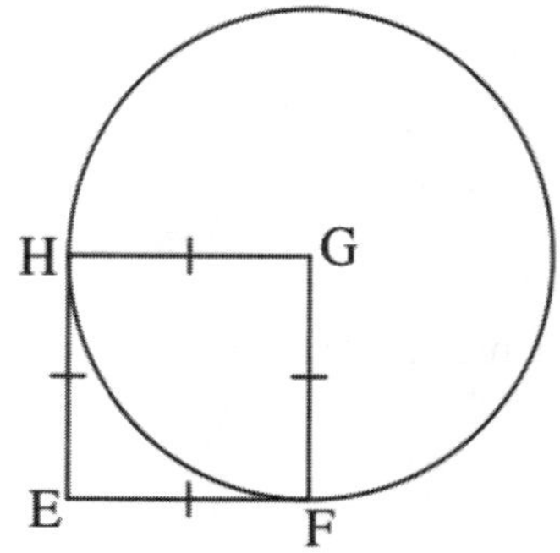

Un carré a ses côtés de la même longueur.
GH = GF donc H appartient au cercle de centre G qui passe par le point F.

3.

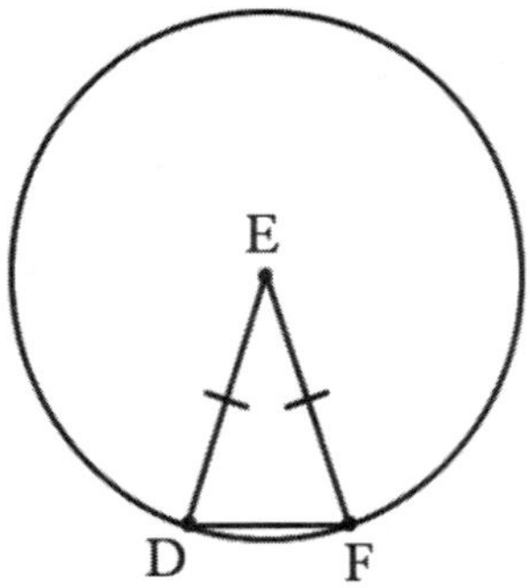

Le triangle DEF est isocèle en E donc ED = EF.
La distance ED est donc égale au rayon EF du cercle de centre E qui passe par le point F donc le point D appartient à ce cercle.

4. a. JF = JT = JD donc les points qui appartiennent au cercle de centre J de rayon JD sont F et T.
b. JC = JM = JB donc les points qui appartiennent au cercle de centre J et de rayon JB sont C et M.
c. CJ = CA = JB donc les points qui appartiennent au cercle de centre C et de rayon JB sont J et A.
Les points A, C et J sont alignés et les points A et J appartiennent au cercle de centre C et de rayon JB donc [JA] est un diamètre de ce cercle.

Méthode 3

1. Tracer un cercle de centre J.
Tracer un diamètre [BD] de ce cercle.
Tracer le cercle de centre D passant par le point B.

2. a. Tracer un cercle de centre O et de rayon 3 cm.
Marquer un point B sur ce cercle.
Tracer la droite (d) perpendiculaire en B à la droite (OB).

b. Tracer un segment [AC] de 6 cm.
Construire le cercle de centre A et de rayon 3,5 cm puis le cercle de centre C et de rayon 2,5 cm.

c. Tracer un cercle de centre O et de rayon 2 cm.
Tracer un diamètre [AB].
Tracer les cercles de centre A et de centre B qui passent par le point O.
Construire le cercle de diamètre [AO] et le cercle de diamètre [OB].

d. Tracer un segment [AB] de 7,5 cm.
Construire le cercle de centre A et de rayon 4,5 cm et le cercle de centre B et de rayon 6 cm. Les deux cercles se coupent en deux points C et D.
Tracer les triangles ABC et ABD.

Méthode 4

1.

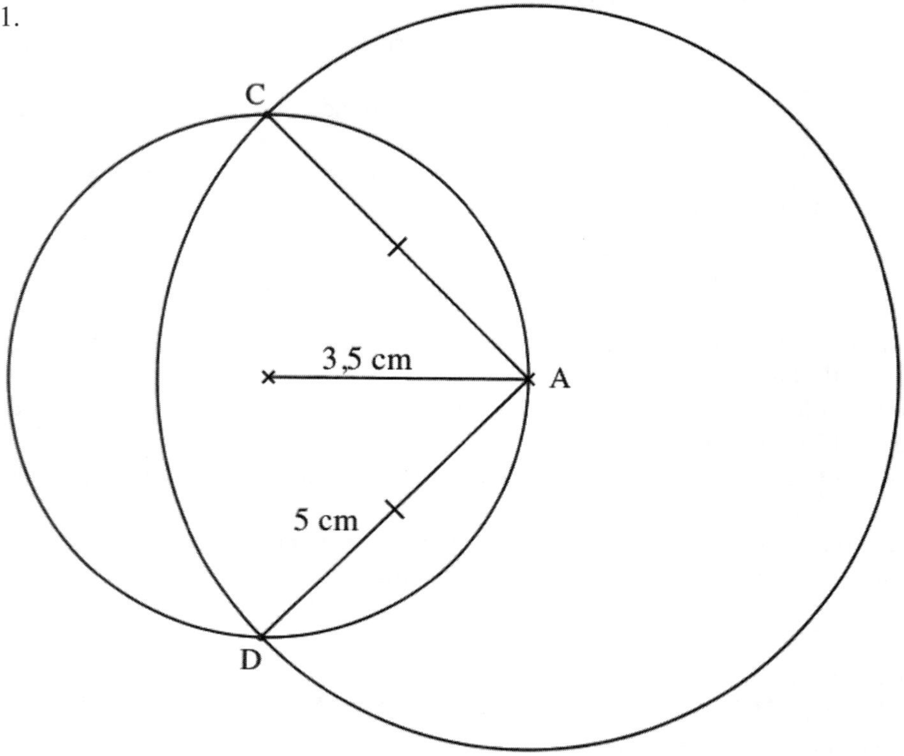

Les points situés à 5 cm du point A se trouvent sur le cercle de centre A et de rayon 5 cm que l'on a tracé.
Les points du cercle de rayon 3,5 cm situés à 5 cm du point A sont donc à l'intersection des deux cercles. On les a nommés C et D.

2.

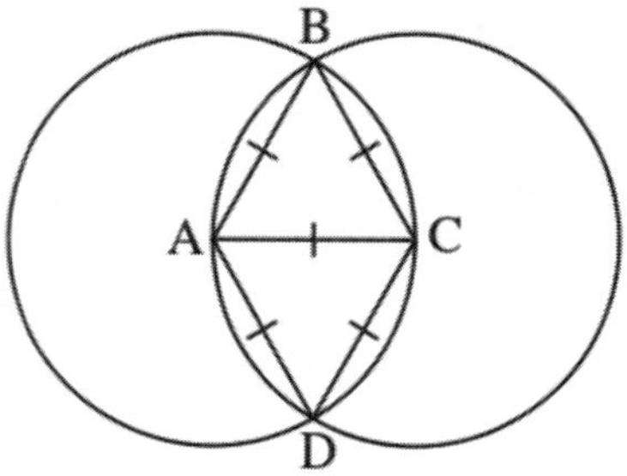

Données : les points B et D appartiennent au cercle de centre A de rayon AC.
Déduction : AB = AD = AC.
Données : les points B et D appartiennent au cercle de centre C de rayon CA.
Déduction : CB = CD = CA.
On a donc AB = BC = CD= DA donc le quadrilatère ABDC est un losange.

Remarque : cinq segments ont la même longueur, on les a codés.

3.

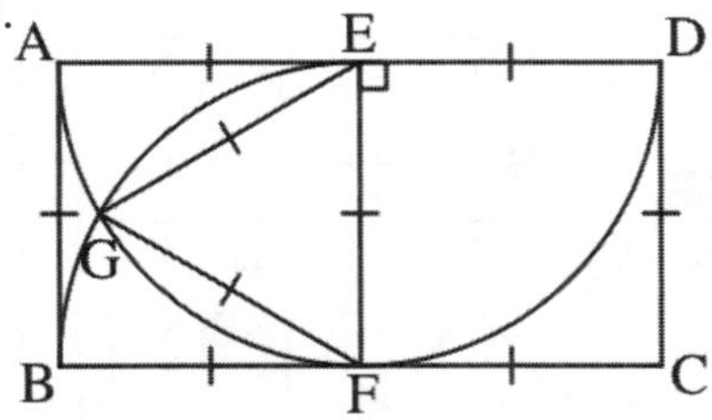

Données : G appartient au demi-cercle de centre E passant par F.
Déduction : EG = EF.
Données : G appartient au quart de cercle de centre F d'extrémités B et E.
Déduction : FG = FE = FB
On a donc EG = EF = GF donc le triangle EFG est un triangle équilatéral.

Remarque : neuf segments ont la même longueur, on les a codés.

4. Le premier cercle a un diamètre de longueur AB donc son rayon est la moitié de AB et les points C et D sont diamétralement opposés sur ce cercle donc AB = CD.
Le deuxième cercle est le cercle de diamètre [AD] donc son centre est le milieu de [AD] et il passe par A et D.

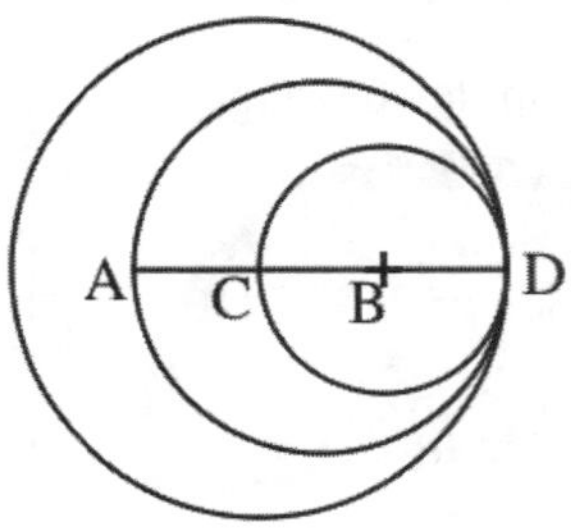

Jeux

1. Tracer un cercle de centre O et dont le rayon mesure 3 cm.
Marquer un point K sur le cercle.
Placer le point L diamétralement opposé au point K.
Construire le cercle (*C*) dont [OL] est un diamètre.
Construire le cercle (*C'*) de centre K et dont le diamètre est OK.
Construire le cercle (*C''*) de centre K dont [OK] est un rayon.

2. a. b. Propositions de coloriage.

3. Mandala construction

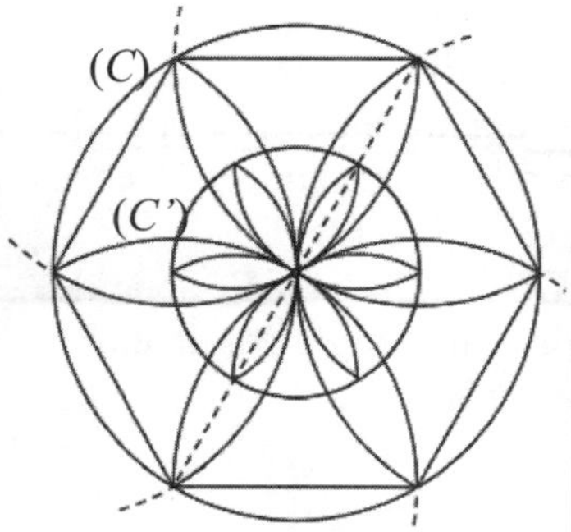

Proposition de coloriage.

4.

N	S	R	E	L	C	R	E	C	N	E
O	O	E	**R**	I	D	N	O	R	C	E
Y	T	I	R	**Q**	E	M	**E**	E	A	R
A	I	O	T	T	P	D	R	**T**	R	I
R	U	S	U	A	E	C	R	E	C	A
E	C	E	S	A	L	M	L	O	S	L
L	R	N	I	A	R	U	A	**U**	C	U
C	I	R	G	L	C	T	C	I	**N**	C
R	C	E	**I**	R	I	**C**	**C**	R	D	R
E	**E**	C	I	D	E	M	I	**S**	I	I
C	**O**	C	**N**	R	E	R	T	N	E	C

Le mot formé par les lettres non barrées (en gras, cases grisées) est CONCENTRIQUES.

5. Frises : proposition de coloriage.

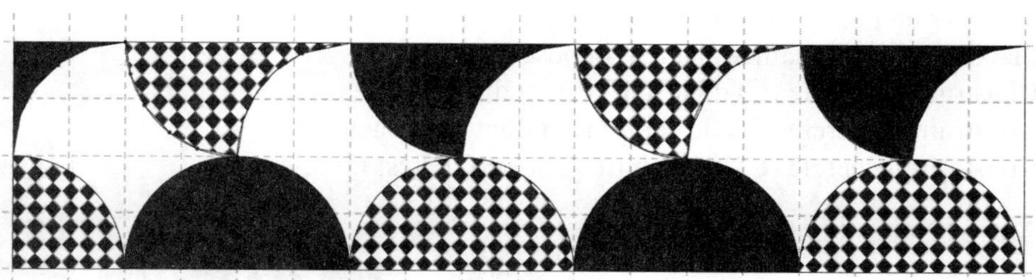

Chapitre 11

Médiatrice d'un segment

La médiatrice d'un segment est la droite passant par le milieu du segment et perpendiculaire à son support. 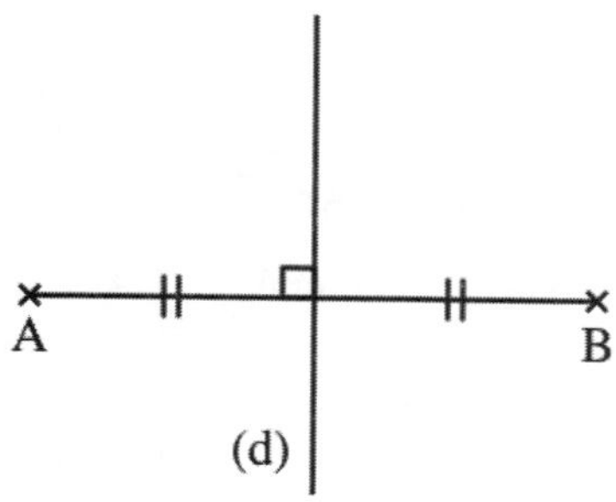 **La droite (d) est la médiatrice du segment [AB].**	**Si un point est sur la médiatrice d'un segment, alors il est équidistant des extrémités de ce segment.** 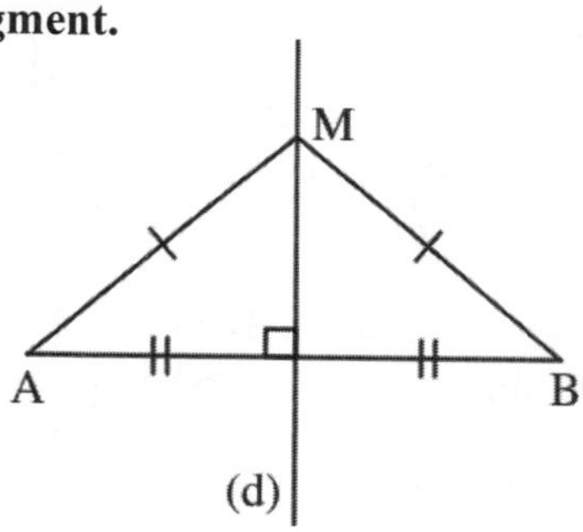 **Si un point est équidistant des extrémités d'un segment, alors il est sur la médiatrice de ce segment.**

Equidistant signifie à égale distance

Méthodes

1. Comment connaître et utiliser la définition de la médiatrice d'un segment ?
2. Comment identifier une droite comme médiatrice d'un segment avec des distances ?
3. Comment affirmer qu'un point appartient (ou n'appartient pas) à la médiatrice d'un segment avec des distances ?
4. Comment construire la médiatrice d'un segment ?

méthode 1

Comment connaître et utiliser la définition de la médiatrice d'un segment ?

> Pour connaître et utiliser la définition de la médiatrice d'un segment :
> ▲ on s'aide du tableau de la page d'introduction du chapitre ;
> ▲ on s'assure pour savoir si une droite est la médiatrice d'un segment que les deux conditions sont remplies, la droite passe par le milieu du segment et elle est perpendiculaire à la droite, support du segment.

EXEMPLES La droite (d) est-elle la médiatrice du segment [AB] ?

1. A, B et C alignés.

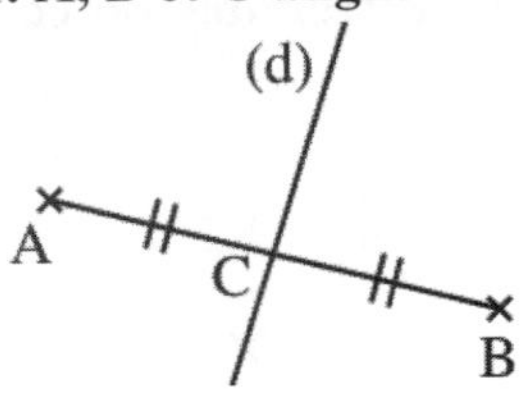

1. CA = CB et A, B et C sont alignés donc C est le milieu du segment [AB] mais rien ne permet dire que (d) est perpendiculaire à (AB). On ne peut pas conclure que la droite (d) est la médiatrice de [AB].

2.

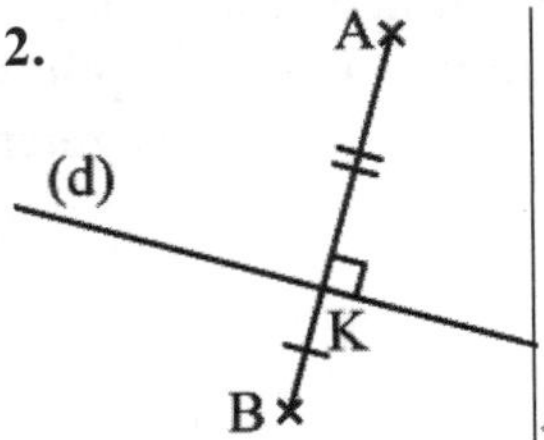

2. D'après les codages, la droite (d) est perpendiculaire à (AB) mais le point K n'est pas le milieu de [AB] donc la droite (d) n'est pas la médiatrice de [AB].

3. A, B et C alignés.

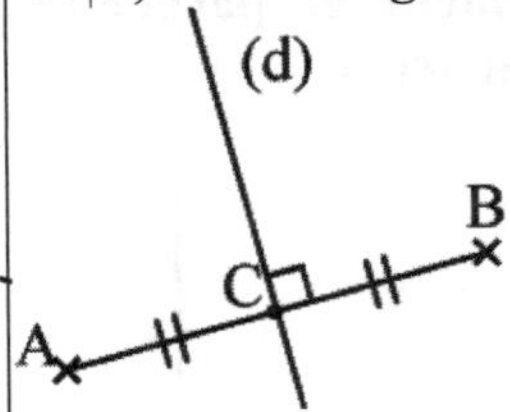

3. Données : CA = CB, A, B et C sont alignés et la droite (d) est perpendiculaire à (AB). Conclusion : la droite (d) est la médiatrice du segment [AB].

EXERCICES

1. La droite (EF) est-elle la médiatrice du segment [CD] ?

a.

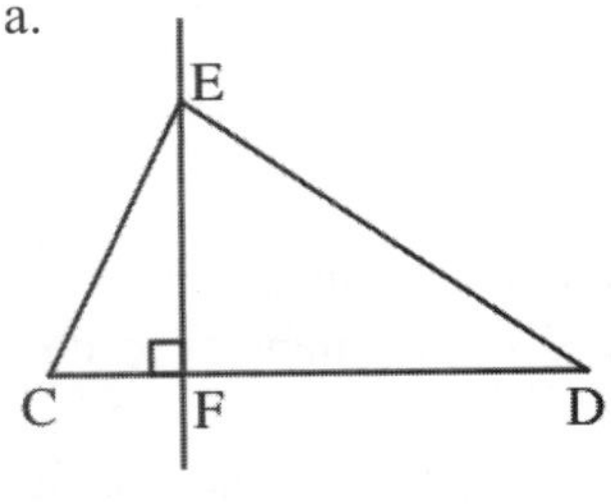

b. [CD] et [EF] diamètres du cercle de centre O.

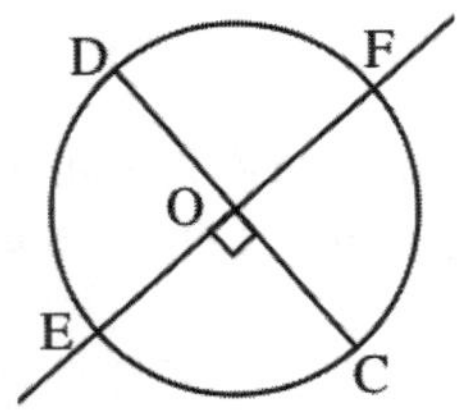

c.

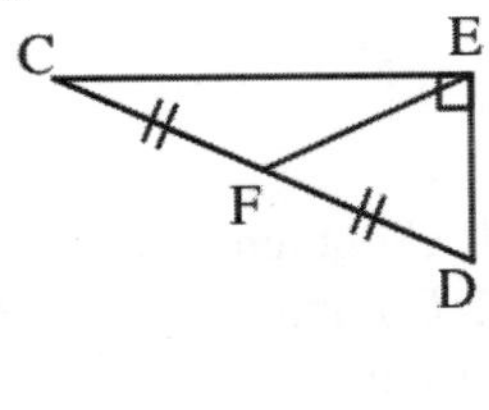

2. Sur la figure ci-contre les droites (AD) et (BC) sont parallèles (ABCD est un trapèze).
a. La droite (EG) est-elle la médiatrice du segment [AD] ?
b. La droite (EG) est-elle la médiatrice du segment [BC] ?

A, E et D alignés

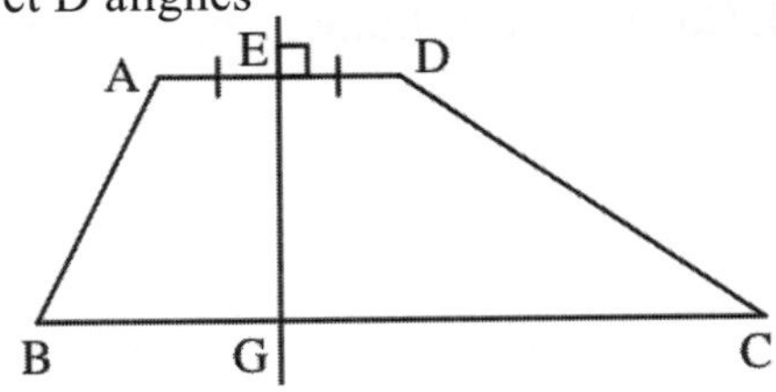

méthode 2

Comment identifier une droite comme médiatrice d'un segment avec des distances ?

Pour identifier une droite comme médiatrice d'un segment avec des distances :

▲ on prouve à partir des données en utilisant si besoin des propriétés,

- soit que la droite est perpendiculaire au support du segment et qu'un de ses points est équidistant des extrémités du segment ;
- soit que deux points de la droite sont équidistants des extrémités du segment.

Remarque : un des points utilisés est souvent le milieu du segment.

EXEMPLES La droite (d) est-elle la médiatrice du segment [AB] ?

1. C ∈ (d)

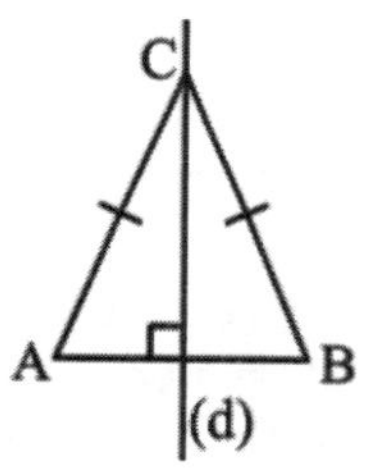

1. D'après le codage la droite (d) est perpendiculaire à (AB) et CA = CB. La droite (d) est la médiatrice de [AB].

2. E ∈ (d)
F ∈ (d)

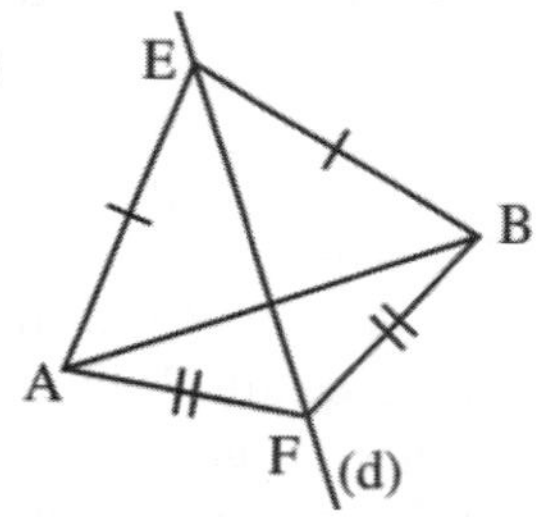

2. D'après le codage EA = EB et FA = FB donc les points E et F de (d) sont équidistants de A et de B. La droite (d) est la médiatrice de [AB].

EXERCICES

1. La droite (MN) est-elle la médiatrice du segment [BC] ?

a.

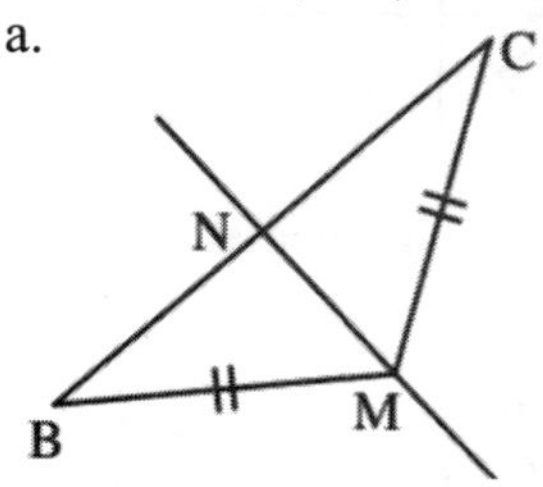

b.

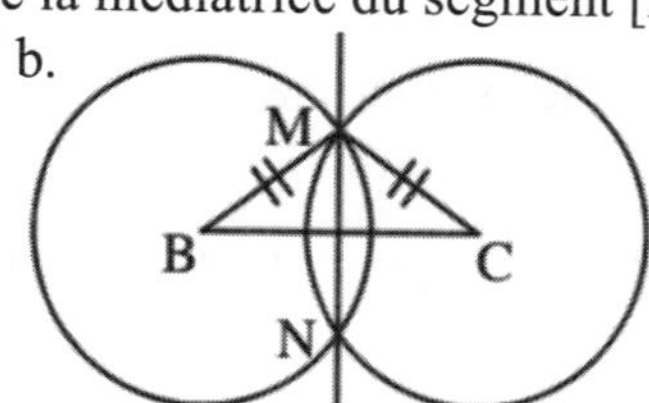

Les cercles de centres B et C se coupent en M et N.

c.

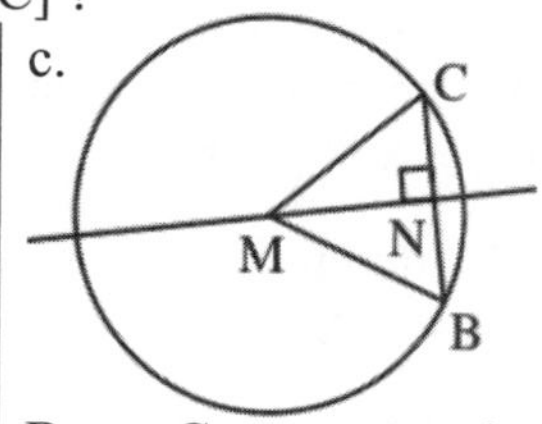

B et C sont sur le cercle de centre M.

2. Pour chaque figure, trouver un segment et sa médiatrice. Justifier.

a. K milieu de [ED].

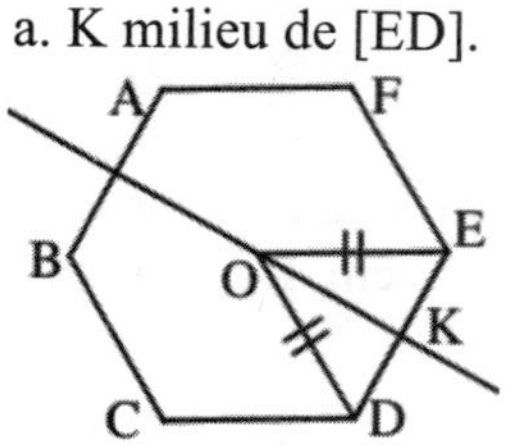

b. C et D sont sur le cercle de centre O.

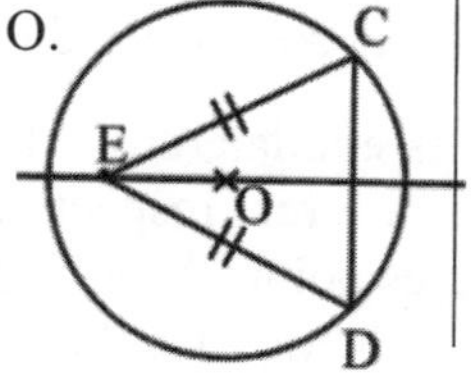

c.

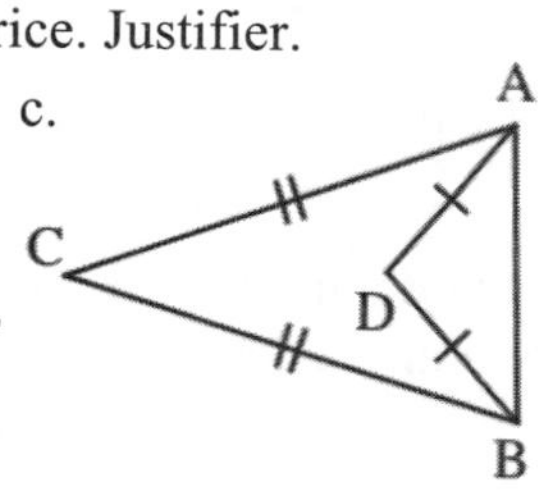

méthode 3

Comment affirmer qu'un point appartient (ou n'appartient pas) à la médiatrice d'un segment avec des distances ?

Pour affirmer qu'un point appartient (ou n'appartient pas) à la médiatrice d'un segment avec des distances :
▲ on prouve que ce point est équidistant (ou n'est pas équidistant) des extrémités de ce segment.

EXEMPLES Le point P est-il sur la médiatrice du segment [AB] ?

1.

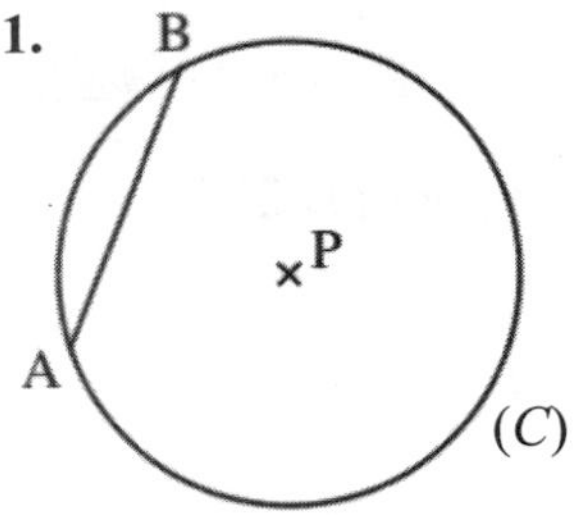

(*C*) cercle de centre P
A∈ (*C*)
B ∈ (*C*)

1. Les points A et B sont deux points du cercle de centre P donc PA = PB. (voir *chapitre 10 méthode 1*)
Le point P est donc équidistant des extrémités du segment [AB] donc le point P est sur la médiatrice du segment [AB].

2. ACBP est un rectangle.

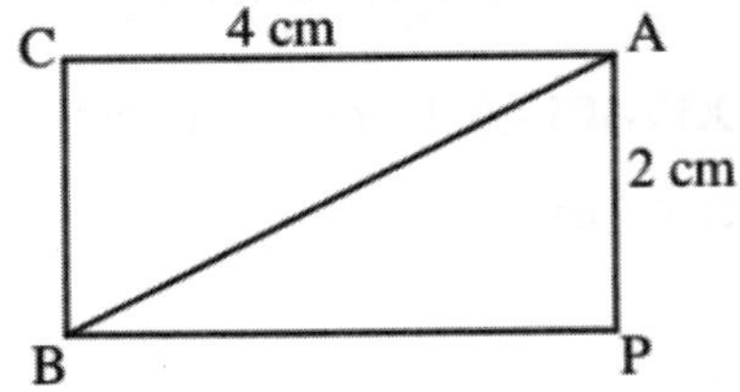

2. Comme ACBP est un rectangle, on a PB = AC = 4 cm.
PB = 4 cm et PA = 2 cm donc le point P n'est pas équidistant des extrémités du segment [AB] donc le point P n'est pas sur la médiatrice du segment [AB].

EXERCICES On justifiera les réponses.

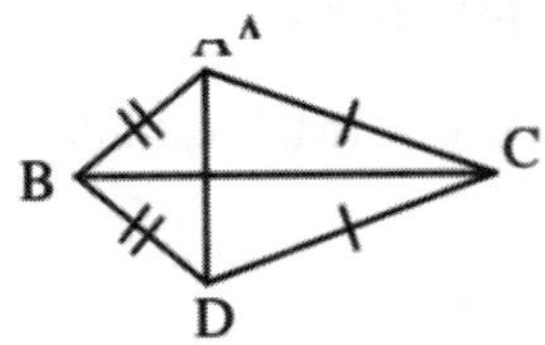

1. a. Le point A appartient-il à la médiatrice du segment [BC] ?
b. Le point C appartient-il à la médiatrice du segment [AD] ?

2. On donne un carré ABCD. Le point B appartient-il à la médiatrice du segment [AC] ?

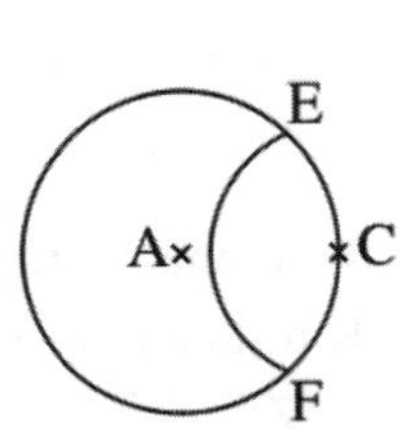

3. On a tracé un cercle de centre A et placé un point C sur ce cercle. On a tracé ensuite un arc d'un cercle de centre C ne passant pas par A dont les extrémités E et F sont sur le cercle de centre A.
a. Le point E appartient-il à la médiatrice du segment [AC] ?
b. Le point C appartient-il à la médiatrice du segment [EF] ?

4. On donne deux triangles équilatéraux ABC et ADE ayant le sommet A en commun et dont les côtés mesurent respectivement 3,5 cm et 2 cm. Il n'y a pas trois points alignés parmi les points A, B, C, D et E.
Le point A appartient-il à la médiatrice du segment [BD] ? Du segment [DE] ?

Comment construire la médiatrice d'un segment ?

Pour construire la médiatrice d'un segment avec une règle graduée et une équerre :
▲ on place le milieu du segment après avoir divisé par 2 sa mesure ;
▲ on trace la droite qui passe par ce milieu et qui est perpendiculaire au support du segment.

Pour construire la médiatrice d'un segment avec un compas et une règle :
▲ on trace deux cercles de même rayon qui ont pour centres respectifs les extrémités du segment et qui se coupent en deux points, le rayon doit être assez grand ;
▲ on trace la droite qui passe par les points d'intersection des deux cercles.
Remarques : au lieu de tracer les cercles, on peut tracer des arcs de cercle ; il existe d'autres constructions possibles à découvrir dans les jeux.

EXEMPLE Construire la médiatrice (d) du segment [AB]

a. avec une règle graduée et une équerre.

On mesure la longueur de [AB] avec une règle graduée et on divise la mesure par 2.
On place le milieu M du segment [AB] ; AM = AB ÷ 2

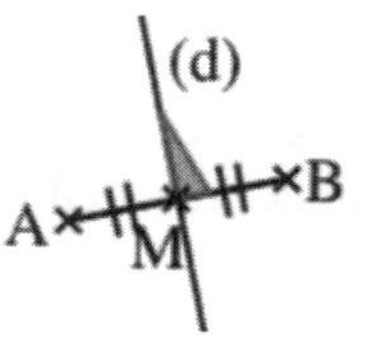

On trace avec l'équerre la perpendiculaire en M à la droite (AB). On la nomme (d). La droite (d) est la médiatrice de [AB].

b. avec un compas et une règle.

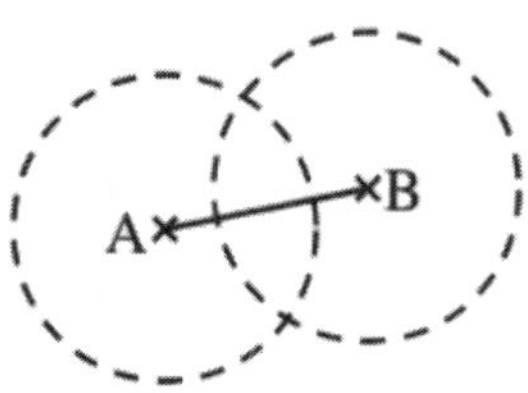

On trace deux cercles de centres respectifs A et B de même rayon qui se coupent.

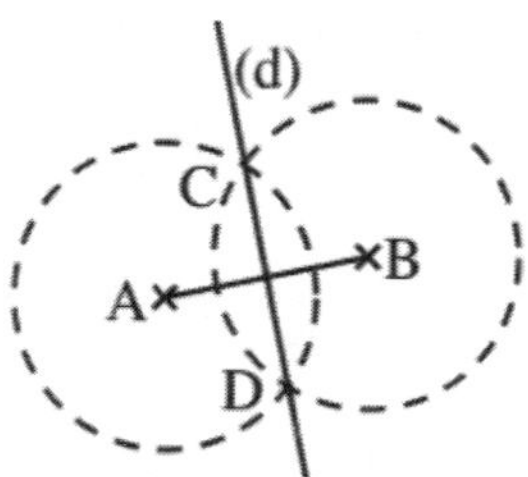

On trace la droite (d) qui passe par les points d'intersection des deux cercles.

EXERCICES

1. Marquer trois points E, F et G non alignés.
Construire la médiatrice (d) du segment [EF] avec une règle graduée et une équerre et la médiatrice (d') du segment [FG] avec un compas et une règle.

2. Reprendre la question 1. avec trois points E, F et G alignés.
Que se passe-t-il ? Pourquoi ? Citer la propriété qui permet de justifier.

JEUX

1. Dans les deux figures ci-dessous, on veut trouver un point de la droite (d) qui soit équidistant des points A et B. Est-ce possible ? Si oui comment faire ? Si non pourquoi ?

a.

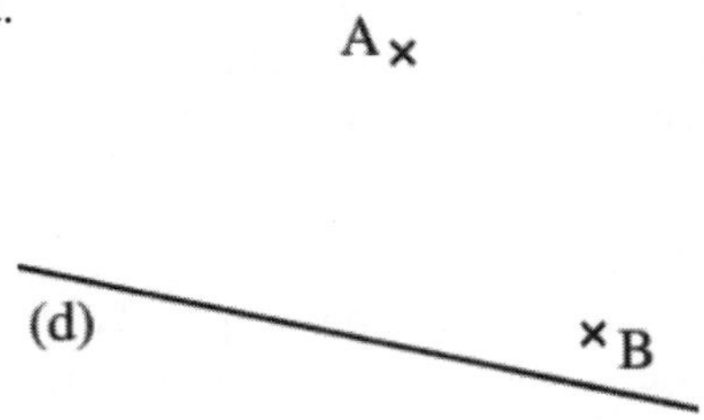

Figure 1

b. (AB) ⊥ (d)

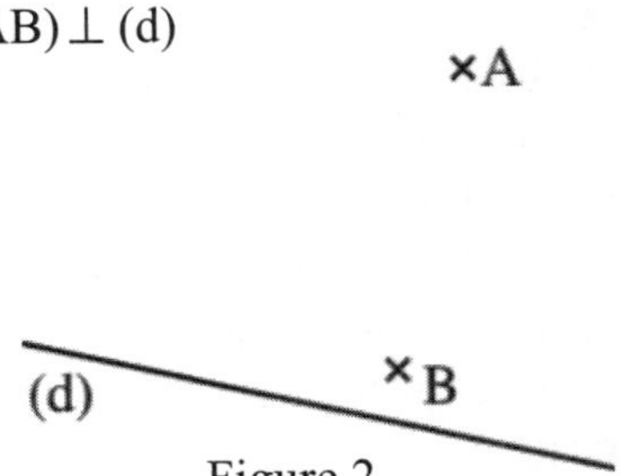

Figure 2

2. Prendre un verre vide et le retourner sur une feuille de papier blanc. Dessiner le tour du bord du verre sur la feuille puis enlever le verre. Un cercle apparaît. Comment trouver son centre avec une règle et un compas ?

3. La figure ci-contre représente une feuille de dessin sur laquelle on a tracé un segment [AB] tout près d'un bord.
a. Comment construire avec un compas et une règle non graduée la médiatrice du segment [AB] sans sortir de la feuille ?
b. Même question avec un compas et une équerre.

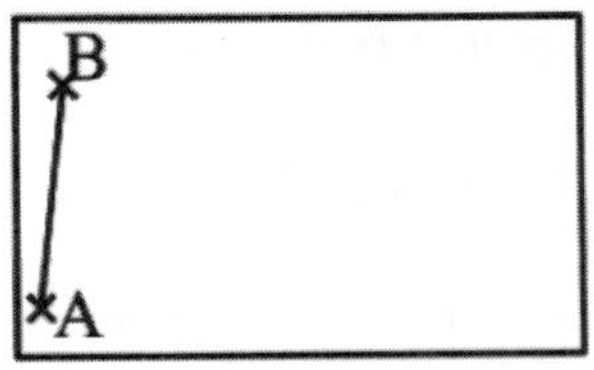

4. Répondre par vrai ou par faux, tous les codages étant marqués.

(EF) est la médiatrice de [MN].		(MN) est la médiatrice de [EF].	
a. 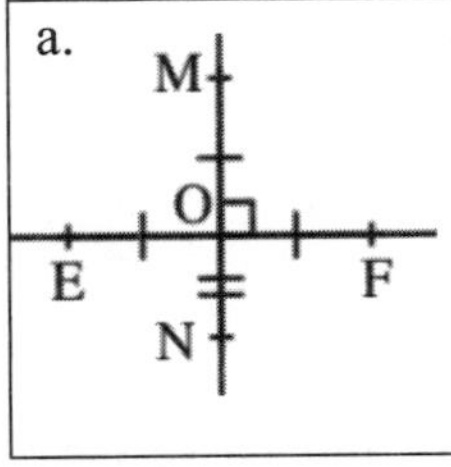	b. 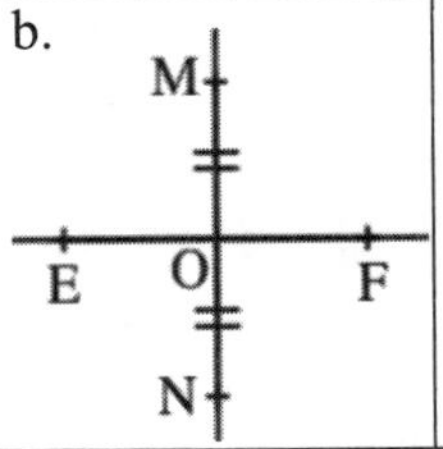	c. 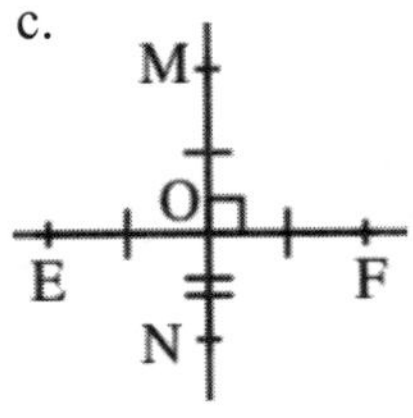	d. 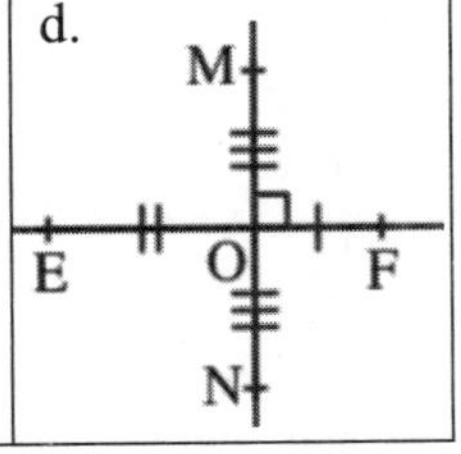

5.

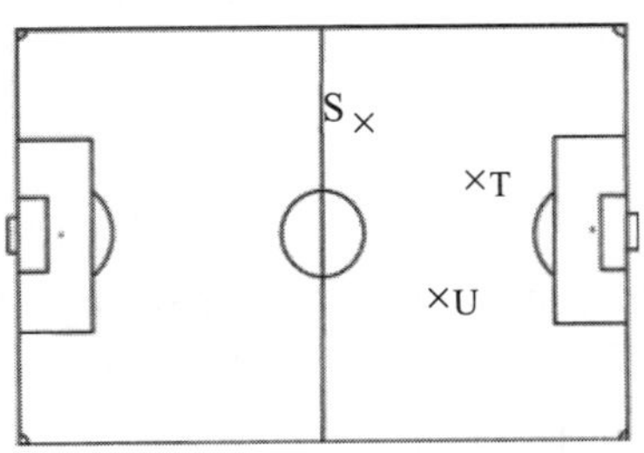

On a représenté ci-contre un terrain de football et marqué les positions de 3 joueurs en S, T et U.
Où faut-il placer le ballon pour qu'il soit à égale distance des 3 joueurs ?

Méthode 1

1. a. Le point F n'est pas le milieu du segment [CD] donc la droite (EF) n'est pas la médiatrice du segment [CD].

b. [CD] est un diamètre du cercle de centre O donc O est le milieu de [CD]. La droite (EF) passe par O le milieu du segment [CD] et d'après le codage elle est perpendiculaire à (CD) donc la droite (EF) est la médiatrice du segment [CD].

c. La droite (EF) n'est pas perpendiculaire à (CD) donc la droite (EF) n'est pas la médiatrice du segment [CD].

2. a. La droite (EG) passe par le milieu E du segment [AD] et elle est perpendiculaire à (AD) d'après les codages donc la droite (EG) est la médiatrice du segment [AD].

b. Le point G n'est pas le milieu du segment [BC] donc la droite (EG) n'est pas la médiatrice du segment [BC].

Méthode 2

1. a. La droite (MN) passe par le point M qui est équidistant de B et C mais elle n'est pas donnée perpendiculaire à (BC) et le point N n'est pas donné équidistant des points B et C. On ne peut pas conclure que la droite (MN) est la médiatrice du segment [BC].

b. On a MB = MC d'après le codage donc le point M est équidistant des points B et C et les cercles de centres respectifs B et C qui passent par M ont le même rayon.
Le point N appartient à ces deux cercles donc BN = CN ; le point N est aussi équidistant des points B et C.
Les points M et N sont équidistants des points B et C, extrémités du segment [BC] donc la droite (MN) est la médiatrice du segment [BC].

c. Les points B et C appartiennent au cercle de centre M donc MB = MC donc le point M est équidistant des points B et C.
La droite (MN) est perpendiculaire à (BC) d'après le codage et le point M est équidistant des points B et C, extrémités du segment [BC] donc la droite (MN) est la médiatrice du segment [BC].

2. a. Le point K est le milieu du segment [ED] d'après la donnée et OE = OD d'après le codage donc les points O et K sont équidistants des extrémités du segment [ED] donc le segment [ED] a pour médiatrice la droite (OK).

b. Les points C et D appartiennent au cercle de centre O donc OC = OD. D'après le codage, EC = ED.
Les points O et E sont donc équidistants des points C et D, extrémités du segment [CD] donc le segment [CD] a pour médiatrice la droite (OE).

c. D'après le codage, CA = CB et DA = DB
Les points C et D sont donc équidistants des points A et B, extrémités du segment [AB] donc le segment [AB] a pour médiatrice la droite (CD).

Méthode 3

1. a. D'après le codage, AB ≠ AC donc le point A n'est pas équidistant de B et de C donc le point A n'appartient pas à la médiatrice du segment [BC].

b. D'après le codage, CA = CD donc le point C est équidistant des extrémités du segment [AD] donc le point C appartient à la médiatrice du segment [AD].

2. [BA] et [BC] sont deux côtés du carré ABCD or dans un carré les côtés ont la même longueur donc le point B est équidistant des extrémités du segment [AC] donc le point B appartient à la médiatrice du segment [AC].

3. a. Le cercle de centre C qui contient l'arc d'extrémités E et F ne passe pas par A donc CA ≠ CE. Les points C et E sont sur le cercle de centre A, donc CA = AE. On a donc AE ≠ CE, le point E n'est pas équidistant des points A et C. Le point E n'appartient pas à la médiatrice du segment [AC].

b. Les points E et F appartiennent au cercle de centre C donc CE = CF donc le point C est équidistant des extrémités du segment [EF] donc le point C appartient à la médiatrice du segment [EF].

4.

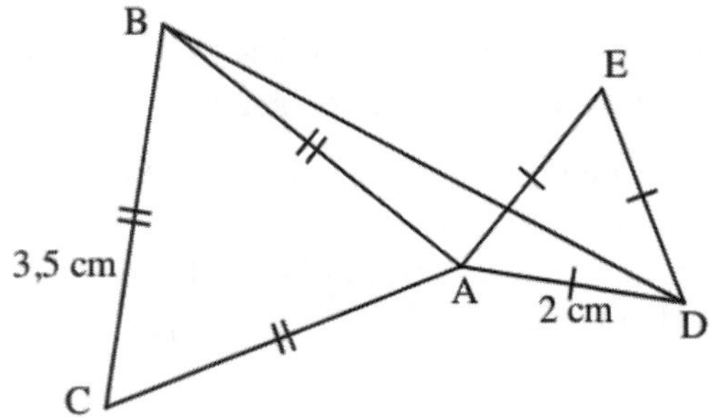

Le triangle ABC est équilatéral donc il a ses côtés de la même longueur donc AB = BC = CA = 3,5 cm. De même le triangle ADE est équilatéral donc AE = ED = DA = 2 cm.
On en déduit que :
AB ≠ AE donc le point A n'appartient pas à la médiatrice du segment [BD].
AD = AE donc le point A appartient à la médiatrice du segment [DE].

Méthode 4

1.

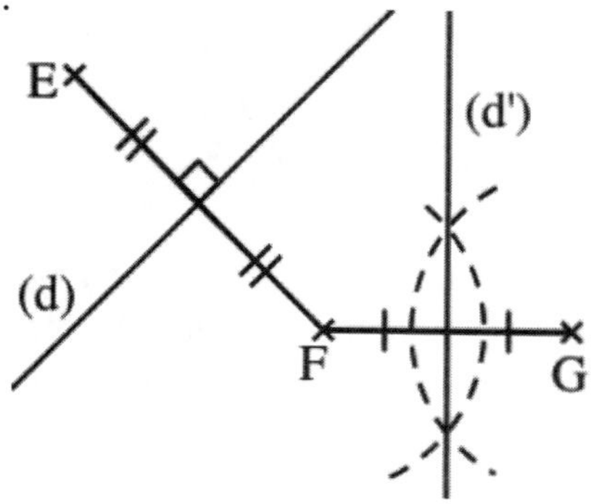

2.

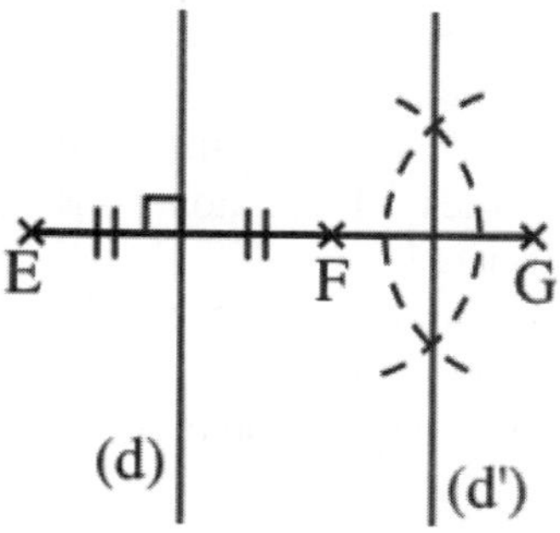

Au 2. les médiatrices (d) et (d') sont parallèles.

Justification :
La médiatrice (d) du segment [EF] est perpendiculaire à (EF) et la médiatrice (d') du segment [FG] est perpendiculaire à (FG) or (EF) et (FG) sont des droites confondues, les points E, F et G étant alignés.
Les deux médiatrices (d) et (d') sont perpendiculaires à la même droite (EF) donc elles sont parallèles.

On utilise la propriété : si deux droites sont perpendiculaires à une même troisième, alors elles sont parallèles. (*chapitre 9 méthode 5*)

Jeux

1. a.

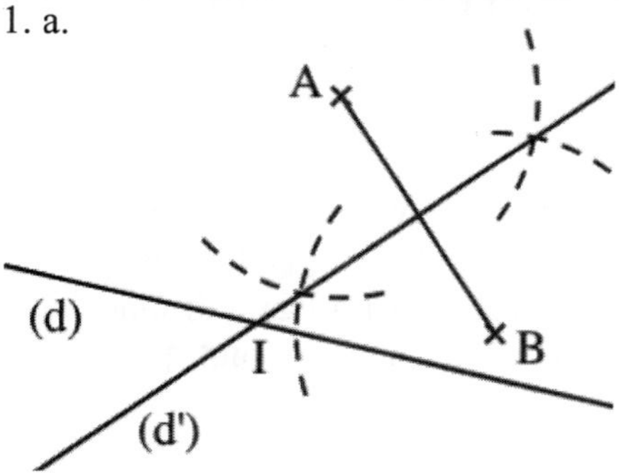

Un point équidistant des points A et B se trouve sur la médiatrice de [AB]. Pour trouver ce point on trace la médiatrice de [AB], elle coupe (d) au point I qui est le point cherché.

b. On ne peut pas trouver un point de la droite (d) qui soit équidistant des points A et B.
En effet tout point équidistant de A et B est sur la médiatrice de [AB] or cette médiatrice est perpendiculaire à (AB) et (d) est aussi perpendiculaire à (AB) d'après la donnée, la médiatrice de [AB] et la droite (d) sont donc perpendiculaires à la même droite (AB) donc elles sont parallèles. (*chapitre 9 méthode 5*)
La médiatrice de [AB] et la droite (d) n'ont donc aucun point commun.

2. On sait que le centre d'un cercle est équidistant de tous les points de ce cercle.
Pour trouver le centre de ce cercle, on trace deux cordes. Le centre est équidistant des extrémités de ces deux cordes. Il est donc sur leurs médiatrices.
On construit les médiatrices des deux cordes, le centre du cercle est l'intersection de ces deux droites.

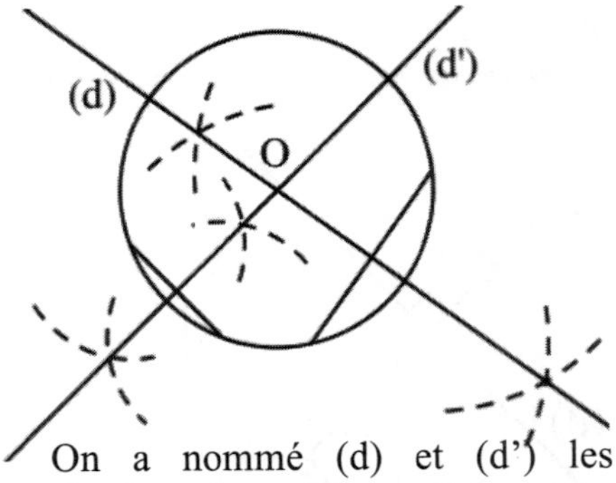

On a nommé (d) et (d') les médiatrices des cordes et O le centre du cercle.

3.

a. 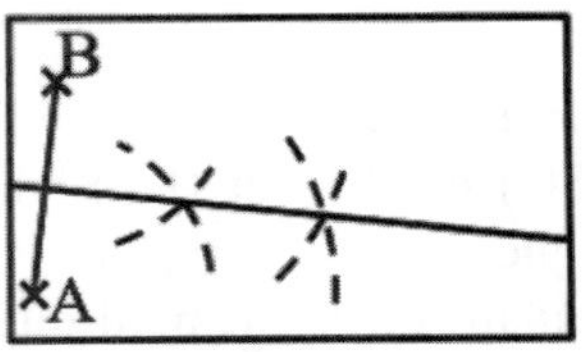 On a construit deux points équidistants de A et de B.	b. 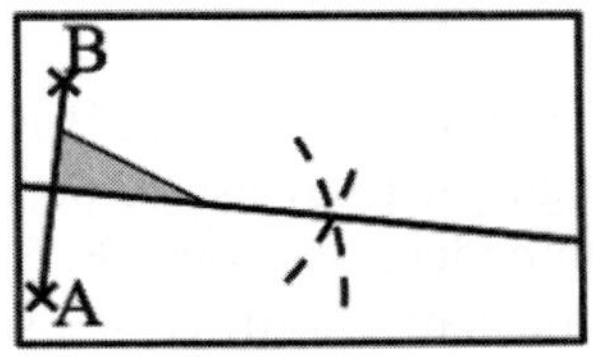 On a construit un point équidistant de A et de B et tracé, par ce point, la droite perpendiculaire à (AB).

4. a. Faux : MO $\neq$ ON donc O n'est pas milieu de [MN].
b. Faux : (EF) n'est pas perpendiculaire à (MN).
c. Vrai : (MN) passe par le milieu O de [EF] et (MN) $\perp$ (EF).
d. Faux : EO $\neq$ OF donc O n'est pas le milieu de [EF].

5.

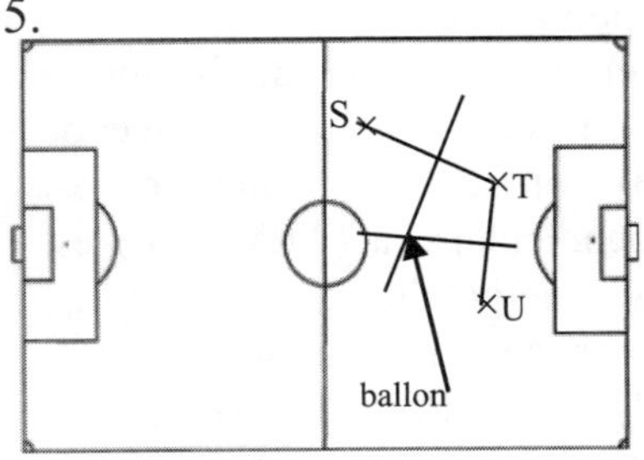

On trace les médiatrices des segments [ST] et [TU], leur point d'intersection est à égale distance de S, T et U ; c'est à ce point qu'il faut placer le ballon.

Chapitre 12

Symétrie axiale

La symétrie axiale conserve les distances.
La figure symétrique d'une figure par rapport à un axe est une figure qui lui est superposable.
La symétrie axiale conserve l'alignement des points.
Deux droites parallèles ont pour symétriques deux droites parallèles.
Deux droites perpendiculaires ont pour symétriques deux droites perpendiculaires.

Méthodes

1. Comment construire le symétrique d'un point par rapport à un axe donné ?
2. Comment construire la figure symétrique d'une droite par rapport à un axe donné ?
3. Comment construire la figure symétrique d'un segment par rapport à un axe donné ?
4. Comment connaître et utiliser les propriétés de conservation de la symétrie axiale ?
5. Comment compléter une figure par symétrie axiale ?
6. Comment construire la figure symétrique d'une figure donnée par rapport à un axe donné ?
7. Comment déterminer un axe de symétrie d'une figure ?

méthode 1

Comment construire le symétrique d'un point par rapport à un axe donné ?

Pour construire le symétrique d'un point par rapport à un axe donné :
- avec une équerre et une règle graduée ou un compas,
▲ on trace la droite perpendiculaire à l'axe qui passe par le point (*chapitre 9 méthode 2*), elle coupe l'axe en un point ;
▲ on reporte sur la droite tracée à partir du point de l'axe où elle le coupe, la distance entre ce point et le point de départ autrement dit le point de l'axe est le milieu du segment d'extrémités le point de départ et son symétrique ;
- avec un compas,
▲ on marque deux points sur l'axe ;
▲ on trace les cercles de centres respectifs ces deux points et passant par le point donné, le second point d'intersection des deux cercles est le symétrique cherché.

Remarque : si le point appartient à l'axe, son symétrique est lui-même.

EXEMPLE On donne un axe (d) et un point A n'appartenant pas à (d).

Construire le point A' symétrique du point A par rapport à l'axe (d) :
a. avec une équerre et une règle graduée ou un compas.
b. avec un compas

a.

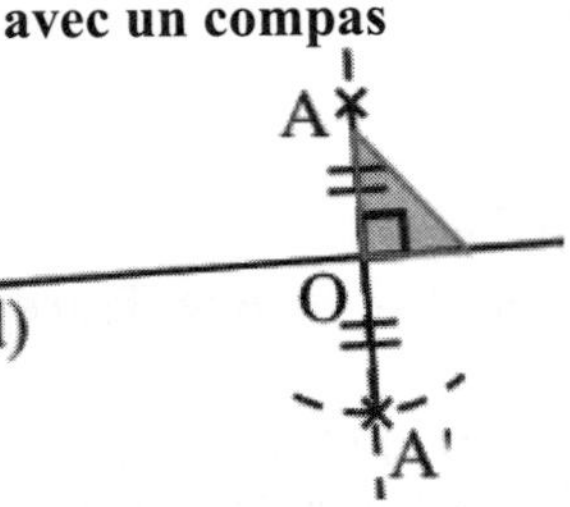

► On a tracé la droite perpendiculaire à l'axe (d) passant par le point A ; elle coupe (d) au point O.
► On a reporté la longueur OA et obtenu le point A' tel que O soit le milieu du segment [AA'].

b.

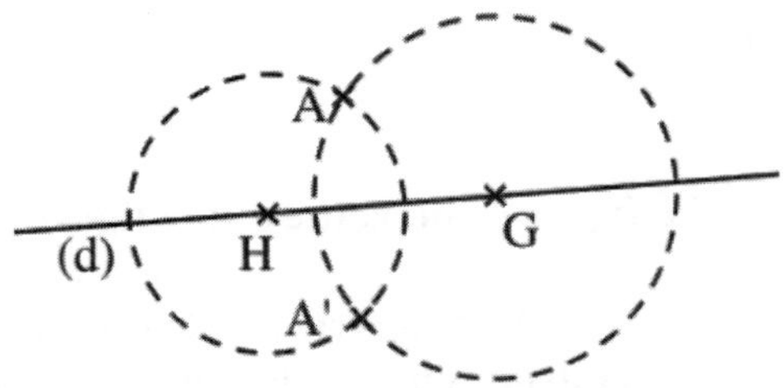

► On a marqué deux points G et H sur l'axe (d).
► On a tracé les cercles de centres respectifs G et H passant par le point A.
► On a nommé A', le second point d'intersection des deux cercles.

EXERCICES Construire le symétrique B' de B par rapport à l'axe (d) :

1. avec une équerre et une règle graduée

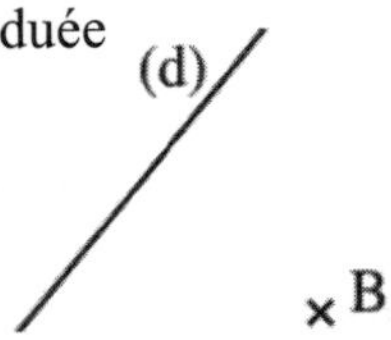

2. avec une équerre et un compas

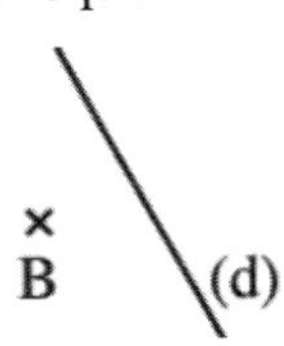

3. avec un compas

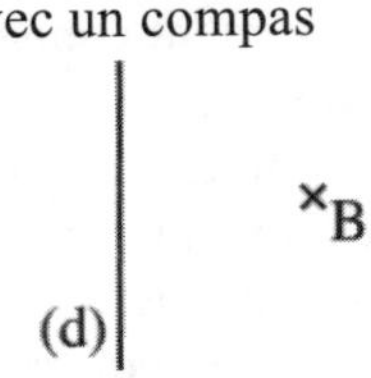

Comment construire la figure symétrique d'une droite par rapport à un axe donné ?

méthode 2

Pour construire la figure symétrique d'une droite par rapport à un axe donné :
▲ on choisit deux points sur la droite ;
▲ on place les symétriques de ces deux points par rapport à l'axe (voir *méthode 1*) ;
▲ on trace la droite qui passe par les symétriques obtenus, cette droite est la figure symétrique de la droite donnée ;
Remarque : on choisit de préférence le point d'intersection de la droite et de l'axe lorsqu'il est matérialisé, son symétrique étant lui-même.

EXEMPLE

Construire la figure symétrique de la droite (d_1) par rapport à l'axe (d).

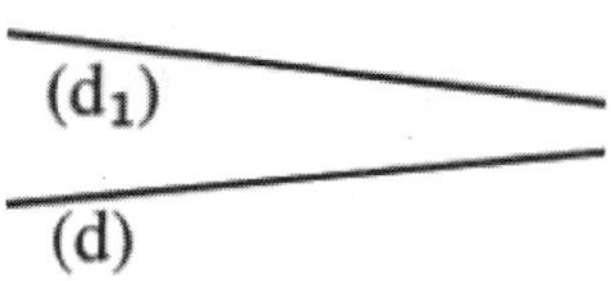

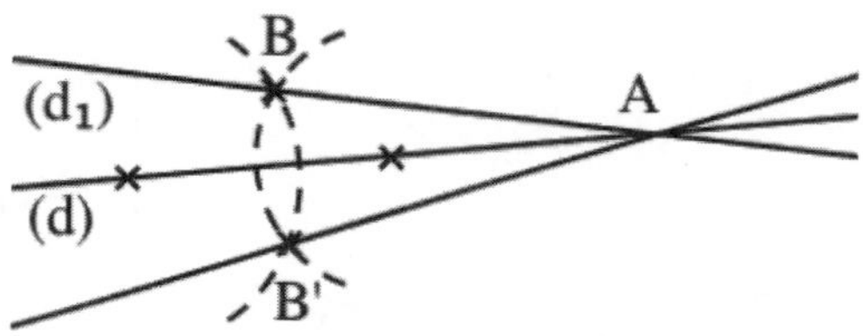

► On a prolongé les tracés pour obtenir le point d'intersection de (d) et (d_1) nommé A.
► On a marqué un point B sur (d_1) et construit son symétrique B' (*méthode 2*).
► On a tracé la droite (AB'), symétrique de la droite (d_1) par rapport à l'axe (d).

EXERCICES

1. Construire la figure symétrique de la droite (d_1) par rapport à l'axe (d) :

a.

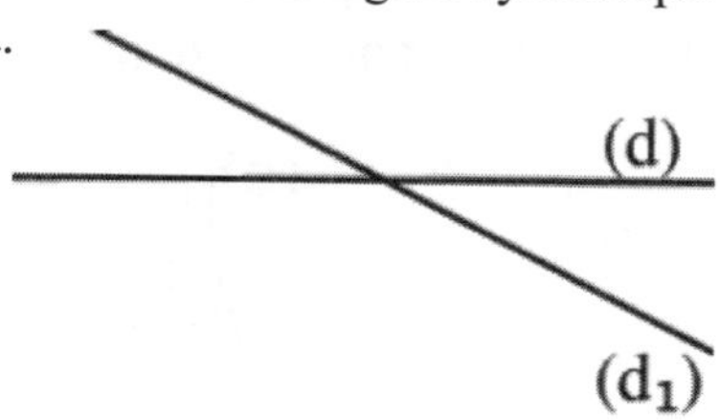

b.

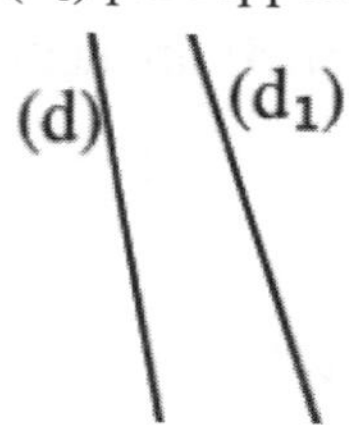

2. a. Construire la droite (d_1) parallèle à (d) passant par A et la droite (d_2) perpendiculaire à (d) passant par A.
b. Construire la droite symétrique de la droite (d_1) par rapport à l'axe (d).
c. Quelle est la figure symétrique de la droite (d_2) par rapport à l'axe (d) ?
d. Reprendre cet exercice avec un logiciel de constructions géométriques, déplacer le point A et faire des remarques.

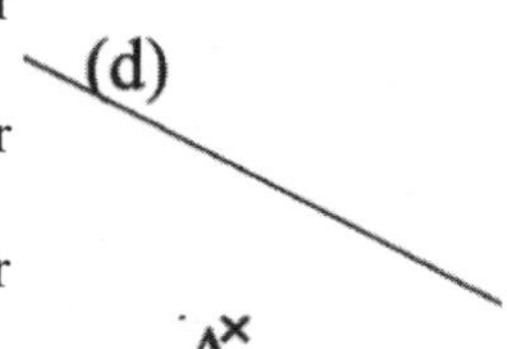

méthode 3

Comment construire la figure symétrique d'un segment par rapport à un axe donné ?

Pour construire la figure symétrique d'un segment par rapport à un axe donné :

▲ on construit les symétriques des extrémités du segment (voir *méthode 1*) ;

▲ on trace le segment qui a pour extrémités les deux points obtenus, ce segment est la figure symétrique du segment donné.

Remarque : si le segment coupe l'axe en un point, alors le segment symétrique passe par ce point.

EXEMPLE

Construire la figure symétrique du segment [AB] par rapport à l'axe (d).

a.

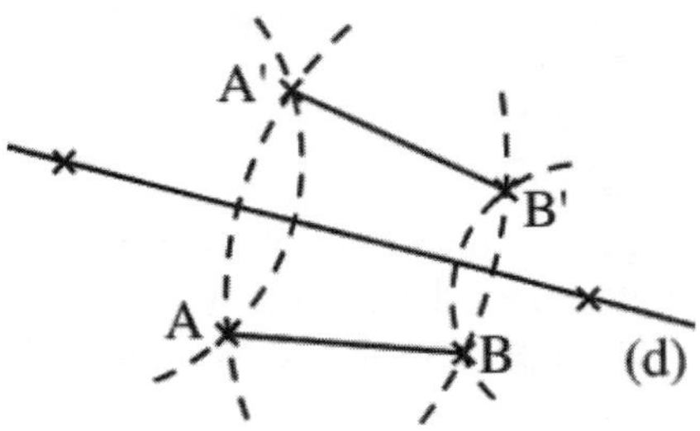

b.

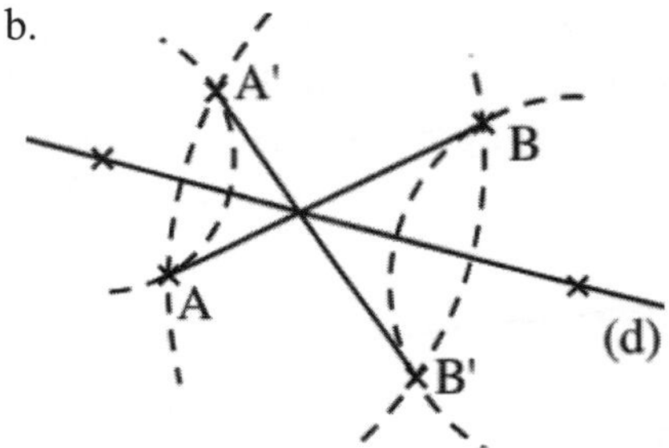

Remarque : le point d'intersection du segment [AB] et de (d) appartient aussi au segment [A'B']

► On a construit avec un compas les symétriques A' de A et B' de B par rapport à (d) et tracé le segment [A'B'], symétrique de [AB] par rapport à (d).

EXERCICES Construire le symétrique de [EF] par rapport à l'axe (d).

1.

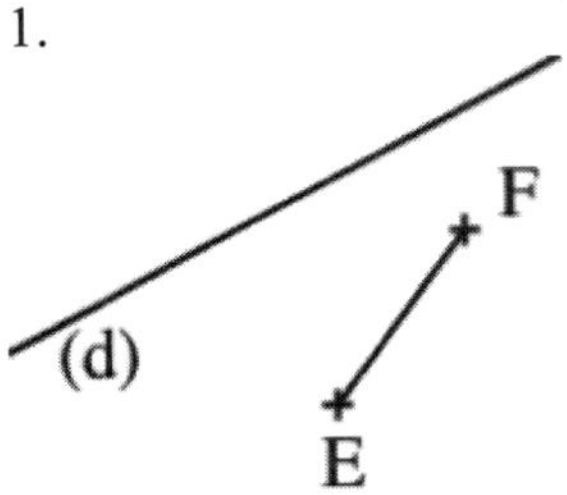

2.

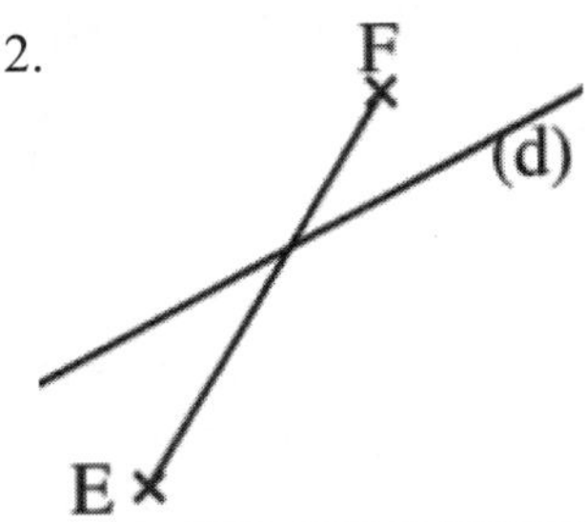

3.

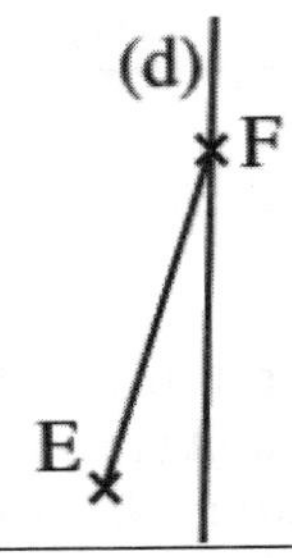

4. (EF)//(d)

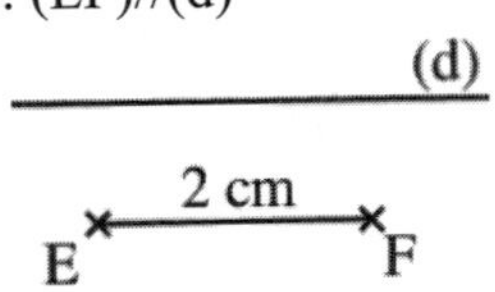

5.

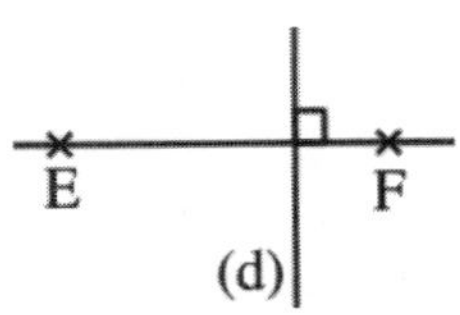

6.

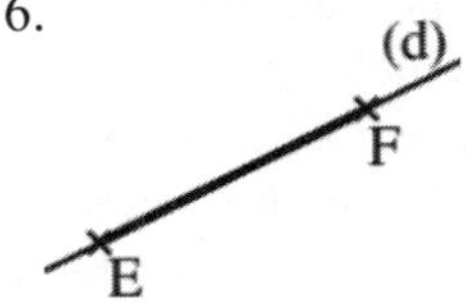

Comment connaître et utiliser les propriétés de conservation de la symétrie axiale ?

Pour connaître et utiliser les propriétés de conservation de la symétrie axiale :
▲ on apprend les propriétés de la page d'introduction ;
▲ on trace les figures symétriques demandées (*méthodes 1, 2 et 3*) en tenant compte si besoin de ces propriétés ;
▲ on répond aux questions en appliquant ces propriétés.

EXEMPLE On donne un cercle (*C*) de centre O de rayon 1,5 cm.

Construire le cercle (*C'*) symétrique du cercle (*C*) par rapport à l'axe (d). Quel est le rayon du cercle (*C'*) ? Citer la propriété utilisée.

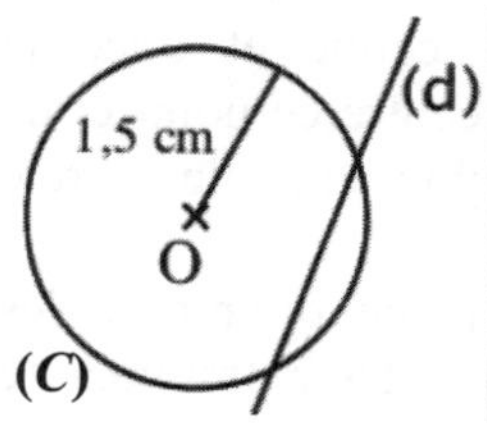

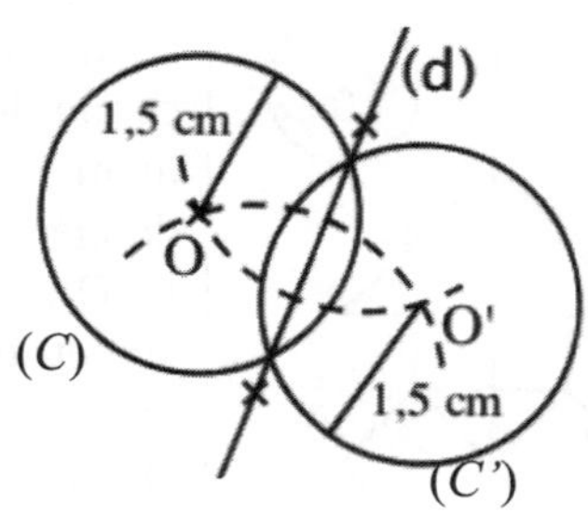

► On a construit le symétrique O' du point O par rapport à l'axe (d) (*méthode 1*).
► On a tracé le cercle de centre O' de rayon 1,5 cm, on a tenu compte de la conservation des distances.

Le rayon du cercle (*C'*) est le même que celui du cercle (*C*) soit 1,5 cm.
Propriété utilisée : la symétrie axiale conserve les distances.

EXERCICES

1. Sur la figure, les points A et B ont pour symétriques les points A' et B' par rapport à l'axe (d) et le point I est le milieu du segment [AB].
a. Construire I' symétrique de I par rapport à (d).
b. Quels sont les symétriques des segments [IA], [IB], [A'I] et [B'I] ? Les tracer s'ils ne le sont pas.
c. Que peut-on dire du point I' ? Justifier.

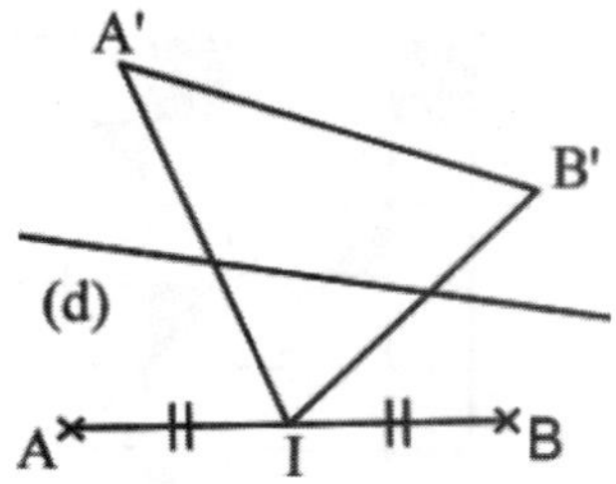

2. a. Construire le quadrilatère E'F'G'H' symétrique du quadrilatère EFGH par rapport à l'axe (d).
b. Citer les droites perpendiculaires. Justifier.
c. Y a-t-il des droites parallèles ? Si oui lesquelles ? Pourquoi ?

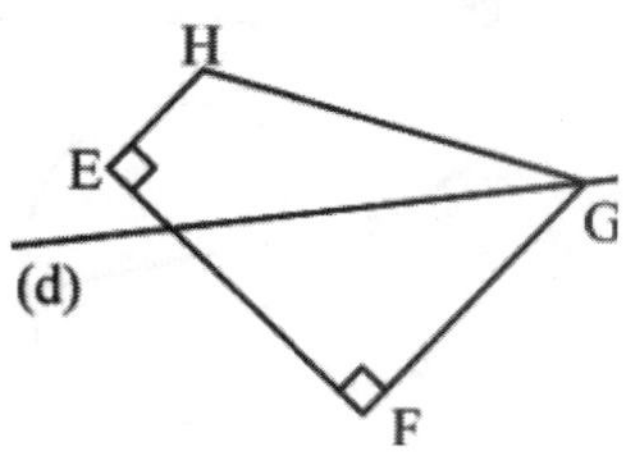

méthode 5

Comment compléter une figure par symétrie axiale ?

Pour compléter une figure par symétrie axiale :
▲ on cherche les points de la figure et les éléments géométriques qui n'ont pas leurs symétriques par rapport à l'axe apparents ;
▲ on trace ces symétriques grâce au quadrillage ou on les construit (*méthodes 1, 2 et 3*) en tenant compte si besoin des propriétés de conservation.
Remarque : on peut effectuer un pliage suivant l'axe de la figure obtenue après l'avoir décalquée pour vérifier qu'elle se superpose bien à elle-même.

EXEMPLE Compléter la figure pour que (d) soit l'axe de symétrie.

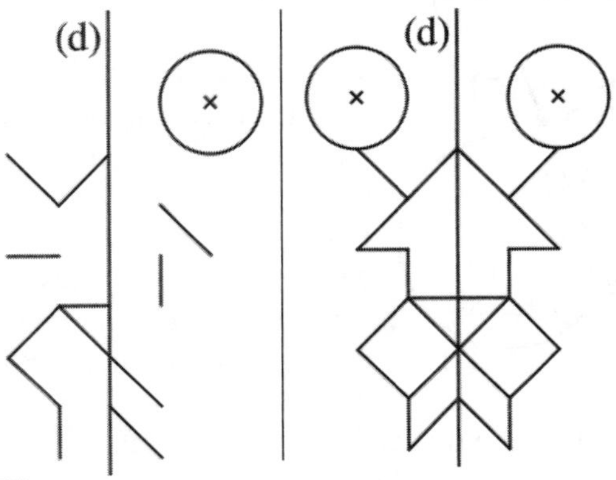

► On a placé le symétrique du centre du cercle et tracé le cercle de centre ce point et de même rayon que le cercle donné.
► On a placé ou repéré les symétriques des extrémités de chaque segment puis, pour chacun, tracé son segment symétrique.

EXERCICES Compléter pour que la droite (d) soit axe de symétrie.

1.

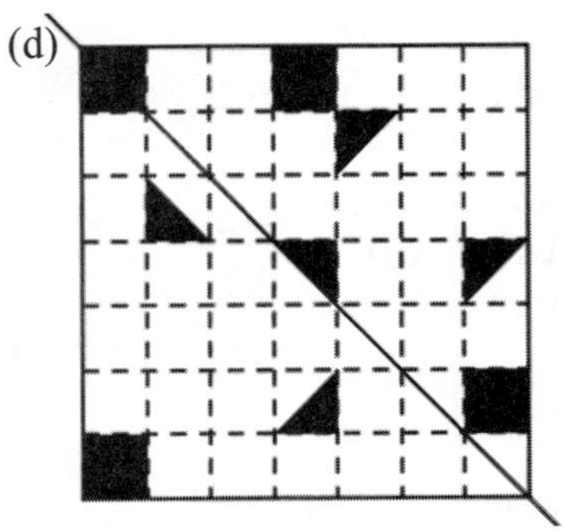

2.

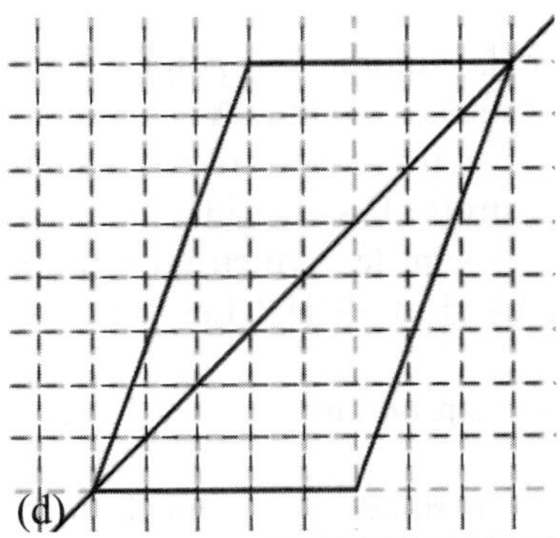

3.

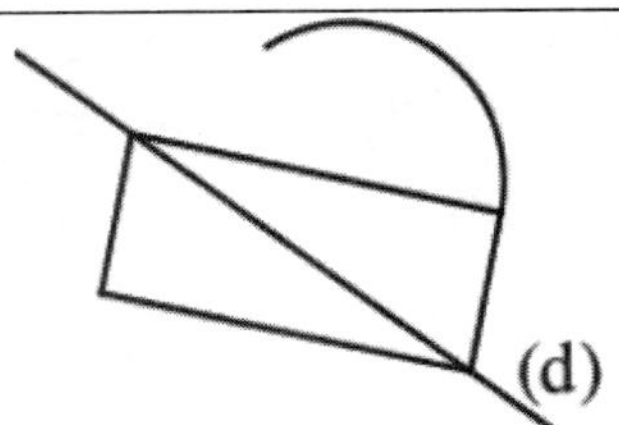

4.

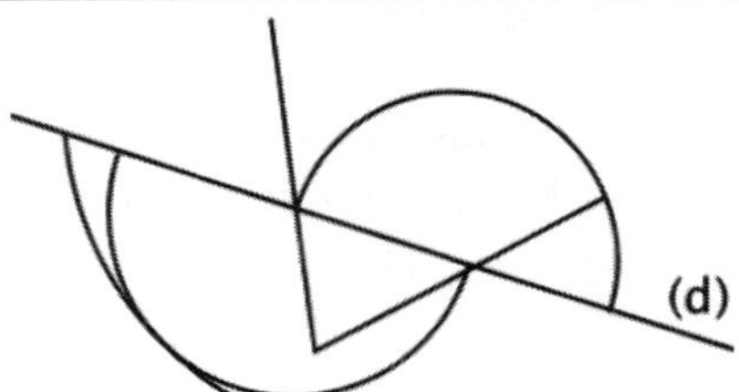

méthode 6

Comment construire la figure symétrique d'une figure donnée par rapport à un axe donné ?

Pour construire la figure symétrique d'une figure donnée par rapport à un axe donné :

▲ on place les symétriques des points de la figure par rapport à l'axe, extrémités de segments, centre de cercle … ;

▲ on trace les symétriques des éléments de la figure par rapport à l'axe en tenant compte, si besoin, des propriétés de conservation.

Remarque : on peut effectuer un pliage suivant l'axe de la figure obtenue après l'avoir décalquée pour vérifier la superposition de tous les éléments.

EXEMPLE

Construire la figure symétrique de la figure ci-dessous par rapport à l'axe (d).

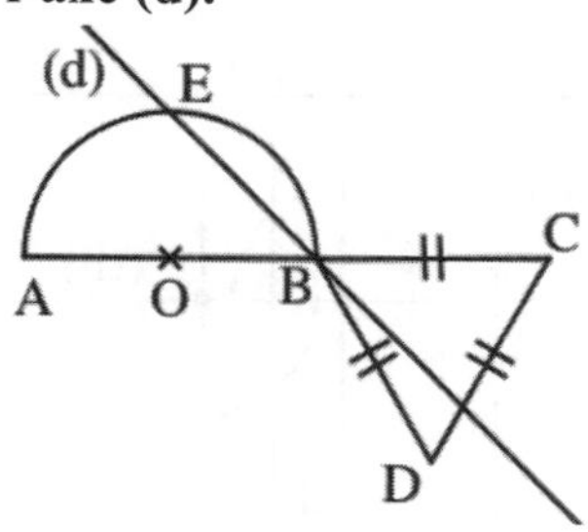

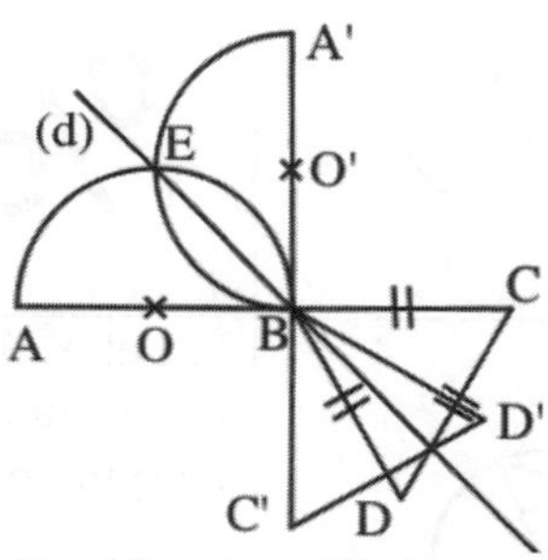

E ∈ (d) et B ∈ (d) donc E et B ont pour symétriques eux-mêmes.

► On a tracé les points O', A', C' et D' symétriques respectifs des points O, A, C et D par rapport à l'axe (d).

► On a construit le demi-cercle de centre O' d'extrémités A' et B passant par le point E.

► On a tracé les segments [BC'], [BD'] et [C'D'].

EXERCICES

1. Construire la figure symétrique de la figure donnée par rapport à l'axe (d) :

a.

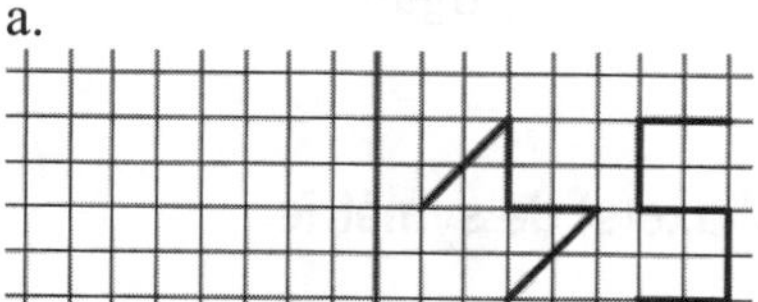

b.

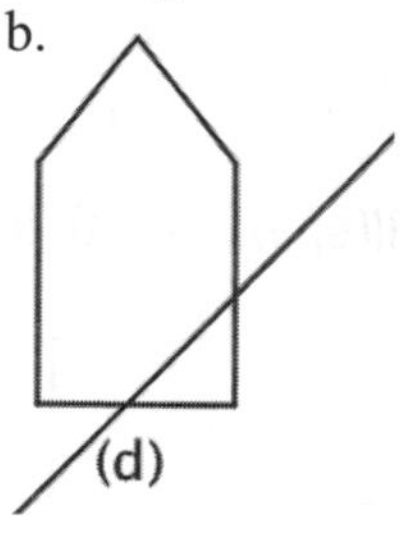

c.

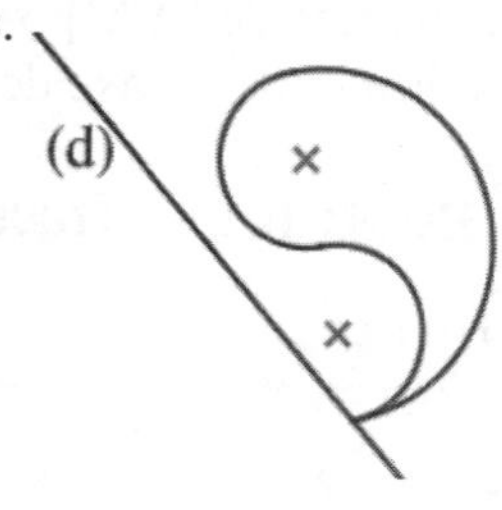

2. Construire la figure symétrique de la figure de l'exemple par rapport à l'axe (OE).

3. Construire la figure symétrique de la figure ci-contre par rapport à :
a. la droite (AB)
b. la droite (BC)
c. la droite (AC).

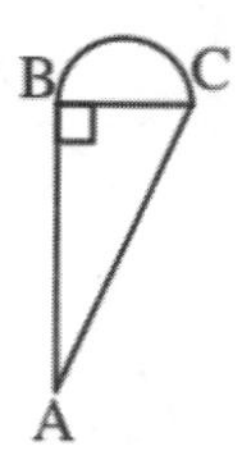

méthode 7

Comment déterminer un axe de symétrie d'une figure ?

Pour déterminer un axe de symétrie d'une figure :

▲ on repère deux points qui seront symétriques par rapport à un axe de symétrie présumé de la figure ;

▲ on trace la médiatrice de ces deux points puis on vérifie que cette droite est axe de symétrie pour le reste de la figure.

Remarques : une figure peut posséder plusieurs axes de symétrie ;
le support d'un segment de la figure peut être axe de symétrie.

EXEMPLE Tracer, s'il(s) existe(nt), le ou les axes de symétrie.

a.

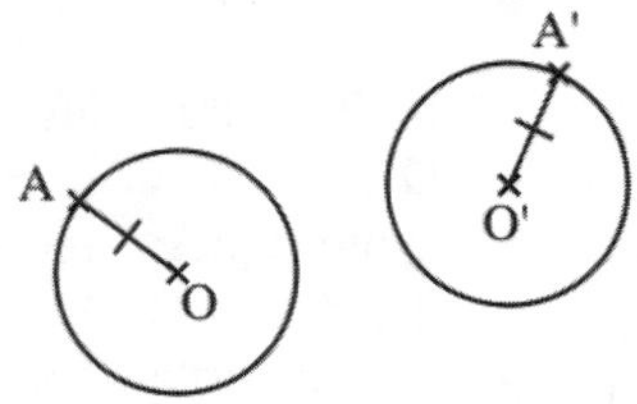

b.

%

c.

a.

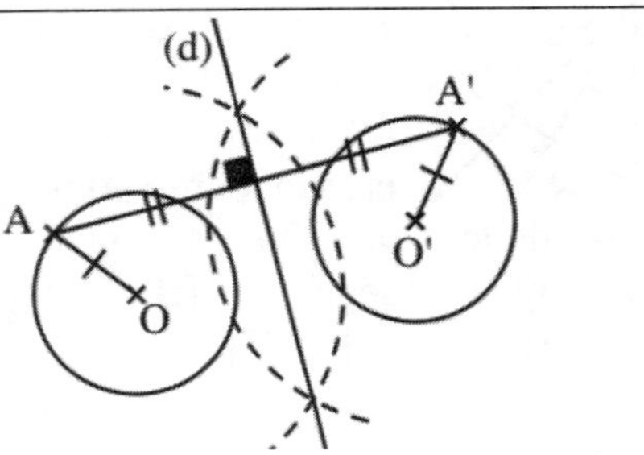

► On a tracé la droite (d) médiatrice de [OO'] et vérifié que (d) est médiatrice de [AA'].
La droite (d) est axe de symétrie.

b. Cette figure n'a aucun axe de symétrie.

c.

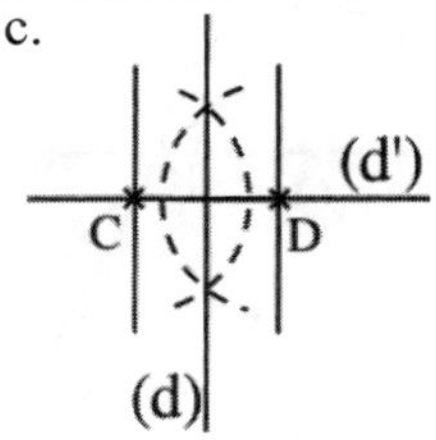

Les droites (d) et (d') sont axes de symétrie de la figure.

EXERCICES Tracer, s'il(s) existe(nt), le(s) axe(s) de symétrie.

1.

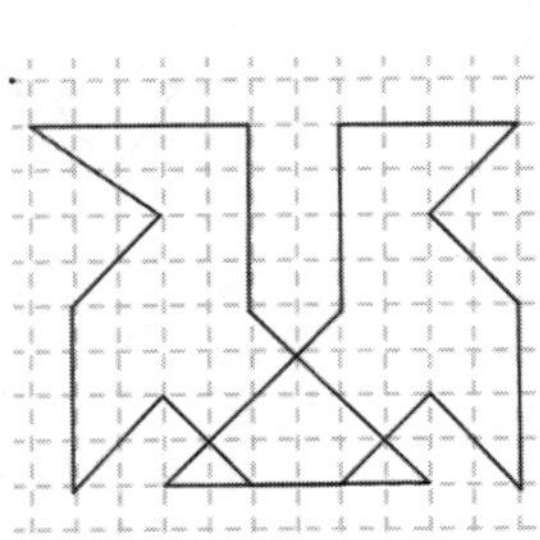

2.

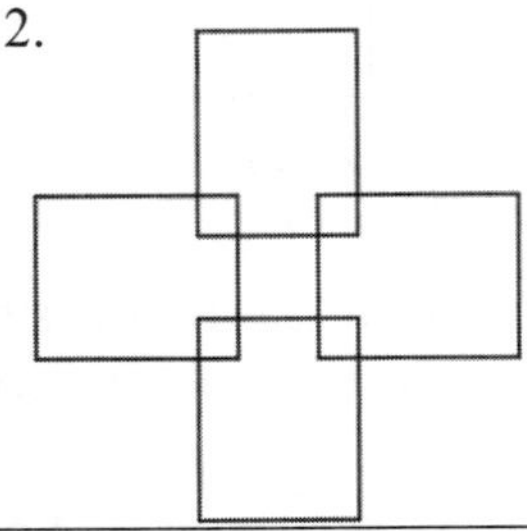

3.

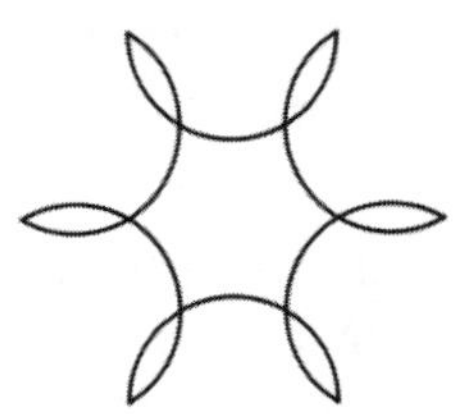

4. BOXE

5. TÔT

6.

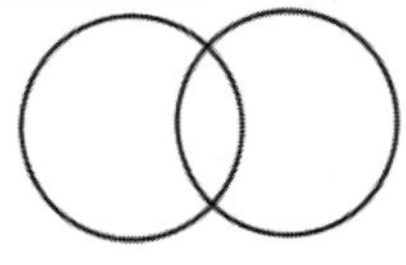

JEUX

1. On a placé A' le point symétrique du point A par rapport à la droite (D). Est-ce possible de construire le point B' symétrique du point B par rapport à la droite (D) en utilisant seulement une règle **non graduée ?**
Si c'est possible, expliquer la construction.

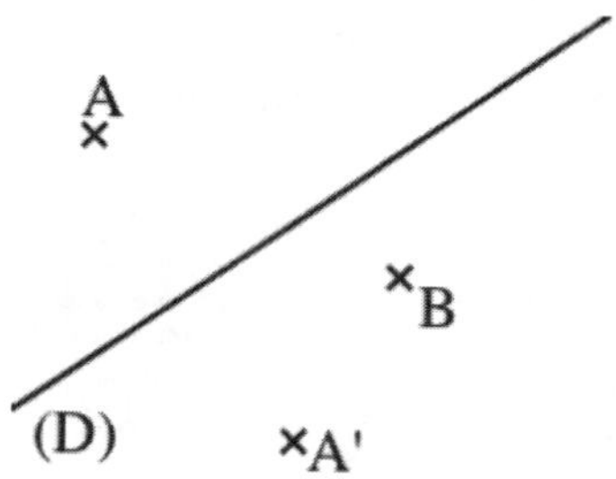

2.
a. Prendre une feuille de papier à petits carreaux et reproduire la figure puis la compléter pour que (d), (d'), (D) et (D') soient axes de symétrie.
b. Reproduire ce motif pour obtenir un carré de deux motifs sur deux motifs, puis colorier.
Une proposition : continuer à reproduire ce motif sur la feuille pour obtenir un très joli dessin.

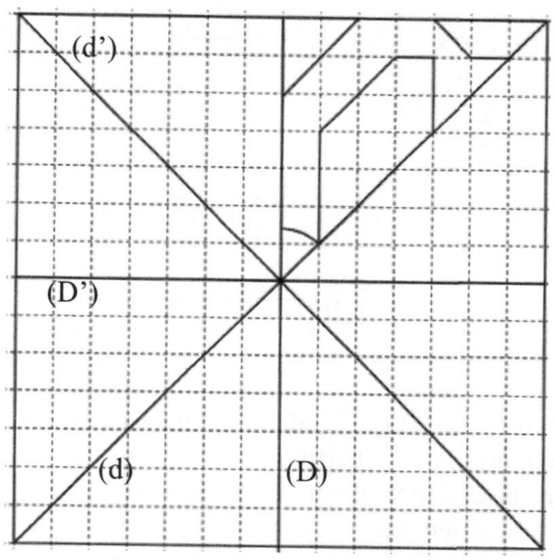

3. Elle aime la campagne.
Qui se cache sous cette figure ? Pour le savoir la reproduire sur une feuille à carreaux et la compléter pour que la droite (d) soit son axe de symétrie.

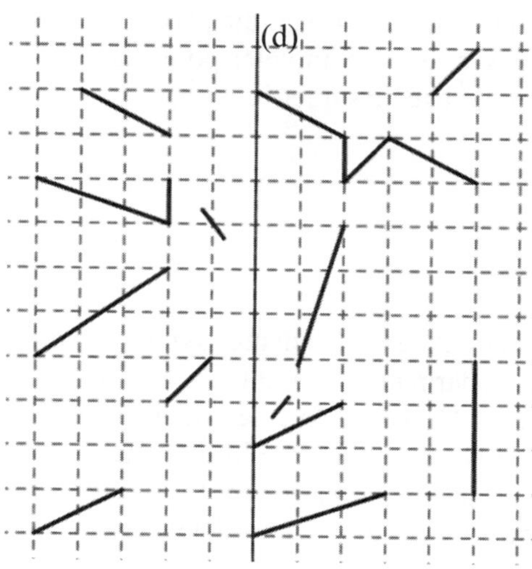

4. Monsieur Axe et Madame Symétrie se sont rencontrés sur la Planète Géométrie. Hélas le dessin de leur rencontre n'est pas tout à fait symétrique par rapport à la droite (d), sept erreurs se sont glissées. Lesquelles ?

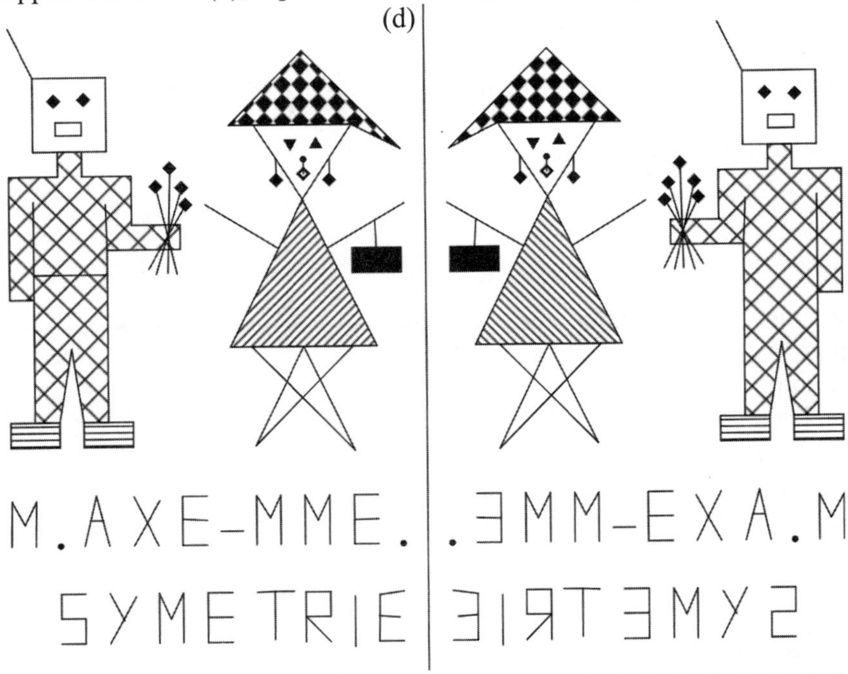

Monsieur Axe et Madame Symétrie se marièrent et partirent en voyage sur un énorme bateau qui navigue un peu bizarrement.
Pour le découvrir il suffit de reproduire la figure sur du papier à carreaux et de la compléter pour que (d) soit un axe de symétrie.

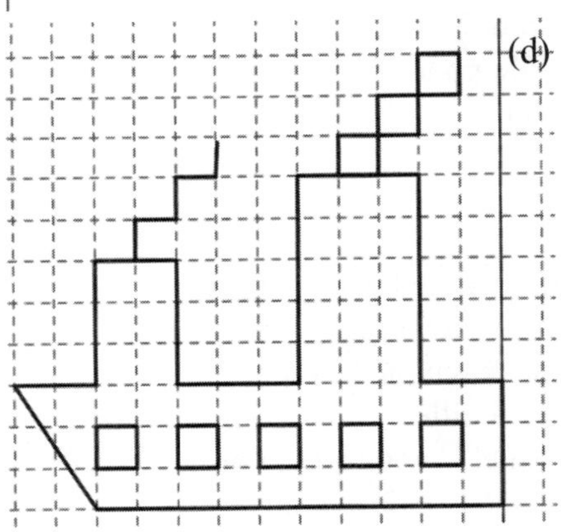

Monsieur Axe et Madame Symétrie eurent deux charmants enfants : Mlle Symétrie Axiale et Monsieur Axe de symétrie.
Pour la fin de cette belle histoire, reproduire sur du papier à carreaux la figure et la compléter pour que (d) et (d') soient axes de symétrie puis répéter le motif et colorier la frise.

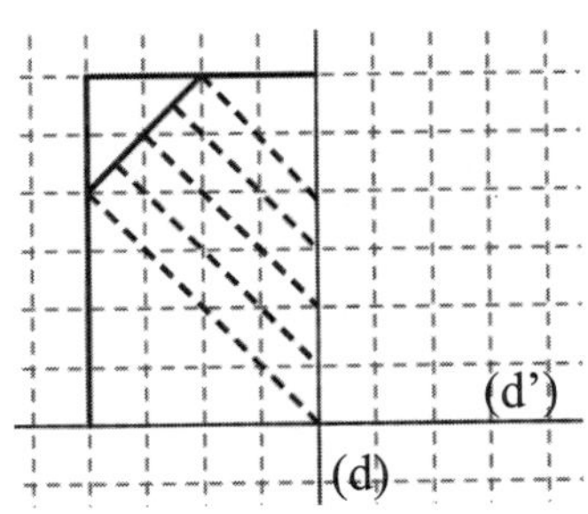

Méthode 1

1.

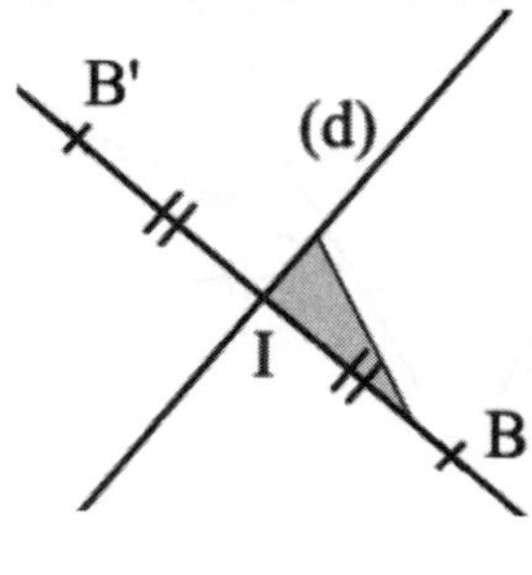

2.

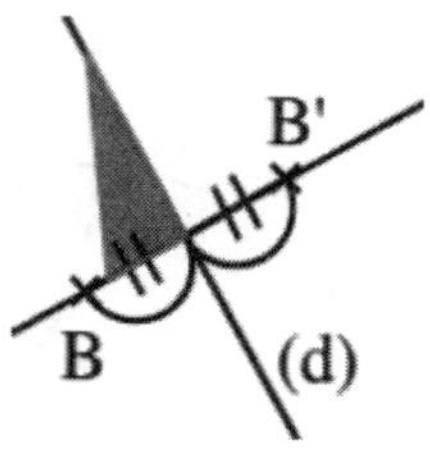

3.

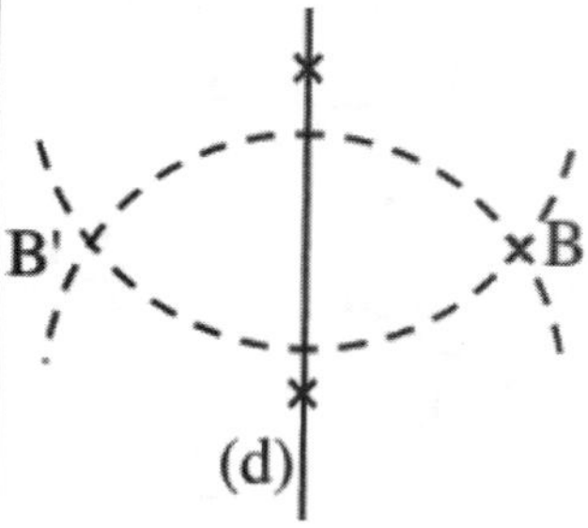

Méthode 2

1. a.

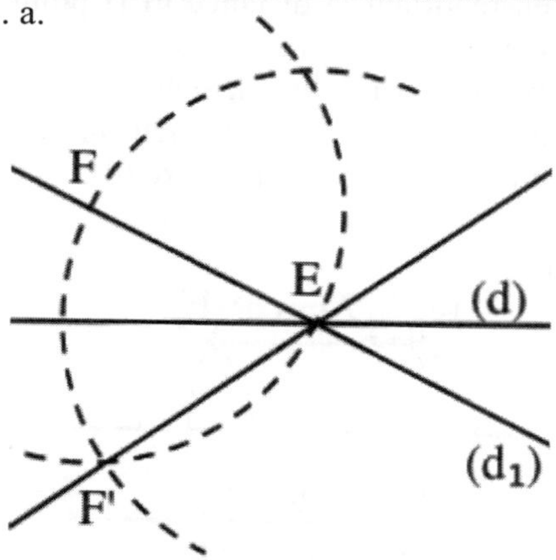

Le point E intersection de (d) et (d_1) est son symétrique par rapport à l'axe (d).
On a choisi un point F de (d_1) et tracé son symétrique F' par rapport à (d).
La droite (EF') est la droite symétrique de la droite (d_1) par rapport à l'axe (d).

b.

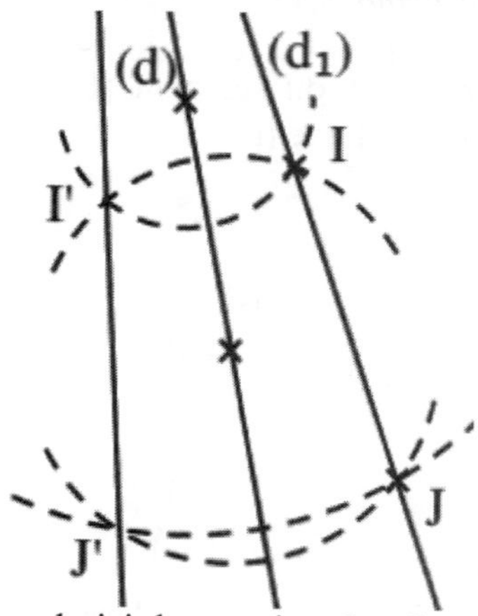

On a choisi deux points I et J sur la droite (d_1) et tracé leurs symétriques respectifs I' et J'.
La droite (I'J') est la droite symétrique de la droite (d_1) par rapport à l'axe (d).

2. a. b.

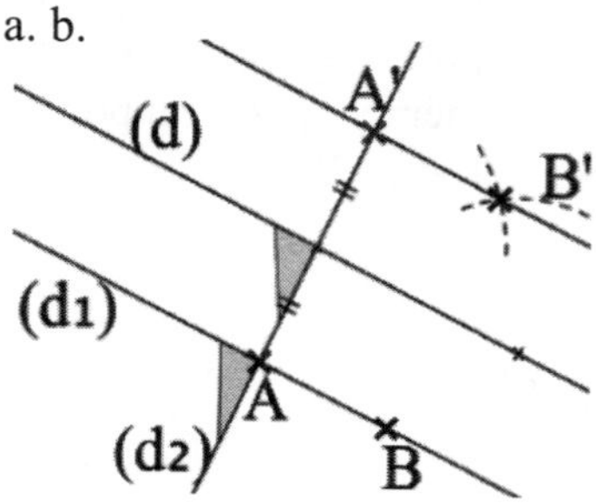

La droite symétrique de la droite (d_1) par rapport à l'axe (d) est la droite (A'B').
c. La figure symétrique de la droite (d_2) par rapport à l'axe (d) est la droite (d_2).
d. Avec un logiciel de géométrie :
si l'on déplace le point A, la droite symétrique de la parallèle à (d) est aussi parallèle à (d) et la droite symétrique de la perpendiculaire à (d) est elle-même.

Méthode 3

1.

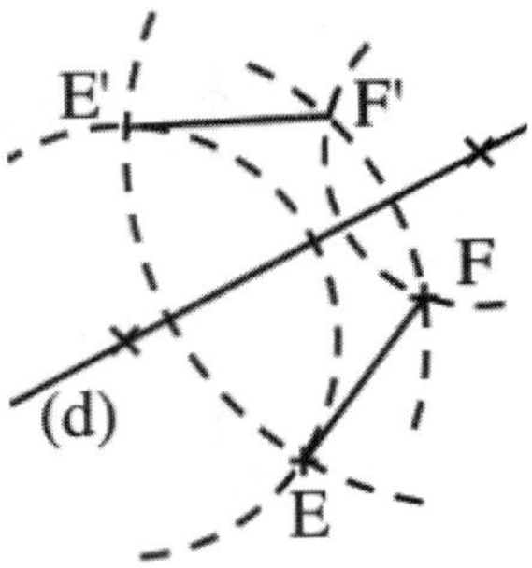

On a construit les symétriques E' de E et F' de F par rapport à l'axe (d) (*méthode 1*).
Le segment [E'F'] est le symétrique du segment [EF] par rapport à l'axe (d).

2.

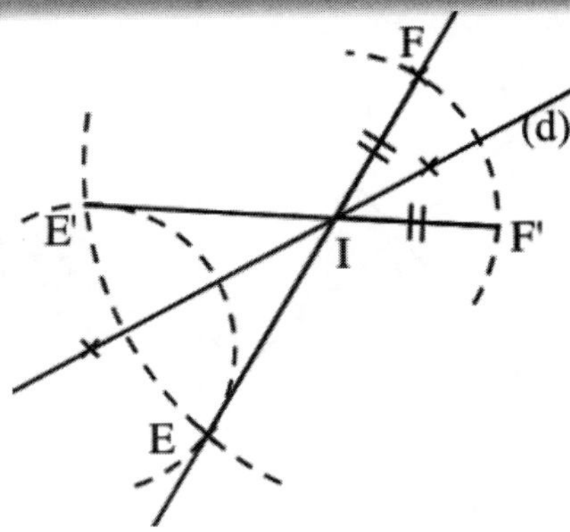

On a construit le symétrique E' de E par rapport à l'axe (d). On a placé F' sur (E'I) en reportant la distance FI (I point d'intersection de (EF) avec (d)). Pour F' on aurait pu aussi utiliser la *méthode 1*.
Le segment [E'F'] est le symétrique du segment [EF] par rapport à l'axe (d).

3.

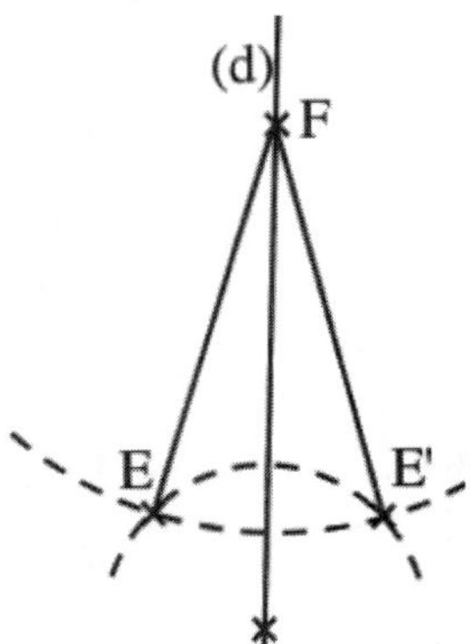

Le segment [E'F] est le symétrique du segment [EF] par rapport à l'axe (d).

4.

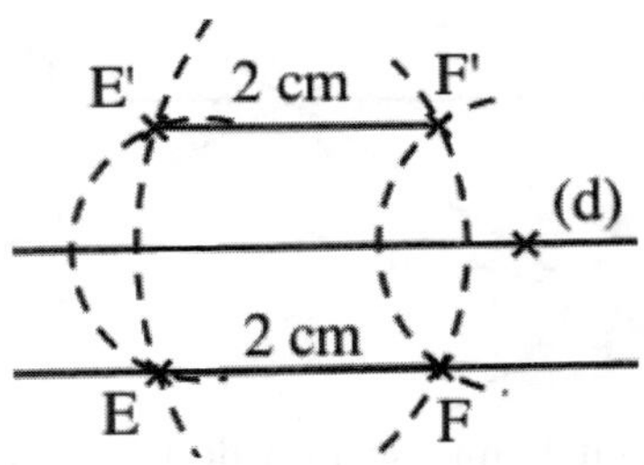

Le segment [E'F'] est le symétrique du segment [EF] par rapport à l'axe (d), il a la même longueur que le segment [EF] soit 2 cm.

5.

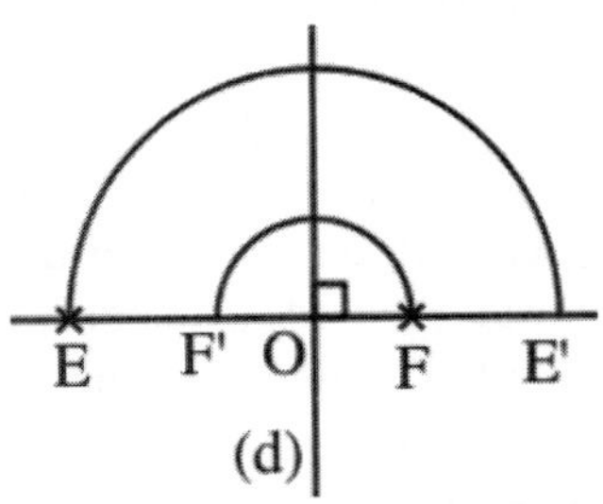

Les points E, F, E' et F' sont alignés. [E'F'] est le symétrique de [EF] par rapport à l'axe (d).

6. Le segment [EF] a pour symétrique lui-même par rapport à l'axe (d).

Méthode 4

1. a.

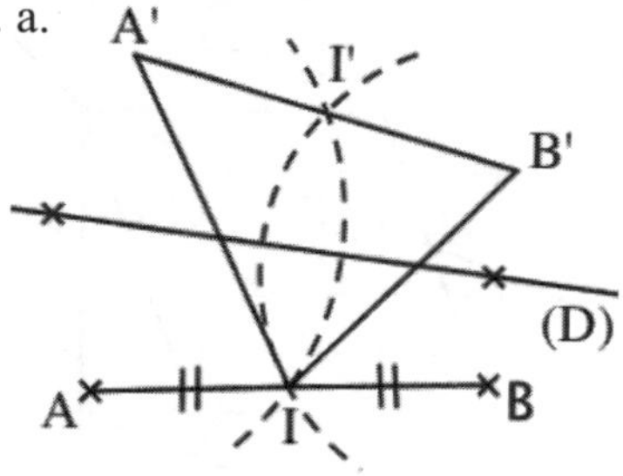

b. Les symétriques des segments [IA], [IB], [A'I] et [B'I] sont respectivement [I'A'], [I'B'], [AI'] et [BI']. On trace les deux derniers.

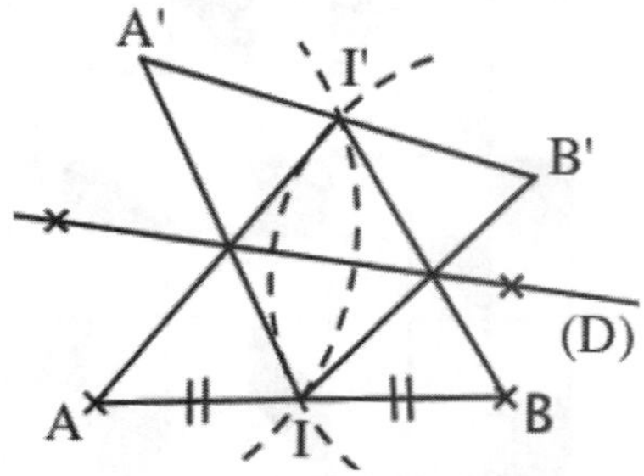

c. I étant le milieu du segment [AB], les points A, I et B sont alignés donc leurs symétriques A', I' et B' sont alignés.
Propriété utilisée : la symétrie axiale conserve l'alignement.
I étant le milieu du segment [AB], les segments [IA] et [IB] ont la même longueur.
Les segments [I'A'] et I'B'] sont symétriques respectivement des segments [IA] et [IB] par rapport à (d) donc ils ont la même longueur.
Propriété utilisée : la symétrie axiale conserve les distances.
Les points A, I et B sont alignés et les segments [I'A'] et I'B'] ont la même longueur, on en déduit que I' est le milieu du segment [A'B'].

2. a.

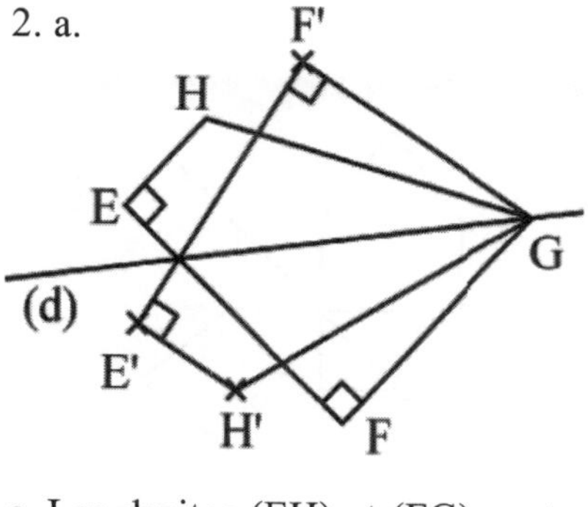

b. D'après les codages de l'énoncé, les droites (EH) et (EF) sont perpendiculaires ainsi que (FG) et (EF).
Les droites (E'H') et (E'F'), symétriques de (EH) et (EF) par rapport à la droite (d), sont perpendiculaires ainsi que les droites (F'G') et (E'F').
Propriété utilisée : par une symétrie axiale, deux droites perpendiculaires ont pour symétriques deux droites perpendiculaires.

c. Les droites (EH) et (FG) sont perpendiculaires à la même droite (EF) donc elles sont parallèles. (voir *chapitre 9 méthode 5)*
Propriété : si deux droites sont perpendiculaires à une même troisième, alors elles sont parallèles.

Les droites (E'H') et (F'G') sont symétriques des droites parallèles (EH) et (FG) par rapport à l'axe (d) donc elles sont parallèles.
Propriété : par une symétrie axiale, deux droites parallèles ont pour symétriques deux droites parallèles.

Les droites parallèles sont : (EH) et (FG) ; (E'H') et (F'G').

Méthode 5

1.

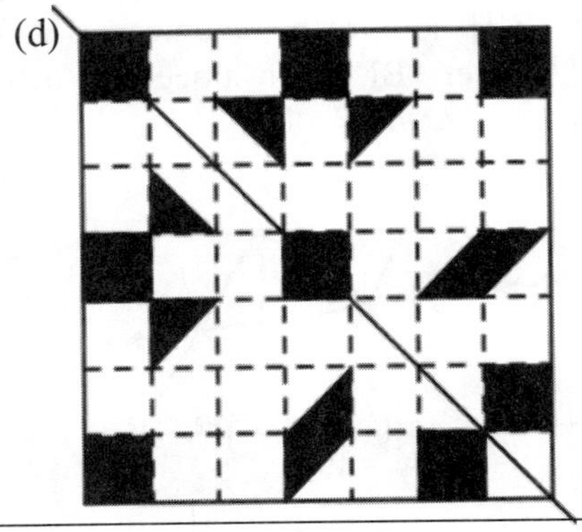

2.

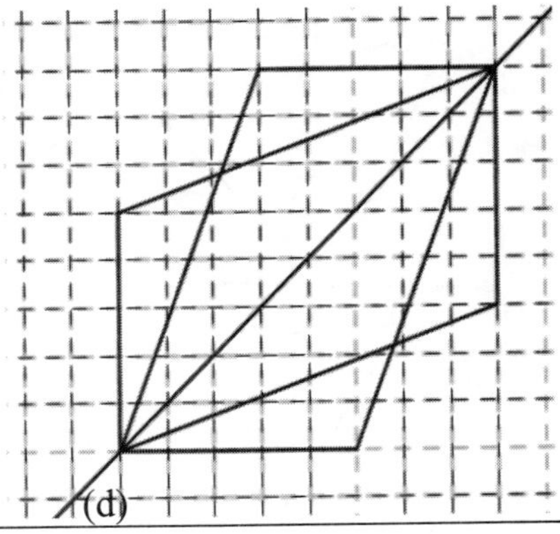

3.

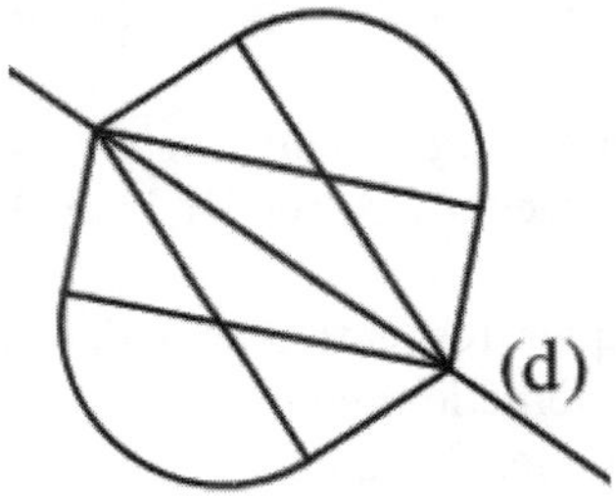

4.

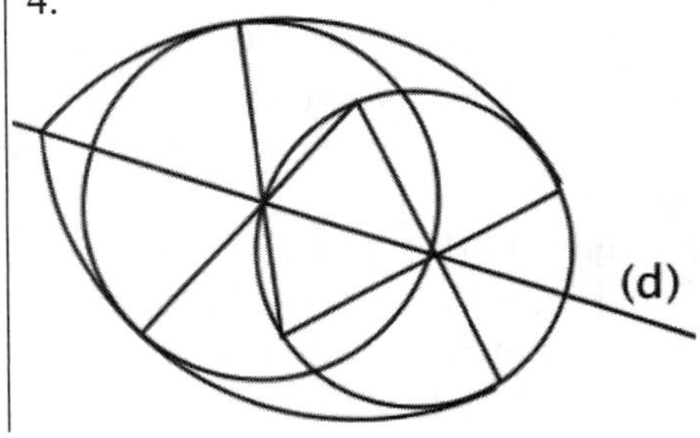

Méthode 6

1. a.

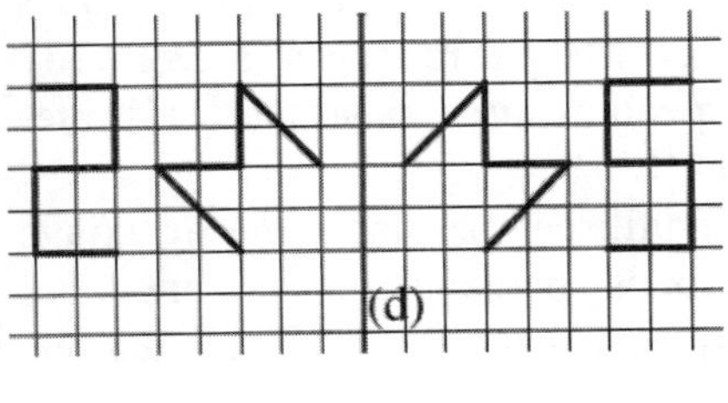

b.

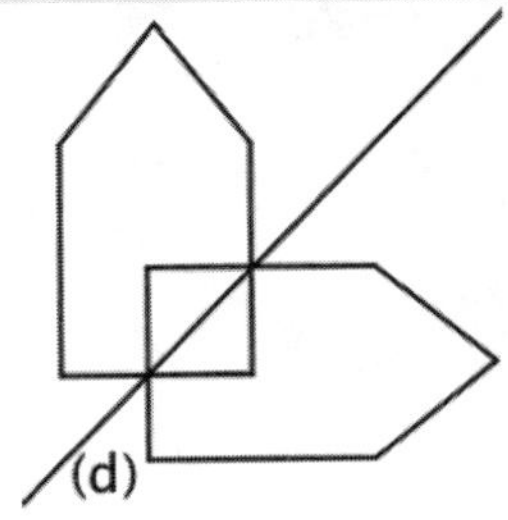

c. Avec les traits de construction :

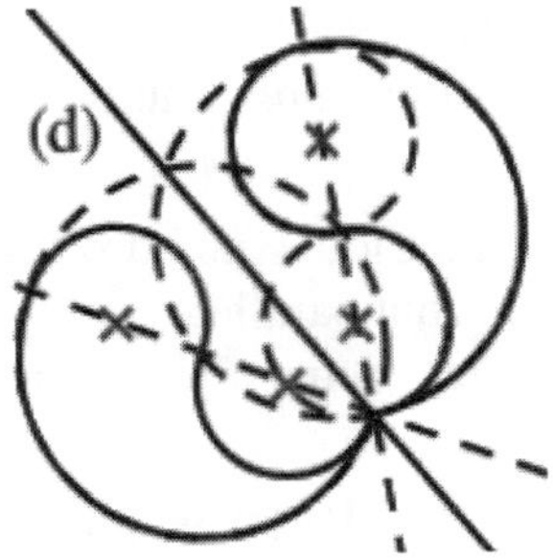

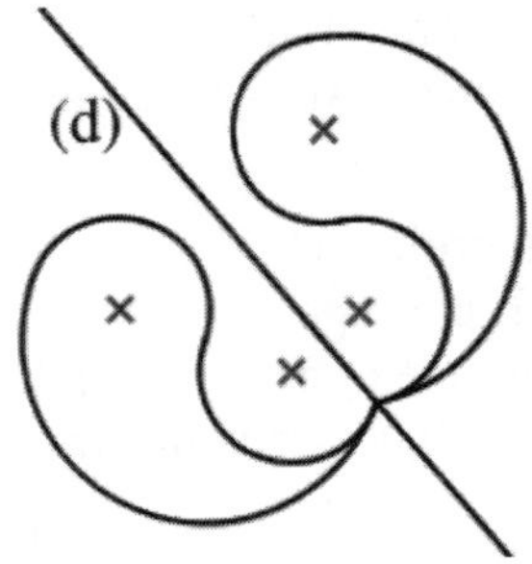

2. 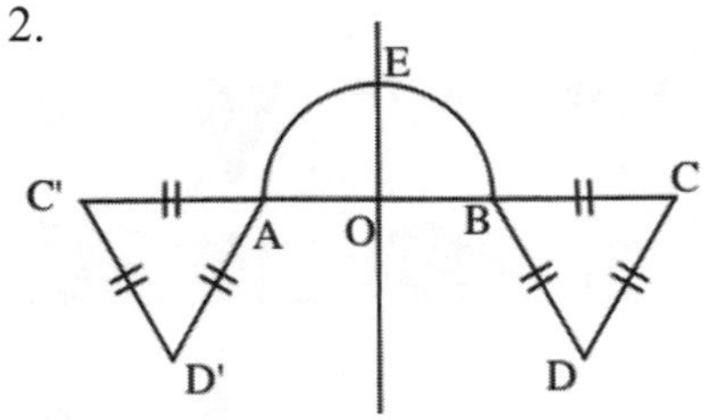

3. a. 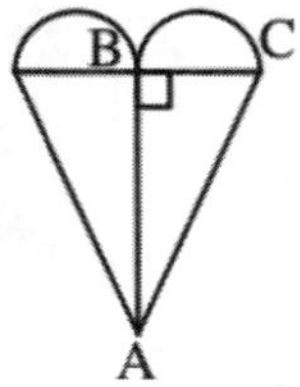

b. 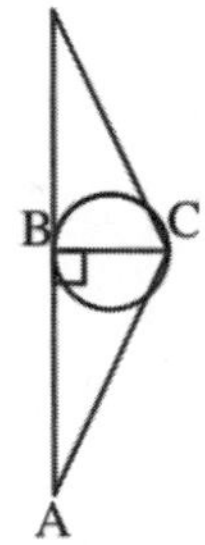

c. 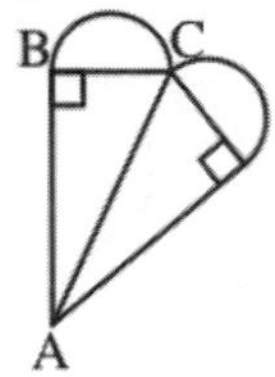

Méthode 7

1. Cette figure n'a pas d'axe de symétrie. Les becs des cocottes en papier n'ont pas la même longueur.	2. 4 axes de symétrie 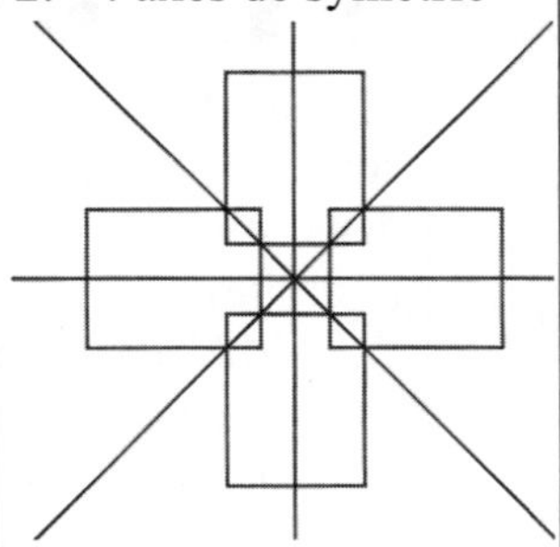	3. 6 axes de symétrie 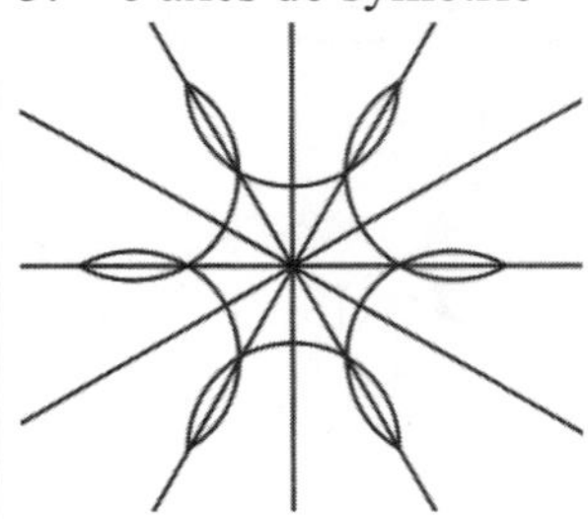
4. 1 axe de symétrie 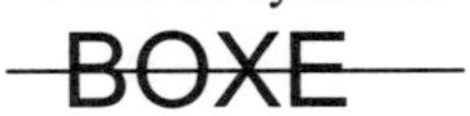	5. 1 axe de symétrie 	6. 2 axes de symétrie 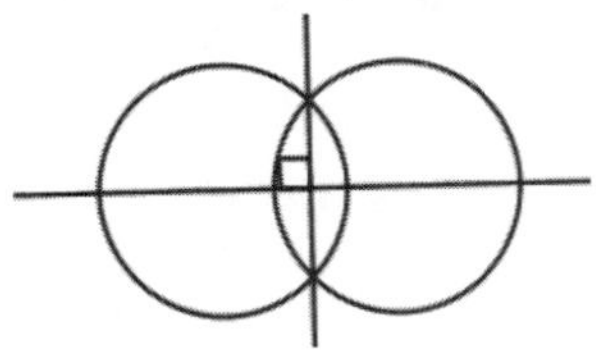

Jeux

1. On trace les droites (AB) et (A'B). Elles coupent l'axe (D) respectivement en E et F.
Le point B' appartient aux droites (A'E) et (AF) symétriques des droites (AE) et (A'F) par rapport à l'axe (D) (voir *méthode 2*).
On trace donc les droites (A'E) et (AF) qui se coupent au point (B').
On n'a bien utilisé qu'une règle non graduée pour tracer toutes les droites.

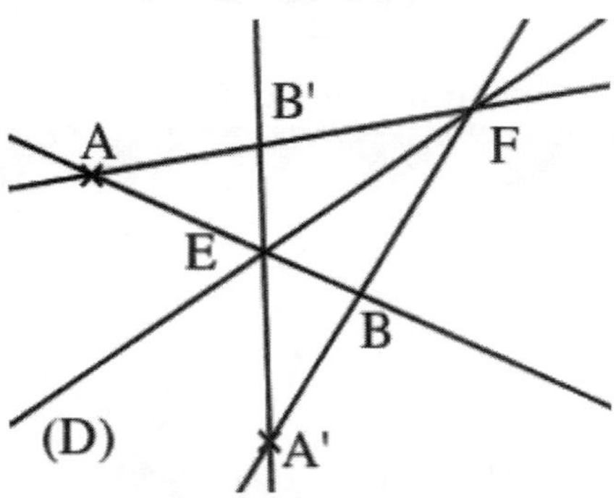

2. Un motif :

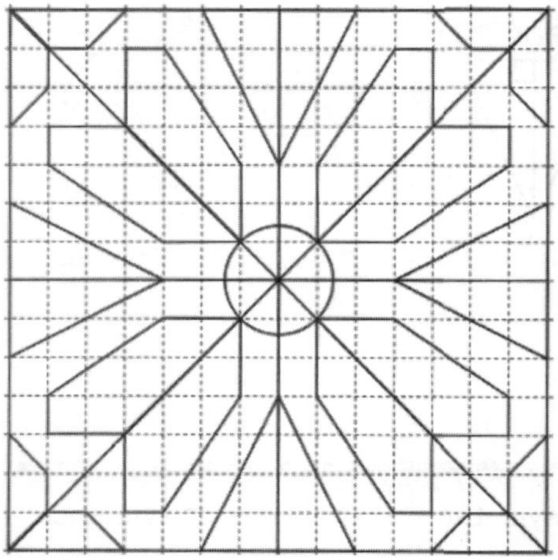

Proposition de coloriage : 4 motifs.

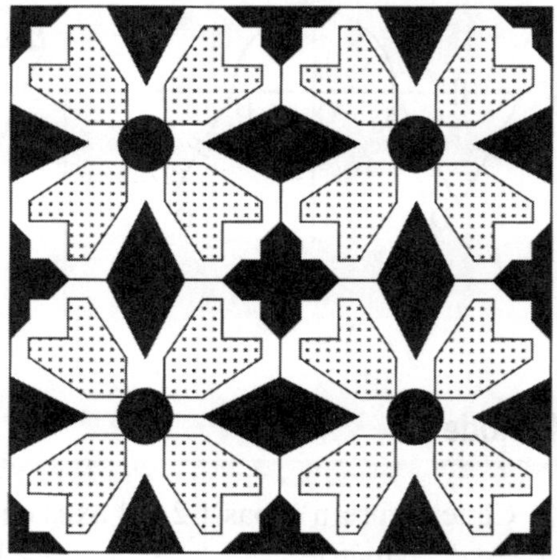

3. Une vache

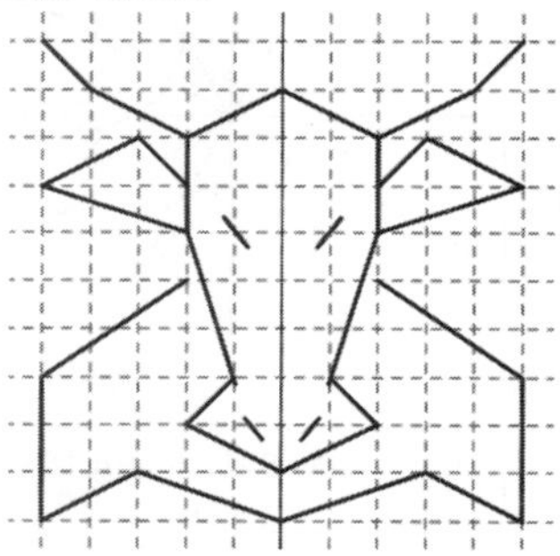

4. Pour Monsieur Axe : ses antennes ne sont pas symétriques, il manque une fleur dans son bouquet (à gauche) et sa ceinture (à droite) ;
Pour Madame Symétrie : ses yeux ne sont pas symétriques, les motifs du tissu de son chapeau ne sont pas symétriques ;
Dans le texte : le « E » de AXE et le Y de SYMETRIE ne sont pas symétriques.

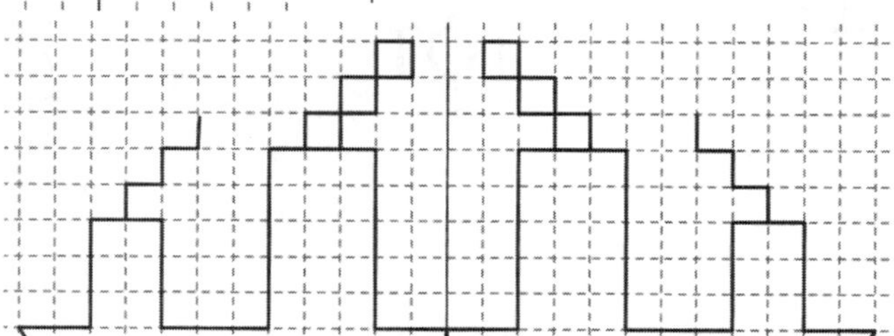

Frise : proposition de coloriage

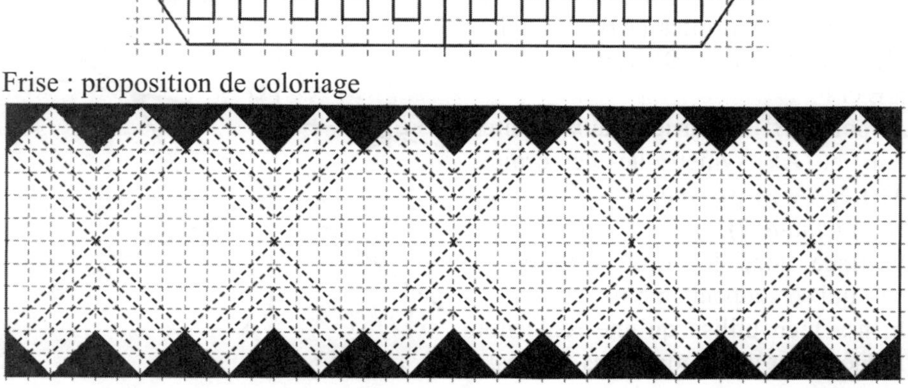

Chapitre 13

Angles et rapporteur

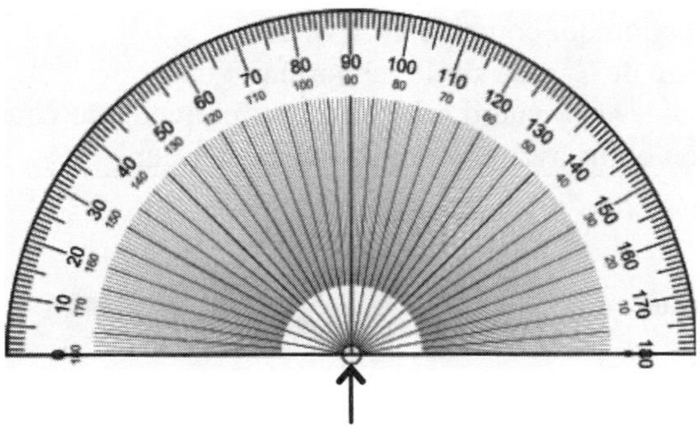
Centre du rapporteur

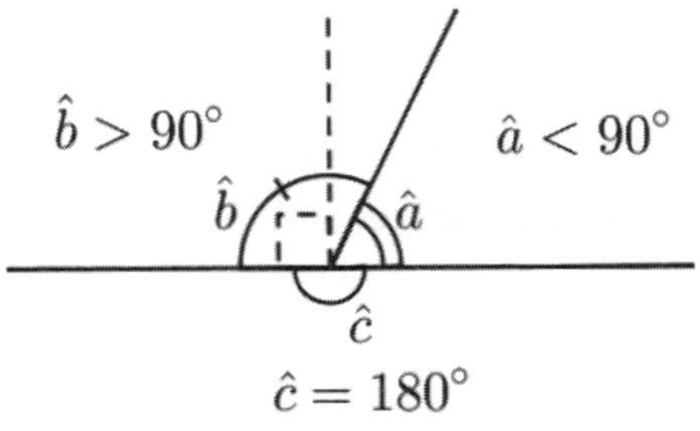

angle	nul	aigu	droit	obtus	plat
mesure	0°	comprise entre 0° et 90°	90°	comprise entre 90° et 180°	180°

Méthodes

1. Comment déterminer la mesure en degrés d'un angle ?
2. Comment construire un angle de mesure donnée en degrés ?

méthode 1 — Comment déterminer la mesure en degrés d'un angle ?

Pour déterminer la mesure en degrés d'un angle :

▲ on place le centre du rapporteur de telle sorte qu'il coïncide avec le sommet de l'angle ;

▲ on prolonge le tracé des côtés de l'angle s'ils ne dépassent pas le rapporteur ;

▲ on place une des graduations 0 sur l'un des côtés de l'angle ;

▲ on suit la graduation du 0 jusqu'à l'autre côté de l'angle et on repère le trait de la graduation qui coïncide avec ce côté ;

▲ on lit la mesure de l'angle sur le rapporteur.

Remarque : observer à vue d'œil ou si besoin avec une équerre si l'angle est droit, aigu ou obtus avant de prendre le rapporteur.

EXEMPLE

Donner la mesure de l'angle $\widehat{xOy}$.

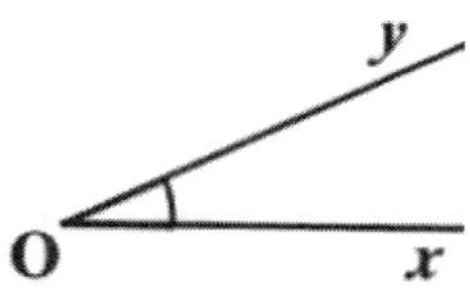

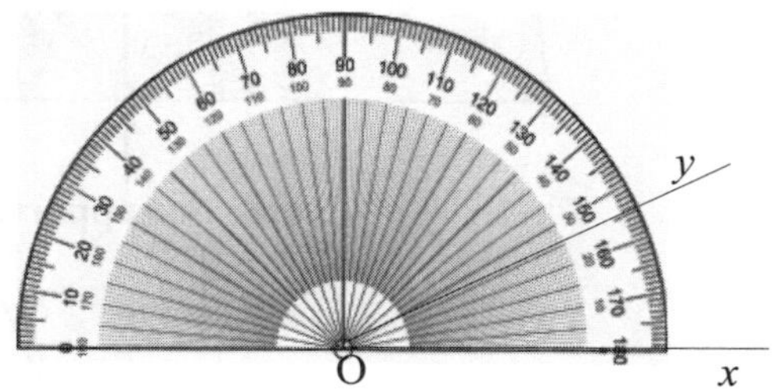

L'angle $\widehat{xOy}$ mesure 25°. On écrit : $\widehat{xOy} = 25°$.

► On a prolongé le tracé des côtés de l'angle pour qu'ils dépassent du rapporteur.

► On a lu 25° sur la graduation intérieure.

EXERCICES

1. Donner la mesure de chaque angle marqué.

a.

b.

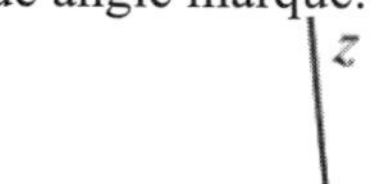

c.

2. Compléter :

$\widehat{xBy}$ = ….

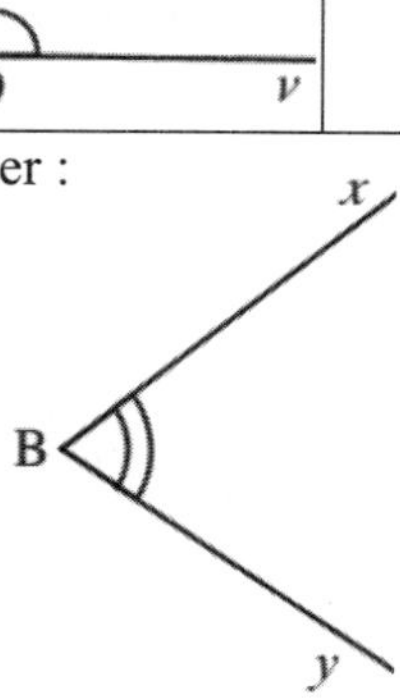

3. Donner la mesure des angles du triangle ABC.

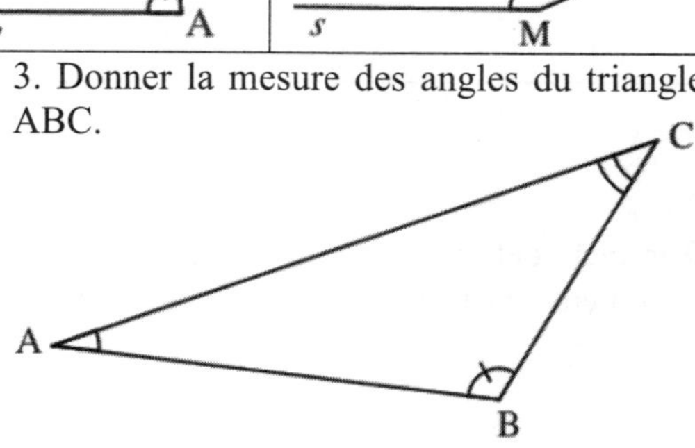

méthode 2

Comment construire un angle de mesure donnée en degrés ?

Pour construire un angle de mesure donnée en degrés :
▲ on trace une demi-droite ;
▲ on place le rapporteur de telle sorte que son centre coïncide avec l'origine de la demi-droite et qu'une des graduations 0 soit sur la demi-droite ;
▲ on repère la graduation demandée et on trace une marque ;
▲ on enlève le rapporteur ;
▲ on trace la demi-droite qui a pour origine celle de la demi-droite initiale et qui passe par la marque de la graduation repérée.

EXEMPLE Construire un angle $\widehat{xOy}$ mesurant 59°.

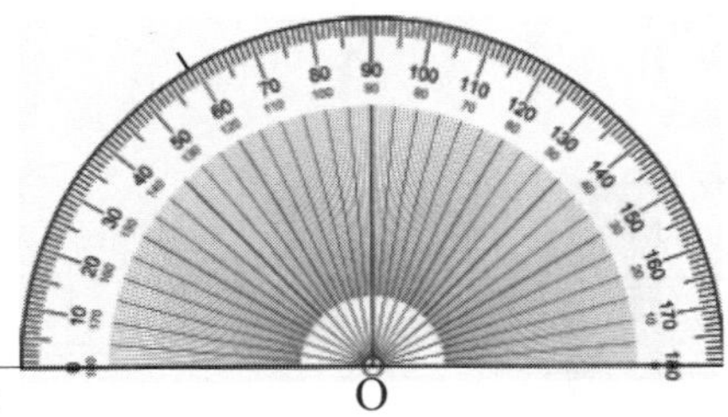

► On a tracé la demi-droite [O*x*).
► On a placé le centre du rapporteur sur le point O et le 0 de la graduation extérieure sur la demi-droite.
► On a tracé une marque à la graduation 59.

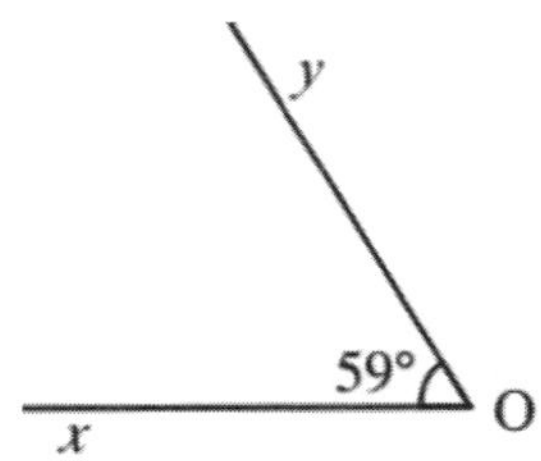

L'angle $\widehat{xOy}$ mesure 59°.
► On a enlevé le rapporteur.
► On a tracé la demi-droite [O*y*).

EXERCICES

1. Construire un angle $\widehat{uAv}$ mesurant 65°.

2. Construire un angle $\widehat{zOt}$ de 150°.

3. Construire des angles $\widehat{sEp}$ et $\widehat{wIr}$ tels que $\widehat{sEp} = 95°$ et $\widehat{wIr} = 37°$.

4. Construire les figures suivantes en respectant les mesures indiquées.

a.

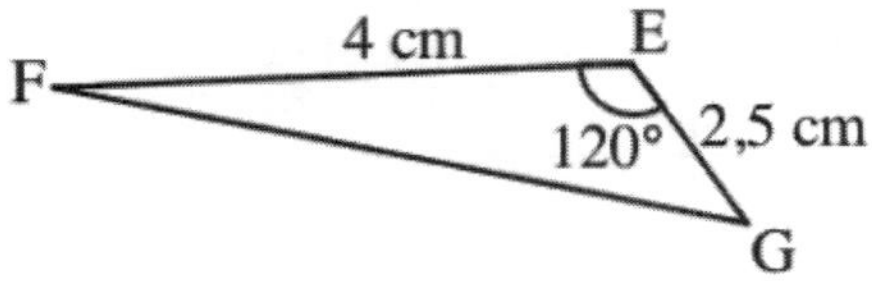

b.

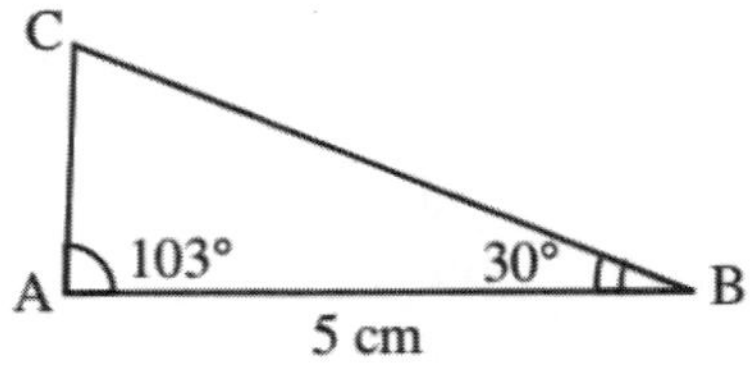

JEUX

1. Dans la grille donnée, chaque ligne correspond à un mot. Ce mot est à retrouver grâce à la figure ci-dessous. La colonne grisée a un lien avec la réponse finale (*d'après Le vocabulaire mathématique, Apprendre en s'amusant de Christophe POULAIN, éditions Ellipses*).

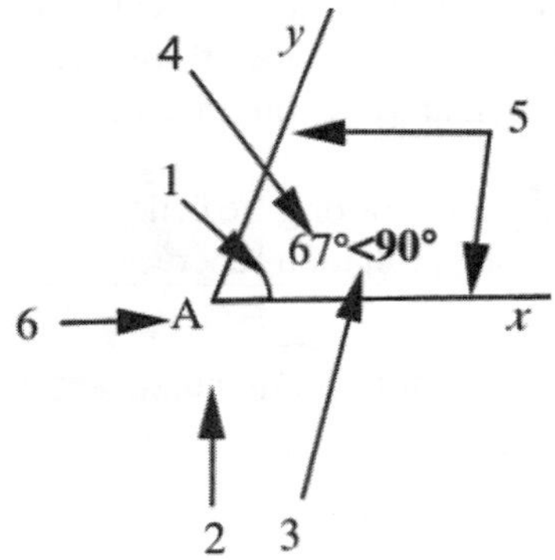

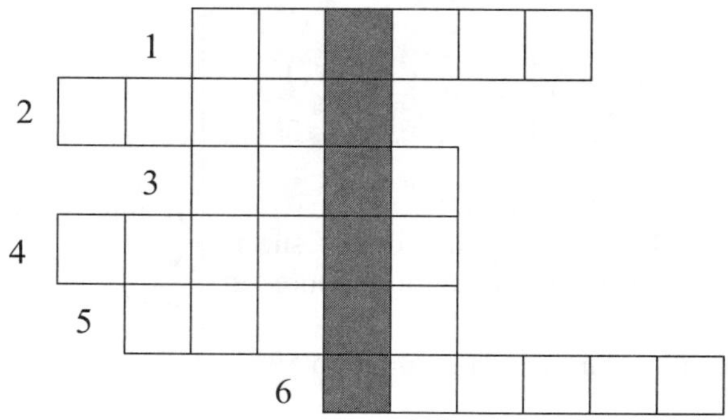

Unités de mesure des angles : ....

2. On considère les figures ci-dessous. Les points A, B et C sont alignés.

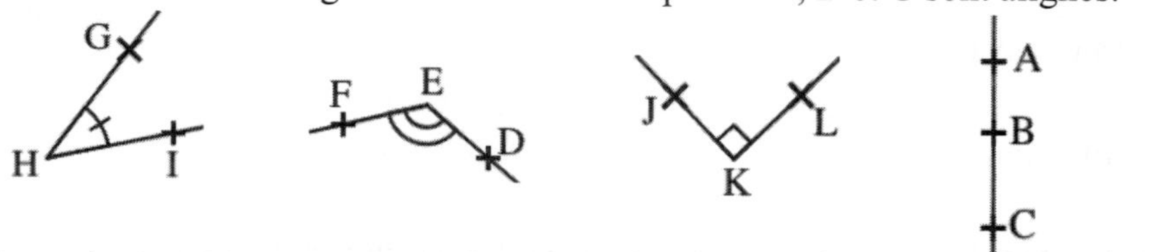

Recopier le tableau ci-dessous et compléter les bonnes cases avec des croix.

angle	$\widehat{ABC}$	$\widehat{BCA}$	$\widehat{DEF}$	$\widehat{GHI}$	$\widehat{JKL}$
nul					
aigu					
droit					
obtus					
plat					

3. Deux erreurs visibles sans rapporteur se sont glissées dans les mesures des angles ci-dessous. Citer les deux figures où elles se trouvent.

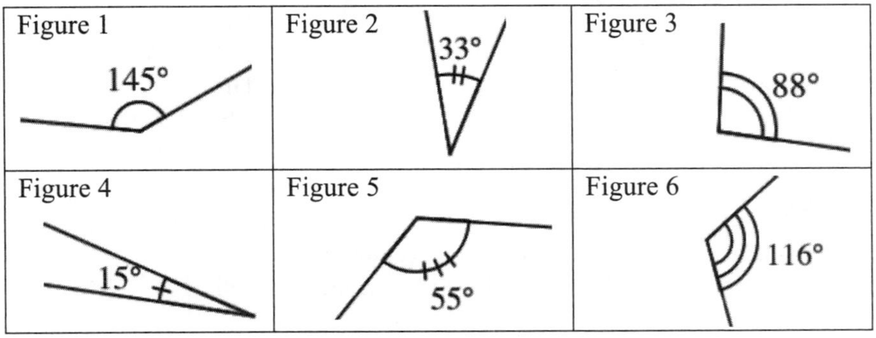

4. Associer à chaque angle sa mesure sans utiliser de rapporteur.

Angles	Mesures en degrés	
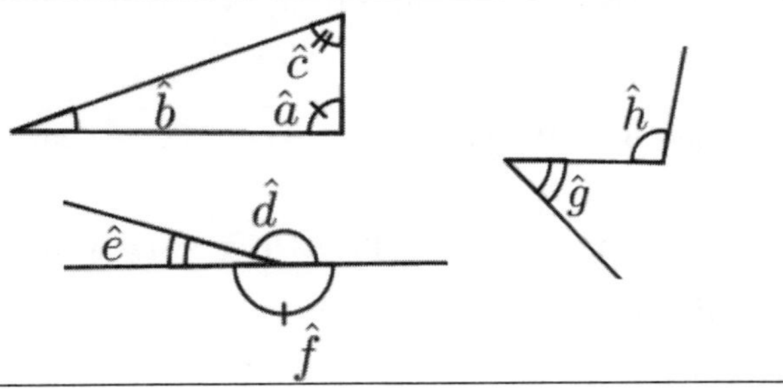	164°	90°
	70°	45°
	20°	16°
	100°	180°

5. Estimer à vue d'œil la mesure des angles ci-dessous à 10° près.

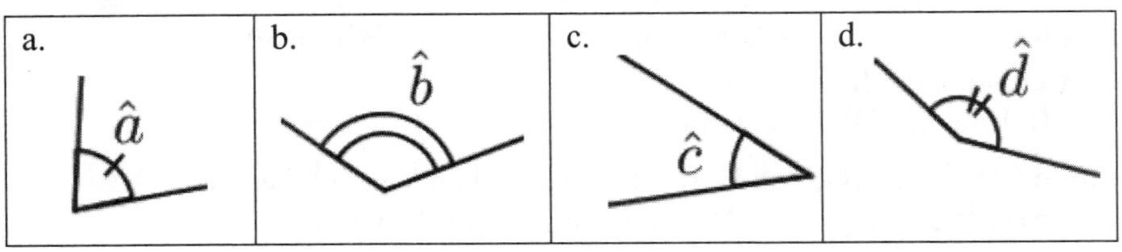

6. Les points M, J et T sont-ils alignés ?

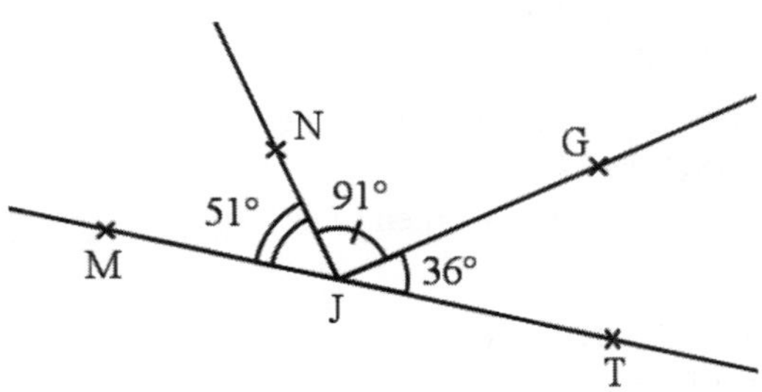

7. a. Reproduire la figure en respectant les mesures fournies.

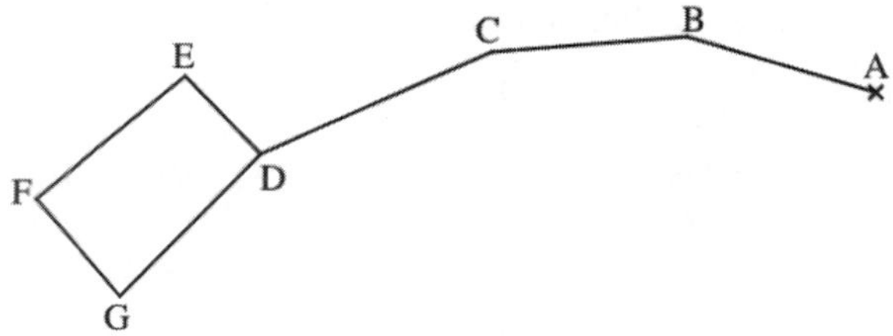

AB = 2,2 cm ;
BC = 2,4 cm ;
CD = 2,7 cm ;
DE = 1,6 cm ;
EF = 2,9 cm ;
FG = 1,8 cm.

$\widehat{ABC} = 170°$; $\widehat{BCA} = 143°$; $\widehat{CDE} = 100°$; $\widehat{DEF} = 87°$; $\widehat{EFG} = 81°$.

b. Cette figure représente une constellation. Laquelle ?

c. Quel est le nom de l'étoile A ? Quelle direction indique-t-elle ?

8. Dans des temps reculés c'était un NAC, Nouvel Animal de Compagnie, certes un peu encombrant. Voici un programme de construction permettant de le découvrir.

Tracer un rectangle ABCD tel que AB = 10 cm, BC = 6 cm, A et B sont au-dessus de C et D et A à gauche.

Placer les points :
E, F, G , H et I sur [AB] tels que AE = 0,5 cm ; EF = 3,4 cm ; FG = 2 cm ; BI = 0,5 cm et IH = 1 cm ;

J, K, L, M, N et O sur [CD] tels que $\widehat{BHJ} = 140°$; DK = KM = 3 cm ; $\widehat{BEL} = 50°$; MN = 0,7 cm et $\widehat{BFO} = 55°$;

P sur [AD] tel que $\widehat{DKP} = 60°$;

T sur [AB] tel que $\widehat{CMT} = 113°$;

Q, R et S sur [BC] tel que BQ = 1 cm ; $\widehat{PKR} = 97°$ et $\widehat{BGS} = 50°$;
Z sur [MT] tel que MZ = 1,8 cm ;
D' sur [HQ] tel que HD' = 0,7 cm.

La droite (JH) coupe [GS] en U, [FO] en Y, [EL] en V et [PK] en W.
La droite (KR) coupe [LE] en V', [MT] en X et [OF] en Y'.

Placer les points :
A' et B' sur [QY'] tels que QA' = 0,5 cm et QB' = 0,3 cm ;
E' sur [NY'] tel que NE' = 0,3 cm ;
F' sur [NC] tel que NF' = 0,5 cm.

La perpendiculaire en A' à (IY') coupe (IY') en G'.
La droite (IY') coupe [SG] en U'.
La parallèle à (A'G') en B' coupe [G'Q] en C'.

Au feutre noir,
tracer la ligne brisée ZXKDWHIQA'G'Y'E'F'MX, les segments [B'C'], [UU'], [YY'], [VV'] et [WK],
marquer un gros point en D'.

Méthode 1

1. a.

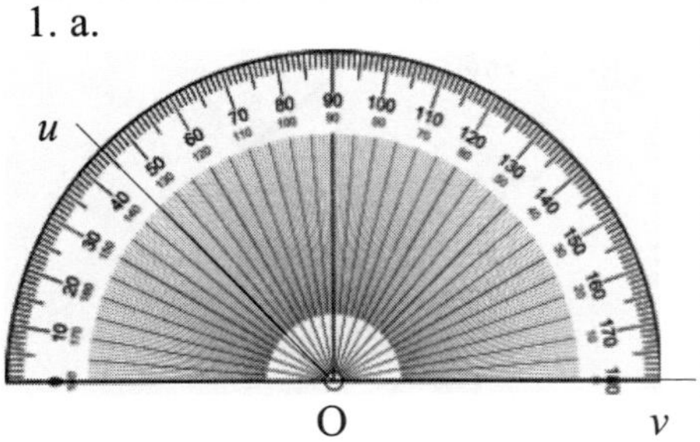

L'angle $\widehat{uOv}$ mesure 135°.

$\widehat{uOv} = 135°$

1. b.

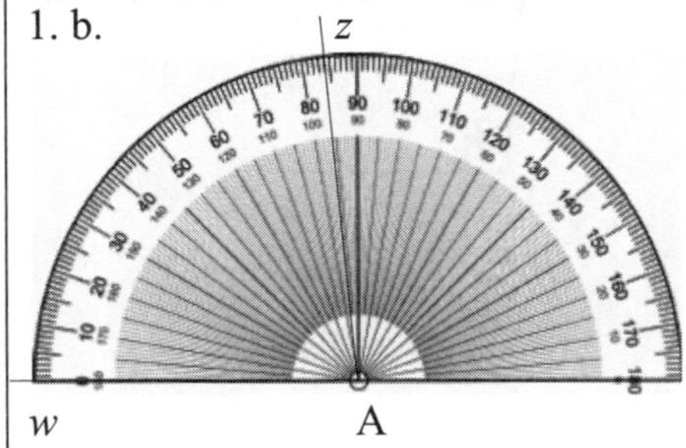

L'angle $\widehat{wAz}$ mesure 84°.

$\widehat{wAz} = 84°$

1. c.

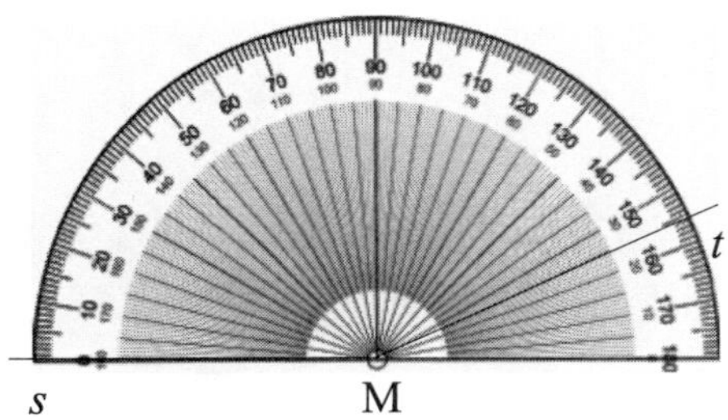

L'angle $\widehat{sMt}$ mesure 156°.

$\widehat{sMt} = 156°$

2.

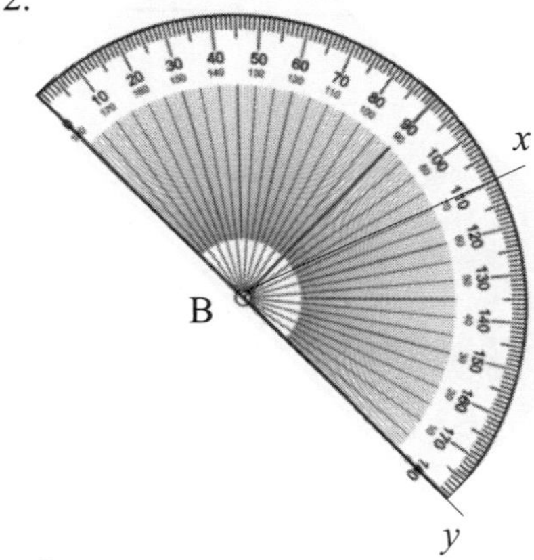

$\widehat{xBy} = 70°$

3. $\widehat{ABC} = 115°$; $\widehat{BCA} = 40°$ et $\widehat{CAB} = 25°$.

Méthode 2

1. $\widehat{uAv} = 65°$

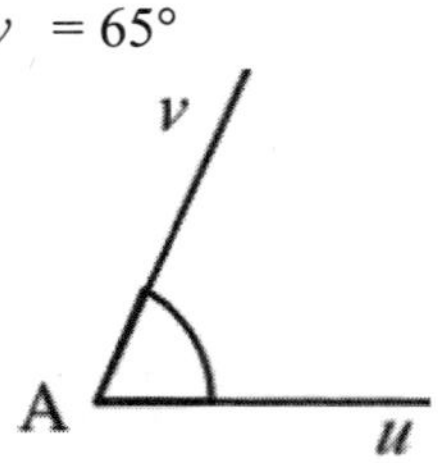

2. $\widehat{zOt} = 150°$

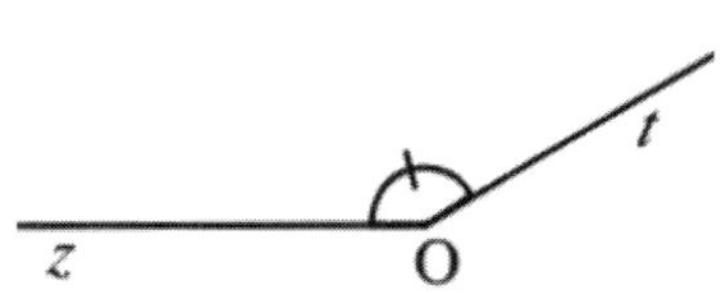

3.

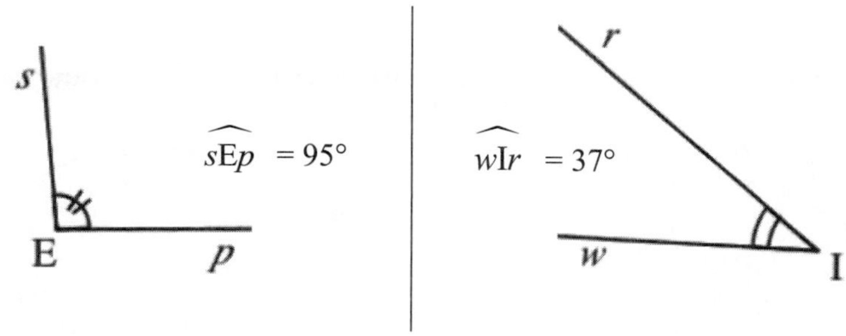

4. a.

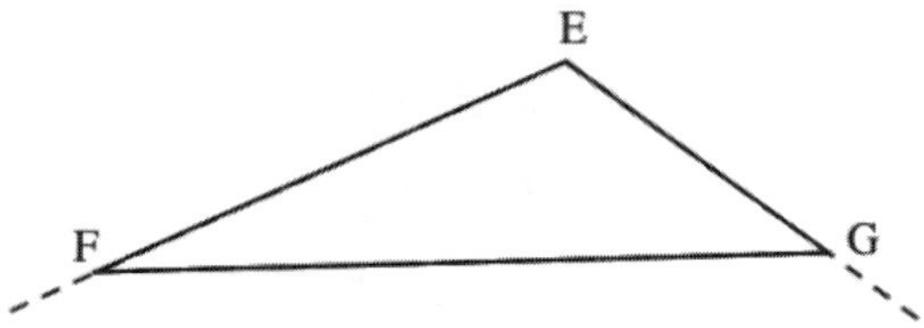

b.

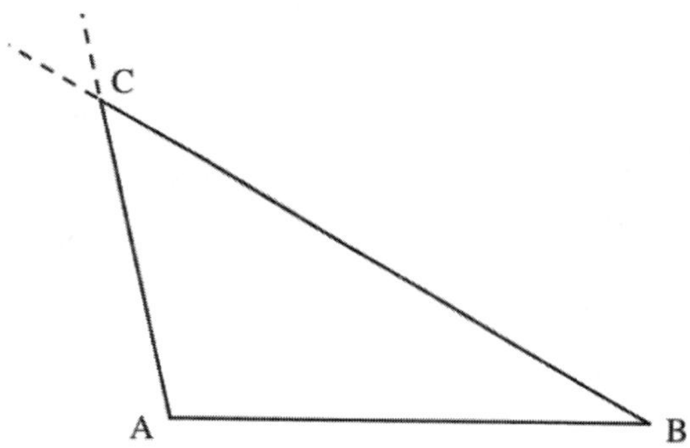

Jeux

1.

		C	O	D	A	G	E		
A	N	G	L	E					
		A	I	G	U				
M	E	S	U	R	E				
	C	O	T	E	S				
				S	O	M	M	E	T

Unités de mesure des angles : DEGRES

2.

angle	$\widehat{ABC}$	$\widehat{BCA}$	$\widehat{DEF}$	$\widehat{GHI}$	$\widehat{JKL}$
nul		x			
aigu				x	
droit					x
obtus			x		
plat	x				

3. Les erreurs se sont glissées dans les figures 3 et 5.
L'angle de la figure 3 est plus grand qu'un angle droit ainsi que celui de la figure 5, ce sont des angles obtus donc leurs mesures doivent être supérieures à 90° et non inférieures à 90° comme c'est indiqué.

4. $\hat{a} = 90°$; $\hat{b} = 20°$; $\hat{c} = 70°$; $\hat{d} = 164°$; $\hat{e} = 16°$; $\hat{f} = 180°$; $\hat{g} = 45°$ et $\hat{h} = 100°$.

5. $70° < \hat{a} < 80°$; $120° < \hat{b} < 130°$; $35° < \hat{c} < 45°$; $150° < \hat{d} < 160°$.

6. $\widehat{MJT} = 51° + 91° + 36° = 188°$.

L'angle $\widehat{MJT}$ ne mesure pas 180°, ce n'est pas un angle plat donc les points M, J et T ne sont pas alignés.

7. a.

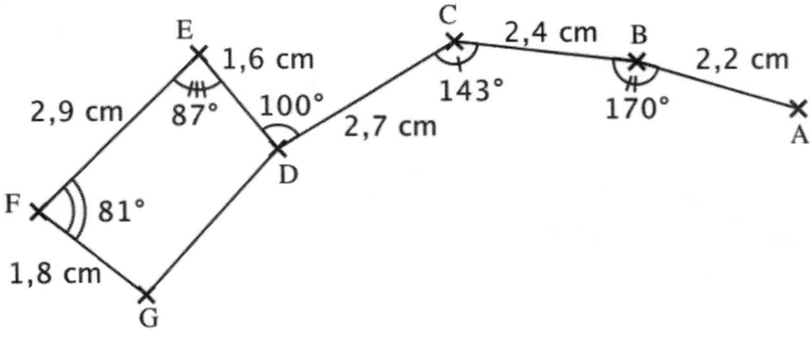

b. Cette figure représente la petite ourse.
c. L'étoile A est l'étoile polaire. Elle indique le nord.

8.

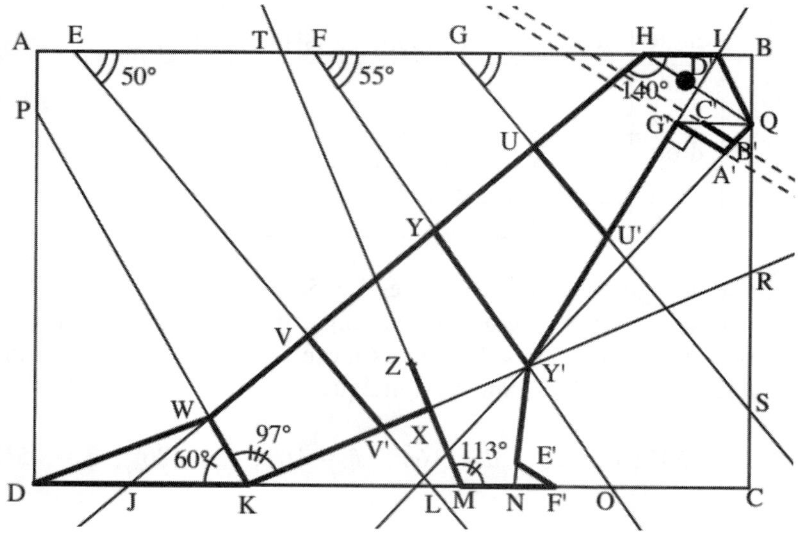
A
E
T
F
G
H
I
B
50°
55°
140°
D'
C'
G'
Q
B'
A'
P
U
Y
U'
R
V
Z
Y'
S
W
97°
X
60°
V'
113°
E'
D
J
K
L
M
N
F'
O
C

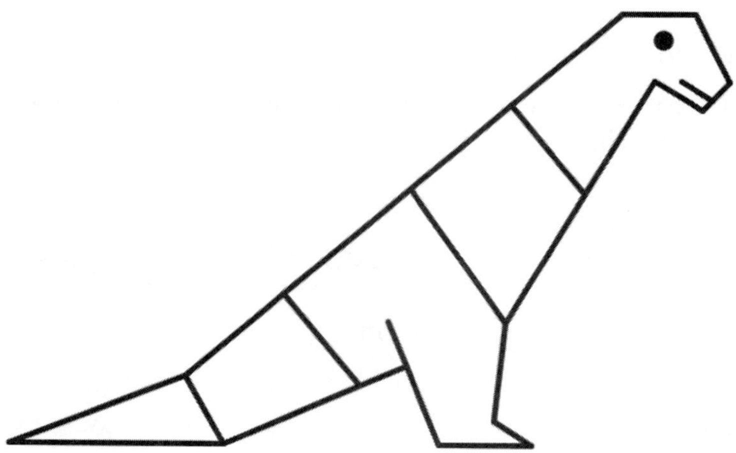

Chapitre 14

Triangles

Je forme un triangle : ô merveille ! Le peuple des lois
endormi S'agite avec lenteur, s'éveille Et se déroule à
l'infini. Avec trois lignes sur le
sable Je connais, je ne doute plus !
Un triangle est donc préfér
able Aux mots
sonores que
j'ai lus ?

René-François PRUDHOMME dit Sully PRUDHOMME (1839 – 1907)

Triangles particuliers

isocèle	équilatéral	rectangle	rectangle isocèle
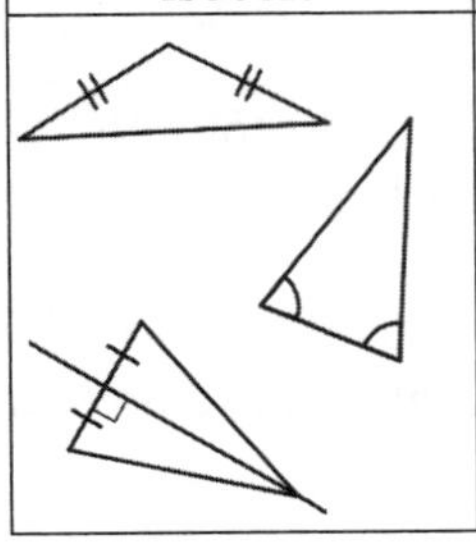	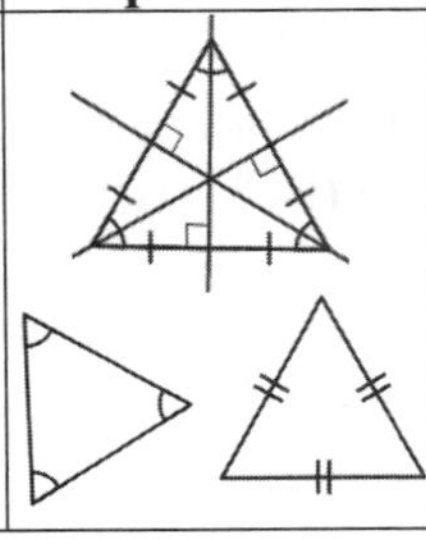	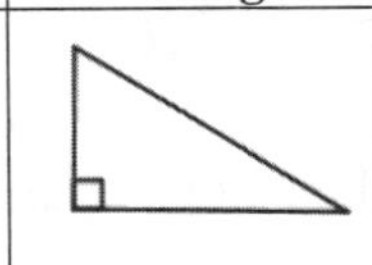	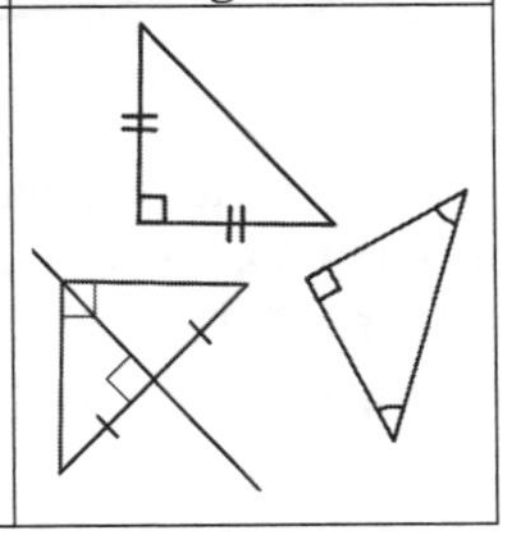

Méthodes

1. Comment tracer une hauteur d'un triangle ?
2. Comment identifier un triangle isocèle ou un triangle équilatéral à partir de ses angles ?
3. Comment identifier un triangle rectangle isocèle ?
4. Comment identifier un triangle particulier sur une figure à main levée codée ?
5. Comment construire un triangle isocèle ?
6. Comment construire un triangle rectangle ?

méthode 1

Comment tracer une hauteur d'un triangle ?

Pour tracer une hauteur d'un triangle :
▲ on construit la droite perpendiculaire à un côté passant par le sommet opposé (voir *chapitre 9 méthode 2*) ;
Remarques : - si le côté du triangle est un côté d'un angle obtus, on prolonge son tracé.
- le segment d'extrémités, le sommet et le pied de la hauteur ainsi que la longueur de ce segment s'appellent aussi hauteur du triangle.

EXEMPLE Tracer la hauteur issue du sommet A dans chaque triangle.

a.

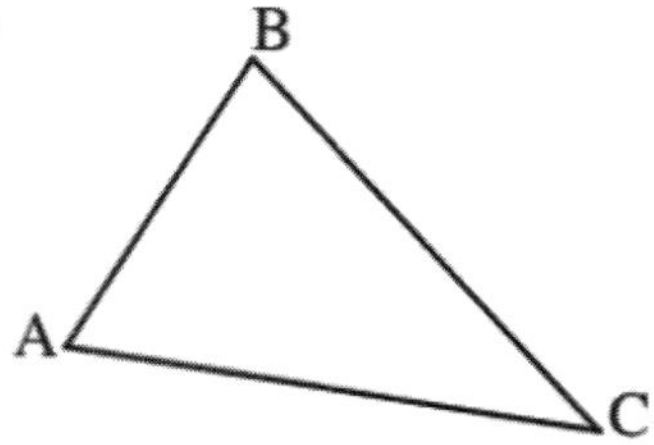

b.

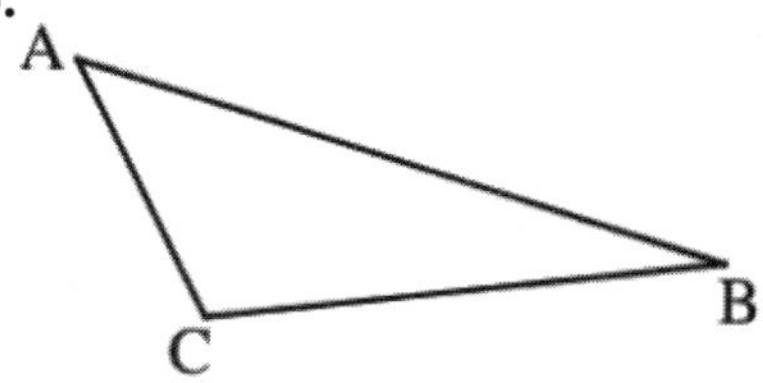

a.

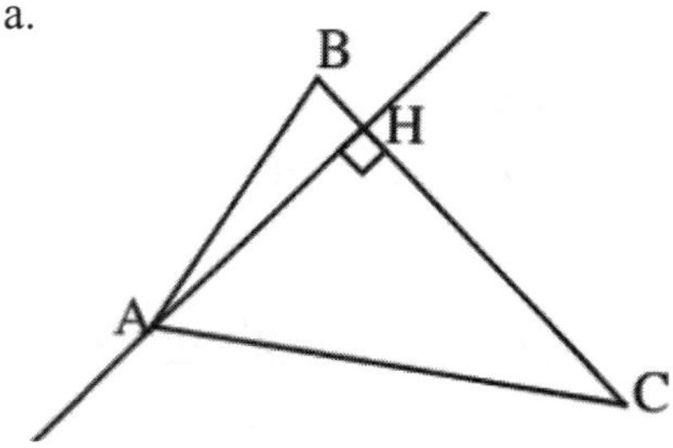

b.

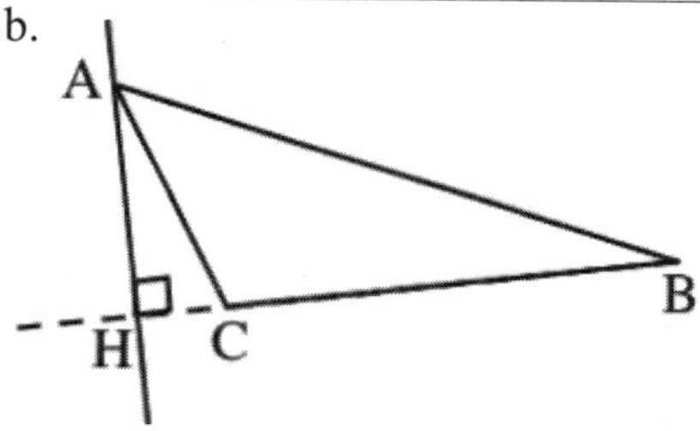

► On a prolongé le tracé du côté [BC].

► On a tracé la perpendiculaire à la droite (BC) passant par le sommet A, elle coupe (BC) au point H.
La droite (AH) est la hauteur du triangle ABC issue du sommet A.
Remarque : le segment [AH] et la longueur AH portent également le nom de hauteur.

EXERCICES

1. Utiliser les figures de l'exemple pour tracer une hauteur dans les triangles :
a. hauteur issue de C (exemple a.) b. hauteur issue de B (exemple b.).

2. Le triangle ABC est rectangle en A. Quelle est la hauteur issue de B ?

3. a. Tracer la hauteur issue de B d'un triangle ABC isocèle en B.
b. Que représente cette droite pour le segment [AC] ? Pourquoi ?

4. Tracer la hauteur [EH] du triangle EFG ci-contre.

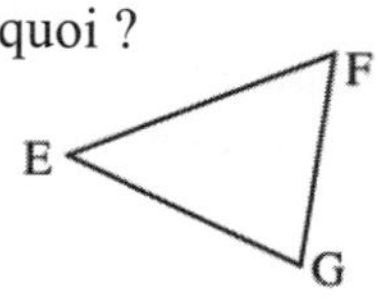

Comment identifier un triangle isocèle ou un triangle équilatéral à partir de ses angles ?

Pour identifier un triangle isocèle ou un triangle équilatéral à partir de ses angles :
- ▲ on prend en compte les données de l'énoncé écrites et/ou codées ;
- ▲ on utilise éventuellement des propriétés des triangles particuliers ;
- ▲ on écrit la ou les égalités de mesures d'angles données ou déduites ;
- ▲ on conclut que :

- le triangle est isocèle en précisant son sommet principal s'il a exactement deux angles de même mesure,
- le triangle est équilatéral s'il a trois angles de même mesure.

EXEMPLE

On considère un triangle ABC tel que AB = AC et $\widehat{BAC} = \widehat{ABC}$.
Quelle est la nature de ce triangle ? Justifier la réponse.

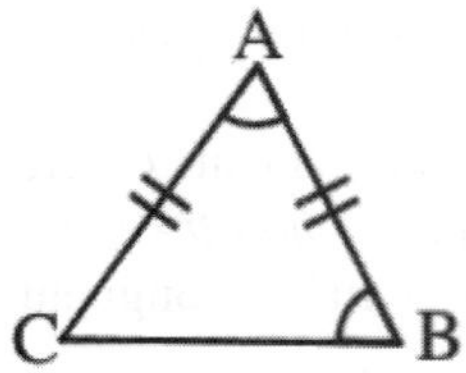

► On a tracé et codé la figure.

On a AB = AC donc le triangle ABC est isocèle en A donc $\widehat{ABC} = \widehat{ACB}$.

$\widehat{ABC} = \widehat{ACB}$ et d'après l'énoncé

$\widehat{BAC} = \widehat{ABC}$ donc $\widehat{BAC} = \widehat{ABC} = \widehat{ACB}$.

Le triangle ABC a ses trois angles de même mesure donc le triangle ABC est équilatéral.

EXERCICES

1. Utiliser la figure ci-contre et justifier les réponses.
a. Quelle est la nature du triangle ABC ?
b. Quelle est la nature du triangle AED ?
c. Quelle est la nature du triangle CDE ?

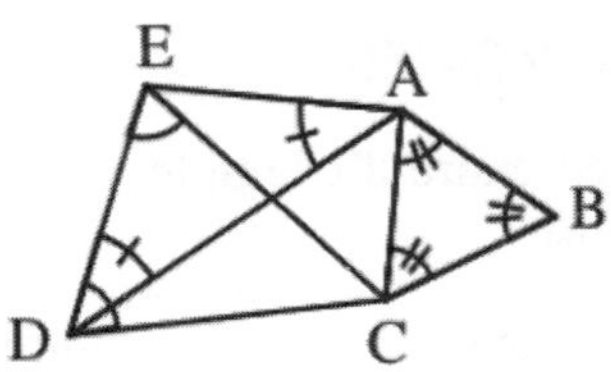

2. Soit un triangle ABH rectangle en H tel que $\widehat{BAH} = 60°$ et $\widehat{ABH} = 30°$.
On place le point C symétrique du point A par rapport à l'axe (BH).
Quelle est la nature du triangle ABC ? Justifier la réponse.

3. On donne la figure ci-contre.
a. Quelle est la nature du triangle ABC ? Justifier la réponse.
b. Quelle est la nature du triangle ABD ? Justifier la réponse.
c. Quelle est la nature du triangle ACD ? Justifier la réponse.

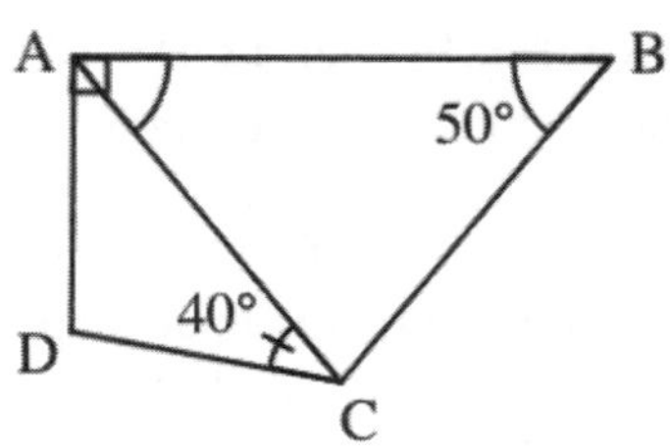

méthode 3

Comment identifier un triangle rectangle isocèle ?

Pour identifier un triangle rectangle isocèle :
- ▲ on prend en compte les données de l'énoncé écrites et/ou codées ;
- ▲ on met en évidence un angle droit ;
- ▲ on trouve soit deux côtés de même longueur soit deux angles de même mesure ;
- ▲ on conclut que le triangle est rectangle isocèle en donnant le sommet de l'angle droit.

EXEMPLE

On donne un cercle de centre O et deux diamètres perpendiculaires [AB] et [CD]. Quelle est la nature du triangle BOC ? Justifier la réponse.

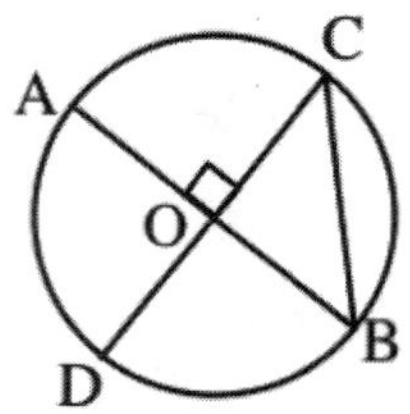

► On a tracé et codé la figure.

On a (AB) ⊥ (CD) et le point O appartient aux deux diamètres [AB] et [CD] donc $\widehat{BOC} = 90°$.

► On a repéré l'angle droit.

Les points B et C appartiennent au cercle de centre O donc OB = OC (voir *chapitre 10*).

► On a trouvé deux côtés de même longueur.

Le triangle BOC a un angle droit $\widehat{BOC}$ et deux côtés OB et OC de même longueur donc le triangle BOC est rectangle isocèle en O.

► On a donné le sommet de l'angle droit.

EXERCICES

1. Reprendre l'exemple et donner la nature du triangle ACB. Justifier la réponse.

2. On donne la figure ci-contre.
Le point I appartient au segment [AB].
Quelle est la nature du triangle AID ? Justifier la réponse.

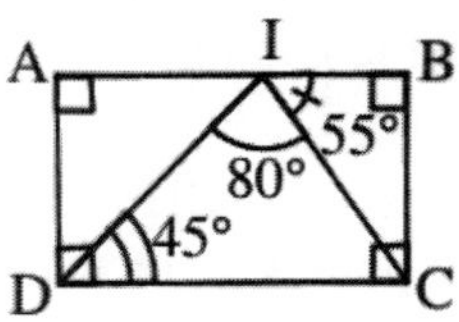

3. On donne un cercle de centre O et trois points C, D et E sur ce cercle tels que $\widehat{COE} = 125°$ et $\widehat{EOD} = 145°$, ces angles étant de part et d'autre de (EO). Quelle est la nature du triangle COD ? Justifier la réponse.

4. Reproduire la figure et placer le point E symétrique du point D par rapport à l'axe (AB). Quelle est la nature du triangle ADE ? Justifier la réponse.

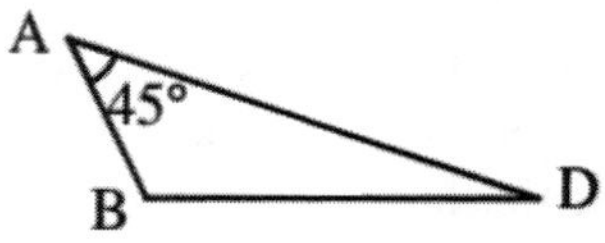

Comment identifier un triangle particulier sur une figure à main levée codée ?

Pour identifier un triangle particulier sur une figure à main levée codée :
▲ on observe le ou les codages et on écrit leur signification ;
▲ on conclut que :
- le triangle est isocèle si deux côtés sont de même longueur ou deux angles de même mesure,
- le triangle est équilatéral si trois côtés sont de même longueur ou trois angles de même mesure,
- le triangle est rectangle si un angle droit est codé,
- le triangle est rectangle isocèle si un angle droit est codé et si deux côtés sont de même longueur ou deux angles de même mesure.

EXEMPLE Reconnaître les quatre triangles particuliers ci-dessous.

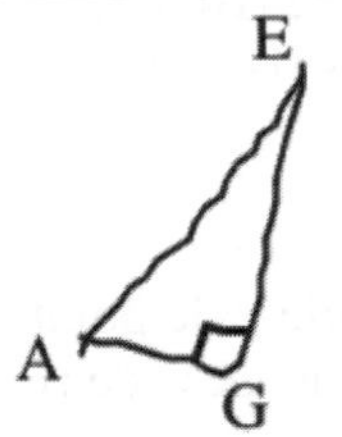	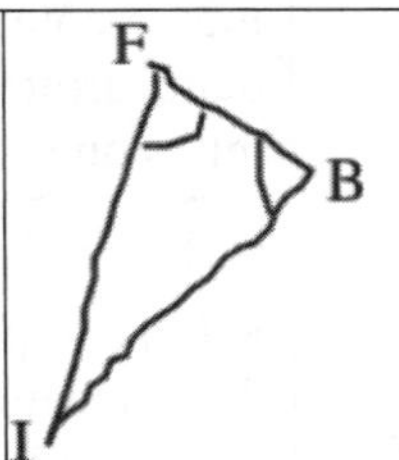	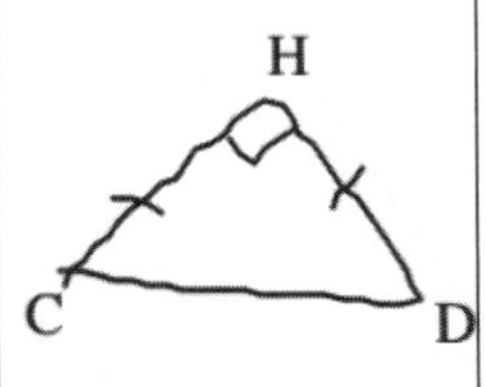	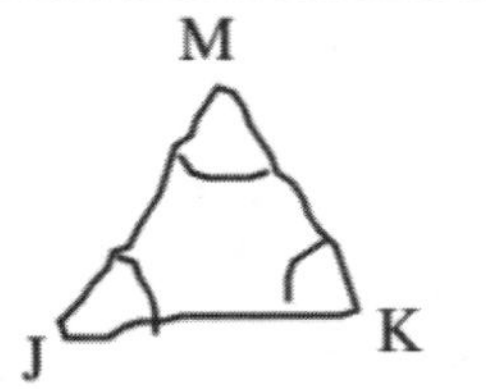
$\widehat{AGE} = 90°$ le triangle AGE est rectangle en G.	$\widehat{BFI} = \widehat{FBI}$ le triangle FBI est isocèle en I.	$\widehat{CHD} = 90°$ et $HC = HD$ le triangle CHD est rectangle isocèle en D.	$\widehat{JKM} = \widehat{KMJ} = \widehat{MJK}$ le triangle JKM est équilatéral.

EXERCICES Reconnaître les six triangles particuliers ci-dessous.

1.
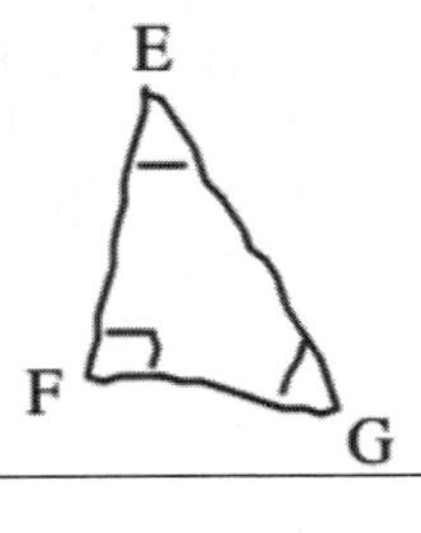

2.
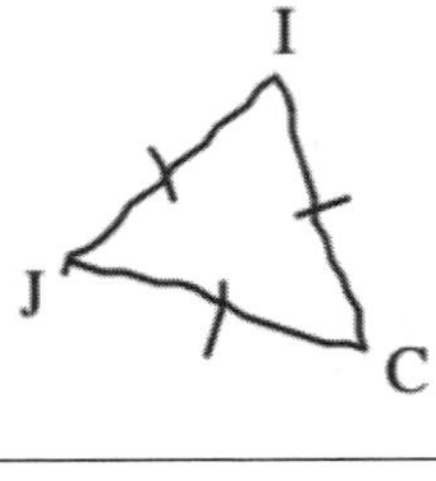

3.
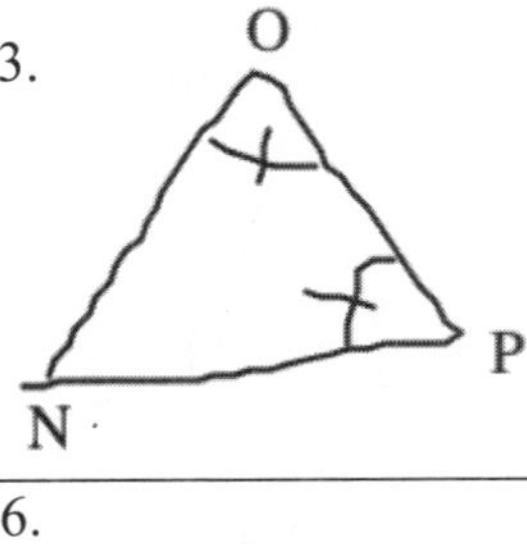

4.
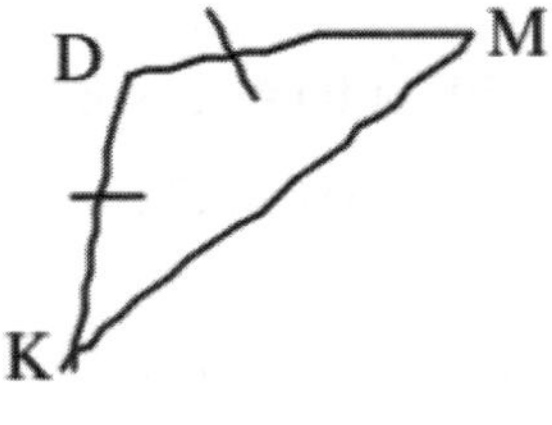

5.

6.
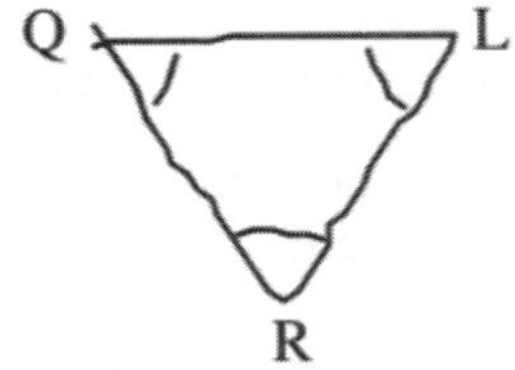

méthode 5

Comment construire un triangle isocèle ?

Pour construire un triangle isocèle :
- ▲ on trace une figure à main levée, on y marque les données et on code soit deux angles de même mesure soit deux côtés de même longueur ;
- ▲ on construit la figure en vraie grandeur en s'aidant de la figure à main levée.

EXEMPLES

1. Construire un triangle ABC isocèle en A tel que $\widehat{ABC} = 55°$ et BC = 4 cm.

Figure à main levée

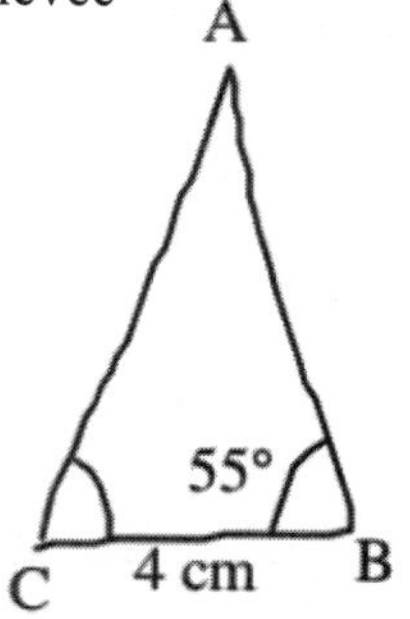

Figure en vraie grandeur

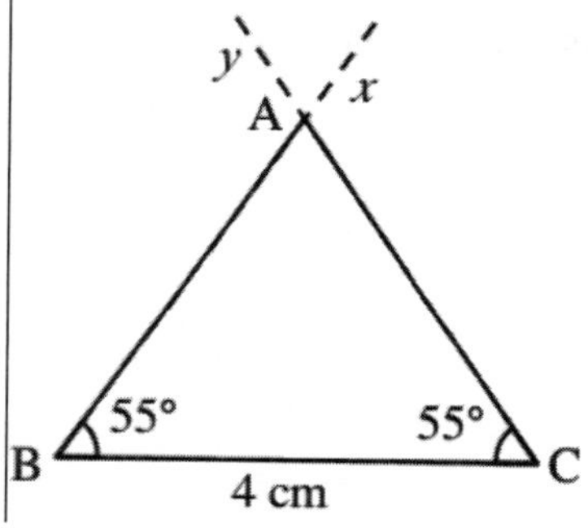

► On a tracé le segment [BC] de 4 cm et d'un même côté de [BC] deux demi-droites [Bx) et [Cy) telles que $\widehat{CBx} = \widehat{BCy} = 55°$.

► On a appelé A le point d'intersection des deux demi-droites.

2. Construire un triangle DEF isocèle en E tel que EF = 2 cm et DF = 2,5 cm.

Figure à main levée

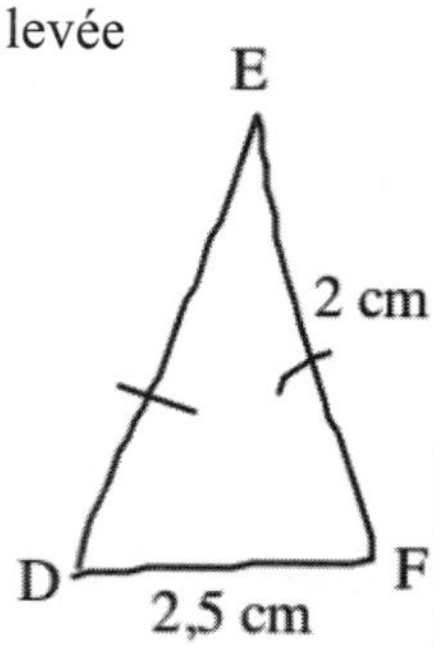

Figure en vraie grandeur

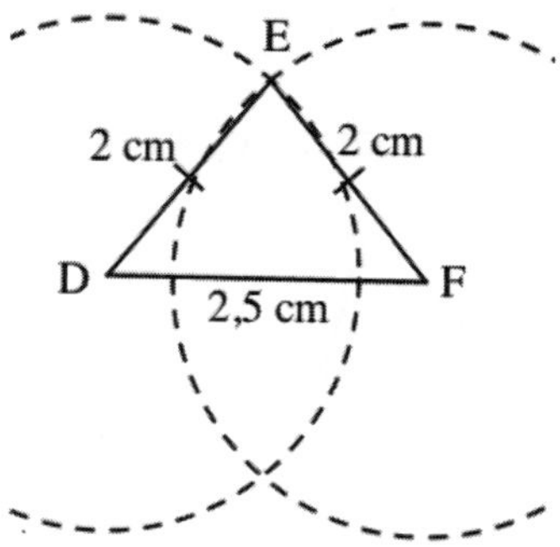

► On a tracé un segment [DF] de 2,5 cm.

► On a tracé les cercles de rayon 2 cm et de centres respectifs D et F.

► On a appelé E l'un des deux points d'intersection des cercles.

EXERCICES

1. Construire un triangle ISO isocèle en S tel que $\widehat{SIO} = 50°$ et IO = 4,5 cm.

2. Construire un triangle ABC isocèle en B tel que AB = 3,7 cm et AC = 6,2 cm.

3. Construire un triangle TRI isocèle en I tel que $\widehat{TIR} = 120°$ et IR = 4 cm.

méthode 6

Comment construire un triangle rectangle ?

Pour construire un triangle rectangle :

▲ on trace une figure à main levée en commençant par l'angle droit que l'on code, on marque les données ;

▲ on construit la figure en vraie grandeur en s'aidant de la figure à main levée.

EXEMPLES

1. Construire un triangle ABC rectangle en B tel que AB = 3,3 cm et $\widehat{BAC} = 37°$.

Figure à main levée

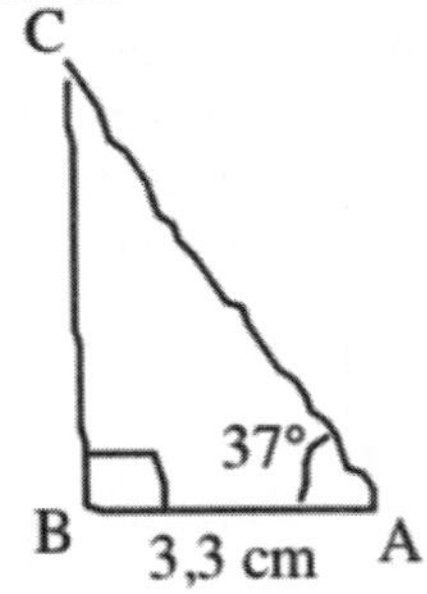

Figure en vraie grandeur

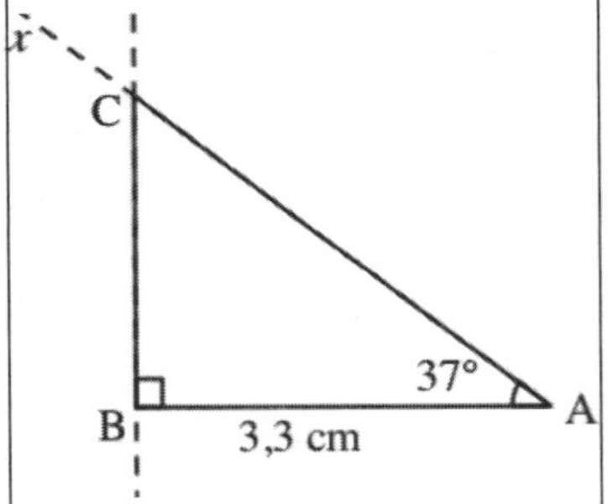

► On a tracé un segment [AB] de 3,3 cm.

► On a tracé la droite perpendiculaire à (AB) en B et une demi-droite [Ax) telle que $\widehat{BAx} = 37°$; on a appelé C leur point d'intersection.

2. Construire un triangle DEF rectangle en F tel que DE = 3,6 cm et DF = 3 cm.

Figure à main levée

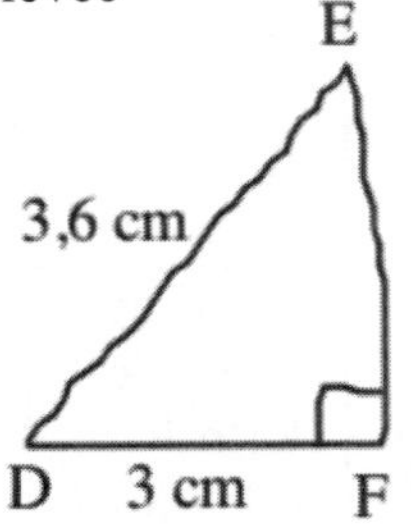

Figure en vraie grandeur

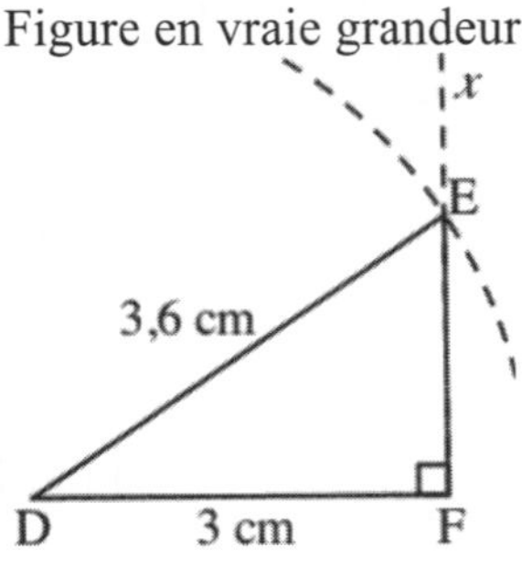

► On a tracé un segment [DF] de 3 cm.

► On a tracé une demi-droite [Fx) perpendiculaire à (DF) en F.

► On a tracé un arc du cercle de centre D et de rayon 3,6 cm et appelé E son point d'intersection avec [Fx).

EXERCICES

1. Construire un triangle IJK rectangle en I tel que JK = 4,5 cm et IK = 2,7 cm.

2. Construire un triangle REC rectangle en E tel que :

a. $\widehat{RCE} = 35°$ et CE = 5 cm

b. $\widehat{CRE} = 35°$ et CR = 5 cm.

JEUX

1. Dans le QCM qui suit, il n'y a qu'une seule réponse juste par ligne. Aucune justification n'est demandée.

	Réponses	a	b	c	d
1	L'ancien nom du triangle est	trigone	trilatère	tricôté	tétragone
2	Dans un triangle isocèle	un seul angle est aigu	un angle est droit	2 angles sont de même mesure	3 angles sont de même mesure
3	Dans un triangle équilatéral	un angle est obtus	un angle est droit	1 angle est droit et 2 côtés sont de même longueur	3 angles sont de même mesure
4	Un triangle rectangle isocèle a	1 angle droit et 3 côtés de la même longueur	2 angles de même mesure et pas d'autres particularités	1 angle droit et 2 côtés de même longueur	1 angle obtus et 2 côtés de même longueur
5	Quel mot n'est pas de la même famille que triangle ?	trigone	tricératops	trilatéral	trigono-métrie
6	Que signifie un panneau trian-gulaire dans le code de la route ?	une interdiction	une obligation	une indication	un danger
7	L'instrument de musique le triangle est un instrument	à percussion	à vent	à corde	à bois
8	Quelle zone géographique délimite le triangle des Bermudes ?	Cuba, Haïti, l'Archipel des Bermudes	Le Cap-Vert, l'île de Porto-Rico, la Guyane	La Floride, les Açores, les Antilles	La Floride, l'île de Porto-Rico, l'Archipel des Bermudes
9	Comment appelle-t-on une élection avec trois candidats ?	un trio	une triangulaire	une triplette	une trille

2. Suivre le programme de construction pour découvrir le moyen de transport qu'a emprunté Tounet pour rendre visite à son ami Robin.
Tracer un segment horizontal [AB] de longueur 4 cm. Construire le triangle équilatéral ABC en plaçant C vers le haut de la feuille.
Placer le point E sur [AB] tel que AE = 1 cm.
Construire le triangle CEF isocèle en C tel que EF = 2 cm et $F \in [AB]$.
Construire de l'autre côté de [AB] le rectangle AFIJ tel que AJ = 1 cm.
Construire le triangle AJG rectangle isocèle en A et le triangle FIH rectangle en F tel que FH = 2 cm.

3. Tracer un triangle rectangle isocèle dont les sommets appartiennent à la ligne ci-dessous.

4. Reproduire la figure sur du papier à petits carreaux puis répéter le motif et colorier la frise.

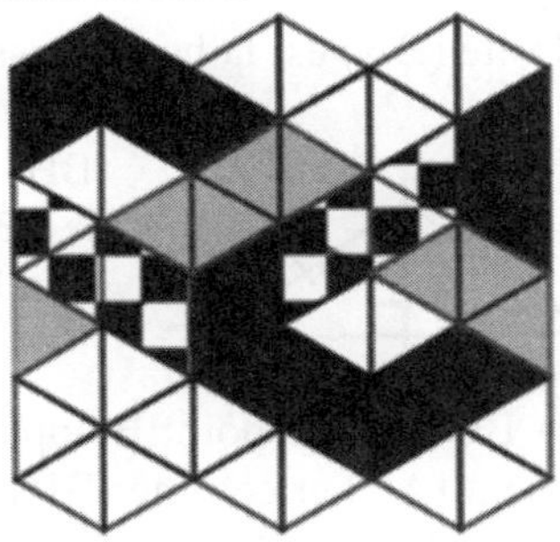

5. Jolie rosace à construire et à colorier.
Tracer quatre cercles concentriques (C_1), (C_2), (C_3) et (C_4) ayant respectivement pour rayons 1,2 cm, 1,6 cm, 3 cm et 5 cm.
Sur le cercle (C_2) reporter six fois 1,6 cm en tournant à partir d'un point A choisi du cercle. On obtient successivement les points B, C, D, E et F.
Tracer les diamètres passant par les points A, B et C puis les médiatrices de [AB], [BC] et [CD] qui coupent le cercle (C_2) respectivement en G et J, H et K, I, et L de façon à obtenir 12 points sur ce cercle dans l'ordre A, G, B, H, C, I, D, J, E, K, F et L.
Nommer les points d'intersection des trois médiatrices et du cercle (C_1) :
N, P, Q, R, S et T dans cet ordre avec $N \in [OG]$ et $P \in [OH]$.
Tracer la ligne brisée fermée ANBPCQDRESFTA.
Les diamètres [AD], [BE] et [CF] coupent respectivement le cercle (C_3) en U et X, V et Y, W et Z avec $A \in [OU]$, $B \in [OV]$ et $C \in [OW]$.
Nommer les points d'intersection des trois médiatrices et du cercle (C_4) :
A_1, B_1, C_1, D_1, E_1 et F_1 dans cet ordre avec $G \in [OA_1]$ et $H \in [OB_1]$.
Tracer la ligne brisée fermée UGVHWIXJYKZLU.
Tracer la ligne brisée fermée $UA_1VB_1WC_1XD_1YE_1ZF_1U$.

Méthode 1

1. a.

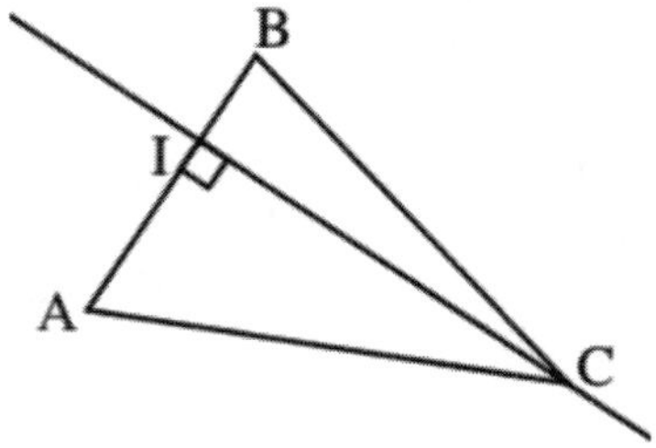

(CI) est la hauteur issue de C du triangle ABC.

b.

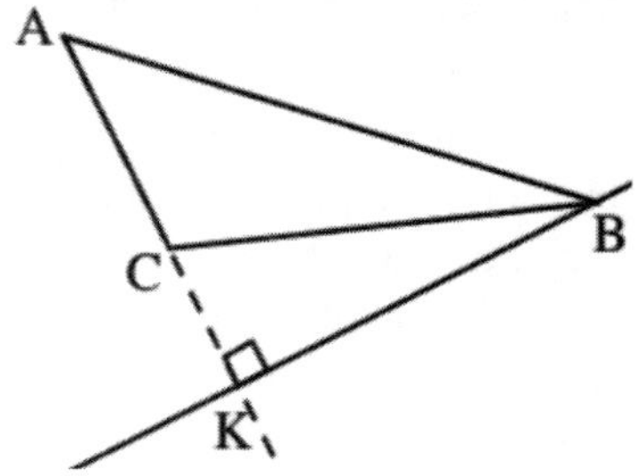

(BK) est la hauteur issue de B du triangle ABC.

2. La droite (BA) est la hauteur issue de B du triangle ABC rectangle en A.

3. a.

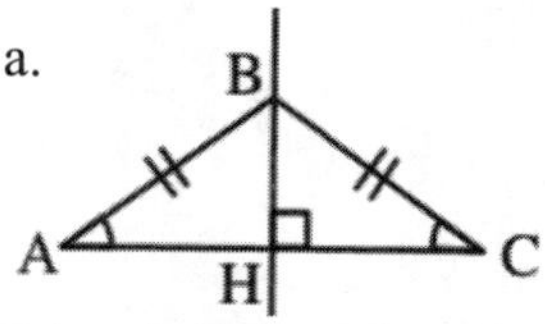

(BH) est la hauteur issue de B du triangle ABC isocèle en B.

b. BA = BC donc le point B appartient à la médiatrice du segment [AC] et comme (BH) est perpendiculaire à (AC), alors (BH) est la médiatrice du segment [AC].

4.

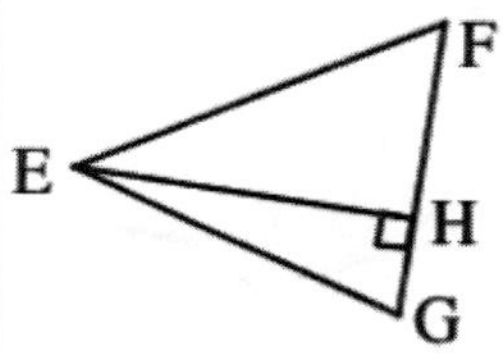

Méthode 2

1. a. $\widehat{ABC} = \widehat{BCA} = \widehat{CAB}$ donc le triangle ABC est équilatéral.

b. $\widehat{EAD} = \widehat{EDA}$ donc le triangle AED est isocèle en E.

c. $\widehat{CED} = \widehat{CDE}$ donc le triangle CDE est isocèle en C.

2.

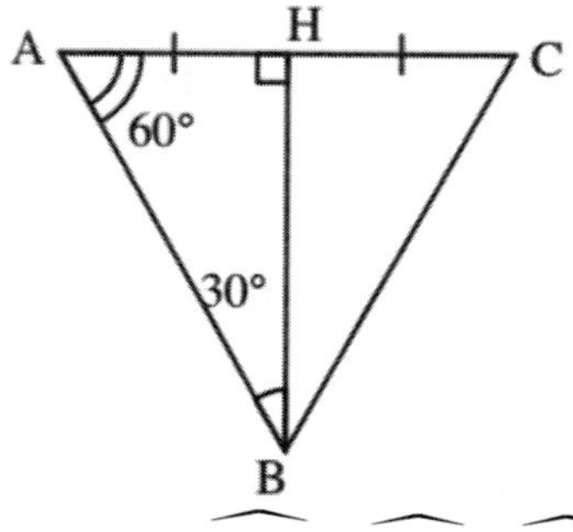

Les points A et C sont symétriques par rapport à l'axe (BH) donc les triangles ABH et CBH sont symétriques par rapport à (BH), ils sont donc superposables donc : $\widehat{BAH} = \widehat{BCH} = 60°$; $\widehat{ABH} = \widehat{CBH} = 30°$

et comme $\widehat{ABC} = \widehat{ABH} + \widehat{CBH}$,

alors $\widehat{ABC} = 30° + 30° = 60°$.

Conclusion : $\widehat{BAH} = \widehat{BCH} = \widehat{ABC} = 60°$ donc le triangle ABC est équilatéral.

3. a. On a $\widehat{BAC} = \widehat{ABC}$ donc le triangle ABC est isocèle en C.

b. $\widehat{BAD}$ est codé comme angle droit donc le triangle ABD est rectangle en A.

c. $\widehat{CAD} = \widehat{BAD} - \widehat{BAC}$ or $\widehat{BAD} = 90°$ (angle droit) et $\widehat{BAC} = 50°$ (car $\widehat{BAC} = \widehat{ABC}$ et $\widehat{ABC} = 50°$) donc $\widehat{CAD} = 90° - 50°$ donc $\widehat{CAD} = 40°$.

Conclusion : $\widehat{ACD} = 40°$ (donnée) et $\widehat{CAD} = 40°$ donc le triangle ACD est isocèle en D.

Méthode 3

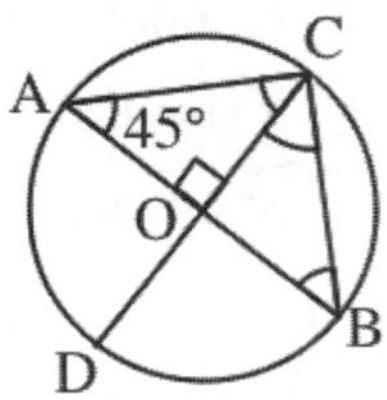

1. Le triangle BOC est rectangle isocèle en O donc $\widehat{BCO} = \widehat{CBO} = 45°$.

$\widehat{AOC} = 90°$ et OA = OC (rayon du cercle) donc le triangle AOC est rectangle isocèle en O donc $\widehat{ACO} = \widehat{CAO} = 45°$ et comme $\widehat{ACB} = \widehat{ACO} + \widehat{BCO}$, alors $\widehat{ACB} = 45° + 45° = 90°$.

Le point O appartient au segment [AB] donc $\widehat{CBA} = \widehat{CBO}$ et $\widehat{CAB} = \widehat{CAO}$ et comme $\widehat{CBO} = 45°$ et $\widehat{CAO} = 45°$, alors $\widehat{CBA} = \widehat{CAB}$.

Conclusion : $\widehat{ACB} = 90°$ et $\widehat{CBA} = \widehat{CAB}$ donc le triangle ACB est rectangle isocèle en C.

2. Le point I est sur le segment [AB] donc $\widehat{AIB} = 180°$.

$\widehat{DIB} = 80° + 55° = 135°$ et $\widehat{AID} = \widehat{AIB} - \widehat{DIB}$ d'où $\widehat{AID} = 180° - 135° = 45°$.

De plus $\widehat{ADI} = 90° - 45° = 45°$ donc $\widehat{ADI} = \widehat{AID}$.

Conclusion : $\widehat{ADI} = \widehat{AID}$ et $\widehat{DAI}$ est codé comme angle droit donc le triangle AID est rectangle isocèle en A.

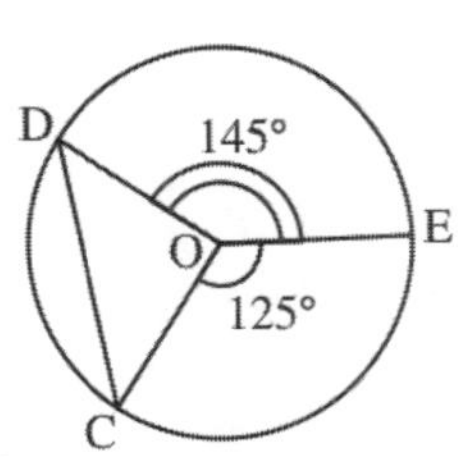

3. OC = OD (rayon du cercle) donc le triangle COD est isocèle en O.

125° + 145° = 270° donc $\widehat{COD} = 360° - 270°$ donc $\widehat{COD} = 90°$.

Conclusion : le triangle COD est isocèle en O et $\widehat{COD} = 90°$ donc le triangle COD est rectangle isocèle en O

4. Les points E et D sont symétriques par rapport à l'axe (AB) donc AD = AE (voir *chapitre 12*) donc le triangle ADE est isocèle en A.

Les angles $\widehat{BAD}$ et $\widehat{BAE}$ sont symétriques par rapport à l'axe (AB) donc $\widehat{BAD} = \widehat{BAE}$ or $\widehat{BAD} = 45°$

donc $\widehat{BAE} = 45° + 45° = 90°$.

Conclusion : le triangle ADE est isocèle en A et $\widehat{BAE} = 90°$ donc le triangle ADE est rectangle isocèle en A.

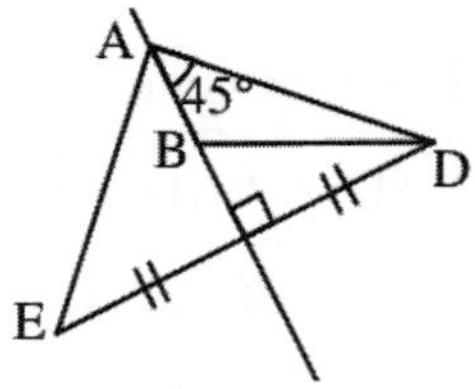

Méthode 4

1. $\widehat{EFG} = 90°$ et $\widehat{GEF} = \widehat{FGE}$ donc le triangle EFG est rectangle isocèle en F.
2. CI = IJ = JC donc le triangle CIJ est équilatéral.
3. $\widehat{PON} = \widehat{NPO}$ donc le triangle NOP est isocèle en N.
4. DK = DM donc le triangle DKM est isocèle en D.
5. $\widehat{HBA} = 90°$ donc le triangle ABH est rectangle en B.
6. $\widehat{LQR} = \widehat{QRL} = \widehat{RLQ}$ donc le triangle LRQ est équilatéral.

Méthode 5

1.

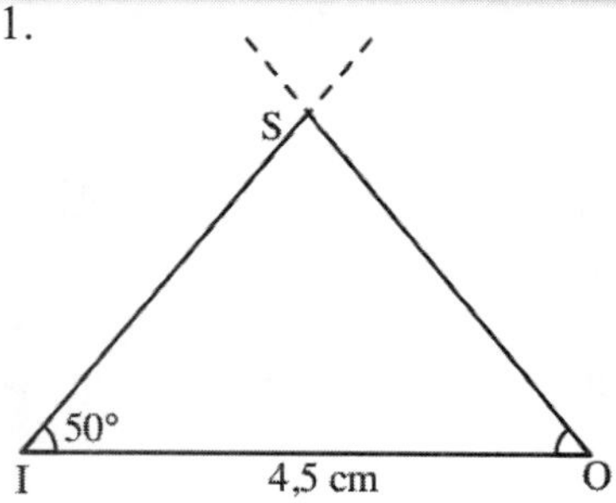

2.

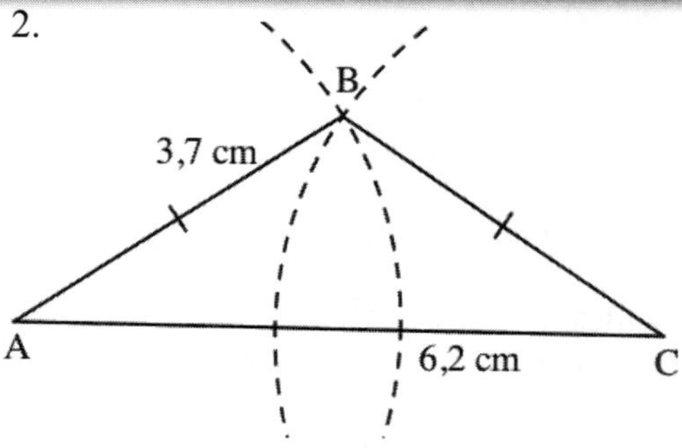

3.

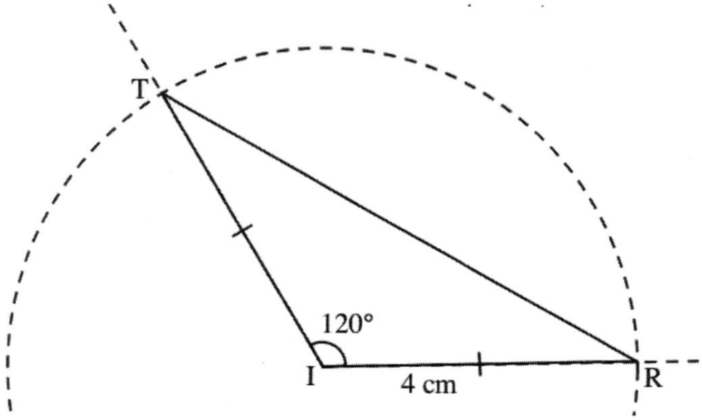

Méthode 6

1.

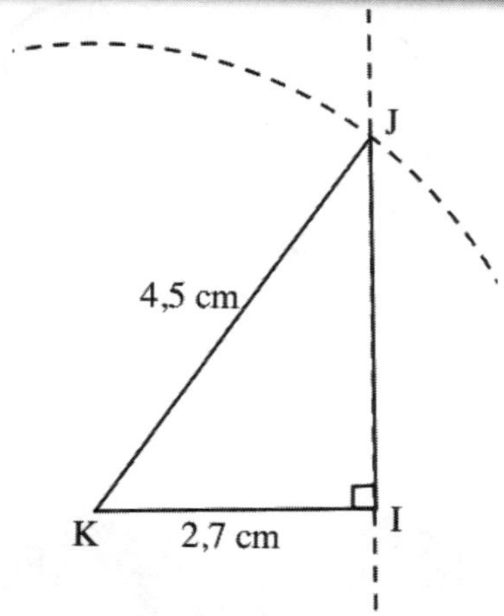

2. a.

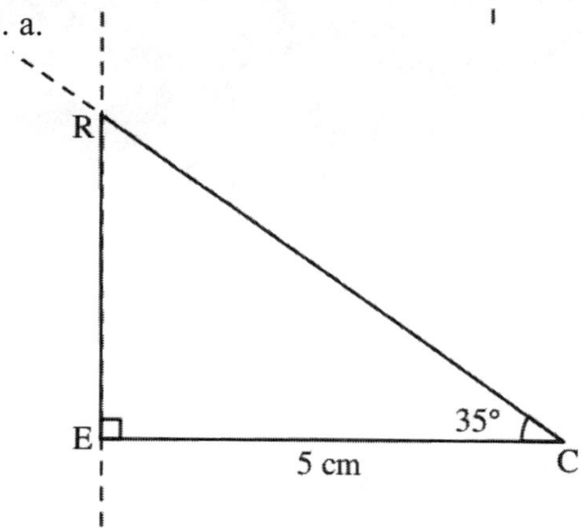

b.

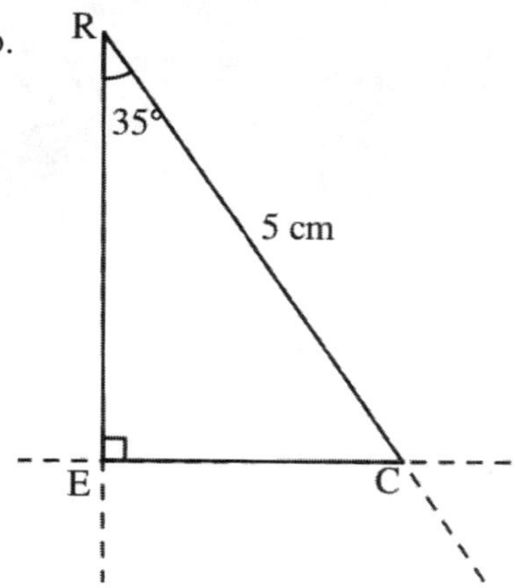

Jeux

1. 1 : trigone (Réponse a).
   2 : 2 angles sont de même mesure (Réponse c).
   3 : 3 angles sont même mesure (Réponse d).
   4 : 1 angle droit et 2 côtés de même longueur (Réponse c).
   5 : *tricératops* (Réponse b).
   6 : *un danger* (Réponse d).
   7 : à percussion (Réponse a).
   8 : la Floride, l'île de Porto-Rico, l'Archipel des Bermudes (Réponse d).
   9 : une triangulaire (Réponse b).

2. Construction :

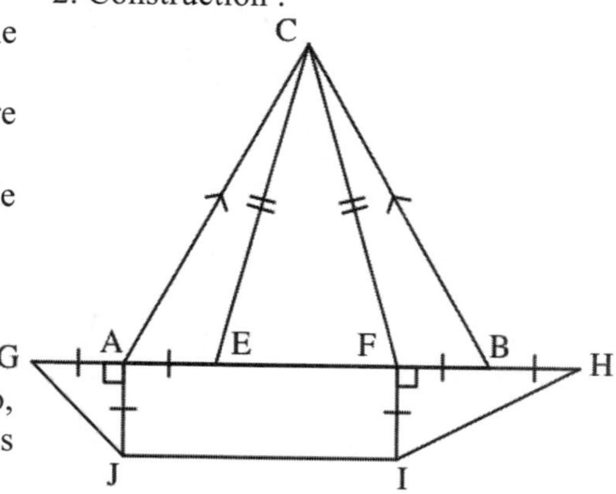

voir le bateau à la page suivante…

Bateau de Tounet pour rendre visite à Robin.

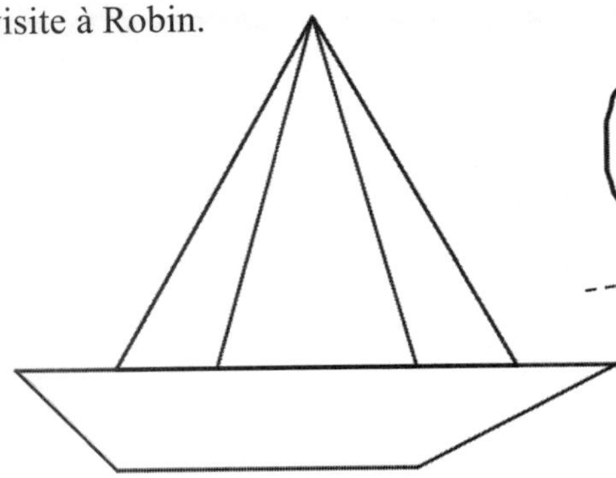

3.

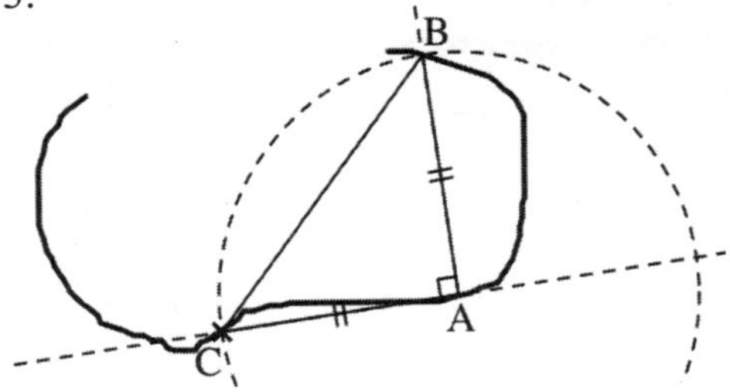

4.

5.

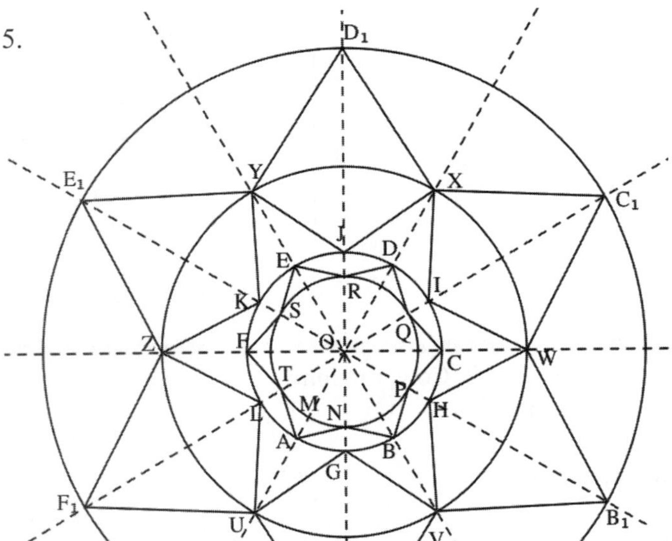

Proposition de coloriage :

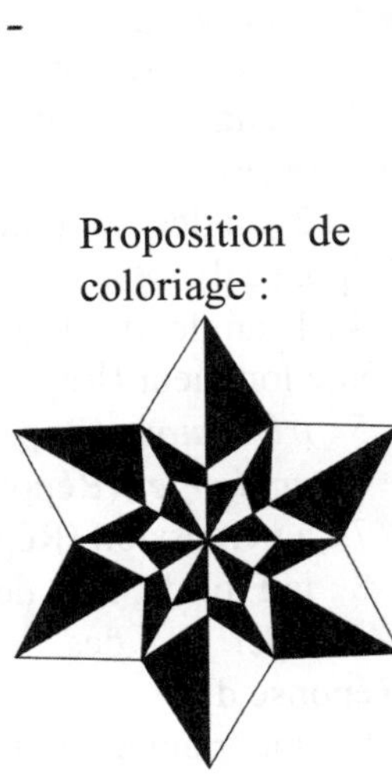

Chapitre 15

Quadrilatères

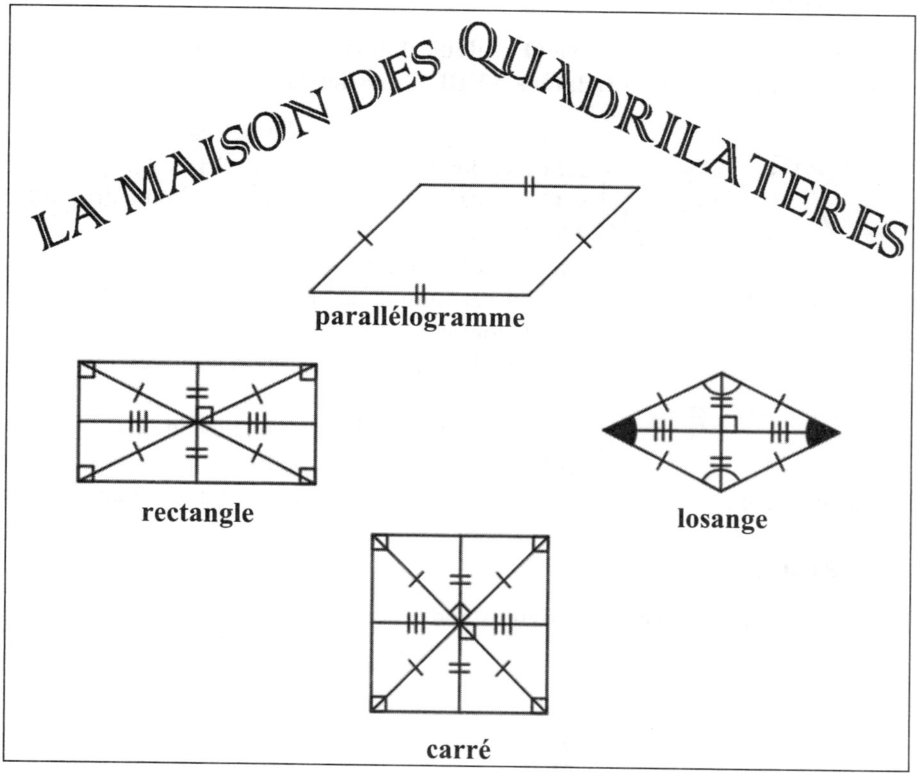

Méthodes

1. Comment identifier un carré en utilisant les propriétés des diagonales ?
2. Comment identifier un rectangle en utilisant les propriétés des diagonales ?
3. Comment identifier un losange en utilisant les propriétés des diagonales ?
4. Comment identifier un losange à partir de ses angles ?
5. Comment reconnaître un parallélogramme ?
6. Comment construire un carré ou un rectangle à partir des diagonales ?
7. Comment construire un losange ?

méthode 1

Comment identifier un carré en utilisant les propriétés des diagonales ?

Pour identifier un carré en utilisant les propriétés des diagonales :

▲ on prend en compte les données de l'énoncé écrites et/ou codées ;

▲ on vérifie ou on justifie que les diagonales du quadrilatère sont sécantes en leur milieu, perpendiculaires et ont la même longueur.

EXEMPLE

On donne un cercle de centre O et deux diamètres perpendiculaires [AB] et [EF]. Identifier le quadrilatère AEBF. Justifier la réponse.

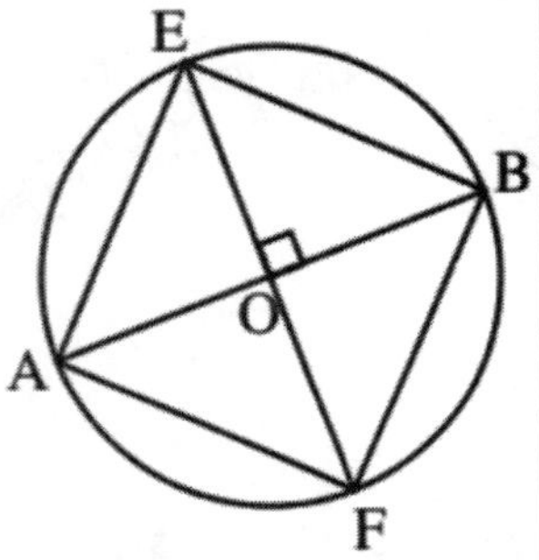

[AB] et [EF] sont des diamètres du cercle de centre O donc O est le milieu [AB] et [EF].
► On a justifié que les diagonales du quadrilatère AEBF sont sécantes en leur milieu.

(AB) et (EF) sont perpendiculaires.
► On a vérifié que les diagonales du quadrilatère AEBF sont perpendiculaires.

[AB] et [EF] sont des diamètres du cercle donc AB = EF.
► On a justifié que les diagonales du quadrilatère AEBF ont la même longueur.

Le quadrilatère AEBF est un carré. ► On a identifié le quadrilatère.

EXERCICES

1. Identifier un carré parmi les figures codées ci-dessous.

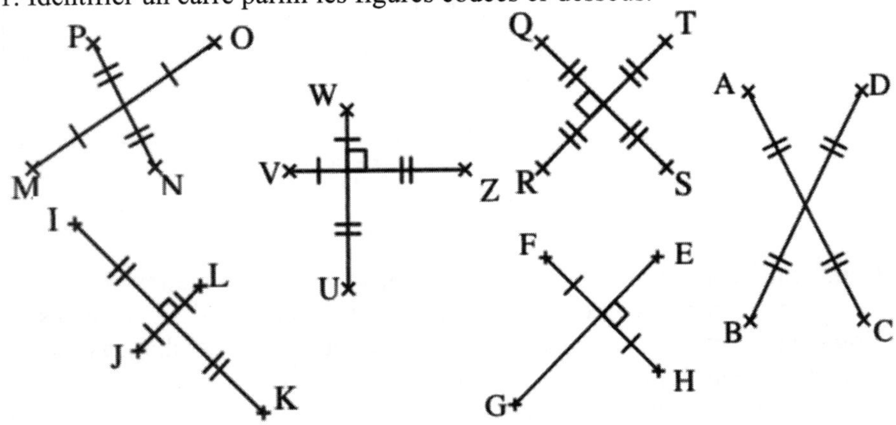

2. On considère un carré ABCD. On appelle E, F, G et H les milieux respectifs des côtés [AB], [BC], [CD] et [DA].
Quelle est la nature du quadrilatère EFGH ? Justifier la réponse.

Comment identifier un rectangle en utilisant les propriétés des diagonales ?

Pour identifier un rectangle en utilisant les propriétés des diagonales :
▲ on prend en compte les données de l'énoncé écrites et/ou codées ;
▲ on vérifie ou on justifie que les diagonales du quadrilatère sont sécantes en leur milieu et ont la même longueur.

EXEMPLE

On donne un triangle AIB isocèle en I. Placer les deux points C et D tels que I soit respectivement le milieu des segments [AC] et [BD]. Identifier le quadrilatère ABCD. Justifier la réponse.

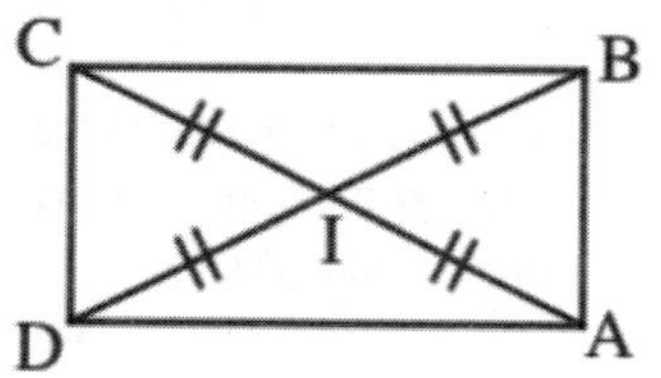

AIB est un triangle isocèle en I donc IA = IB.
I est le milieu de [AC] donc IA = IC.
I est le milieu de [BD] donc IB = ID.
On en déduit que IA = IB = IC = ID et que AC = BD.
► On a justifié que les diagonales [AC] et [BD] sont sécantes en leur milieu et qu'elles ont la même longueur.

Le quadrilatère ABCD est un rectangle. ► On a identifié le quadrilatère.

EXERCICES

1. Identifier un rectangle non carré parmi les figures codées ci-dessous.

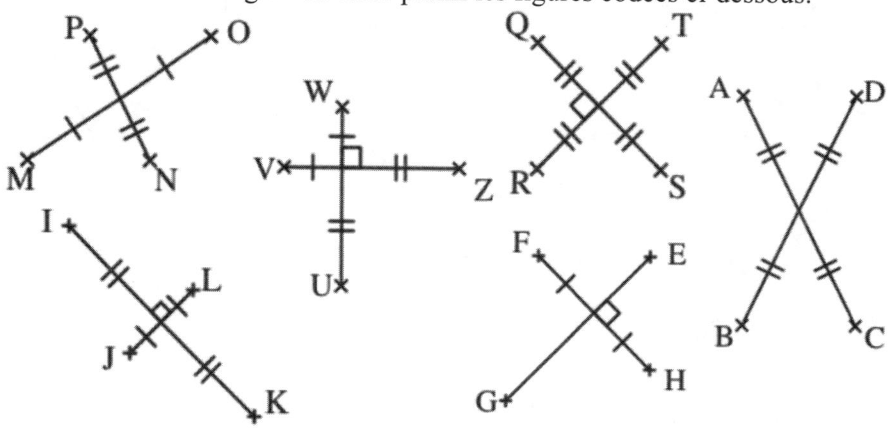

2. On donne un cercle de centre O et deux de ses diamètres [AB] et [CD]. Quelle est la nature du quadrilatère ACBD ? Justifier la réponse.

méthode 3

Comment identifier un losange en utilisant les propriétés des diagonales ?

Pour identifier un losange en utilisant les propriétés des diagonales :
▲ on prend en compte les données de l'énoncé écrites et/ou codées ;
▲ on vérifie ou on justifie que les diagonales du quadrilatère sont sécantes en leur milieu et perpendiculaires ou bien qu'elles sont axes de symétrie.

EXEMPLE On considère un triangle ABC rectangle en C.

Le point D est le symétrique du point A par rapport à l'axe (BC) et le point E est le symétrique du point B par rapport à l'axe (AC). Identifier le quadrilatère ABDE. Justifier la réponse.

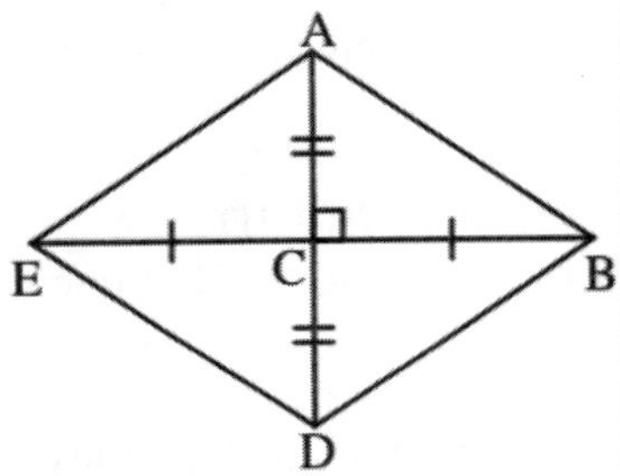

D est le symétrique de A par rapport à l'axe (BC), E celui de B par rapport à l'axe (AD) et ABC est rectangle en C donc A, C et D sont alignés ainsi que B, C et E et le quadrilatère ABDE est son propre symétrique par rapport à l'axe (BE) et par rapport à l'axe (AD).
► On a vérifié que les diagonales du quadrilatère ABDE sont des axes de symétrie.

Le quadrilatère ABDE est un losange. ► On a identifié le quadrilatère.

EXERCICES

1. Identifier un losange non carré parmi les figures codées ci-dessous.

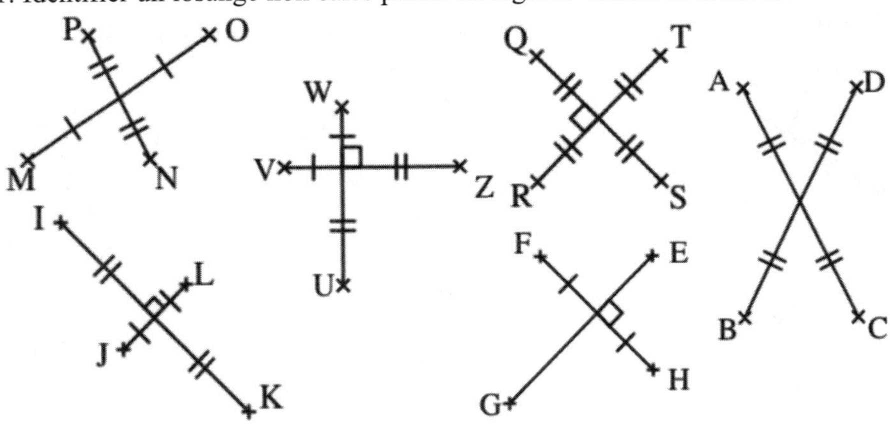

2. On donne un rectangle ABCD. Placer les points E et F tels que le point A soit le milieu des segments [DE] et [BF]. Quelle est la nature du quadrilatère EFDB ? Justifier la réponse.

3. Tracer deux cercles (*C*) et (*C*') de même centre O. Placer deux points E et F diamétralement opposés sur (*C*). La droite perpendiculaire à (EF) en O coupe (*C*') en G et H. Identifier le quadrilatère EGFH. Justifier la réponse.

Comment identifier un losange à partir de ses angles ?

Pour identifier un losange à partir de ses angles :
▲ on prend en compte les données de l'énoncé écrites et/ou codées ;
▲ on vérifie ou on justifie
- que les angles opposés ont la même mesure ;
- que les diagonales du quadrilatère sont perpendiculaires ou que deux côtés consécutifs du quadrilatère ont la même longueur.

EXEMPLES

Identifier sur chaque figure le quadrilatère EFGH. Justifier la réponse.

1. (EG) et (FH) sont les axes de symétrie du rectangle ABCD.

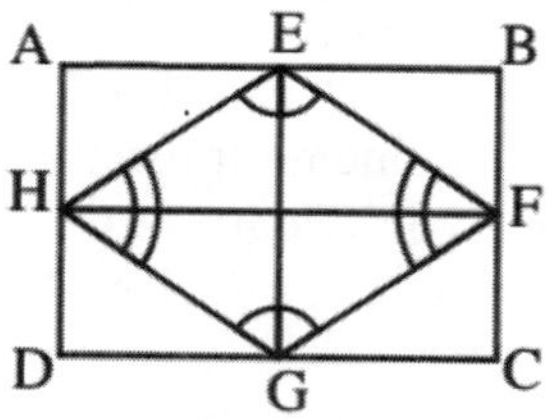

On a $\widehat{FEH} = \widehat{FGH}$ et $\widehat{EHG} = \widehat{EFG}$ d'après les codages.

► On a vérifié que les angles opposés ont la même mesure.

(EG) et (FH) sont axes de symétrie du rectangle donc (EG) ⊥ (FH).

► On a justifié que les diagonales sont perpendiculaires.

Le quadrilatère EFGH est un losange.

2. Les points A, E et F sont alignés et H, G et B aussi.

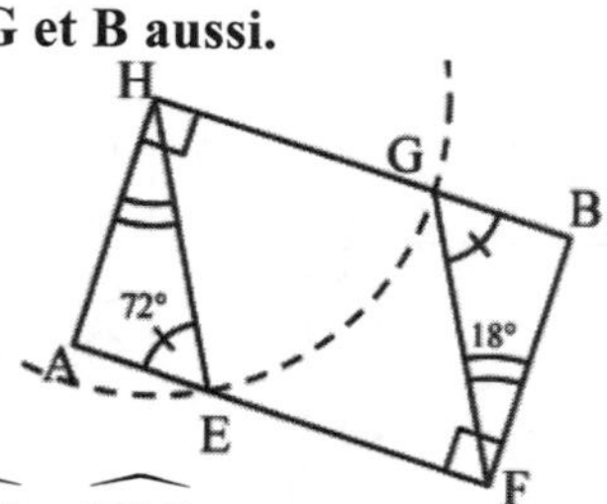

$\widehat{EHG} = \widehat{EFG} = 90° - 18° = 72°$ et

$\widehat{HEF} = \widehat{HGF} = 180° - 72° = 108°$.

► On a justifié que les angles opposés sont de même mesure.

HE = HG, [HE] et [HG] rayons du cercle de centre H.

► On a vérifié que deux côtés consécutifs ont la même longueur.

► On a identifié le quadrilatère.

EXERCICES

1. Identifier un losange parmi les figures codées ci-dessous.

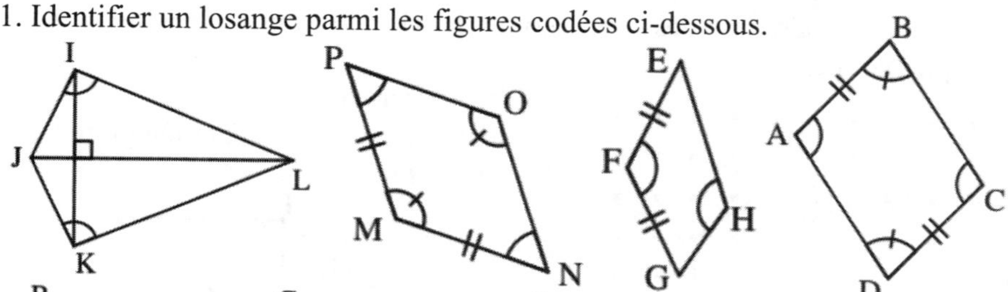

2.

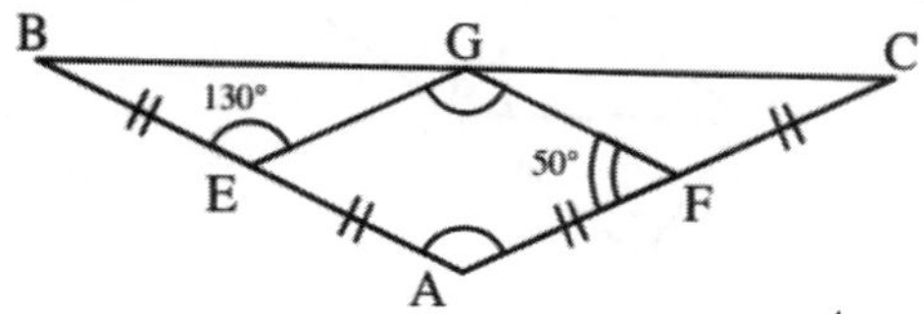

Les points A, E et B sont alignés ainsi que A, F et C. Quelle est la nature du quadrilatère AEGF ? Justifier la réponse.

méthode 5

Comment reconnaître un parallélogramme ?

Pour reconnaître un parallélogramme :
▲ on prend en compte les données de l'énoncé écrites et/ou codées ;
▲ on vérifie que les côtés opposés sont portés par des droites parallèles ou on le prouve si nécessaire.

EXEMPLE On considère un triangle ABD rectangle en B.

La parallèle à la droite (AD) en B et la perpendiculaire à la droite (BD) en D se coupent en C. Quelle est la nature du quadrilatère ABCD ? Justifier la réponse.

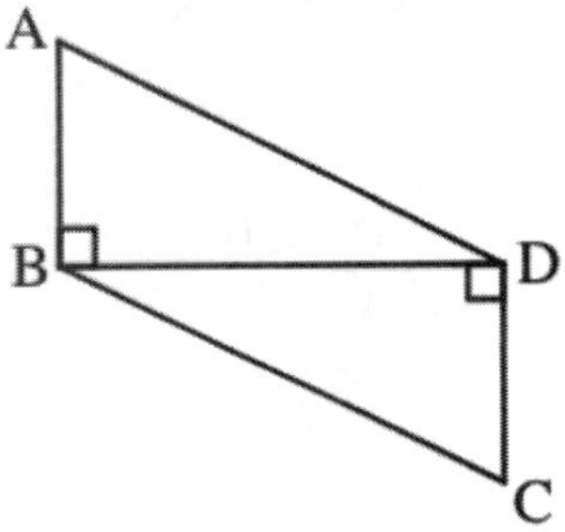

Le triangle ABD est rectangle en B donc (AB) ⊥ (BD) or (CD) ⊥ (BD) (d'après les données) donc (AB)//(CD).
Propriété utilisée : si deux droites sont perpendiculaires à une même troisième, alors elles sont parallèles (voir *chapitre 9*).
On a (AB)//(CD) et, d'après les données (BC)//(AD).
► On a prouvé que les supports des côtés du quadrilatère ABCD sont parallèles.

Le quadrilatère ABCD est un parallélogramme. ► On a donné la nature du quadrilatère.

EXERCICES

1. On donne la figure ci-contre où les points A, D et E sont alignés.
a. Identifier un losange. Justifier la réponse.
b. Reconnaître un parallélogramme. Justifier la réponse.

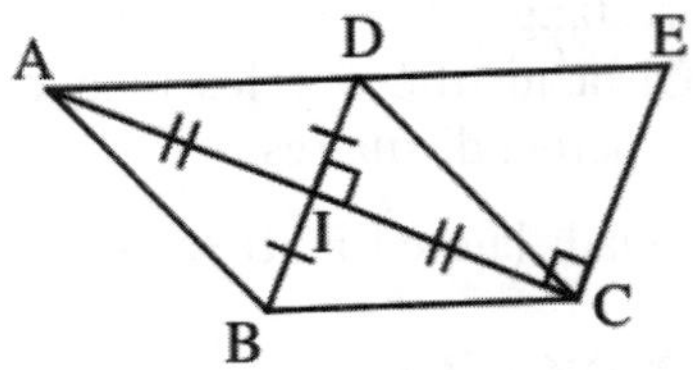

2. Identifier les parallélogrammes de la figure ci-dessous, dessinée sur papier pointé.

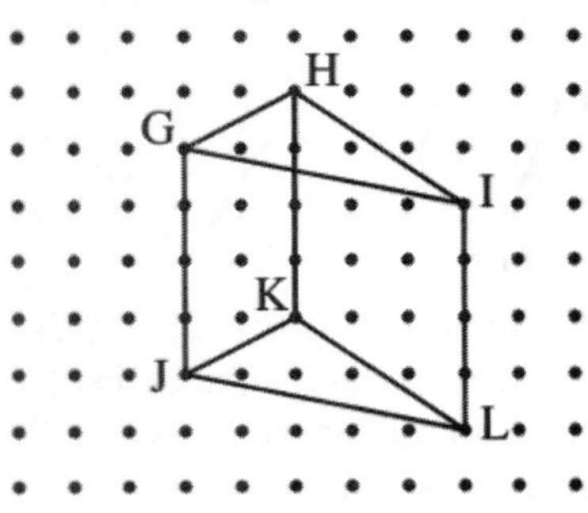

3. On donne la figure ci-dessous où les points B, G et H sont alignés ainsi que A, J et E.
a. Identifier un rectangle.
b. Identifier un parallélogramme. Justifier les réponses.

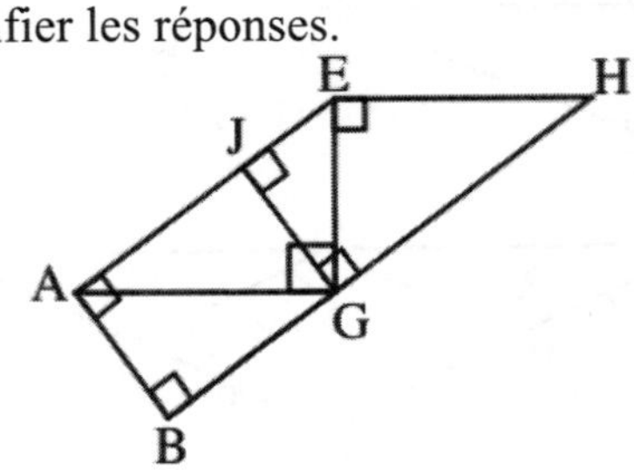

Comment construire un carré ou un rectangle à partir des diagonales ?

Pour construire un carré ou un rectangle à partir des diagonales :
▲ on trace un cercle de rayon la moitié de la longueur des diagonales ;
▲ on trace ensuite :
- pour le carré deux diamètres perpendiculaires, les sommets du carré sont les extrémités des diamètres.
- pour le rectangle deux diamètres quelconques, les sommets du rectangle sont les extrémités des diamètres.

Remarques : - pour le rectangle, des données peuvent être ajoutées en particulier la mesure de l'angle des deux diagonales ;
- ne pas hésiter à dessiner une figure à main levée pour s'aider.

EXEMPLES

1. Construire un carré dont les diagonales mesurent 3,8 cm.

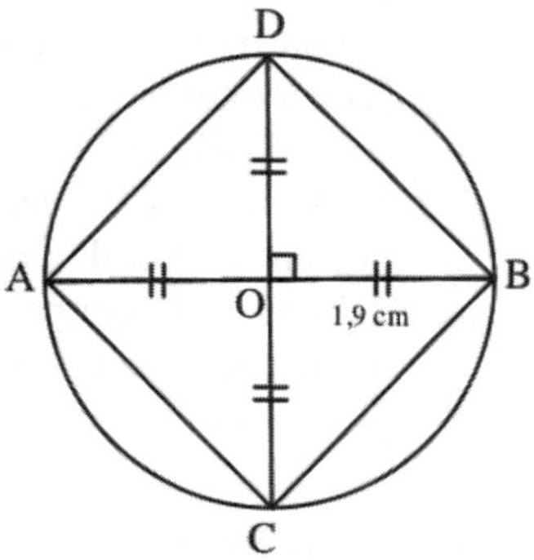

► On a tracé un cercle de centre O et de rayon 1,9 cm.
► On a tracé deux diamètres perpendiculaires [AB] et [CD].
► On a tracé le carré ACBD.

2. Construire un rectangle dont les diagonales mesurent 3 cm.

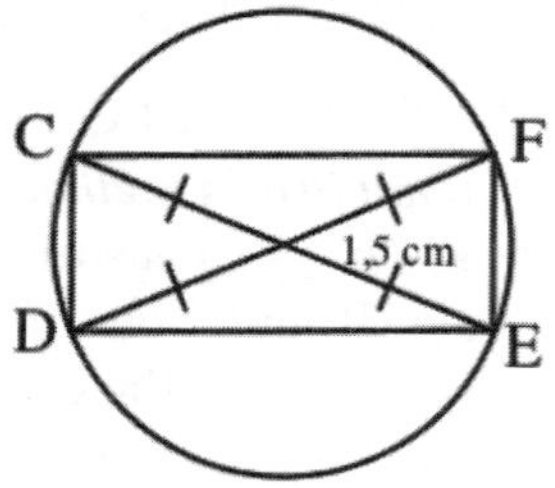

► On a tracé un cercle de centre O et de rayon 1,5 cm.
► On a tracé deux diamètres [CE] et [DF].
► On a tracé le rectangle CDEF.

EXERCICES

1. a. Construire un carré ACER dont les diagonales mesurent 4,6 cm.
b. Construire un rectangle ECRT dont les diagonales ont 4 cm de longueur.

2. Construire un rectangle ABCD de centre O tel que $\widehat{AOB} = 110°$ et AC = 6 cm.

3. Construire un rectangle EFGH tel que EF = 4,2 cm et EG = 5,6 cm.

méthode 7

Comment construire un losange ?

Pour construire un losange :
▲ on trace une figure à main levée, on y marque les données et à partir de ces dernières on y ajoute des codages qui découlent des propriétés du losange ;
▲ on construit la figure en vraie grandeur en s'aidant de la figure à main levée.

EXEMPLES

1. Construire un losange ABCD tel que BD = 2,8 cm et AC = 4,2 cm.

Figure à main levée

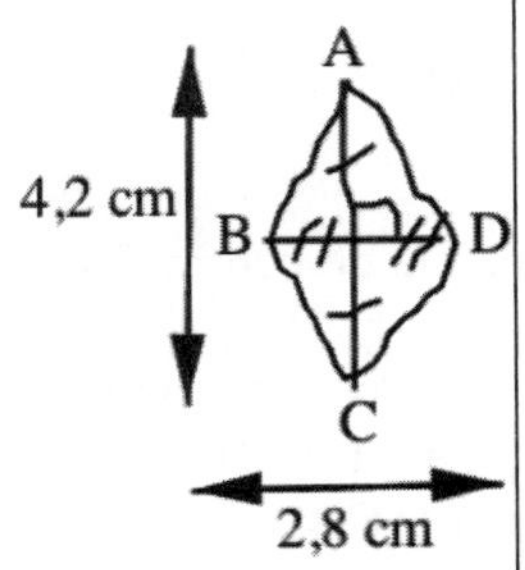

Figure en vraie grandeur

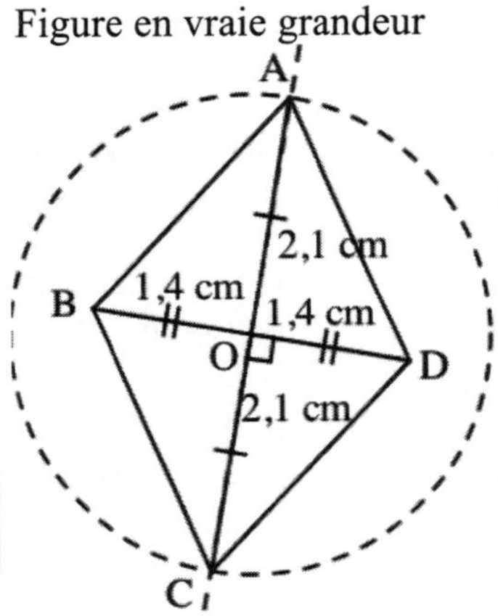

► On a tracé un segment [BD] de 2,8 cm de longueur.
► On a construit la médiatrice de [BD] (voir *chapitre 11*) ; elle coupe [BD] en O.
► On a tracé le cercle de centre O et de rayon 2,1 cm ; il coupe la médiatrice en deux points A et C.

2. Construire un losange EFGH tel que EG = 4 cm et $\widehat{GEF}$ = 32°.

Figure à main levée

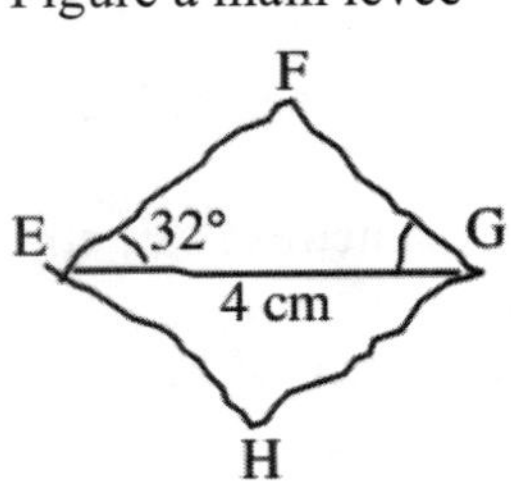

Figure en vraie grandeur

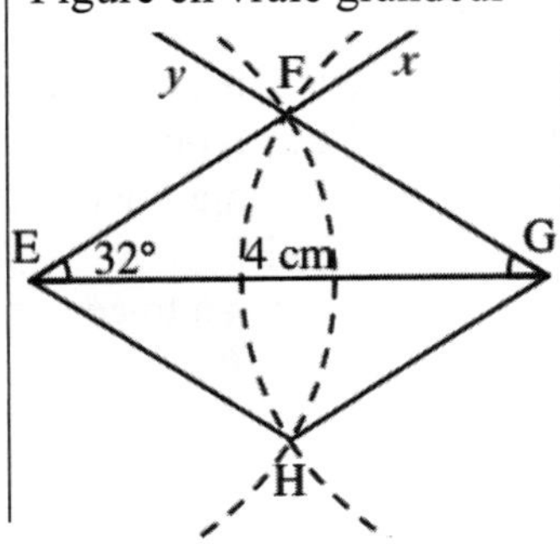

► On a tracé un triangle EFG isocèle en F tel que $\widehat{GEF}$ =32° et EG = 4 cm (*chapitre 14 méthode 5*).
► On a construit H, symétrique de F par rapport à l'axe (EG) (*chapitre 12 méthode 1*).

EXERCICES

1. Construire un losange EFGH tel que EG = 5 cm et FH = 3 cm.

2. Construire un losange LOSA tel que :

a. $\widehat{ALO}$ = 80° et LS = 2,6 cm. b. $\widehat{LAS}$ = 80° et LA = 2,6 cm.

1. Pour découvrir Rectcar le robot malin, suivre le programme de construction, pour plus de facilité utiliser du papier à petits carreaux.
Tracer, à peu près au centre de la page, un rectangle ABCD tel que AB = 5 cm et BC = 4,5 cm, A et B sont au-dessus de C et D et A à gauche.

Sur [AB], placer les points E et F tels que AE = 1 cm et AF = 4 cm.
Tracer le rectangle EFGH tel que EH = 2 cm avec H à l'extérieur du rectangle ABCD. Placer O son centre.
Tracer le carré OIJK de côté 2 cm avec (OK)//(AD) et G à l'intérieur du carré.
La droite (OK) coupe le segment [HG] en O'. Placer L milieu de [O'J].
Tracer le carré LMNP de côté 1,5 cm avec (LP)//(AD) et J à l'intérieur du carré.

Sur [BC], placer les points Q' et R' tels que BQ' = 1 cm et BR' = 3 cm.
Tracer le rectangle QQ'R'R tel que QQ' = 0,5 cm, Q à l'intérieur du rectangle ABCD et le rectangle QRST tel que QT = 2,5 cm et Q' ∈ [QT].
Placer Z le milieu de [ST]. Tracer la perpendiculaire à (ST) en Z. Placer sur cette droite les points U et V tels que ZU = ZV = 1 cm avec U à l'intérieur du rectangle QRST.
Tracer le rectangle UVWX tel que UX = 1,5 cm avec T à l'intérieur du rectangle.

Sur [CD] placer les points M', N', I' tels que CM' = 0,5 cm, CN' = 3 cm, CI' = 3,5 cm et placer le point L' tel que DL' = 1 cm, L' ∈ [CD) et L' ∉ [CD].
Tracer les rectangles
- M'E'F'N' tel que M'E' = 0,5 cm, E' et F' à l'intérieur du rectangle ABCD ;
- E'F'G'H' tel que E'H'= 2 cm et M' ∈ [E'H'] ;
- I'J'K'L' tel que I'J' = 1 cm avec J' à l'intérieur du rectangle ABCD ;
- J'K'P'S' avec L' milieu de [K'P'].
Placer le point Y tel que Y ∈ (GF) et Y ∉ [FG) et FY = 5,5 cm.
Tracer le rectangle YT'U'V' tel que YT' = 2 cm, YV'= 1,5 cm avec (YT')//(CD) et H' à l'intérieur du rectangle.
Placer le point Y' milieu de [P'D]. Tracer le rectangle Y'B'C'D' tel que Y'B' = 2 cm et Y'D' = 1,5 cm avec (YB')//(CD) et P' à l'intérieur du rectangle.

Sur [AD], placer les points A_1 et B_1 tels que AA_1 = 0,5 cm et AB_1 = 2,5 cm.

Tracer les rectangles $A_1C_1D_1B_1$ tel que A_1C_1 = 0,5 cm avec C_1 et D_1 à l'intérieur du rectangle ABCD et $C_1D_1E_1F_1$ tel que C_1F_1 = 2,5 cm avec $A_1 \in [C_1F_1]$. Placer G_1 tel que A soit le milieu du segment $[C_1G_1]$.

Tracer le rectangle $G_1H_1I_1J_1$ tel que G_1H_1 = 1,5 cm, G_1J_1 = 2 cm avec (G_1H_1)//(AD) et F_1 à l'intérieur du rectangle. Pour terminer, colorier Rectcar.

2. Sudomath : Trouver le mot puis la lettre du mot à l'aide de l'indication. Retrouver ainsi les lettres A, E, G, H, O, P, R, T, Y puis compléter les cases de la grille de manière que pour chaque ligne, chaque colonne et chaque région de 9 cases matérialisée par les traits gras les neuf lettres soient utilisées. Un nom apparaît dans la colonne étroite grisée.

Poly-gone à 3 côtés, 1ère lettre	Ses côtés opposés sont parallèles, dernière lettre			Angle de 180°, 3e lettre		Elles relient 2 sommets opposés dans un quadrilatère, 4e lettre		Il a 4 côtés de même longueur, 2e lettre
				Polygone a 7 côtés , 1ère lettre			Ce livre fait réussir en quoi ? 8e lettre	
Intersec-tion de 2 droites, 1ère lettre		Elle est axiale, 2e lettre					Polygone a 6 côtés, 1ère lettre	Axe de symétrie d'un segment, 10e lettre
Poly-gone à 8 côtés, 5e lettre	La moitié d'un diamètre, 3e lettre	Sert à tracer des angles droits, 4e lettre						Polygone à 5 côtés, 4e lettre
			Extrémi-tés de 2 côtés, 2e lettre				Unité de mesure d'angle 3e lettre	
Angle de 90°, 2e lettre		Sert à tracer des cercles, 5e lettre		Triangle qui a 3 angles de même mesure, 7e lettre		On la suppose, 1ère lettre	A un centre et un rayon, 6e lettre	Droites qui forment un angle droit, 4e lettre
Il a 4 angles droits, 5e lettre		Sert à mesurer des angles, 6e lettre						∈ en est un, 2e lettre
	Joint un sommet et est perpen-diculaire au côté opposé, 1ère lettre		Angle de mesure comprise entre 90° et 180°, 3e lettre	Côté opposé à l'angle droit dans un triangle rectangle, 2e lettre			Triangle qui a 2 côtés de même longueur, 3e lettre	
	2 de mê-me mesu-re dans 1 triangle isocèle, 3e lettre						Il a 4 axes de symétrie, 3e lettre	

3. Parmi ces phrases une seule est vraie. Laquelle ?
Si un quadrilatère a ses diagonales de même longueur, alors c’est un rectangle.
Si un quadrilatère a ses diagonales perpendiculaires, alors c’est un losange.
Si un quadrilatère est un carré, alors ses diagonales ont la même longueur.
Si un quadrilatère a ses côtés de la même longueur, alors c’est un carré.
Si un quadrilatère est un rectangle, alors ses diagonales sont perpendiculaires.
Si un quadrilatère a ses diagonales perpendiculaires, alors c’est un losange.

4. a. Combien y a-t-il de losanges dans la figure ci-dessous ?

b. Combien y a-t-il de rectangles dans la figure ci-dessous ?

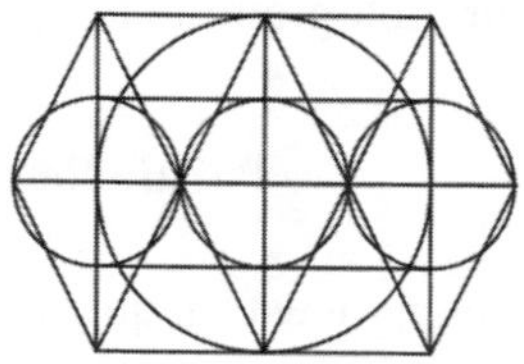

5. Reproduire sur du papier à petits carreaux la figure puis répéter le motif deux fois horizontalement et deux fois verticalement pour obtenir neuf motifs puis colorier.

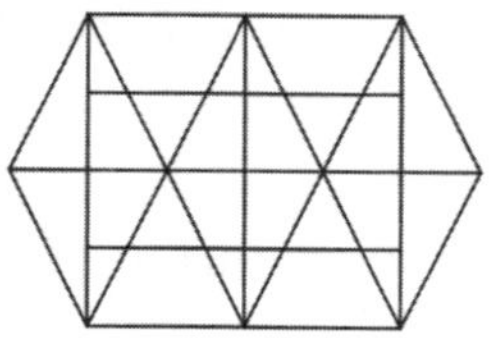

6. Une seule des pièces de ce puzzle est unique.
De quelle forme s’agit-il ?

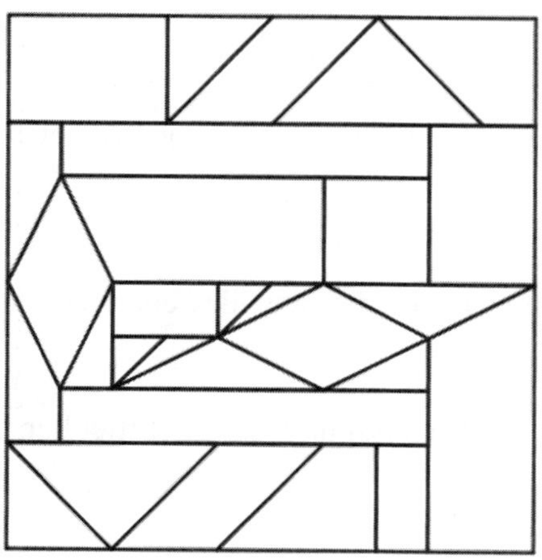

7. Reproduire sur du papier à petits carreaux les figures ci-dessous puis répéter le motif et colorier les frises.

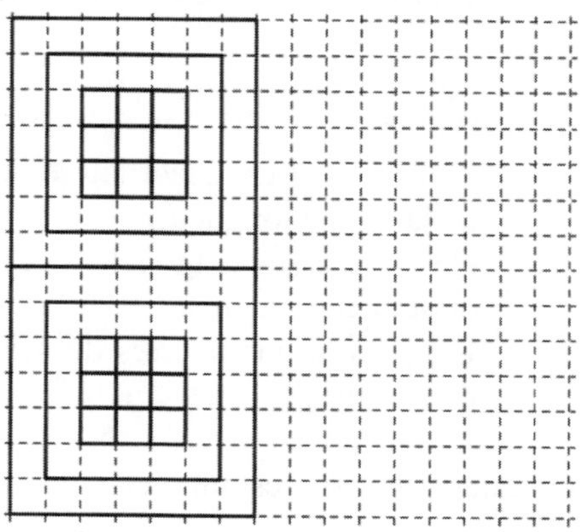

Le vocabulaire du chapitre

Quadrilatère

- Un quadrilatère est un polygone qui a quatre côtés.

Parallélogramme

- Un parallélogramme est un quadrilatère qui a ses côtés opposés parallèles deux à deux.
- Un parallélogramme n'a pas d'axe de symétrie sauf s'il est particulier.

Parallélogrammes particuliers

Rectangle

- Un rectangle est un quadrilatère qui a quatre angles droits.
- Un rectangle a ses côtés opposés de même longueur.
- Un rectangle a ses diagonales sécantes en leur milieu et de même longueur.
- Un rectangle a deux axes de symétrie : les médiatrices des côtés.

Losange

- Un losange est un quadrilatère qui a ses quatre côtés de la même longueur.
- Un losange a ses angles opposés de même mesure.
- Un losange a ses diagonales sécantes en leur milieu et perpendiculaires.
- Un losange a deux axes de symétrie : les diagonales.

Carré

- Un carré est un quadrilatère qui a quatre angles droits et quatre côtés de la même longueur.
- Un carré a ses diagonales sécantes en leur milieu, de même longueur et perpendiculaires.
- Un carré a quatre axes de symétrie : les médiatrices des côtés et les diagonales.

Remarque : un carré est un rectangle particulier et aussi un losange particulier.

Méthode 1

1. Le carré est QRST.

2. On a appelé O le centre du carré ABCD.
Les diagonales [EG] et [FH] du quadrilatère EFGH ont pour supports deux des axes de symétrie du carré ABCD de centre O donc les diagonales [EG] et [FH] du quadrilatère EFGH sont sécantes en leur milieu O, elles ont la même longueur et sont perpendiculaires.

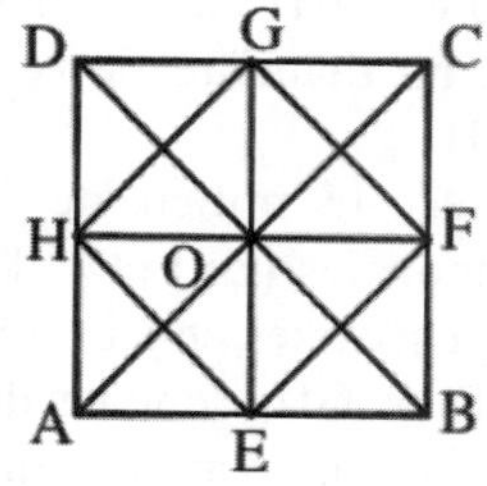

Conclusion : Le quadrilatère EFGH est un carré.

Méthode 2

1. Le rectangle non carré est ABCD.

2. O est le centre du cercle et [AB] et [CD] sont deux diamètres du cercle donc O est le milieu de [AB] et de [CD] et AB = CD.
Conclusion : les diagonales [AB] et [CD] du quadrilatère ACBD sont sécantes en leur milieu et ont la même longueur donc le quadrilatère ACBD est un rectangle.

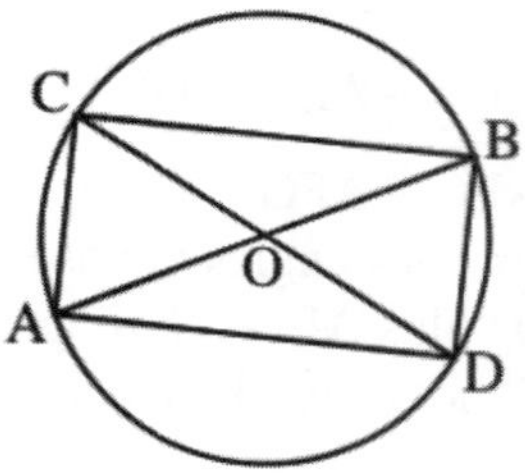

Méthode 3

1. Le losange non carré est IJKL.

2. A est le milieu de [DE] et de [BF] donc les diagonales [DE] et [BF] du quadrilatère EFDB sont sécantes en leur milieu.

ABCD est un rectangle donc $\widehat{BAD}$ est un angle droit et comme D, A et E sont alignés ainsi que B, A et F, alors (DE) et (BF) sont perpendiculaires.
Conclusion : les diagonales [DE] et de [BF] du quadrilatère EFDB sont sécantes en leur milieu et perpendiculaires donc le quadrilatère EFDB est un losange.

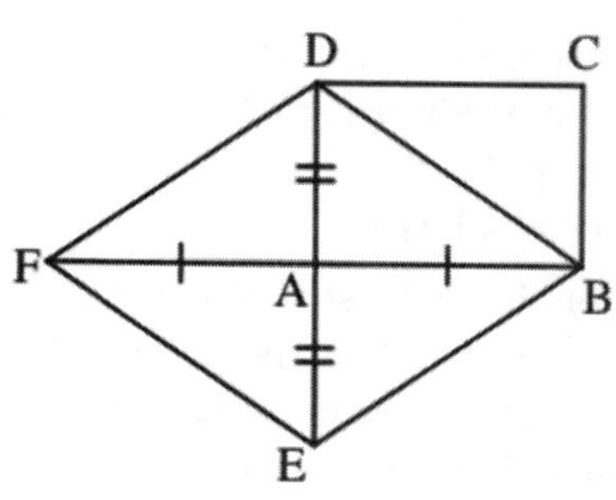

3. E et F sont deux points diamétralement opposés du cercle (C) de centre O donc O est le milieu de [EF].
G et H sont deux points du cercle (C') et la droite (GH) passe par son centre O donc [GH] est un diamètre de (C') et O est le milieu de [GH].
O est le milieu de [EF] et [GH] donc les diagonales [EF] et [GH] du quadrilatère EGFB sont sécantes en leur milieu.
(EF) $\perp$ (GH) donc les diagonales du quadrilatère EGFB sont perpendiculaires.
Conclusion : le quadrilatère EGFB est un losange.

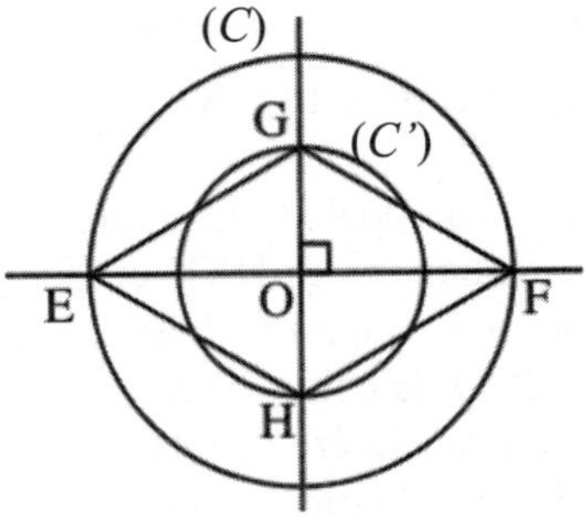

Méthode 4

1. Le losange est MNOP.

2. Les points A, E et B sont alignés donc $\widehat{AEB}$ est un angle plat.
$\widehat{AEG} = \widehat{AEB} - \widehat{GEB}$ donc $\widehat{AEG} = 180° - 130° = 50°$ or $\widehat{AFG} = 50°$ donc $\widehat{AEG} = \widehat{AFG}$. On a $\widehat{AEG} = \widehat{AFG}$ et de plus d'après le codage $\widehat{EAF} = \widehat{EGF}$ donc les angles opposés du quadrilatère AEGF ont la même mesure.
De plus AE = AF d'après le codage.
Conclusion : le quadrilatère AEGF est un losange.

Méthode 5

1. a. Le point I est le milieu de [AC] et [BD] et l'angle $\widehat{CID}$ est codé comme un angle droit donc les diagonales du quadrilatère ABCD sont sécantes en leur milieu et perpendiculaires.
Conclusion : ABCD est un losange.
b. Le quadrilatère ABCD est un losange donc les supports des côtés opposés sont parallèles donc (AD)//(BC) et comme les points A, D et E sont alignés, on a (DE)//(BC).

L'angle $\widehat{ECI}$ est codé comme un angle droit donc (EC) $\perp$ (AC)
or (DB) $\perp$ (AC) donc (DB)//(EC).
Propriété utilisée : si deux droites sont perpendiculaires à une même troisième, alors elles sont parallèles.
Conclusion : (DE)//(BC) et (DB)//(EC) donc le quadrilatère BDEC est un parallélogramme.

2. Les parallélogrammes de la figure sont JGHK, JGIL et KHIL.

3. a. Les angles $\widehat{BAJ}$, $\widehat{AJG}$, $\widehat{JGB}$ et $\widehat{GBA}$ sont codés comme angles droits donc le quadrilatère AJGB a quatre angles droits, c'est un rectangle.
b. AJGB est un rectangle donc (AJ)//(BG) et comme les points B, G et H sont alignés ainsi que A, J et E, on a (AE)//(GH).

$\widehat{EGA}$ et $\widehat{GEH}$ sont codés comme angles droits
donc (GA) $\perp$ (GE) et (EH) $\perp$ (GE) donc (GA)//(EH).
Propriété utilisée : si deux droites sont perpendiculaires à une même troisième, alors elles sont parallèles.
Conclusion : (AE)//(GH) et (GA)//(EH) donc le quadrilatère AEHG est un parallélogramme.

Méthode 6

1. a.

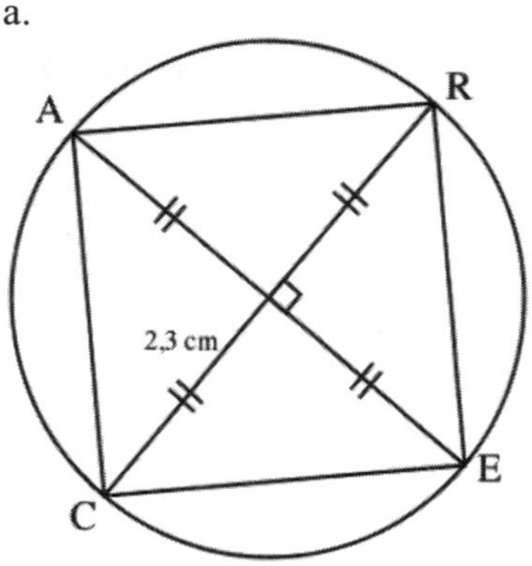

b.

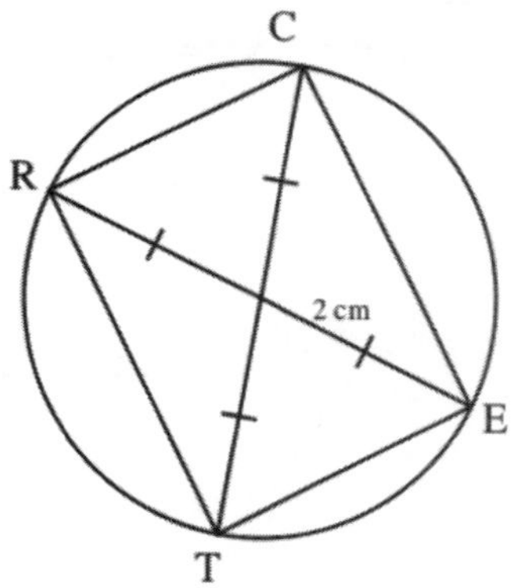

2.

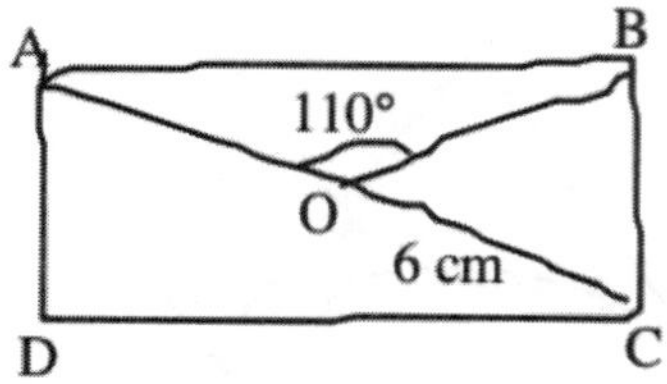

Figure à main levée

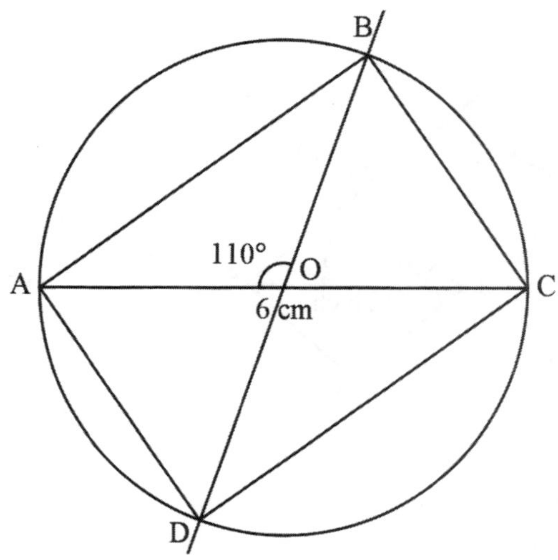

3.

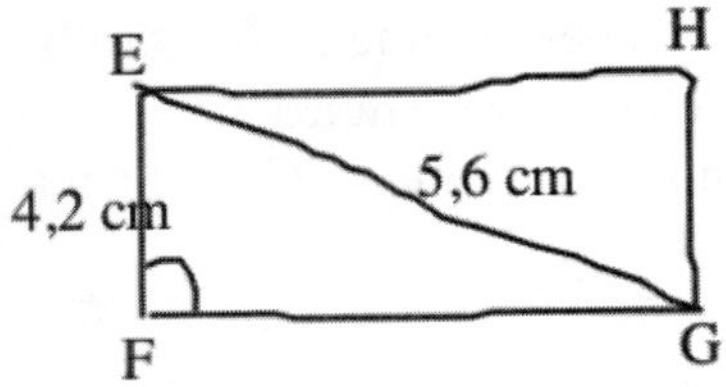

Figure à main levée

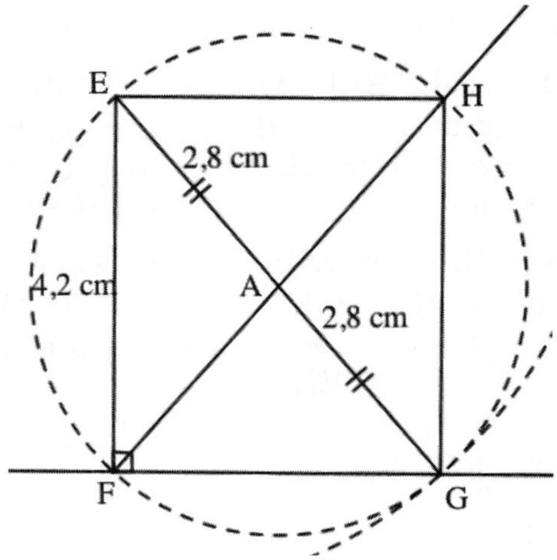

Méthode 7

1.

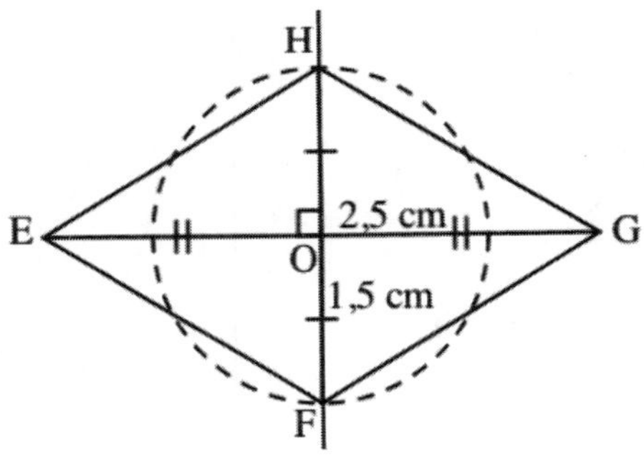

2. a.

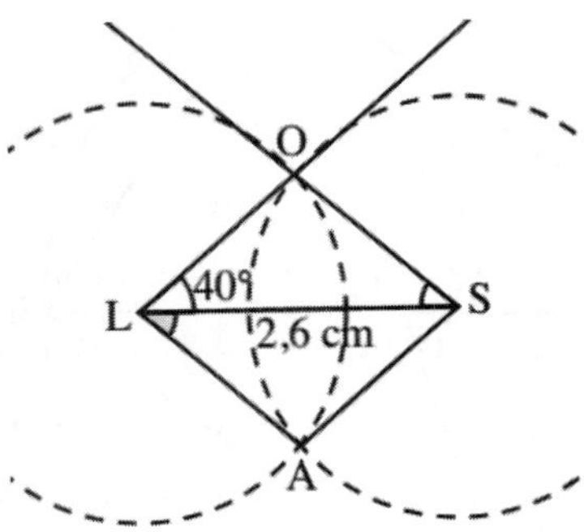

b.

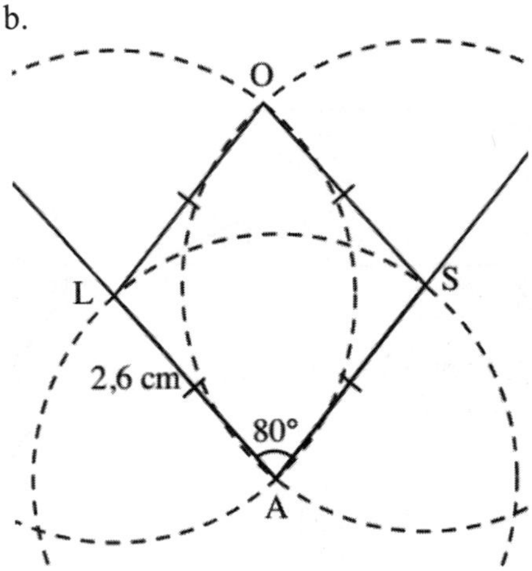

Jeux

1.

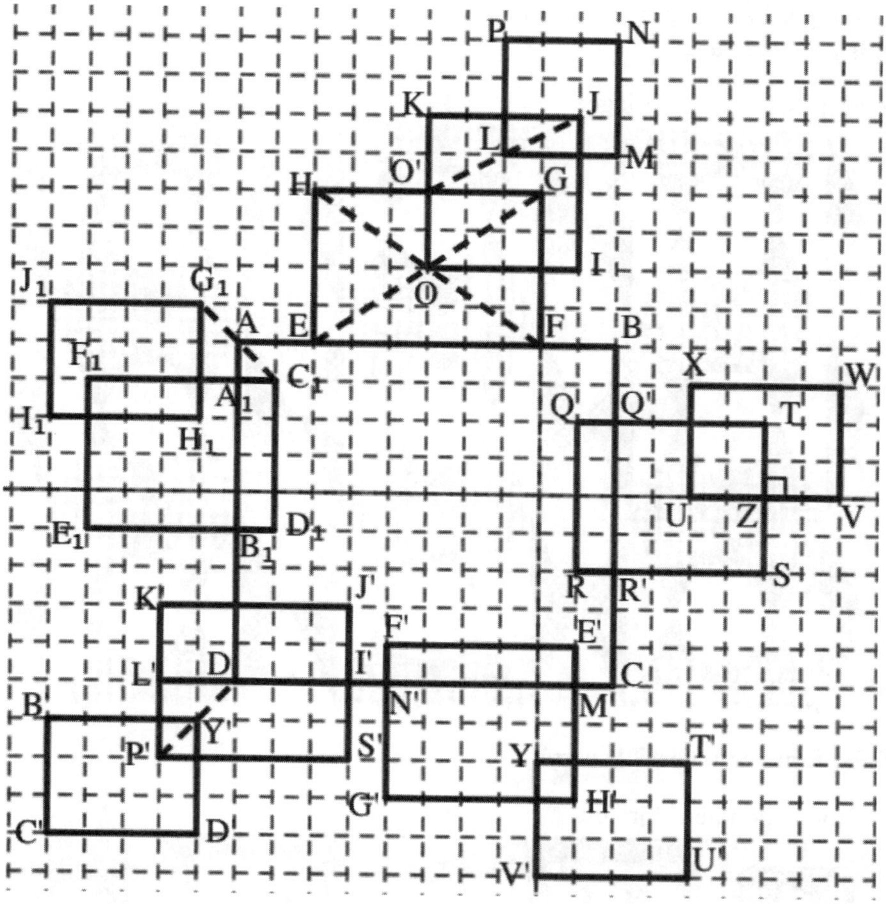

Proposition de coloriage.

2.

T	**E**	H	R	**A**	**P**	**G**	Y	O
O	R	G	E	**H**	Y	P	**T**	A
P	A	**Y**	G	O	T	R	**H**	**E**
G	**Y**	**E**	P	R	H	O	A	**T**
H	P	T	**O**	E	A	Y	**G**	R
R	O	**A**	Y	**T**	G	**H**	**E**	**P**
A	T	**R**	H	G	O	E	P	**Y**
E	**H**	P	**T**	**Y**	R	A	**O**	G
Y	**G**	O	A	P	E	T	**R**	H

3. La phrase vraie est : « Si un quadrilatère est un carré, alors ses diagonales ont la même longueur. »

4. a. Il y a 14 losanges : 9 à 1 carreau de côté, 4 à 2 carreaux et 1 à 3 carreaux.
b. Il y a 30 rectangles.

5. Proposition de coloriage.

6. La forme unique est le carré.

7. Proposition de coloriage.

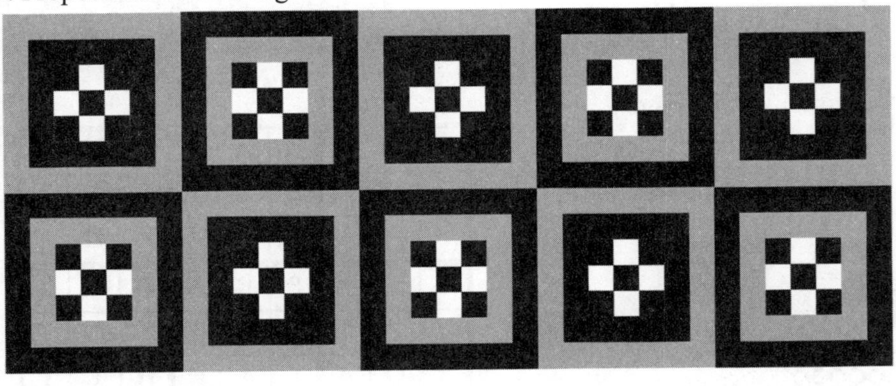

Chapitre 16

Géométrie dans l'espace

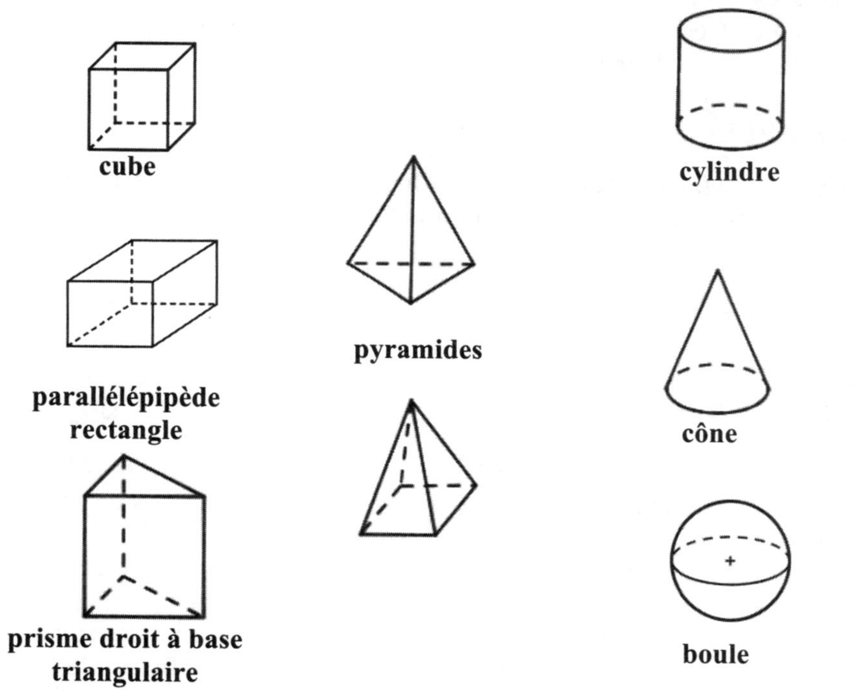

Le cube est un parallélépipède rectangle particulier.
Le parallélépipède rectangle est un prisme droit particulier.

Méthodes

1. Comment reconnaître un parallélépipède rectangle, un cube à partir d'un dessin le représentant en perspective cavalière ?
2. Comment reconnaître les éléments d'un parallélépipède rectangle, d'un cube à partir d'une représentation en perspective cavalière ?
3. Comment dessiner une représentation en perspective cavalière d'un parallélépipède rectangle, d'un cube ?
4. Comment construire un patron d'un parallélépipède rectangle, d'un cube ?
5. Comment reconnaître les éléments d'un prisme droit à partir d'une représentation en perspective cavalière ?
6. Comment compléter un patron de prisme droit ?
7. Comment reconnaître ou compléter un patron de pyramide régulière ?

méthode 1

Comment reconnaître un parallélépipède rectangle, un cube à partir d'un dessin le représentant en perspective cavalière ?

Pour reconnaître un parallélépipède rectangle, un cube à partir d'un dessin le représentant en perspective cavalière :
▲ on s'assure que la représentation comporte six faces ;
▲ on vérifie que, sur la représentation,
- les faces frontales sont des rectangles, pour le cube elles sont carrées,
- les autres faces sont des parallélogrammes, pour le cube un des côtés est indiqué de même longueur que ceux d'une face frontale.

EXEMPLE

Reconnaître parmi les représentations suivantes un parallélépipède rectangle qui n'est pas un cube et un cube.

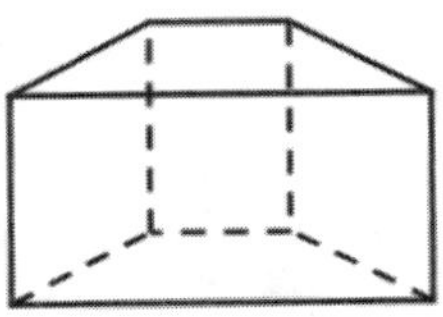

Figure 1

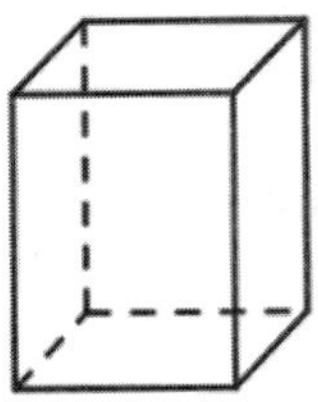

Figure 2

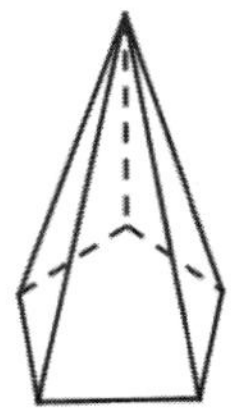

Figure 3

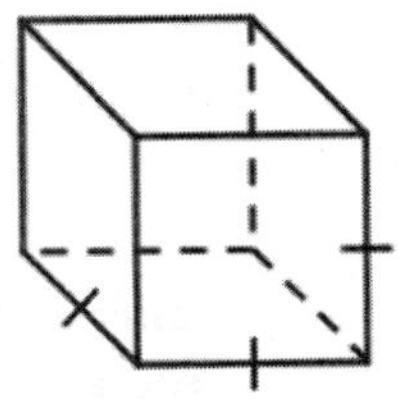

Figure 4

La figure 2 représente un parallélépipède rectangle qui n'est pas un cube et la figure 4 représente un cube.

► On a observé que pour la figure 1 la représentation n'a pas 6 faces et que pour la figure 3 la représentation a 6 faces triangulaires et non rectangulaires.

► On a remarqué que, pour la figure 2, les faces frontales sont des rectangles, pour la figure 4, ce sont des carrés et que pour ces deux figures les quatre autres faces sont des parallélogrammes, un côté est codé de même longueur que ceux d'une face frontale sur la figure 4.

EXERCICES **Reconnaître parmi les représentations suivantes les parallélépipèdes rectangles et préciser si ce sont des cubes ou non.**

1.
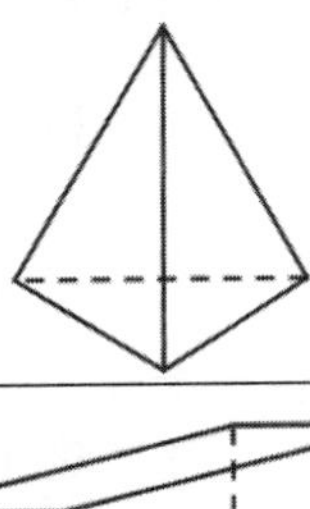

2.
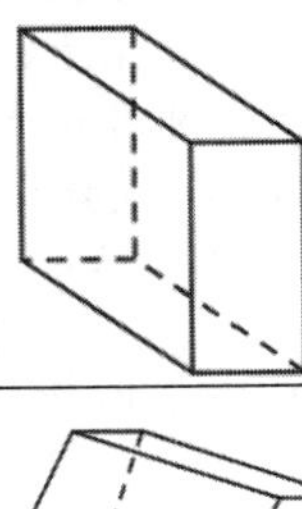

3.
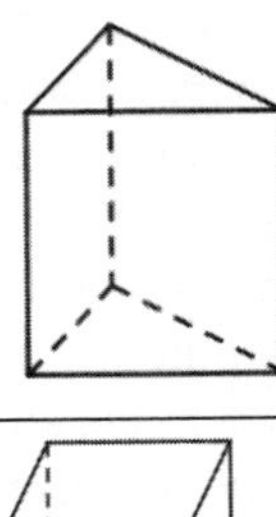

4.

5.
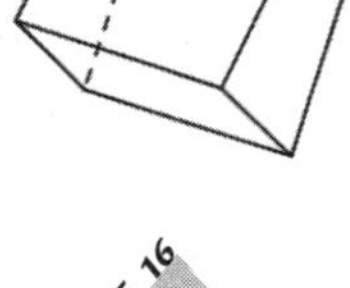

6.
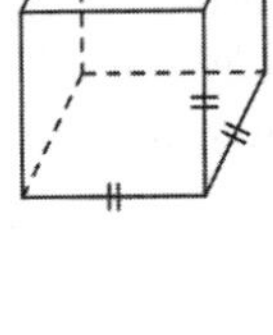

Comment reconnaître les éléments d'un parallélépipède rectangle, d'un cube à partir d'une représentation en perspective cavalière ?

Pour reconnaître les éléments d'un parallélépipède rectangle, d'un cube à partir d'une représentation en perspective cavalière :
▲ on observe la figure pour trouver les 6 faces ;
▲ on repère les 8 sommets qui sont les sommets des faces et les 12 arêtes qui sont les côtés des faces, celles qui sont cachées sont en pointillés ;
▲ on repère les faces perpendiculaires, elles ont une arête commune et les faces parallèles, elles n'ont ni arête commune ni sommet commun ;
▲ on trouve les angles droits des faces, il y en a 24.

EXEMPLE

a. Nommer les faces, les faces parallèles, les sommets et les arêtes du parallélépipède rectangle ABCDEFGH représenté ci-dessous.
b. Citer les faces perpendiculaires à la face ABCD, les arêtes ayant la même longueur que [AB] et les angles droits de sommet B.

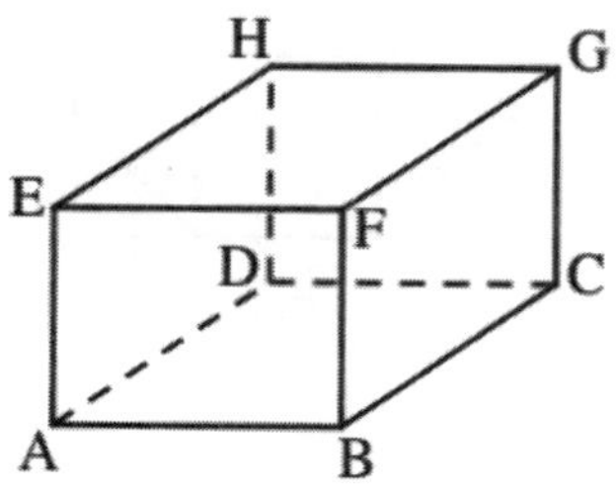

a.

Faces	ABCD, AEHD, ABFE, EFGH, BFGC et DCGH
Faces parallèles	ABCD et EFGH AEHD et BFGC ABFE et DCGH
Arêtes	[AB], [BC], [CD], [DA], [EF], [FG], [GH], [HE], [AE], [BF], [CG], [DH]

b. Les faces perpendiculaires à la face ABCD sont ABFE, BCGF, CDHG et ADHE. ► On a nommé les faces qui ont une arête commune avec ABCD.
Les arêtes de même longueur que [AB] sont [DC], [EF] et [HG].

Les angles droits de sommet B sont $\widehat{ABC}$, $\widehat{ABF}$ et $\widehat{FBC}$.

EXERCICES

1. Utiliser la figure de l'exemple. Citer les faces cachées du parallélépipède rectangle, les faces perpendiculaires à la face BCGF, les arêtes de même longueur que l'arête [AE] et les angles droits de sommet D.

2. IJKLMNOP est un cube représenté ci-contre.
a. Nommer les faces, les faces parallèles, les sommets et les arêtes du cube.
b. Citer les faces cachées, les faces perpendiculaires à la face KLPO, les arêtes parallèles à [NO] et les angles droits de sommet P.

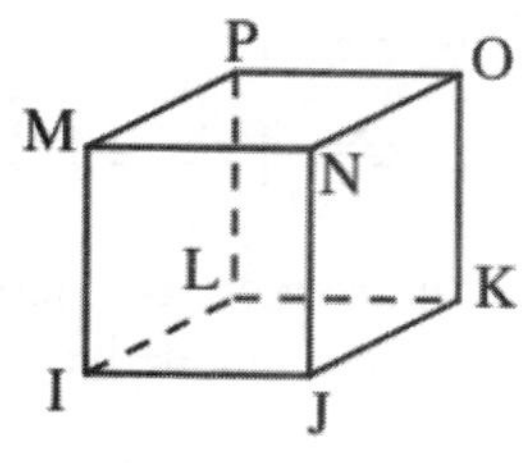

méthode 3

Comment dessiner une représentation en perspective cavalière d'un parallélépipède rectangle, d'un cube ?

Pour dessiner une représentation en perspective cavalière d'un parallélépipède rectangle, d'un cube, on respecte les règles de la perspective cavalière :
▲ des droites parallèles sont représentées par des droites parallèles ;
▲ des points alignés sont représentés par des points alignés ;
▲ les faces frontales sont représentées en vraie grandeur ou en respectant une échelle, ce sont des rectangles, des carrés pour le cube ;
▲ les lignes cachées sont en pointillés.

EXEMPLE

Reproduire et compléter les figures suivantes qui sont des représentations en perspective cavalière d'un parallélépipède rectangle qui n'est pas un cube pour la figure a, qui est un cube pour la figure b.

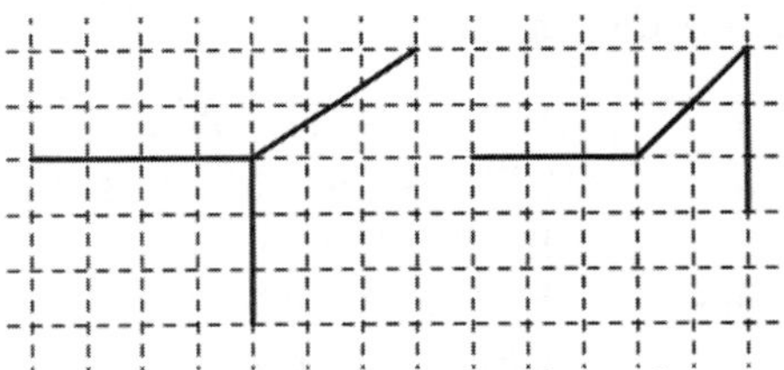

Figure a Figure b

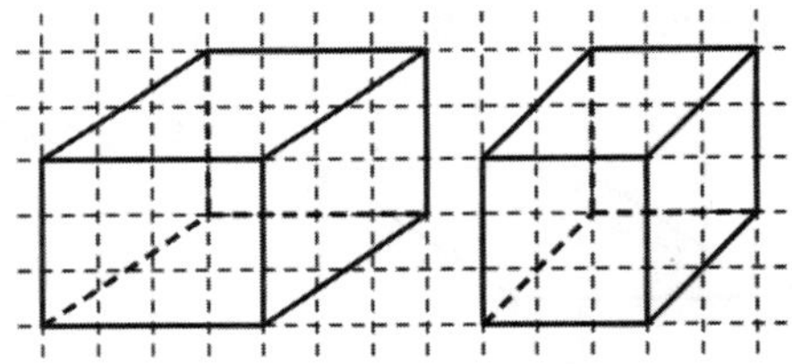

Figure a Figure b

EXERCICES

1. Reproduire et compléter les figures ci-dessous qui sont des représentations en perspective cavalière

a. d'un même parallélépipède rectangle.

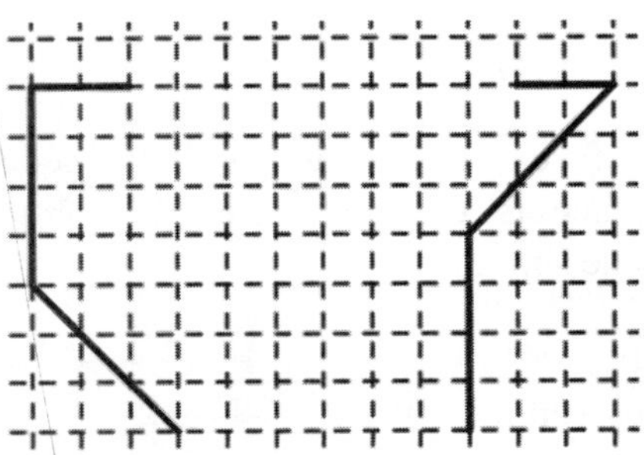

b. d'un même cube ABCDEFGH.
Nommer les faces cachées.

Cube 1 Cube 2

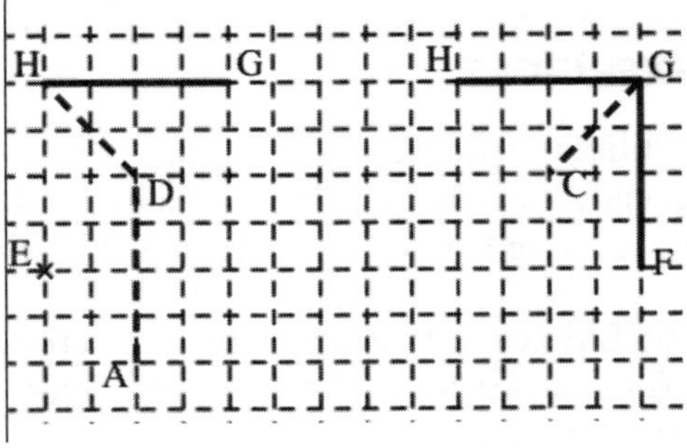

2. Représenter en perspective cavalière un parallélépipède rectangle de longueur 4 cm, de largeur 3 cm et de hauteur 2,5 cm.

3. Représenter en perspective cavalière un cube d'arête 3 cm.

Comment construire un patron d'un parallélépipède rectangle, d'un cube ?

Pour construire un patron d'un parallélépipède rectangle, d'un cube :
▲ on trace en vraie grandeur une face puis autour les quatre faces qui ont une arête commune avec celle-ci ;
▲ on trace en vraie grandeur la dernière face, superposable avec la première, à partir de son arête commune avec l'une des quatre autres faces.
Remarques : - il faut tenir compte des données et des égalités de longueur ;
- un patron du cube s'obtient rapidement en traçant sur une même bande quatre faces à la suite et de part et d'autre les deux autres faces, toutes les faces étant des carrés superposables ;
- il y a plusieurs patrons possibles.

EXEMPLE Réaliser le patron du parallélépipède rectangle ABCDEFGH.

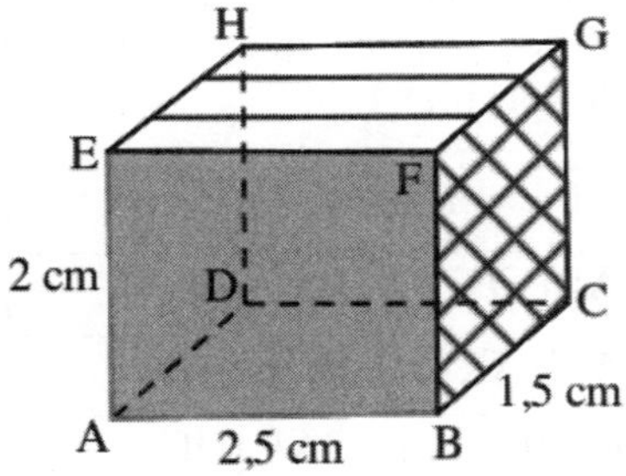

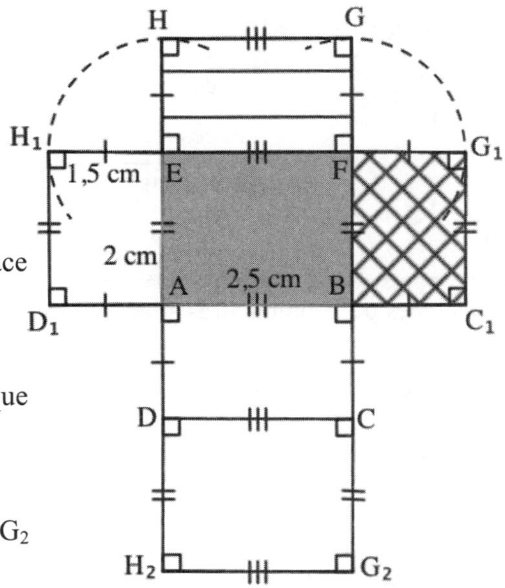

► On a tracé le rectangle ABFE, face frontale du parallélépipède, tel que AB = 2,5 cm et AE = 2 cm.
► On a tracé les rectangles :
- EFGH et ABCD tels que EH = AD = 1,5 cm ;
- AEH_1D_1 et BFG_1C_1 tels que $EH_1 = FG_1 = 1,5$ cm.
► On a tracé le rectangle CDH_2G_2 tel que $DH_2 = 2$ cm.

EXERCICES

1. Réaliser le patron du parallélépipède rectangle ABCDEFGH ci-contre.

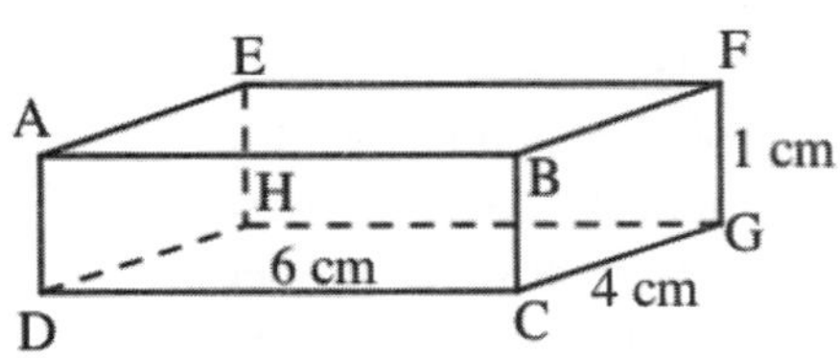

2. Réaliser deux patrons d'un cube de 1,5 cm d'arête.

3. Construire le patron d'un parallélépipède rectangle de dimensions 4,5 cm ; 3,5 cm et 2 cm.

méthode 5

Comment reconnaître les éléments d'un prisme droit à partir d'une représentation en perspective cavalière ?

Pour reconnaître les éléments d'un prisme droit à partir d'une représentation en perspective cavalière :
▲ on observe la figure pour trouver les bases, faces opposées superposables ;
▲ on repère les faces rectangulaires, il y en a autant que de côtés au polygone des bases ;
▲ on repère les sommets qui sont les sommets des faces et les arêtes qui sont les côtés des faces, celles qui sont cachées sont en pointillés.

EXEMPLE

a. Nommer les faces parallèles, les faces rectangulaires, les sommets et les arêtes du prisme droit ABCDEF représenté ci-dessous.
b. Citer les faces perpendiculaires à la face ACFD, les arêtes ayant la même longueur que [AD] et les angles droits de sommet E.

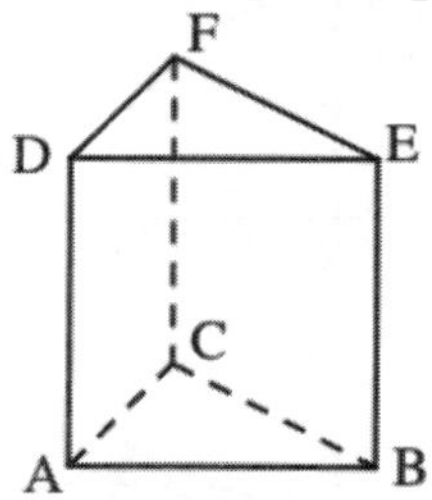

a.

Faces parallèles	ABC et DEF
Faces rectangulaires	ABED, BCFE et ACFD
Sommets	A, B, C, D, E et F
Arêtes	[AB], [BC], [CA], [DE], [EF], [FD], [AD], [BE], [CF]

b. Les faces perpendiculaires à la face ACFD sont ABC et DEF.
Les arêtes de même longueur que [AD] sont [BE] et [CF].

Les angles droits de sommet E sont $\widehat{BEF}$ et $\widehat{BED}$.

EXERCICES

1. Utiliser la figure de l'exemple. Citer les faces cachées du prisme droit, les faces perpendiculaires à la face ABC, les arêtes de même longueur que les arêtes [DF] et [EF] ainsi que les angles droits de sommet C.

2. a. Pour chaque prisme droit nommer les faces parallèles, les faces rectangulaires, les faces cachées, les sommets cachés, les arêtes visibles et les longueurs égales non codées.
b. Donner les angles droits de sommets F (prisme 1) et M (prisme 2).

c. Citer les faces perpendiculaires à la face : ABCD (prisme 1) et LMSR (prisme 2)

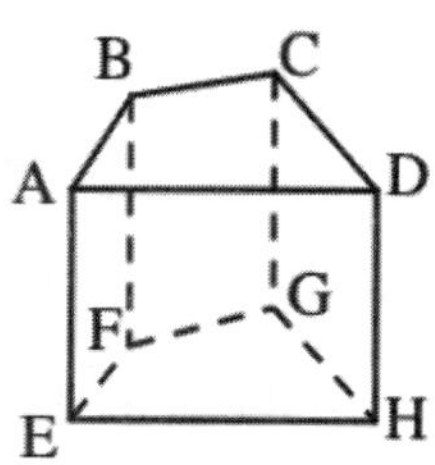

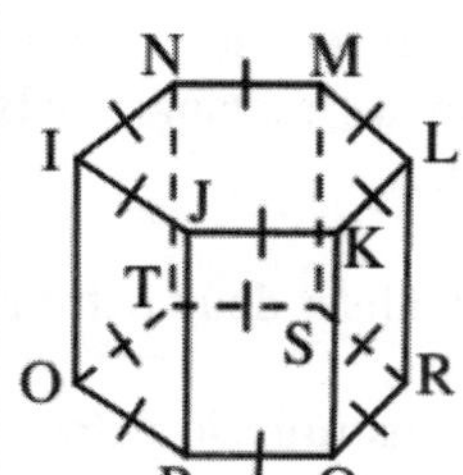

Comment compléter un patron de prisme droit ?

Pour compléter un patron de prisme droit :
▲ on observe la figure, on détermine le rôle de chacun de ses éléments ;
- si on trouve deux polygones superposables non rectangles ;
  ▲ on conclut qu'il s'agit des bases et on complète par les faces rectangulaires manquantes, il doit y en avoir autant que de côtés à la base.
- si on trouve un seul polygone non rectangle ;
  ▲ on conclut qu'il s'agit d'une base et on complète par l'autre base et par les faces rectangulaires manquantes.

Remarque : il peut y avoir plusieurs possibilités.

EXEMPLE

Compléter la figure pour qu'elle soit un patron d'un prisme droit.

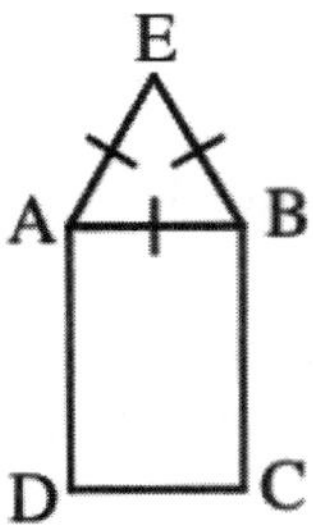

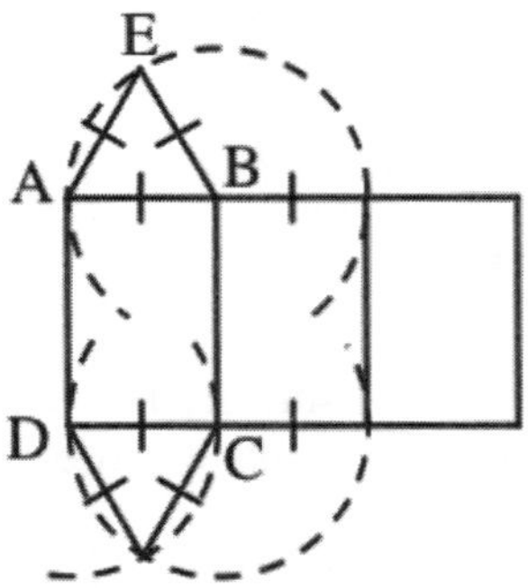

► On a tracé la base qui manquait, superposable au triangle ABE.
► On a tracé les deux faces rectangulaires manquantes de mêmes dimensions que ABCD.

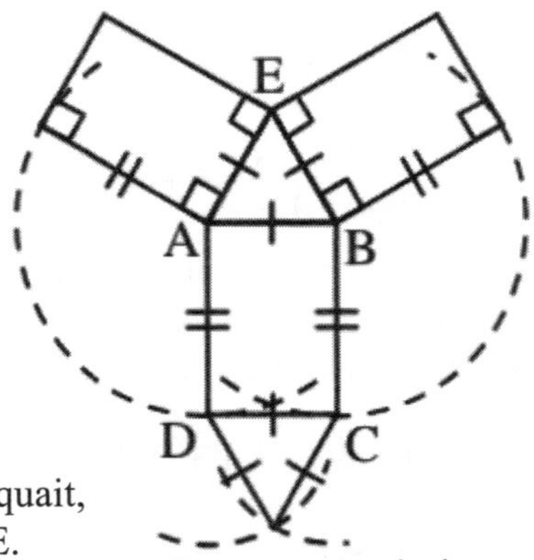

► On a proposé deux solutions.

EXERCICES

Compléter les figures pour qu'elles soient un patron d'un prisme droit.

Figure 1

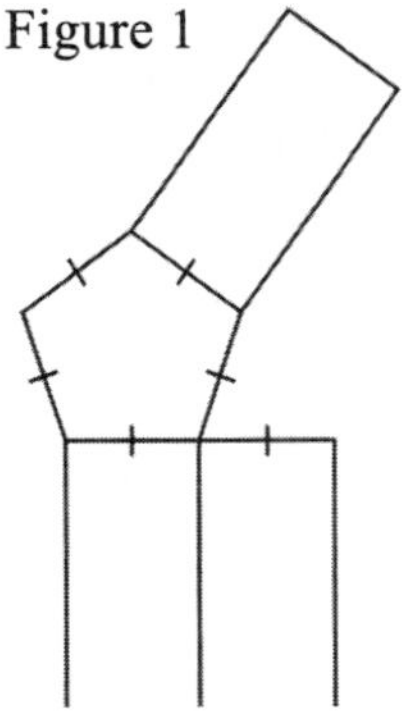

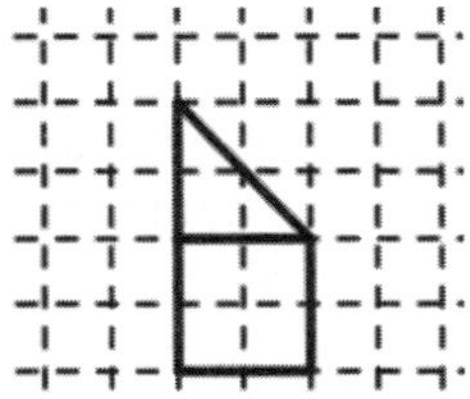

Figure 2

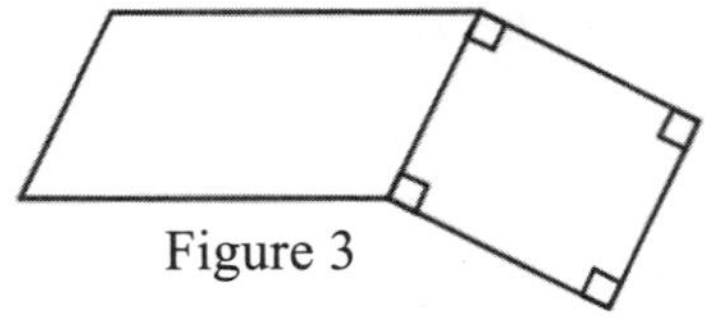

Figure 3

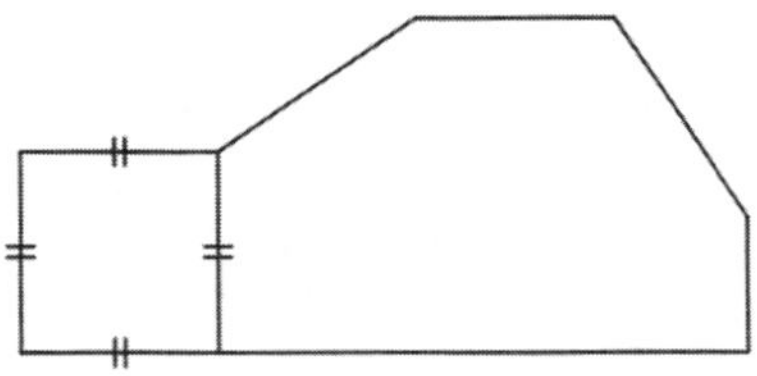

Figure 4

méthode 7

Comment reconnaître ou compléter un patron de pyramide régulière ?

Pour reconnaître ou compléter un patron de pyramide régulière :
▲ on vérifie qu'il y a une face qui est un polygone avec des côtés de la même longueur et dont tous les angles sont de même mesure comme un triangle équilatéral ou un carré, cette face est la base ;
▲ on vérifie que les autres faces sont des triangles isocèles superposables, leur nombre doit être égal au nombre de côtés du polygone de base, s'il en manque, on complète.

EXEMPLES

1. Reconnaître parmi les figures un patron de pyramide régulière.

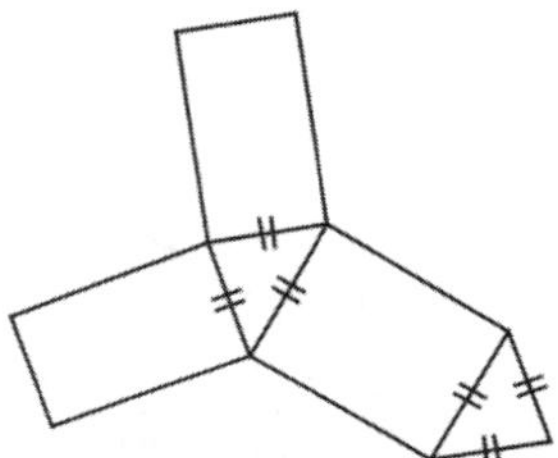
Figure 1

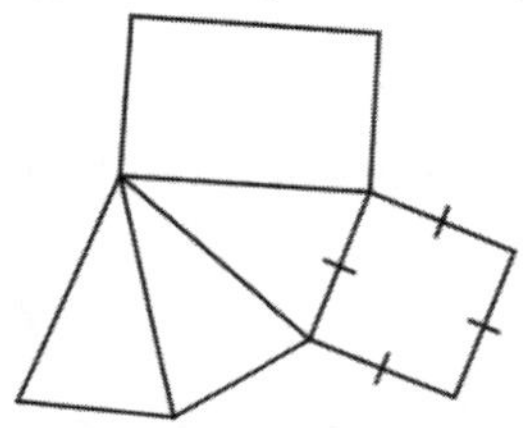
Figure 2

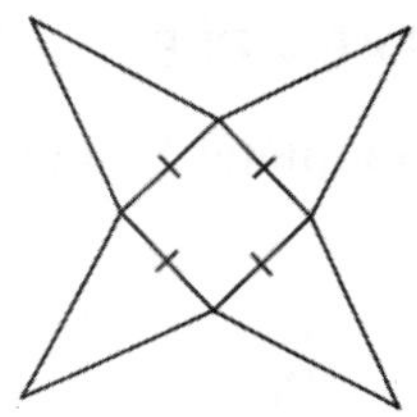
Figure 3

La figure 3 représente le patron d'une pyramide régulière.
► On a reconnu la figure 1, patron d'un prisme droit à base triangulaire.
► On a remarqué que la figure 2 a une face rectangulaire et non triangulaire.

2. Compléter un patron de pyramide régulière.

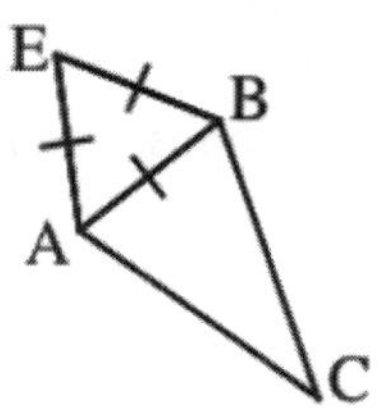

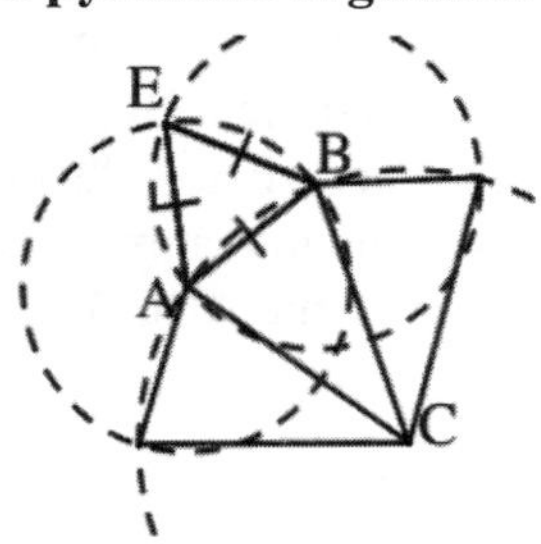

► On a tracé de chaque côté de ABC les deux faces triangulaires qui manquaient.
► On a utilisé un compas pour reporter les longueurs.

EXERCICES

1. Reconnaître un patron de pyramide régulière :

a.

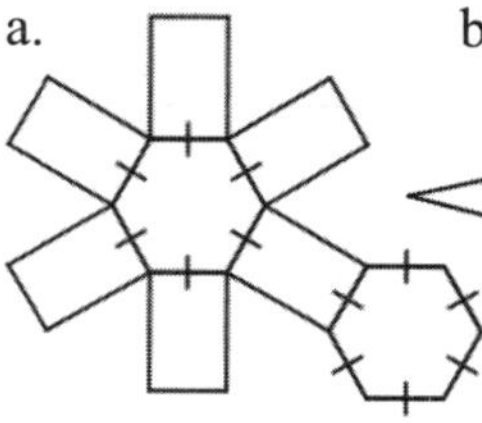

b.

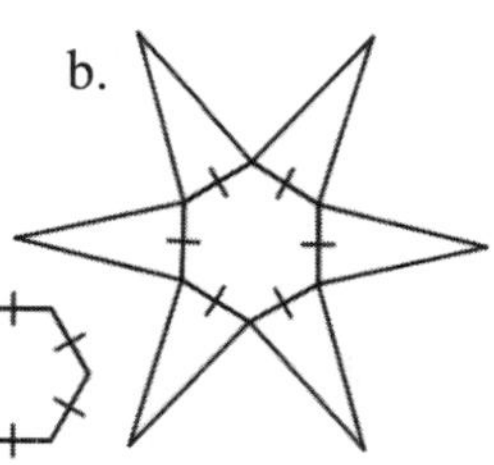

2. Compléter le patron des deux pyramides régulières :

a.

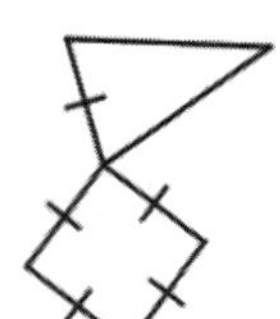

b.

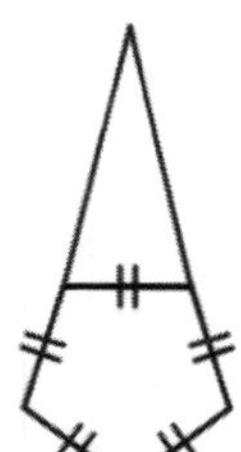

JEUX

1. Quelle est la lettre qui se trouve sur la face opposée à celle du A lorsque que l'on construit les deux cubes à partir des patrons ci-dessous.

Pierre de Fermat est un mathématicien français (1601-1665).
Thalès est un mathématicien grec (VIe siècle avant J.-C.).

2. Compléter la grille ci-dessous.

Horizontalement :

1. Autre nom d'un parallélépipède.

2. 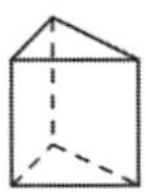

3. Caractérise le solide représenté en 2.

4. 

5. Un parallélépipède rectangle en a six.

6. Le parallélépipède rectangle en est un.

7. Parallélépipède rectangle dont toutes les faces sont des carrés.

8. Nombre de faces d'un cube.

9. Commune à deux faces perpendiculaires.

10. 

Verticalement :

11. Caractérisent des pyramides.

12. Solide à plusieurs faces.

13. Un cube en a huit.

14. Nombre de patrons d'un cube.

15. Nombre de faces opposées superposables d'un prisme droit.

16. Nature des faces d'un parallélépipède rectangle.

17. Permettent de fabriquer des solides.

18. 

19. 

3.

Voici le Ouf de Htam en puzzle. Il est fabriqué avec les onze patrons du cube.
Retrouver ces onze patrons sur ce puzzle en les coloriant de couleurs différentes pour bien les différencier.

4. Lequel de ces cinq patrons ne fait pas partie de la série ?

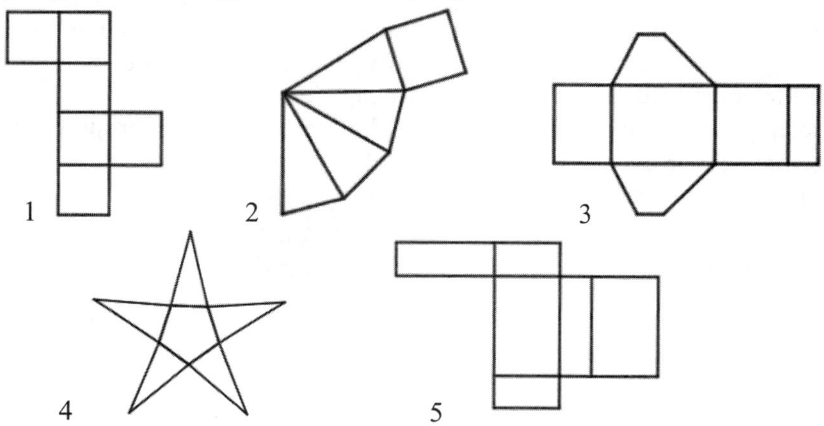

5. On a représenté un prisme droit.
Répondre par vrai ou par faux.
a. Les faces EFJI et HGLM sont parallèles.
b. Les faces FJKLG et HGLM sont perpendiculaires.
c. Les arêtes [JK] et [FG] sont parallèles.
d. Les arêtes [EF] et [JF] sont perpendiculaires.
e. Les arêtes [KL] et [LG] sont perpendiculaires.

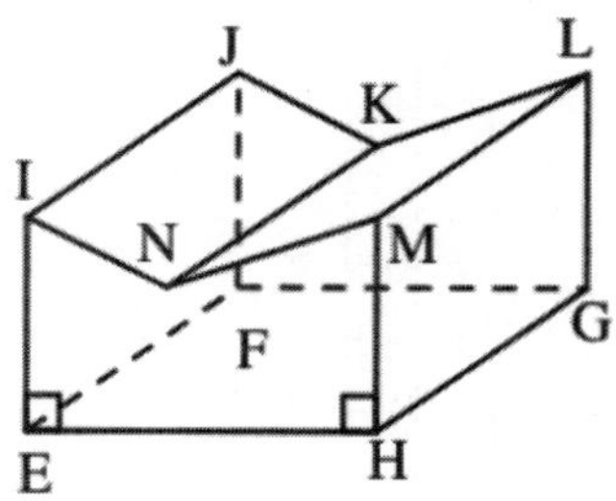

6. Reproduire sur du papier à petits carreaux la figure puis répéter le motif et colorier la frise.

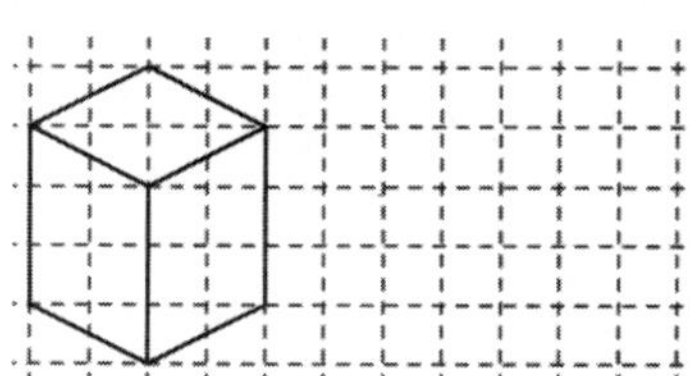

Méthode 1

Les représentations 1. 3. et 5. ne sont pas celles de parallélépipèdes rectangles.

Les représentations 2. 4. et 6. sont celles de parallélépipèdes rectangles.

La représentation 6. est celle d'un cube.

Méthode 2

1. Les faces cachées sont : ABCD, CDHG et ADHE.
Les faces perpendiculaires à la face BCGF sont : ABCD, CDHG, EFGH et ABFE.
Les arêtes de même longueur que l'arête [AE] sont : [BF], [CG] et [DH].
Les angles droits de sommet D sont $\widehat{ADH}$, $\widehat{CDH}$ et $\widehat{ADC}$.

2. a. Les faces sont : IJKL, JKON, KLPO, ILPM, IJNM et MNOP.
Les faces parallèles sont : IJKL et MNOP, JKON et ILPM, IJNM et LKOP.
Les sommets sont I, J, K, L, M, N, O et P.
Les arêtes sont : [IJ], [JK], [KL], [LI], [MN], [NO], [OP], [PM], [IM], [JN], [KO] et [LP].
b. Les faces cachées sont IJKL, KLPO et ILPM.
Les faces perpendiculaires à la face KLPO sont : JKON, MNOP, ILPM et IJKL.
Les arêtes parallèles à [NO] sont : [MP], [IL] et [JK].
Les angles droits de sommet P sont $\widehat{LPM}$, $\widehat{LPO}$ et $\widehat{MPO}$.

Méthode 3

1. a.

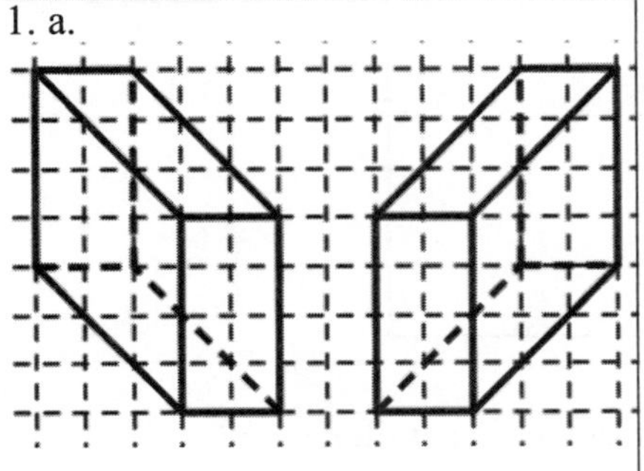

b.

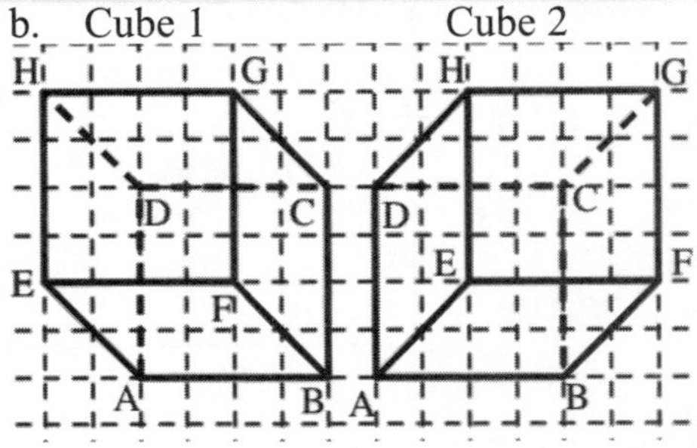

Les faces cachées sont :
Cube 1 : ABCD, CDHG et ADHE
Cube 2 : ABCD, CDHG et BCGF

2.

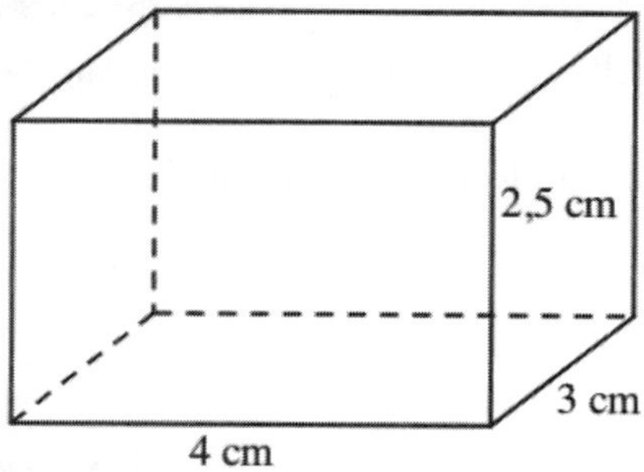

3.

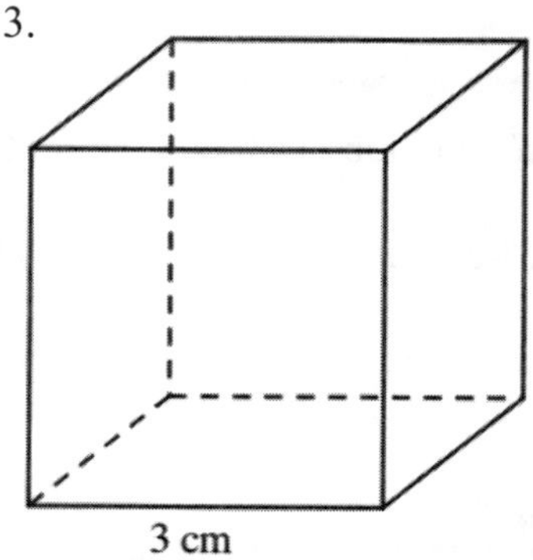

Méthode 4

1.

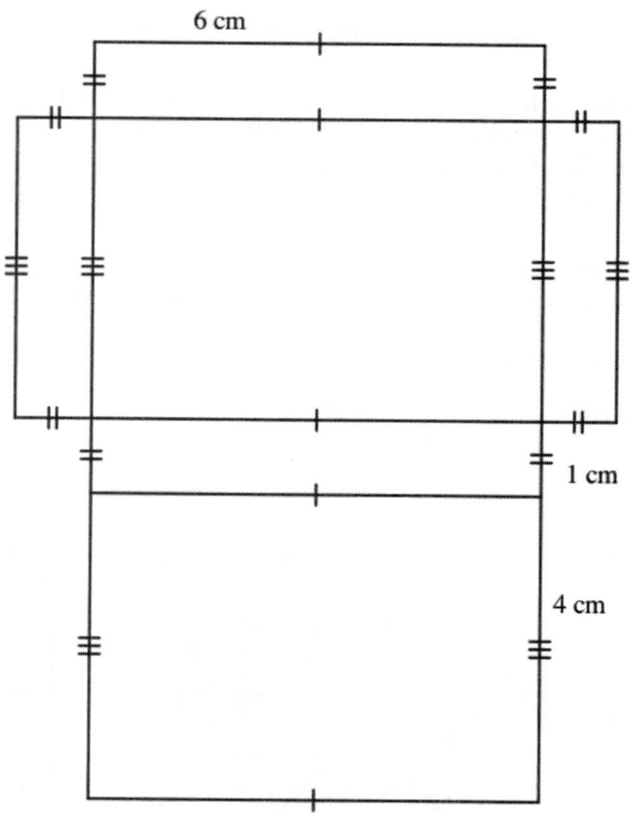

Des languettes sont à prévoir si l'on veut fabriquer le parallélépipède.

2.

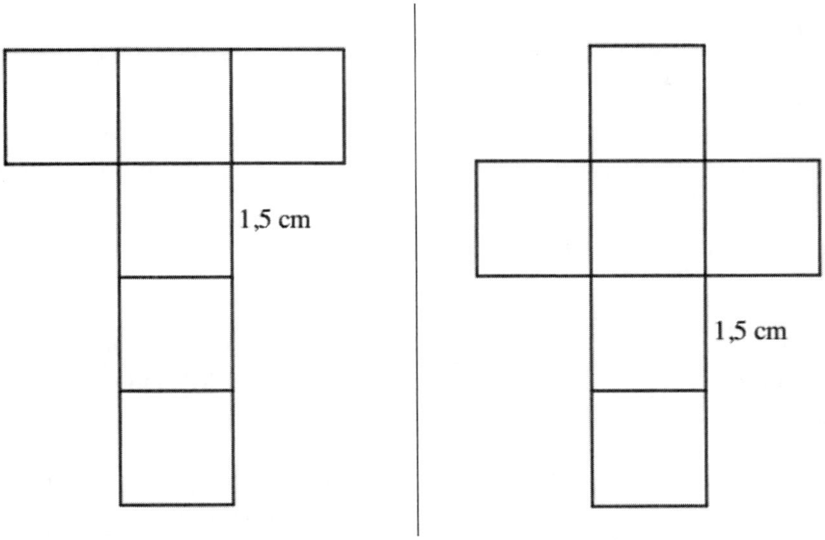

Des languettes sont à prévoir si l'on veut fabriquer le cube.

3.

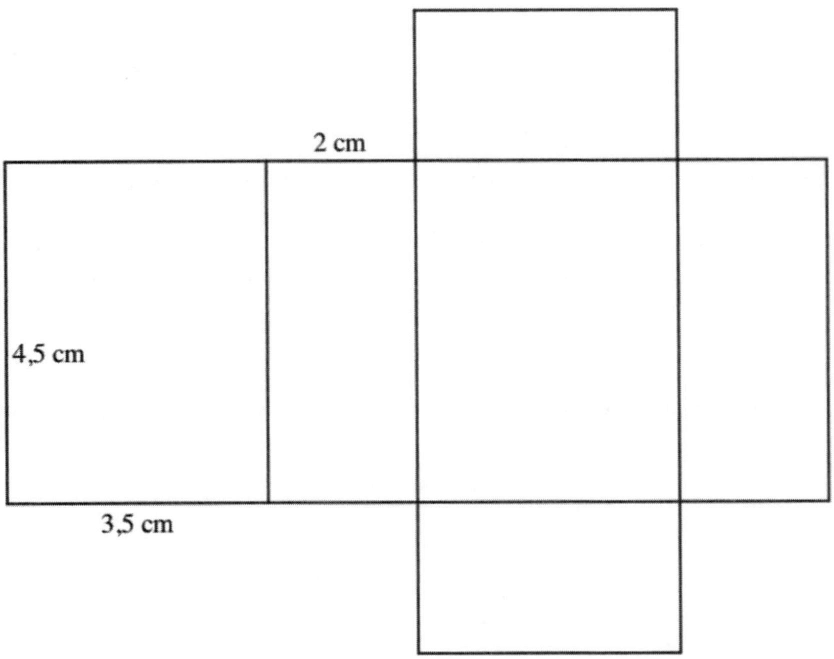

Des languettes sont à prévoir si l'on veut fabriquer le parallélépipède.

Méthode 5

1. Les faces cachées sont : ADFC, BCFE et ABC.
Les faces perpendiculaires à la face ABC sont : ADFC, BCFE et ABED.
Les arêtes de même longueur que les arêtes [DF] et [EF] sont respectivement : [AC] et [BC].

Les angles droits de sommet C sont $\widehat{ACF}$ et $\widehat{BCF}$.

2.

a. Prisme	ABCDEFGH	IJKLMNOPQRST
Faces parallèles	ABCD et EFGH	IJKLMN et OPQRST
Faces rectangulaires	ABFE, BCGF, CDHG, ADHE	IJPO, JKQP, KLRQ, LMSR, MNTS, NIOT
Faces cachées	ABFE, BCGF, CDHG, EFGH	LMSR, MNTS, NIOT, OPQRST
Sommets cachés	F et G	S et T
Les arêtes visibles	[AB], [BC], [CD], [DA], [AE], [EH], [HD]	[OP], [PQ], [QR], [OI], [PJ], [QK], [RL], [IJ], [JK], [KL], [LM], [MN], [NI]
Longueurs égales non codées	AB = EF, BC = FG, CD = GH, AD = EH, AE = BF = CG = DH	IO = JP = KQ = LR = MS = NT
b. Angles droits de sommets F et M	$\widehat{BFE}$ et $\widehat{BFG}$.	$\widehat{NMS}$ et $\widehat{LMS}$.
c. Faces perpendiculaires	à la face ABCD : ABFE, BCGF, CDHG, ADHE	à la face LMSR : IJKLMN et OPQRST

Méthode 6

Figure 1

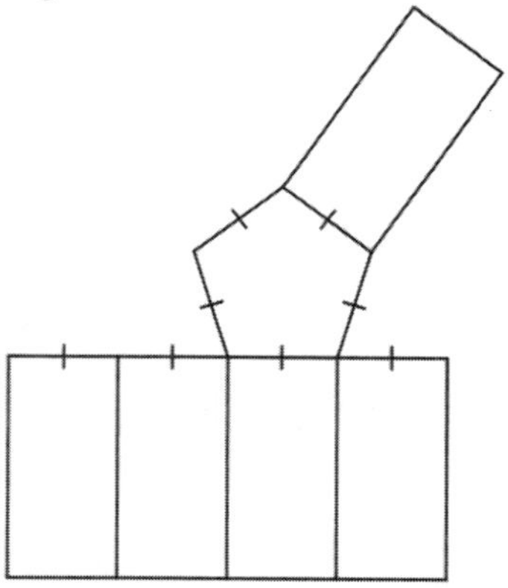

Figure 2

Deux propositions de patrons :

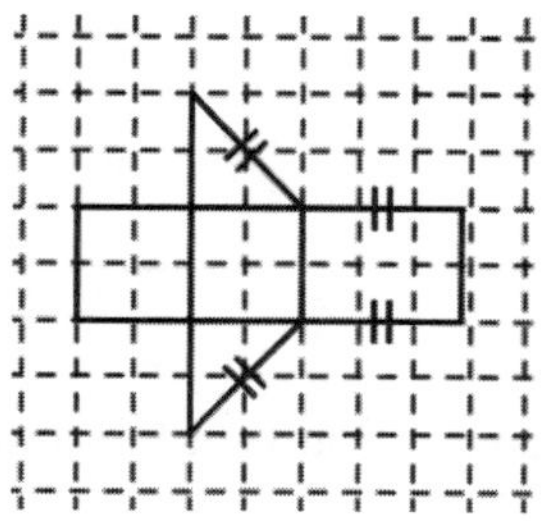

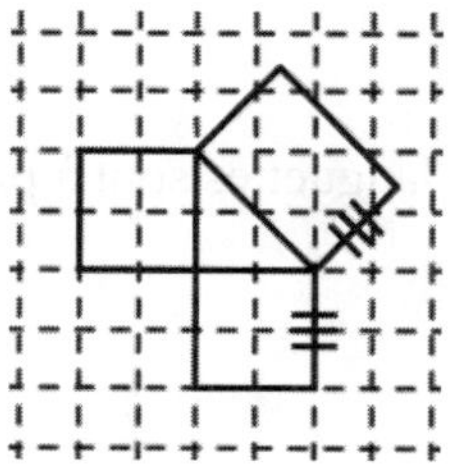

Figure 3

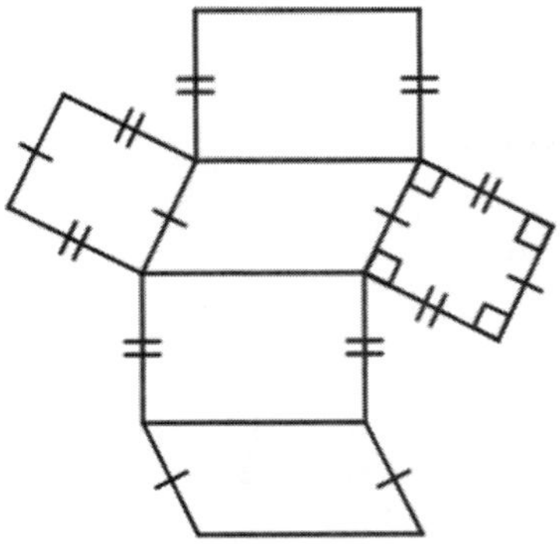

Figure 4

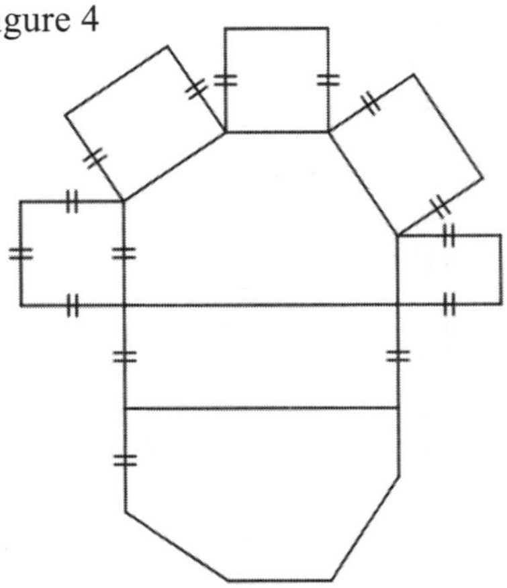

Méthode 7

1. Le patron b. est celui d'une pyramide régulière.

2. a.

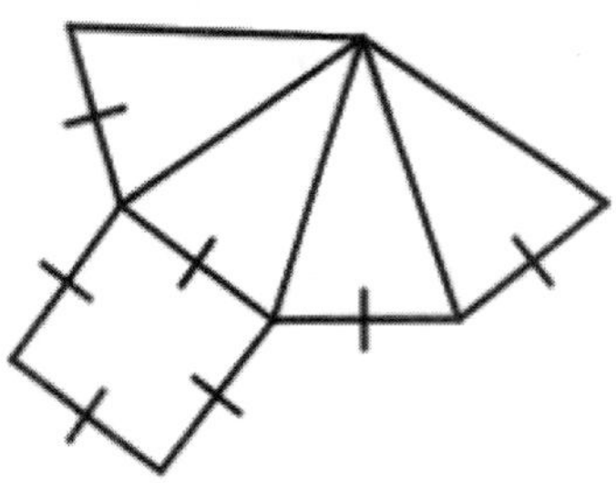

b. Deux propositions de patrons :

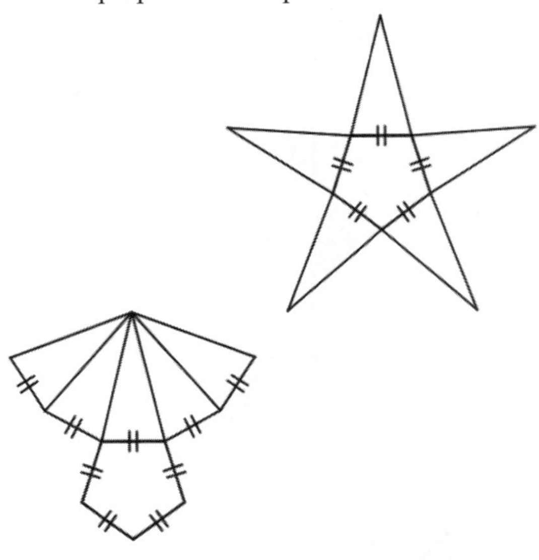

Jeux

1. La lettre qui se trouve sur la face opposée à celle du A lorsque que l'on construit les deux cubes à partir des patrons est E.

2.

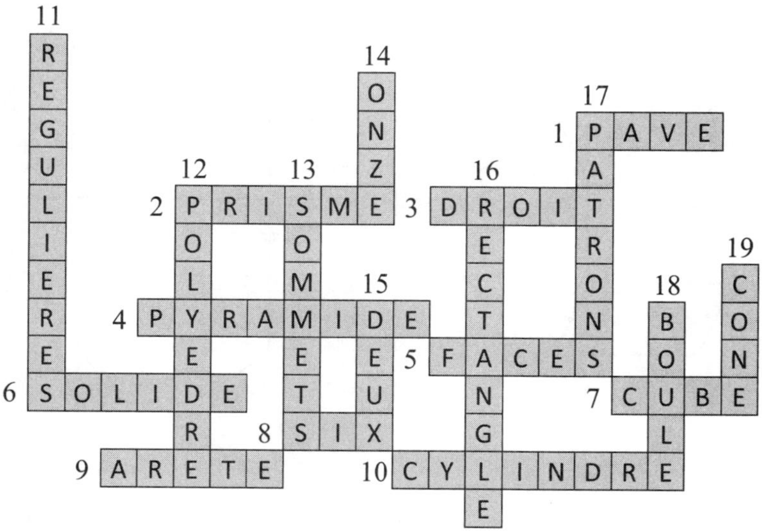

3.

4. Le patron qui ne fait pas partie de la série est le patron 2, car il est le seul à avoir 5 faces, alors que tous les autres en ont 6.

5. a. vrai
b. vrai
c. faux
d. vrai
e. faux

6. Frise : proposition de coloriage.

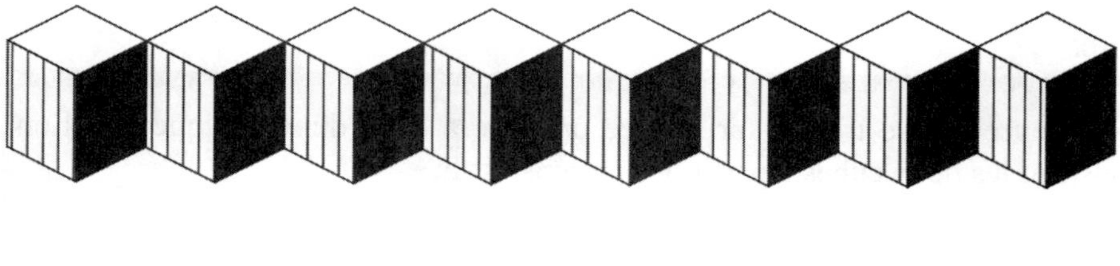

Chapitre 17

Agrandissement - Réduction

Agrandissement (échelle 2)

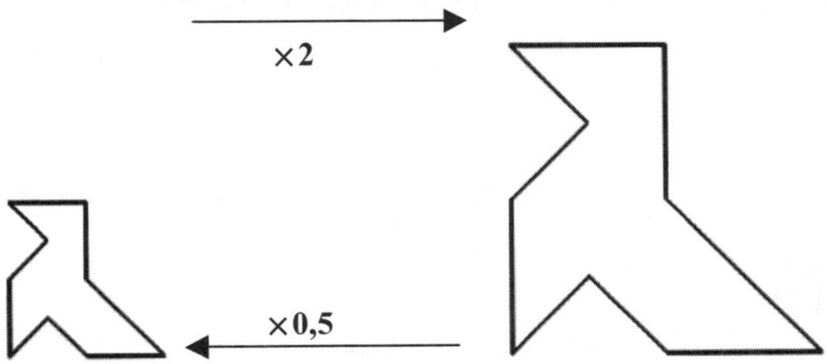

Réduction (échelle 1/2)

Les mesures des angles sont conservées.

échelle 1/100 ou 1 : 100
signifie que 1 cm sur la représentation correspond à 100 cm dans la réalité.

Méthodes

1. Comment reconnaître si une figure est une réduction ou un agrandissement d'une autre figure ?
2. Comment réaliser un agrandissement d'une figure ?
3. Comment réaliser une réduction d'une figure ?
4. Comment reproduire une figure en respectant une échelle ?

méthode 1

Comment reconnaître si une figure est une réduction ou un agrandissement d'une autre figure ?

Pour reconnaître si une figure est une réduction ou un agrandissement d'une autre figure :

▲ on s'assure que les mesures des angles sont conservées ;

▲ on vérifie que les longueurs des deux figures sont proportionnelles (se reporter au *chapitre 7*).

EXEMPLE

Les figures 2 et 3 sont-elles un agrandissement de la figure 1 ?

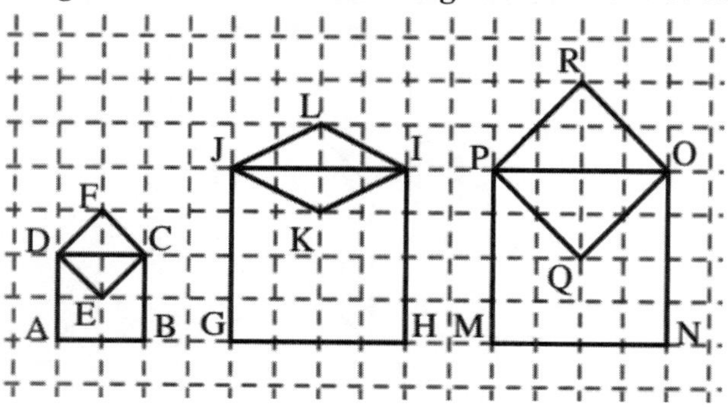

figure 1 figure 2 figure 3

$\widehat{CDF} \neq \widehat{IJL}$, on en déduit que la figure 2 n'est pas un agrandissement de la figure 1.

La figure 3 est un agrandissement de la figure 1, on a multiplié les longueurs par 2 (échelle 2).

EXERCICES On pourra utiliser une calculatrice si nécessaire.

1. La figure b est-elle un agrandissement de la figure a ? Justifier la réponse.

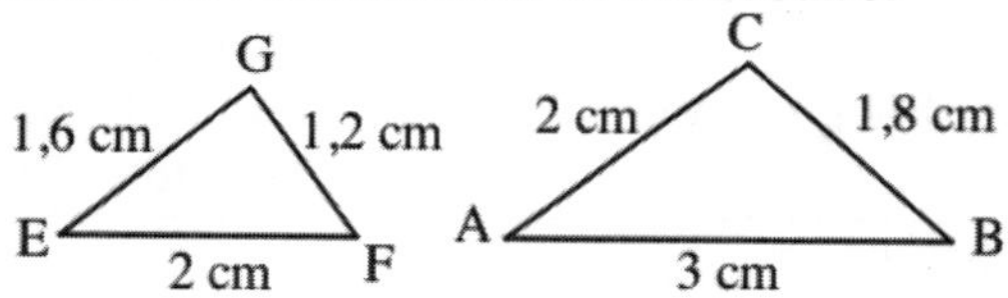

figure a figure b

2. On donne un triangle IJK tel que IJ = 3 cm, JK = 5 cm et IK = 7 cm.
Le triangle LMN tel que LM = 1,8 cm, MN = 3 cm et ML = 4,2 cm est-il une réduction du triangle IJK ?

3. a. Le rectangle 5 est-il un agrandissement du rectangle 2 ?
b. Quels sont parmi les rectangles 2, 3, 4 et 5 ceux qui sont une réduction du rectangle 1 ?

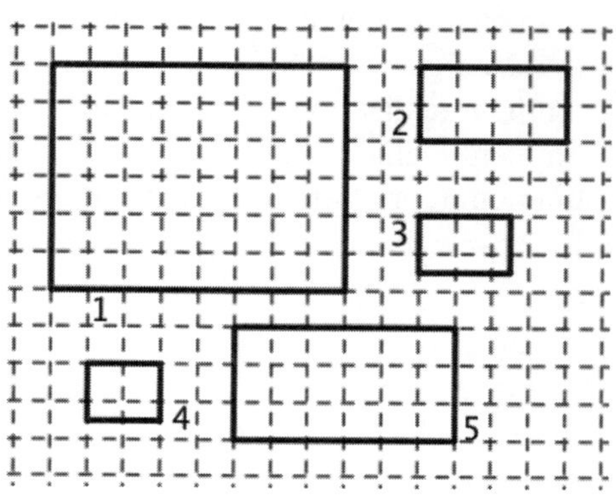

Comment réaliser un agrandissement d'une figure ?

Pour réaliser un agrandissement d'une figure :
▲ on multiplie chaque longueur donnée de la figure initiale par un même nombre supérieur à 1, ce nombre est l'échelle ;
▲ on trace l'agrandissement en tenant compte des longueurs trouvées et en conservant les mesures d'angles de la figure initiale.

EXEMPLE

Construire un agrandissement A'B'C' du triangle ABC en multipliant toutes les dimensions par 1,5.

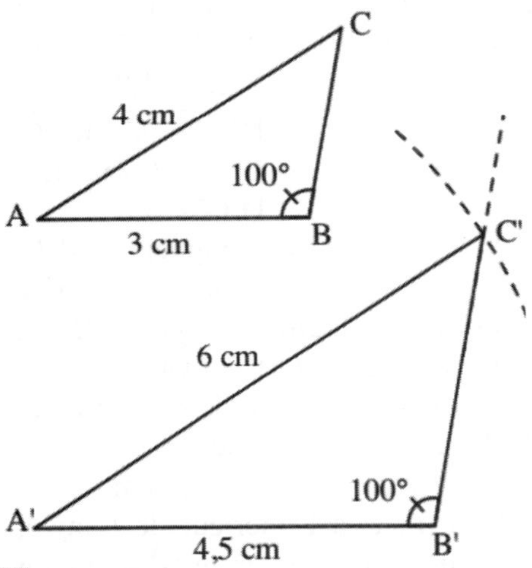

A'B' = 1,5 × AB   A'C' = 1,5 × AC
A'B' = 1,5 × 3   A'C' = 1,5 × 4
A'B' = 4,5   A'C' = 6

► On a calculé les longueurs A'B' et A'C' du triangle A'B'C' en multipliant par 1,5 les longueurs AB et AC.
► On a tracé le côté [A'B'] de 4,5 cm puis l'angle $\widehat{A'B'C'}$ de 100°.
► On a tracé le cercle de centre A' de rayon 6 cm qui coupe l'autre côté de l'angle en C'.
► On a tracé [B'C'] et [A'C'].

EXERCICES

1. Construire en utilisant du papier à petits carreaux un agrandissement de la figure ci-contre à l'échelle 2.

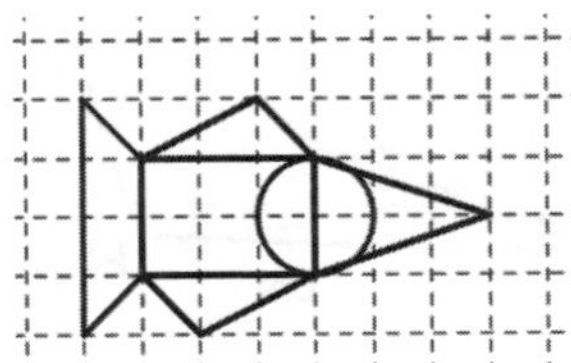

2. On donne un triangle EFG tel que EF = 3 cm, FG = 3,5 cm et $\widehat{FEG}$ = 40°. Construire un agrandissement E'F'G' du triangle EFG en multipliant les longueurs par 1,6.

3. ABCD est un losange de 2,5 cm de côté et tel que $\widehat{BAD}$ = 125°. Réaliser un agrandissement A'B'C'D' de cette figure en multipliant les longueurs par 1,8

4. On donne la figure ci-contre où ABDE est un parallélogramme. Construire un agrandissement de cette figure en triplant les longueurs (échelle 3).

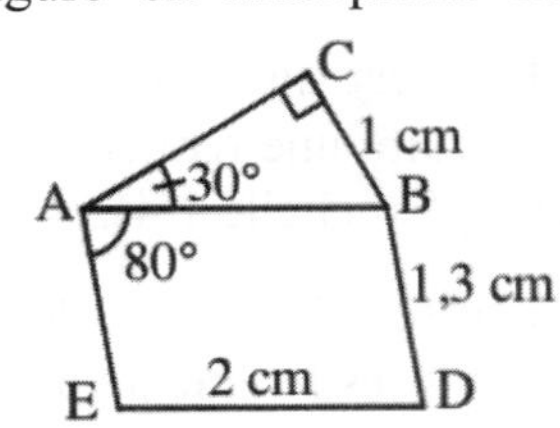

méthode 3

Comment réaliser une réduction d'une figure ?

Pour réaliser une réduction d'une figure :

▲ on multiplie chaque longueur donnée de la figure initiale par un même nombre inférieur à 1, ce nombre est l'échelle ;

▲ on trace la réduction en tenant compte des longueurs trouvées et en conservant les mesures d'angles de la figure initiale.

EXEMPLE

Construire une réduction A'B'C'D' du quadrilatère ABCD en multipliant toutes les dimensions par 0,75 (échelle 3/4).

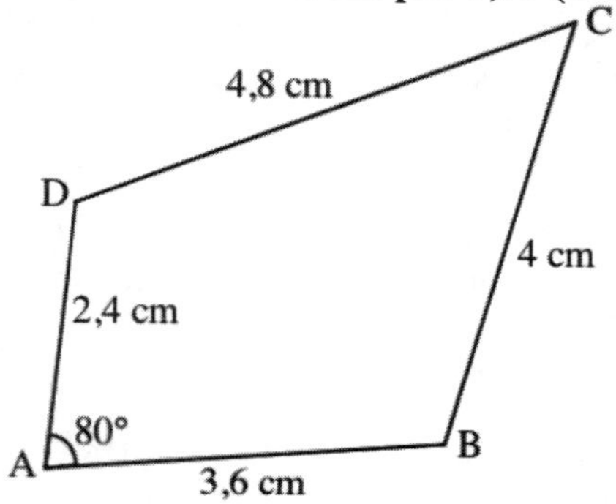

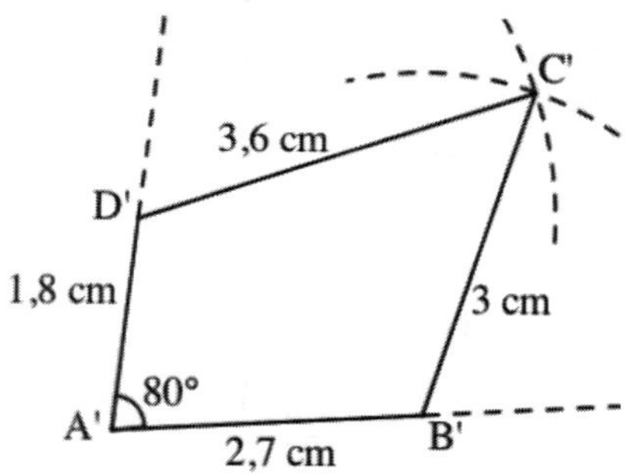

A'B' = $0,75 \times$ AB	A'D' = $0,75 \times$ AD
A'B' = $0,75 \times 3,6$	A'D' = $0,75 \times 2,4$
A'B' = 2,7	A'D' = 1,8
B'C' = $0,75 \times$ BC	D'C' = $0,75 \times$ DC
B'C' = $0,75 \times 4$	D'C' = $0,75 \times 4,8$
B'C' = 3	D'C' = 3,6

► On a calculé les longueurs A'B', A'D', B'C' et D'C' du quadrilatère A'B'C'D' en multipliant par 0,75 les longueurs AB, AD, BC et DC.

► On a tracé un angle de 80° de côtés [A'B'] et [A'D'] tels que A'B' = 2,7 cm et A'D' = 1,8 cm.

► On a tracé, à l'intérieur de l'angle, un arc de cercle de centre B' de rayon 3 cm et un arc de cercle de centre D' de rayon 3,6 cm qui se coupent. On a nommé C' leur point d'intersection.

► On a tracé [B'C'] et [D'C'].

EXERCICES

1. Construire en utilisant du papier à petits carreaux une réduction de la figure ci-contre à l'échelle 1/2.

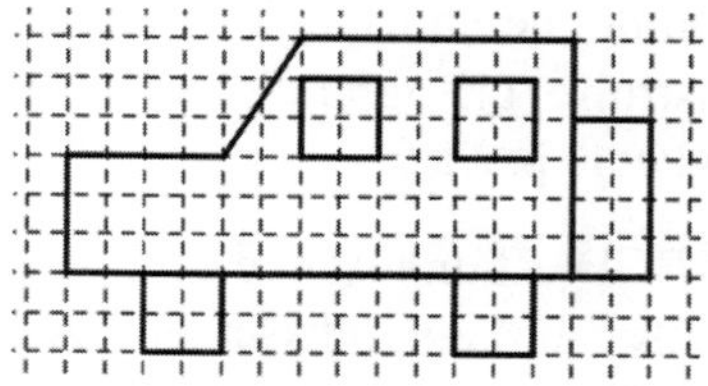

2. EFG est un triangle rectangle en G tel que EF = 12 cm et FG = 8 cm. Construire une réduction E'F'G' du triangle EFG en multipliant les longueurs par 0,25 (échelle 1/4).

3. Utiliser l'exemple. Réaliser une réduction du quadrilatère A'B'C'D' en divisant ses longueurs par 3.

Comment reproduire une figure en respectant une échelle ?

Pour reproduire une figure en respectant une échelle :
▲ on convertit, si besoin, en cm les longueurs de la figure ;
▲ on multiplie ces longueurs par le nombre donné par l'échelle ;
- si le nombre est inférieur à 1, on a une réduction ;
- si le nombre est supérieur à 1, on a un agrandissement ;

▲ on trace la figure avec les mesures trouvées en conservant les angles.

EXEMPLE

On a représenté une table rectangulaire avec deux rallonges en demi-cercle. Les dimensions sont données sur la figure. Représenter la table à l'échelle 1/100 (1 cm sur le dessin pour 100 cm dans la réalité).

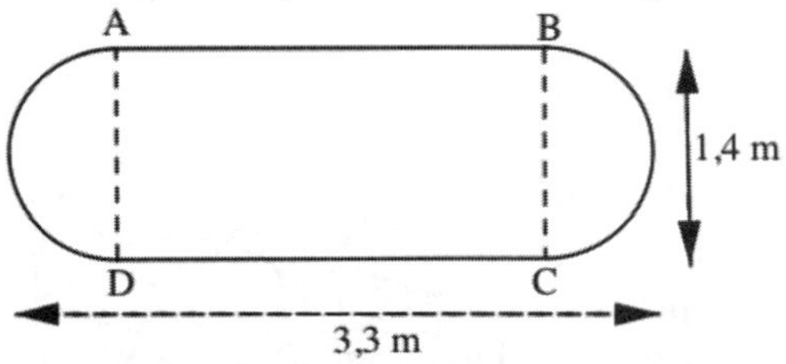

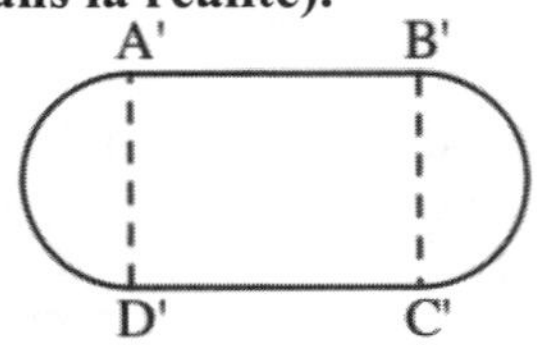

Représentation à l'échelle 1/100

3,3 – 1,4 = 1,9 donc AB = 1,9 m ► On a calculé AB en ôtant de la longueur totale 2 fois le rayon d'une rallonge.
AB = 1,9 m = 190 cm et $0,01 \times 190$ donc A'B' = 1,9 cm
AD = 1,4 m = 140 cm et $0,01 \times 140$ donc A'D' = 1,4 cm.
► On a multiplié les longueurs exprimées en cm par 1/100 soit 0,01.
► On a tracé le rectangle A'B'C'D' tel que A'B' = 1,9 cm et A'D' = 1,4 cm.
► On a construit à l'extérieur du rectangle les demi-cercles de diamètre [A'D'] et [B'C'].

EXERCICES

1. Poursuivre la reproduction de la figure déjà commencée à droite.

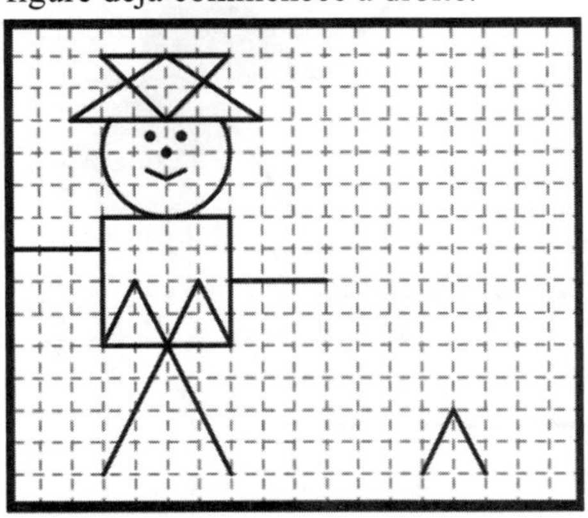

2. Reproduire à l'échelle 5 la figure représentant un pavé droit en perspective cavalière.

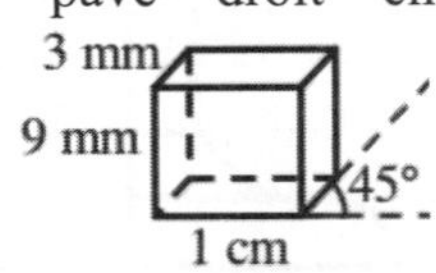

3. Reproduire à l'échelle 1/200 000 la figure représentant les distances à vol d'oiseau entre les fermes de Fernand, Laurent et Colette.

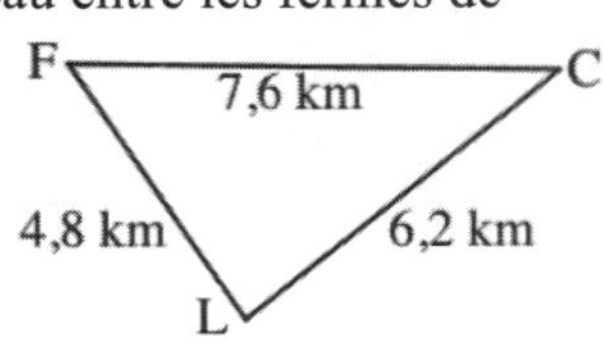

JEUX

1. Un champ rectangulaire mesure 140 m sur 80 m. Il est représenté ci-contre.
Choisir, parmi les échelles proposées, celle qui correspond à cette représentation.
a. Echelle 1/1 000
(1 cm représente 1 000 cm)
b. Echelle 1 /2 500
(1 cm représente 2 500 cm)
c. Echelle 1/10 000
(1 cm représente 10 000 cm)
d. Echelle 3/4 000
(3 cm représentent 4 000 cm)

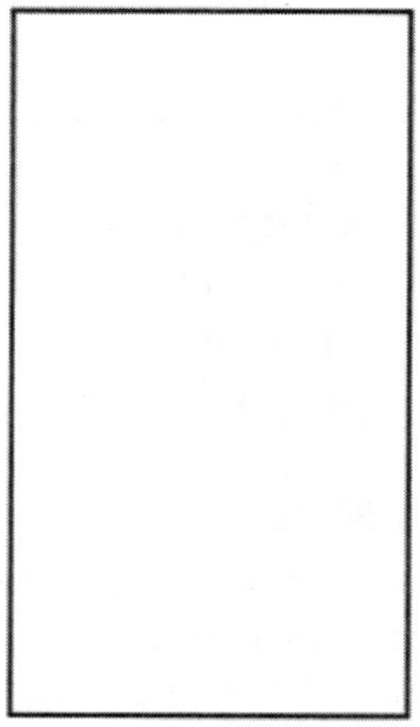

2. Reproduire le motif à l'échelle 0,5 sur du papier à petits carreaux puis le répéter et colorier la frise.

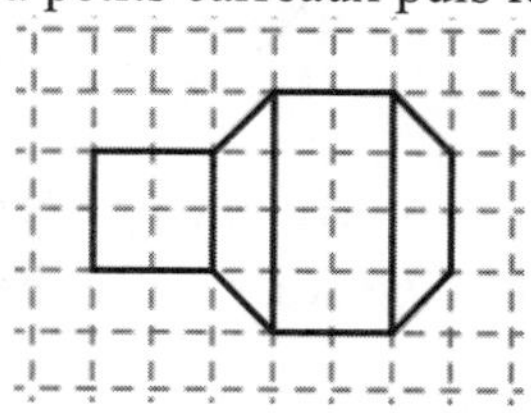

3. Reproduire ce mandala à l'échelle 2 sur du papier à petits carreaux et le colorier.

4. Agrandir le pélican à l'échelle 2 et réduire le coq à l'échelle 0,5.

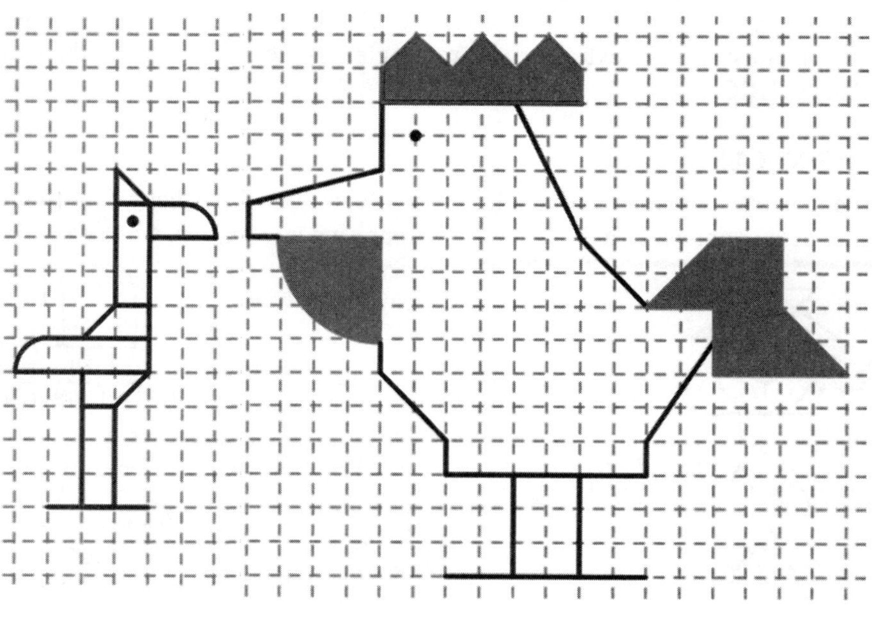

Méthode 1

1. $\frac{3}{2}=\frac{1,8}{1,2}=1,5$ et $\frac{2}{1,6}=1,25$ donc les longueurs des deux figures ne sont pas proportionnelles donc la figure b n'est pas un agrandissement de la figure a.

2. $\frac{1,8}{3}=\frac{3}{5}=\frac{4,2}{7}=0,6$ donc les longueurs des deux figures sont proportionnelles donc le triangle LMN est une réduction du triangle IJK.

3. a. Le rectangle 5 est un agrandissement du rectangle 2 (échelle 1,5).
b. Le rectangle 4 est une réduction du rectangle 1 (échelle 0,25).

Méthode 2

1.

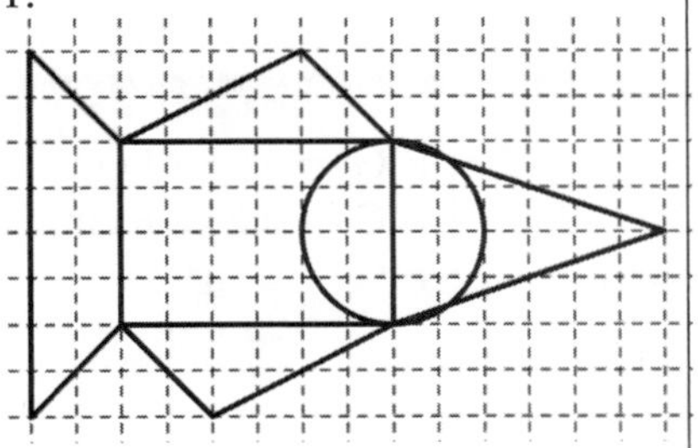

2. $E'F' = 1,6 \times EF$
$E'F' = 1,6 \times 3$ cm
$E'F' = 4,8$ cm

$F'G' = 1,6 \times FG$
$F'G' = 1,6 \times 3,5$ cm
$F'G' = 5,6$ cm

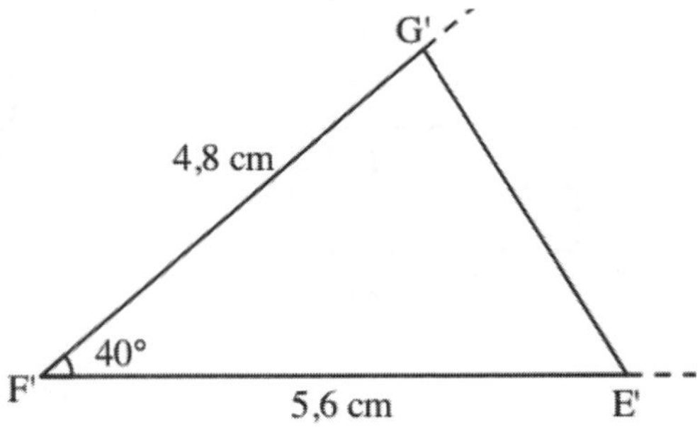

3. $1,8 \times 2,5 = 4,5$ donc le losange A'B'C'D' a 4,5 cm de côté.

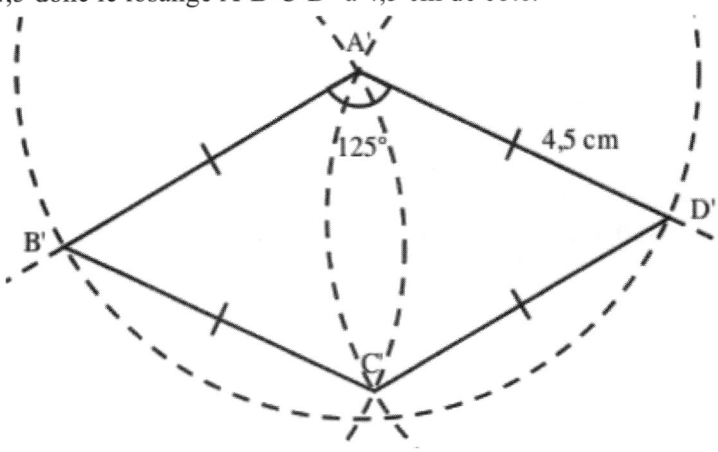

4.

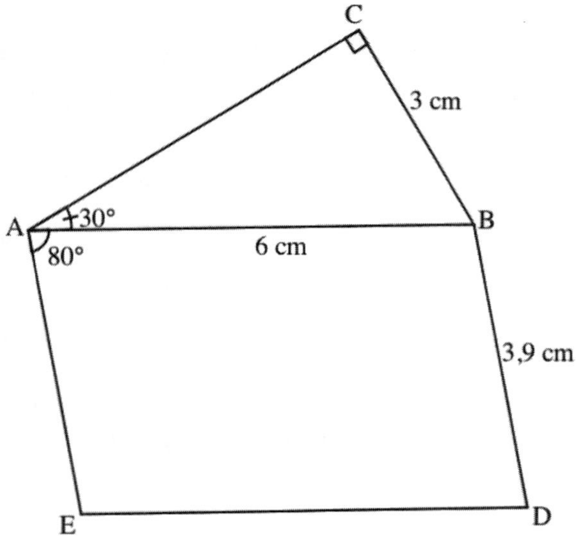

Méthode 3

1.

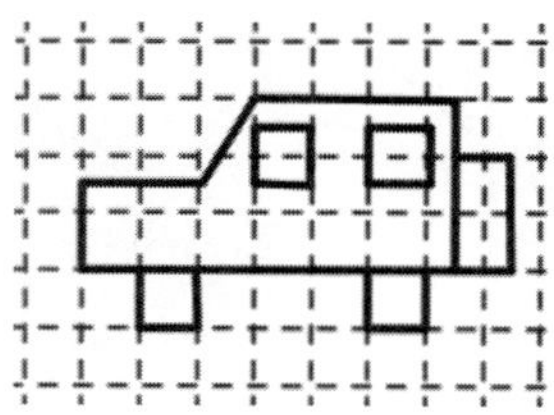

2. E’F’ = 0,25 × EF
E’F’ = 0,25 × 12 cm
E’F’ = 3,5 cm

F’G’ = 0,25 × FG
F’G’ = 0,25 × 8 cm
F’G’ = 2 cm

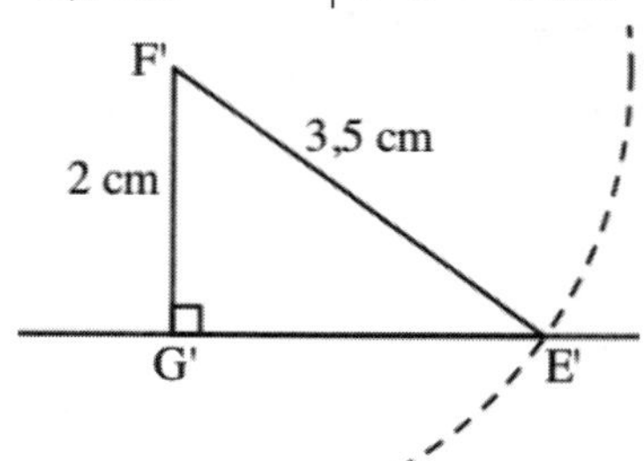

3.

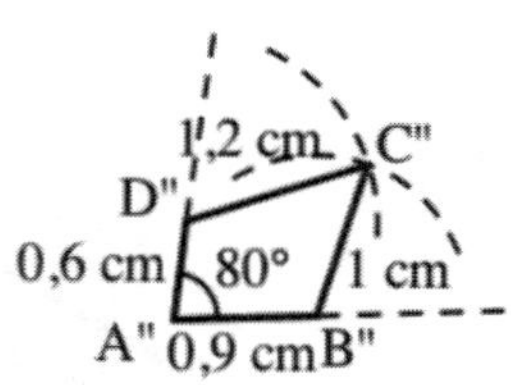

Méthode 4

1.

2.

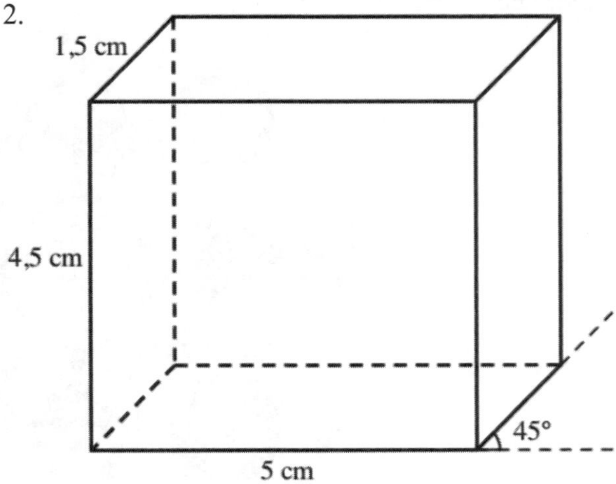

3. 7,6 km = 760 000 cm
6,2 km = 620 000 cm
4,8 km = 480 000 cm
1/200 000 = 0,000 005
$0{,}000\,005 \times 760\,000 = 3{,}8$
$0{,}000\,005 \times 620\,000 = 3{,}1$
$0{,}000\,005 \times 480\,000 = 2{,}4$
On construit un triangle dont les côtés mesurent 3,8 cm ; 3,1 cm et 2,4 cm.

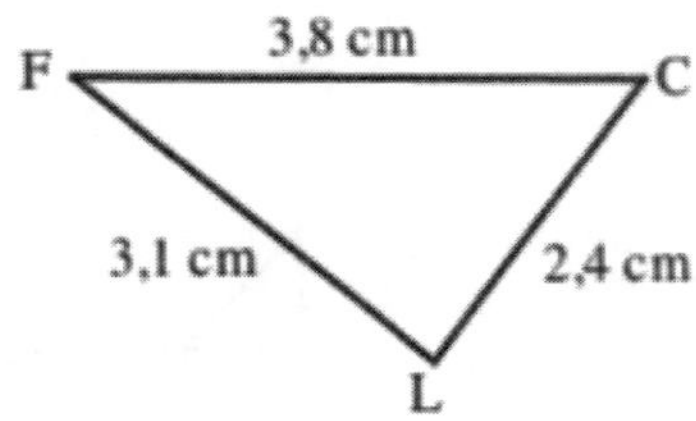

Jeux

1. Le rectangle dessiné mesure 3,2 cm sur 5,6 cm.
80 m = 8 000 cm et 140 m =14 000 cm

$$\frac{3{,}2}{8\,000} = 0{,}000\,4 \ ; \ \frac{5{,}6}{14\,000} = 0{,}000\,4 \text{ et } \frac{1}{2\,500} = 0{,}000\,4$$

L'échelle est donc1/2 500.

2. Frise : proposition de coloriage.

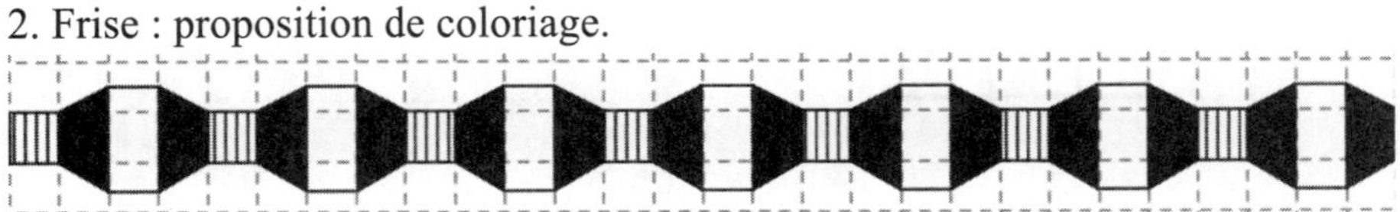

3. Mandala : proposition de coloriage

4.

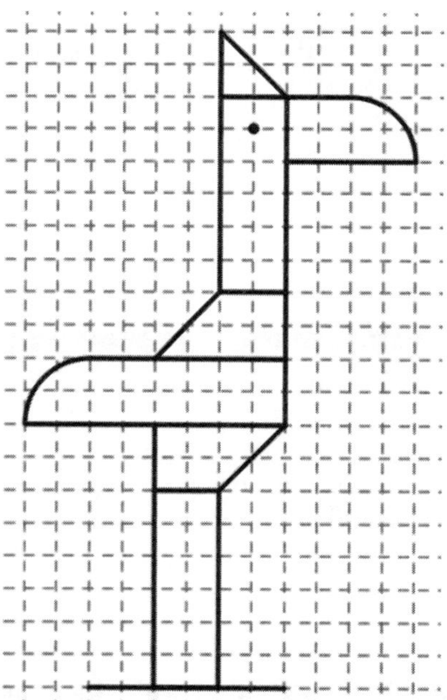

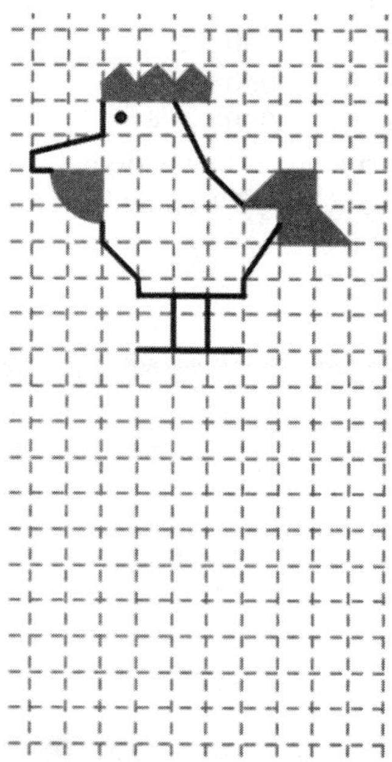

Chapitre 18

Longueurs et périmètres
Masses - Durées

Préfixes pour les multiples et sous multiples d'une unité principale simple					
multiple de l'unité			**sous-multiples de l'unité**		
préfixe	**symbole**	**valeur**	**préfixe**	**symbole**	**valeur**
déca	da	10	déci	d	0,1
hecto	h	100	centi	c	0,01
kilo	k	1 000	milli	m	0,000 1

Périmètres usuels

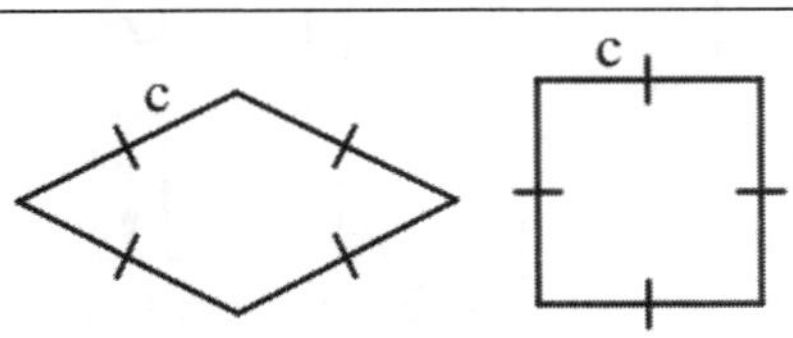

$P = 4 \times c$

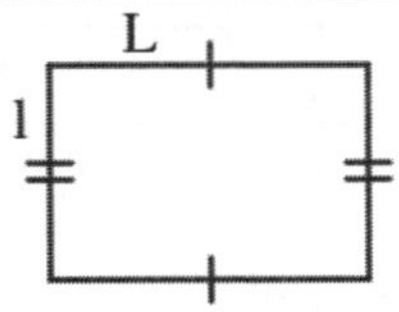

$P = (2 \times L) + (2 \times l)$

$P = 2 \times (L + l)$

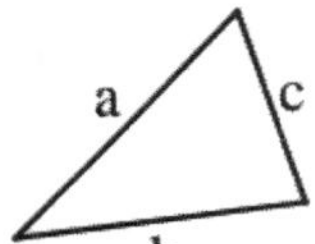

$P = a + b + c$

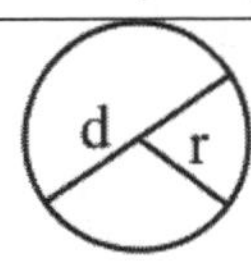

$P = 2 \times \pi \times r$

$P = \pi \times d$

1 j = 24 h **1 h = 60 min** **1 min = 60 s**

1 h = 3 600 s

Méthodes

1. Comment comparer géométriquement des périmètres ?
2. Comment connaître et utiliser la formule donnant la longueur d'un cercle ?
3. Comment effectuer des changements d'unités sur les longueurs et les masses ?
4. Comment calculer une durée entre deux instants donnés ou un instant à partir d'un instant et d'une durée ?

méthode 1

Comment comparer géométriquement des périmètres ?

Pour comparer géométriquement des périmètres :
▲ on reporte sur une demi-droite, pour chacune des figures, les longueurs de ses côtés, bout à bout avec un compas ;
▲ on compare les longueurs totales obtenues sur chaque demi-droite.
Remarque : on peut parfois comparer directement en reconfigurant une des figures ou en comparant morceaux par morceaux.

EXEMPLE Comparer les périmètres des deux figures.

a.

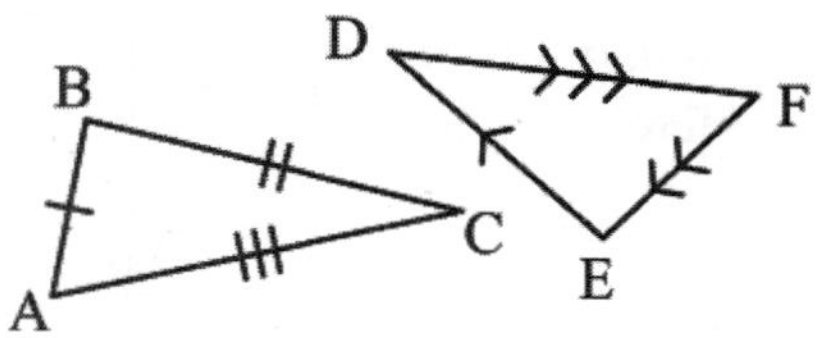

b.

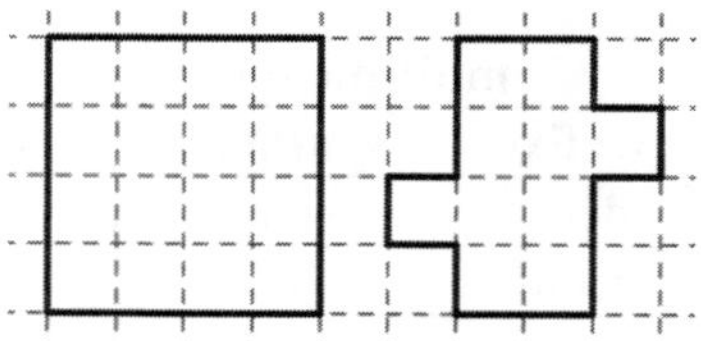

Figure 1 Figure 2

a.

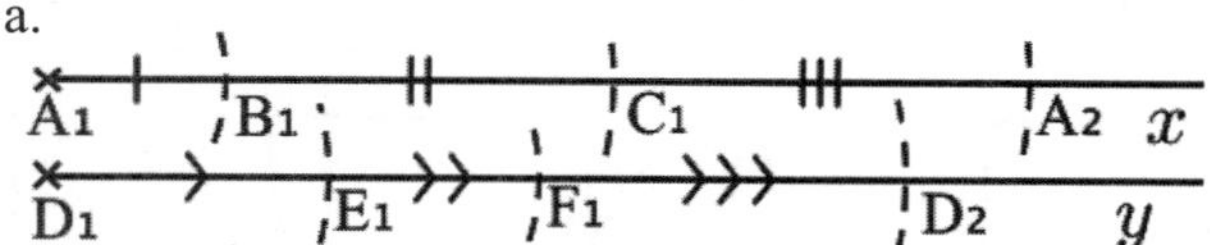

► On a reporté les longueurs des côtés du triangle ABC sur la demi-droite [A_1x) et celles des côtés du triangle DEF sur la demi-droite [D_1y).
$A_1A_2 > D_1D_2$ ► On a comparé les longueurs totales.
Le périmètre du triangle ABC est supérieur à celui du triangle DEF.

b.

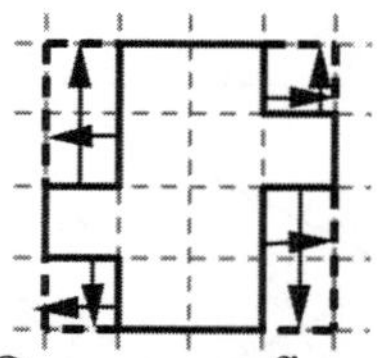

► On a reconfiguré la figure 2 et obtenu la figure 1.
Les deux figures ont le même périmètre.

EXERCICES Comparer les périmètres :

1. des polygones ABCD et EFG.

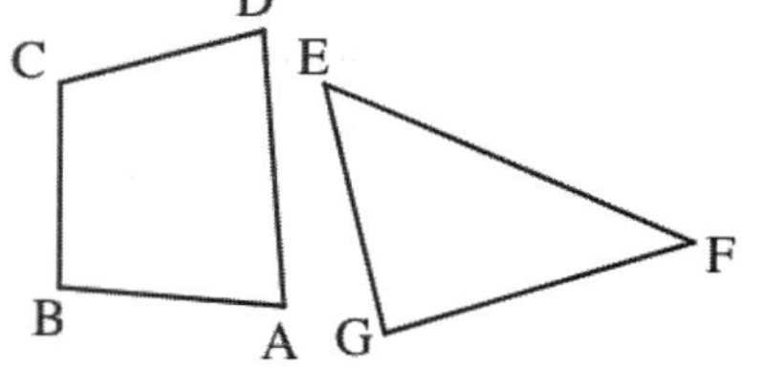

2. des figures A et B.

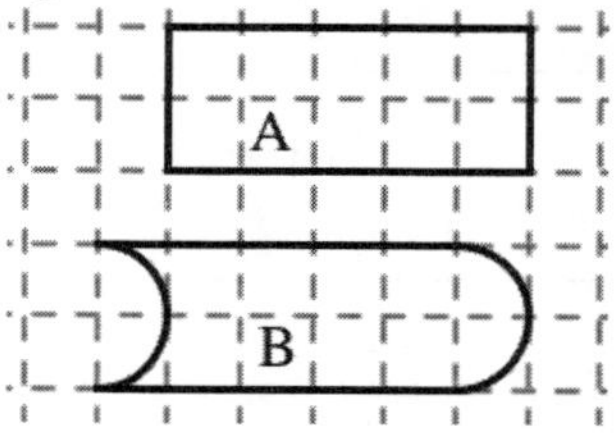

3. des figures 1, 2, 3, 4 et 5.

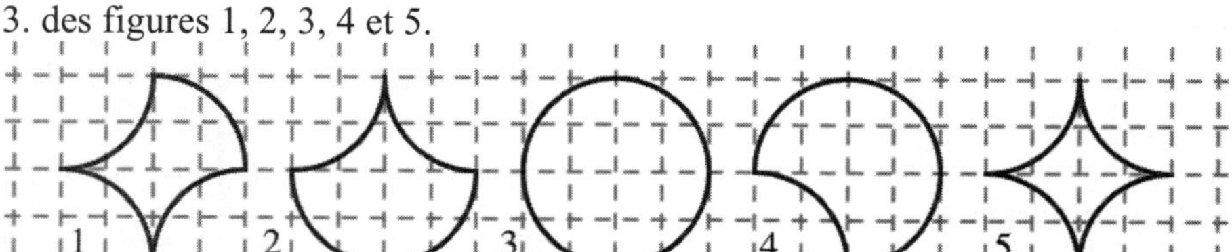

Comment connaître et utiliser la formule donnant la longueur d'un cercle ?

Pour connaître et utiliser la formule donnant la longueur d'un cercle :
- ▲ on observe les données ;
- ▲ on écrit la formule $P = 2 \times \pi \times r$ si le rayon du cercle est donné ou la formule $P = \pi \times d$ si c'est le diamètre qui est donné ;
- ▲ on remplace r ou d par la valeur numérique donnée ;
- ▲ on effectue les calculs avec une calculatrice en utilisant la touche [π] ou à la main en prenant pour π la valeur approchée 3,14 ;
- ▲ on écrit « $P \approx$ » suivi du résultat obtenu à la précision voulue ;
- ▲ on répond à la question par une phrase sans oublier les unités.

EXEMPLE

Calculer la longueur d'un cercle de rayon 3 cm. On donnera une valeur approchée au dixième. On pourra utiliser une calculatrice.

$P = 2 \times \pi \times r$ ► On a écrit la formule avec le rayon.
$P = 2 \times \pi \times 3$ ► On a remplacé r par 3.
$P \approx 18{,}8$ ► On a effectué les calculs à la calculatrice, gardé un chiffre après la virgule pour le résultat et remplacé « = » par « ≈ ».
Une valeur approchée au dixième de la longueur du cercle est 18,8 cm.
► On a répondu à la question par une phrase.

EXERCICES On pourra utiliser une calculatrice si nécessaire.

1. Une couturière doit coudre du galon tout autour d'une nappe ronde de 1,50 m de rayon. Le galon se vendant au mètre, quelle longueur de galon doit-elle acheter ?

2. Une piscine circulaire a un diamètre de 4,50 m. Quelle est la longueur du bord de cette piscine ? Prendre 3,14 comme valeur approchée de π.

3. Le rayon de la Terre est environ 6 400 km, combien mesure l'équateur ?

4. La dimension internationale du diamètre d'une piste de cirque est 13,50 m. Calculer la longueur du pourtour de la piste.

5. Un parterre de fleurs a un contour composé de quatre demi-cercles de 64 cm de diamètre. Donner une valeur approchée à l'unité du périmètre de ce parterre exprimé en mètres.

6. Un cercle a un rayon de 2 dm. Donner un encadrement à l'unité de la longueur de ce cercle exprimée en centimètres.

méthode 3

Comment effectuer des changements d'unités sur les longueurs et les masses ?

Pour effectuer des changements d'unités sur les longueurs et les masses :
▲ on utilise les tableaux suivants où chaque unité est égale à 10 unités de la colonne à sa droite et 0,1 unité de la colonne à sa gauche :

Longueurs m : mètre				km	hm	dam	m	dm	cm	mm
Masses g : gramme	t tonne	q quintal	-	kg	hg	dag	g	dg	cg	mg

EXEMPLES

1. Le périmètre d'un rectangle est 3,42 m. Exprimer cette longueur en dm et en cm.

1 m = 10 dm = 100 cm donc 3,42 m = 34,2 dm = 342 cm.
Le périmètre de ce rectangle est 34,2 dm soit 342 cm.

2. Un container a une masse de 3 750 kg. Exprimer cette masse en tonne.

1 kg = 0,001 t donc 3 750 kg = 3,75 t.
La masse du container est 3,75 t.

EXERCICES

1. Exprimer en m : a. 2,4 dam b. 578 dm c. 13 500 cm d. 9 200 hm.

2. Exprimer en dg : a. 3,61 hg b. 64,3 g c. 892 dag d. 45 184 mg.

3. Compléter

810 mm = ………………m	14,467 dam = 1446,7 ………
31500 m = …………….. km	280 cm = 0,028 …………
73,48 hg = …………….. g	47 635,1 g = 0,047 635 1 ……….
0,062 g = …………….. cg	31,5 t = 315 000 ……….

4. Un hippopotame pèse 4,5 t. Exprimer son poids en kg.

5. On considère un carré de 76 cm de côté.
a. Calculer son périmètre en cm. b. Exprimer ce périmètre en mm et en m.

6. Le contenu d'un paquet de 32 bonbons de même masse pèse 56 g.
a. Quelle est la masse d'un bonbon ? b. Exprimer cette masse en mg.

7. Calculer le périmètre en dam d'un terrain de foot mesurant 68 m sur 105 m.

8. Une bille pèse 7,5 g. Combien pèsent 200 billes identiques ? Exprimer cette masse en kg.

Comment calculer une durée entre deux instants donnés ou un instant à partir d'un instant et d'une durée ?

Pour calculer une durée entre deux instants donnés :
▲ on calcule la différence entre l'instant final et l'instant initial.

Pour calculer un instant à partir d'un instant et d'une durée :
▲ on ajoute à l'instant initial la durée pour trouver l'instant final ;
▲ on retranche à l'instant final la durée pour trouver l'instant initial.
Remarque : dans tous les cas, on répond à la question par une phrase.

EXEMPLES

1. Le spectacle « Hier un village » à Flagnac en Aveyron commence à 22 h 15 et se termine à minuit. Combien de temps dure-t-il ?

24 h – 22 h 15 min = 23 h 60 min – 22 h 15 min = 1 h 45 min
Le spectacle dure 1 h 45 min.
► On a calculé la différence entre l'instant final et l'instant initial.

2. Un train annoncé à 10 h 47 en gare de Brive a 24 min de retard. A quelle heure arrive-t-il à Brive ?

10 h 47 min + 24 min = 11 h 11 min. Le train arrivera à Brive à 11 h 11.
► On a ajouté la durée du retard à l'instant initialement prévu.

3. François 1er est mort en 1547. Il a été sacré roi de France à 21 ans et il a régné 32 ans. En quelle année est-il né ?

21 + 32 = 53 soit 1547 – 53 = 1494
François 1er est né en 1494. ► On a ajouté sa durée de vie avant le sacre et celle pendant son règne et retranché la somme obtenue à la date de sa mort.

EXERCICES

1. Catherine est née le 11 mai 1979. Combien de bougies a-t-elle soufflées le 11 mai 2015 ?

2. Un avion décolle de Paris à 8 h 45 pour un vol de 1 h 20 min à destination de Nice. Quelle est l'heure d'arrivée prévue à Nice ?

3. Une séance de cinéma a duré 1 h 35 min. Elle s'est terminée à 22 h 05. A quelle heure a-t-elle commencé ?

4. On plonge un œuf à la coque dans l'eau bouillante pour 3 min à 19 h 58 min 37 s (pendule électronique). A quelle heure le sortir de l'eau ?

5. Des touristes arrivent au château de Vynerche à 9 h 15, c'est 20 min trop tard pour la première visite guidée qui se termine à 10 h 30.
a. Quelle est la durée de cette visite ? b. La deuxième visite guidée, de même durée, se termine à 12 h 15. A quelle heure commence-t-elle ?
c. Combien de temps les touristes doivent-ils attendre la deuxième visite ?

JEUX

1. Compléter la grille ci-dessous.

Horizontalement :

1. « Autour de » en grec.
2. Navigation autour d'une mer, d'une côte ou d'une région ; aide : « navigation » en grec se dit « ploos ».
3. Boulevard qui entoure une ville.
4. Membrane qui enveloppe le cœur ; aide : « cœur » en grec se dit « kardian ».
5. Tube équipé d'un système optique, qui permet à un sous-marin en plongée d'observer la surface de l'eau ; aide : « examiner » en grec se dit « skopein ».
6. Longueur d'un contour fermé.
7. Galerie de colonnes autour d'un édifice.
8. « Le roi des animaux » pour le lion, « la ville lumière » pour Paris en sont.

Verticalement :

9. Membrane qui entoure les os ; aide : « os » en grec se dit « osteon ».
10. Se dit d'une activité qui complète l'enseignement à l'école.
11. Ensemble des enveloppes des graines d'un fruit ; aide : « fruit » en grec se dit « karpos ».
12. Multiplié par le diamètre, il donne la longueur d'un cercle.
13. Relatif aux régions proches des glaciers.
14. Qualifie un moment qui précède ou suit immédiatement la naissance.
15. Ensemble des quartiers situés sur le pourtour d'une ville.

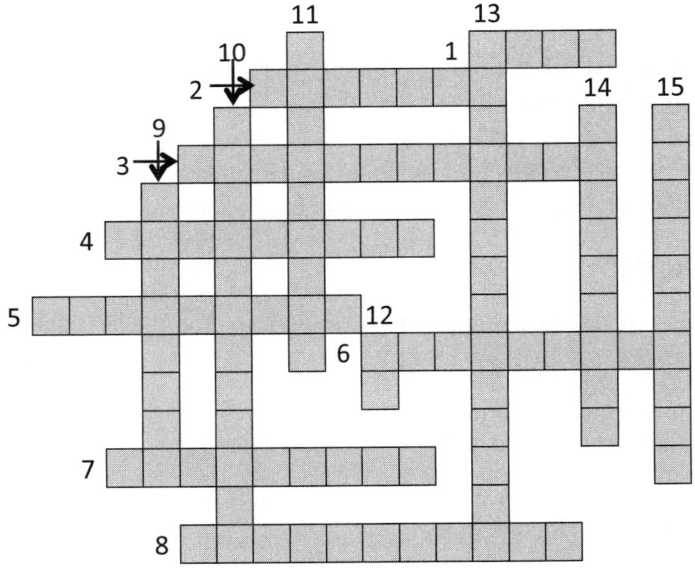

2. Quel est l'intrus parmi ces mesures ?

12,8 dm   9 m   6,5 km   4 t   78 dam

3. 8 h 45 min ; 10 h 33 min ; 13 h 6 min ; 16 h 24 min ; ? ;

Trouver l'heure qui se cache derrière le point d'interrogation.

Méthode 1

1.

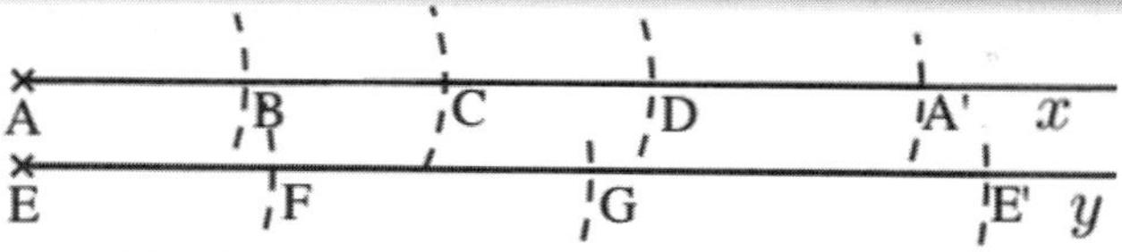

On a reporté les longueurs des côtés du quadrilatère ABCD sur la demi-droite [Ax) et celles des côtés du triangle EFG sur la demi-droite [Ey).
AA' < EE' donc le quadrilatère ABCD a un périmètre inférieur à celui du triangle EFG.

2. Le contour de la figure A est composé de deux segments de 5 carreaux et deux segments de 2 carreaux ; le contour de la figure B est composé de deux segments de 5 carreaux et deux demi-cercles de diamètre 2 carreaux.
Or la longueur d'un demi-cercle est supérieure à la longueur du diamètre donc le périmètre de la figure B est supérieur au périmètre de la figure A.

3. Les figures 1, 2, 3, 4 et 5 sont toutes constituées de 4 quarts de cercle de même rayon 2 carreaux, les périmètres des figures 1, 2, 3, 4 et 5 sont donc tous égaux.

Méthode 2

1. $P = 2 \times \pi \times r$ or $r = 1{,}5$ (en m) donc $P = 2 \times \pi \times 1{,}5$ donc $P \approx 9{,}42$
La longueur de galon à acheter est 10 m.

2. $P = \pi \times d$ or $d = 4{,}5$ (en m) donc $P \approx 3{,}14 \times 4{,}5$ donc $P \approx 14{,}13$
Une valeur approchée de la longueur du bord de cette piscine est 14 m.

3. L'équateur est un grand cercle de même rayon que la Terre.
$P = 2 \times \pi \times r$ avec $r \approx 6\,400$ (en km) donc $P \approx 2 \times \pi \times 6\,400$
donc $P \approx 40\,212$. L'équateur mesure environ 40 000 km.

4. $P = \pi \times d$ or $d = 13{,}5$ (en m) donc $P = \pi \times 13{,}5$ donc $P \approx 42{,}41$
Une valeur approchée du pourtour d'une piste de cirque est 42,4 m.

5. La longueur du périmètre du parterre est celle de 4 demi-cercles de diamètre 64 cm ce qui revient à la longueur de 2 cercles de diamètre 64 cm.
$P = (\pi \times d) \times 2$ or $d = 64$ (en cm) donc $P = (\pi \times 64) \times 2$ (en cm)
donc $P \approx 402{,}123$ (en cm)
Une valeur approchée du périmètre de ce parterre est 4 m.

6. $P = 2 \times \pi \times r$ or $r = 2$ (en dm) donc $P = 2 \times \pi \times 2$ (en dm)
donc $P \approx 12{,}56$ (en dm) et comme 12,56 dm = 125,6 cm
donc 125 cm < P < 126 cm, la longueur du cercle est comprise entre 125 cm et 126 cm.

Méthode 3

1. a. 2,4 dam = 24 m
   b. 578 dm = 57,8 m
   c. 13 500 cm = 135 m
   d. 9 200 hm = 920 000 m

2. a. 3,61 hg = 3 610 dg
   b. 64,3 g = 643 dg
   c. 892 dag = 89 200 dg
   d. 45 184 mg = 451,84 dg

3. 810 mm = 0,81 m
   31500 m = 31,5 km
   73,48 hg = 7 348 g
   0,062 g = 6,2 cg
   14,467 dam = 1446,7 dm
   280 cm = 0,028 hm
   47 635,1 g = 0,047 635 1 t
   31,5 t = 315 000 hg

4. 1 t = 1 000 kg donc 4,5 t = 4 500 kg.
Le poids de l'hippopotame est 4 500 kg.

5. a. $4 \times 76 = 304$ donc le périmètre de ce carré est 304 cm.
b. 304 cm = 3 040 mm = 3,04 m
Le périmètre de ce carré est 3 040 mm soit 3,04 m.

6. a. 56 : 32 = 1,75 donc la masse d'un bonbon est 1,75 g.
b. 1,75 g = 1 750 mg donc la masse d'un bonbon est 1 750 mg.

7. $2 \times (68 + 105) = 2 \times 173 = 346$
346 m = 34,6 dam donc le périmètre du terrain de football est 34,6 dam.

8. $7{,}5 \times 200 = 1\,500$ et 1 500 g = 1,5 kg
La masse des 200 billes identiques de 7,5 g est 1,5 kg.

Méthode 4

1. 2015 – 1979 = 36.
Catherine a soufflé 36 bougies le 11 mai 2015.

2. 8 h 45 min + 1 h 20 min = 10 h 05 min.
L'avion doit arriver à Nice à 10 h 05.

3. 22 h 05 min – 1 h 35 min = 20 h 30 min.
La séance de cinéma a commencé à 20 h 30.

4. 19 h 58 min 37 s + 3 min = 20 h 1 mm 37 s
On doit sortir l'œuf à 20 h 1 mm 37 s.

5. a. 9 h 15 min – 20 min = 8 h 55 min.
La première visite commence à 8 h 55.
10 h 30 min – 8 h 55 min = 1 h 35 min.
La durée de la première visite est 1 h 35 min.

b. 12 h 15 min – 1 h 35 min = 10 h 45 min
La deuxième visite commence à 10 h 45.

c. 10 h 45 min – 9 h 15 min = 1 h 30 min
Les touristes doivent attendre 1 h 30 min pour participer à la deuxième visite.

Jeux

1.

2. L'intrus est 4 t, c'est une mesure de masse alors que toutes les autres sont des mesures de longueur.

3. 10 h 33 min – 8 h 45 min = 1 h 48 min ;
13 h 6 min – 10 h 33 min = 2 h 33 min et 2 h 33 min - 1 h 48 min = 45 min
16 h 24 min – 13 h 6 min = 3 h 18 min et 3 h 18 min - 2 h 33 min = 45 min
1 h 48 min puis 2 h 33 min puis 3 h 18 min ;
il y a donc à chaque fois entre une heure et la suivante 45 min de plus qu'entre cette heure et la précédente.
3 h 18 min + 45 min = 4 h 3 min et 16 h 24 min + 4 h 3 min = 20 h 27 min
L'heure suivante sera 20 h 27 min.

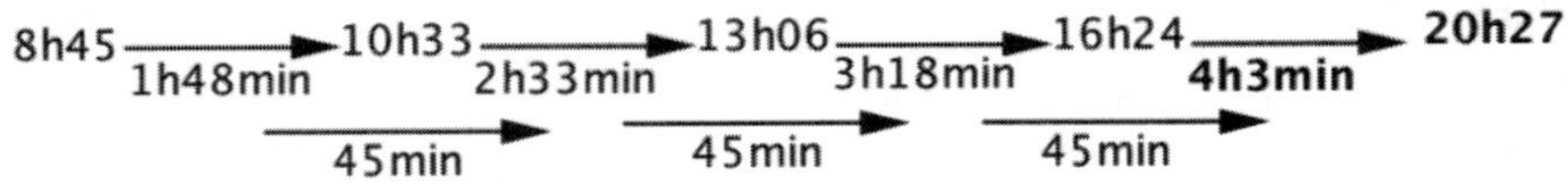

Chapitre 19

Aires

km²	hm²	dam²	m²	dm²	cm²	mm²
	ha	a	ca			

m : mètre **a : are**

Chaque unité est égale à 100 unités de la colonne à sa droite et 0,01 unité de la colonne à sa gauche.

On calcule les aires à partir de données de longueurs qui doivent être exprimées dans la même unité.

Des longueurs en m donnent des aires en m^2.

Aires usuelles

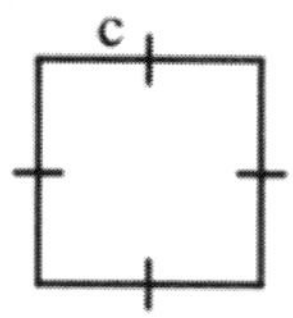

$\mathcal{A} = c \times c$

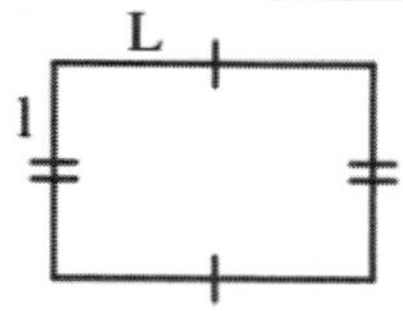

$\mathcal{A} = L \times l$

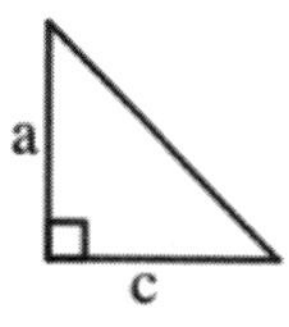

$\mathcal{A} = (a \times c) \div 2$

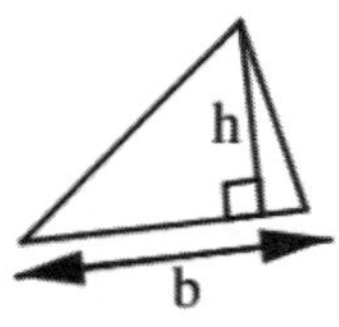

$\mathcal{A} = (b \times h) \div 2$

$\mathcal{A} = \pi \times r \times r$

$\mathcal{A} = (\pi \times d \times d) \div 4$

Méthodes

1. Comment comparer géométriquement des aires ?
2. Comment calculer une aire grâce à un pavage ?
3. Comment calculer l'aire d'un triangle ?
4. Comment calculer l'aire d'un disque ?

méthode 1

Comment comparer géométriquement des aires ?

Pour comparer géométriquement des aires :
- ▲ on observe les éléments qui constituent les figures ou qui les entourent ;
- ▲ on compare par morceaux ou directement après avoir reconfiguré.

Remarque : ne pas hésiter à colorier les surfaces.

EXEMPLE

ABCD est un carré partagé en 6 bandes superposables.
Comparer les aires du triangle EFG et des quadrilatères AEFD et GBCF.

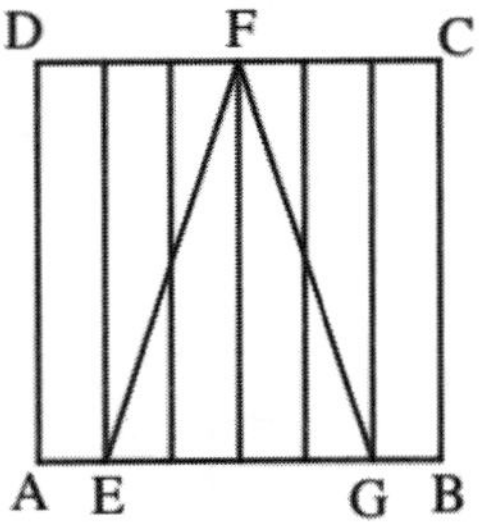

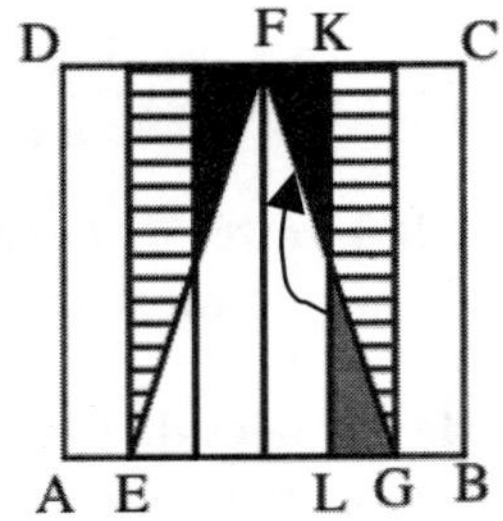

Les quadrilatères AEFD et GBCF sont superposables : chacun est constitué d'une bande, d'un quadrilatère hachuré et d'un triangle noir.
► On a comparé les éléments des quadrilatères.

Pour le triangle EFG, si on découpe le triangle gris et on le recolle sur le triangle noir on reconstitue un quadrilatère KFEL superposable avec chacun des précédents. ► On a reconfiguré.
Le triangle EFG et les quadrilatères AEFD et GBCF ont la même aire, l'aire de deux bandes.

EXERCICES

1. Comparer les aires :

a. des figures A et B.

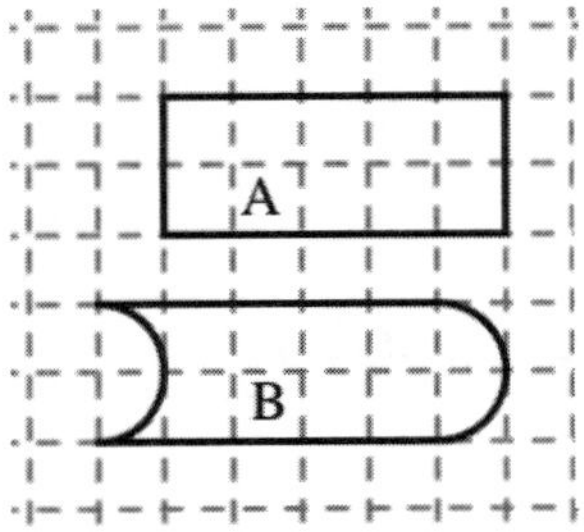

b. des rectangles AFEI et CHEG.

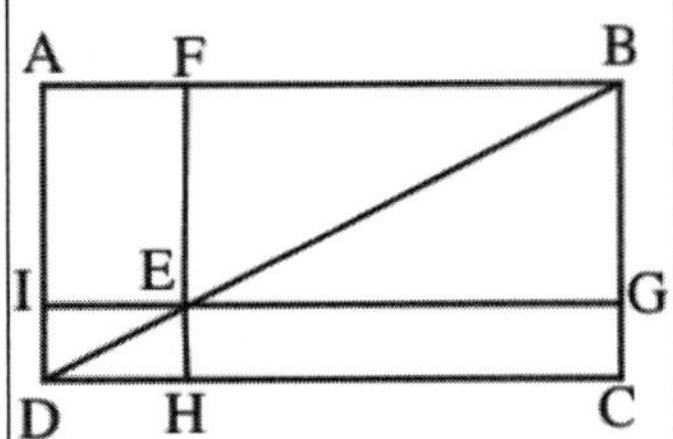

c. du carré ABCD et de la surface en pointillés.

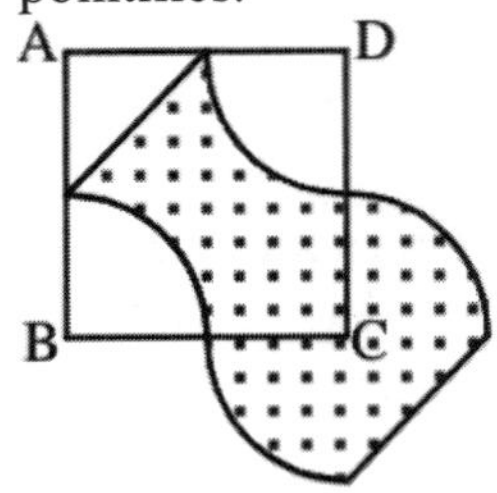

2. Classer les figures 1, 2, 3, 4 et 5 de la plus grande aire à la plus petite.

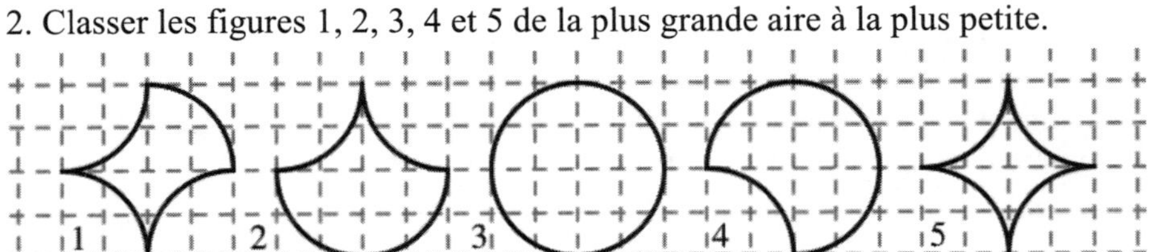

Comment calculer une aire grâce à un pavage ?

Pour calculer une aire grâce à un pavage :
▲ on observe le motif du pavage défini comme unité d'aire ;
▲ on reconfigure la figure si nécessaire pour obtenir une figure constituée d'un nombre de motifs unités facile à déterminer ;
▲ on détermine ce nombre, c'est l'aire de la figure.
Remarque : si aucun pavage n'apparaît, on en crée un.

EXEMPLE

Donner l'aire de la figure en unité d'aire, le carreau.

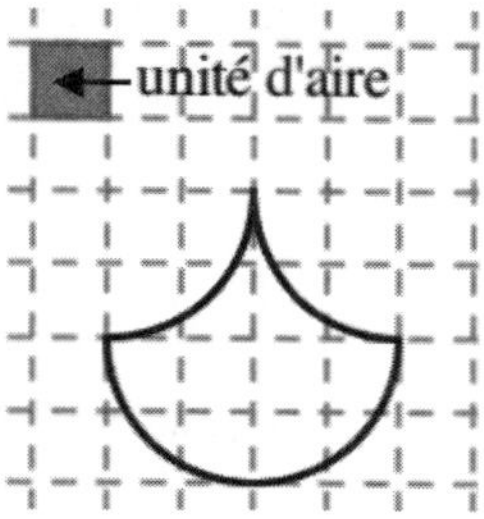

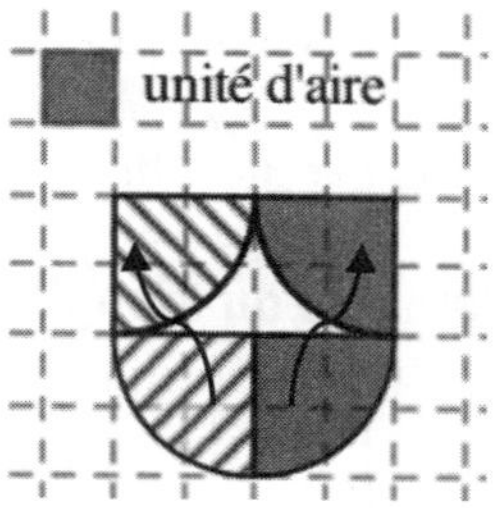

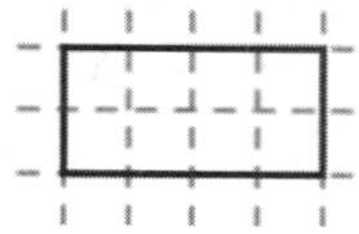

► On a obtenu un rectangle.

► On a reconfiguré la figure.
L'aire du rectangle est égale à 8 carreaux donc l'aire de la figure est égale à 8 carreaux.

EXERCICES

1. Pour la figure 1 et la figure 2, les contours sont formés de segments et de demi-cercles de 1 cm de diamètre. Ont-elles la même aire ? Si oui la donner.

figure 1 figure 2
le disque gris ne fait pas partie de la figure 2

2. Calculer les aires des figures 1, 2, 3, 4, 5 et 6.
En déduire des paires de figures de même aire.

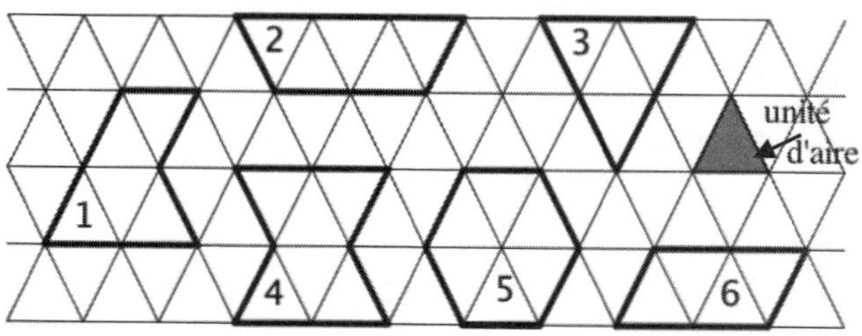

3. Les figures 1, 2 et 3 n'ont pas la même forme. Calculer l'aire de chacune en carreaux. Que constate-t-on ?

méthode 3

Comment calculer l'aire d'un triangle ?

Pour calculer l'aire d'un triangle :

▲ on écrit et on applique
- si le triangle est rectangle, la formule $\mathcal{A} = (a \times c) \div 2$ où a et c sont les longueurs des côtés de l'angle droit ;
- si le triangle n'est pas rectangle, la formule $\mathcal{A} = (b \times h) \div 2$ où b est la longueur d'un côté et h la longueur de la hauteur relative à ce côté (voir *chapitre 14 méthode 1*) ;

▲ on exprime les longueurs utiles dans la même unité si ce n'est pas le cas ;
▲ on applique la formule avec les valeurs numériques des longueurs ;
▲ on effectue les calculs ;
▲ on répond à la question par une phrase sans oublier les unités.

EXEMPLES Calculer l'aire du triangle

1. ABC rectangle en B tel que AB = 3 cm et BC = 4 cm.

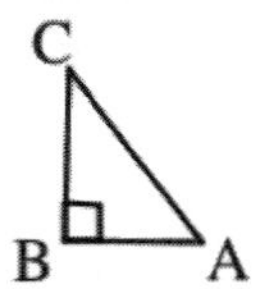

2. EFG tel que EF = 5 cm et GH = 42 mm.

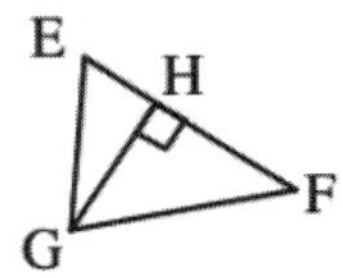

1.	2.
$\mathcal{A} = (a \times c) \div 2$	$\mathcal{A} = (b \times h) \div 2$
$\mathcal{A} = (AB \times BC) \div 2$	$\mathcal{A} = (EF \times GH) \div 2$

► On a écrit la formule et on l'a appliquée à chaque triangle.

1.	2.
$\mathcal{A} = (3 \times 4) \div 2$	42 mm = 4,2 cm ; $\mathcal{A} = (5 \times 4{,}2) \div 2$

► On a exprimé les longueurs dans la même unité.
► On a remplacé par les valeurs numériques.

1.	2.
$\mathcal{A} = 12 \div 2$ soit $\mathcal{A} = 6$	$\mathcal{A} = 21 \div 2$ soit $\mathcal{A} = 10{,}5$

► On a effectué les calculs.

1.	2.
L'aire du triangle ABC est 6 cm².	L'aire du triangle EFG est 10,5 cm².

► On a répondu à la question par une phrase.

EXERCICES

1. Calculer l'aire des triangles ci-dessous :

a. h = 5 cm
b = 13 cm

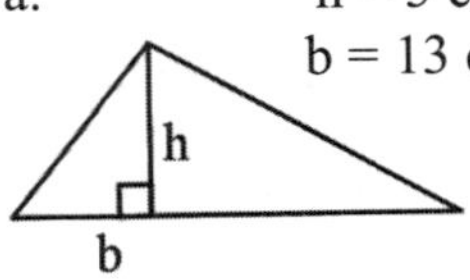

b.

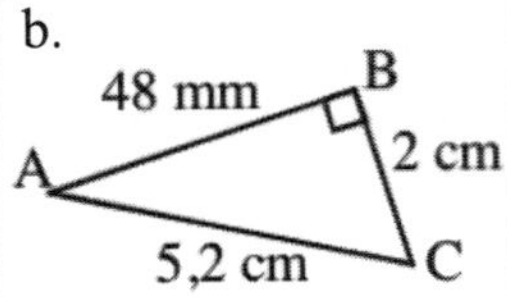

c. JK = 5,5 cm
IK = 9 cm
IJ = 4,2 cm
KH = 4 cm

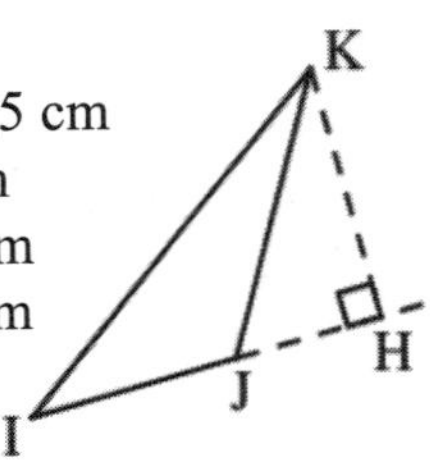

2. Les panneaux de signalisation du code de la route qui indiquent un danger sont des triangles équilatéraux. Un panneau de la gamme normale a pour côté 1 000 mm. Chaque hauteur mesure 866 mm.
Calculer l'aire d'un panneau danger de la gamme normale et l'exprimer en m².

Comment calculer l'aire d'un disque ?

Pour calculer l'aire d'un disque :
▲ on écrit la formule $\mathcal{A} = \pi \times r \times r$ où r est le rayon du cercle ;
▲ on remplace r par la valeur numérique donnée ou calculée en divisant le diamètre d par 2 si c'est celui-ci qui est donné ;
▲ on effectue les calculs avec une calculatrice en utilisant la touche $\boxed{\pi}$ ou à la main en prenant pour π la valeur approchée 3,14 ;
▲ on écrit « $\mathcal{A} \approx$ » suivi du résultat obtenu à la précision voulue ;
▲ on répond à la question par une phrase sans oublier les unités.
Remarque : si on donne d on peut utiliser la formule : $\mathcal{A} = (\pi \times d \times d) \div 4$.

EXEMPLE

Calculer l'aire d'un disque de rayon 3 cm. On donnera une valeur approchée avec deux décimales. On pourra utiliser une calculatrice.

$\mathcal{A} = \pi \times r \times r$ ► On a écrit la formule avec le rayon.
$\mathcal{A} = \pi \times 3 \times 3$ ► On a remplacé r par 3.
$\mathcal{A} \approx 28{,}27$ ► On a effectué les calculs à la calculatrice, gardé deux chiffres après la virgule pour le résultat et remplacé « = » par « ≈ ».
Une valeur approchée avec deux décimales de l'aire du disque est 28,27 cm^2.
► On a répondu à la question par une phrase.

EXERCICES On pourra utiliser une calculatrice si nécessaire.

1. Calculer l'aire d'un disque de 9,1 mm de rayon.

2. Un jeton de chariot de supermarché a un diamètre de 2,3 cm. Quelle est l'aire de ce jeton ? Prendre 3,14 comme valeur approchée de π.

3. Au large de la côte nord-est de la péninsule Antarctique se trouve une île circulaire d'environ 1,5 km de diamètre, l'île Paulet. Calculer une valeur approchée de son aire et donner le résultat en ha.

4. Un des manèges du poney club est circulaire et mesure 22 m de diamètre. Quelle est son aire ? Donner une valeur approchée en are.

5. La figure ci-contre schématise une hélice composée de quatre demi-disques de 5 cm de rayon.
Quelle est l'aire de cette figure ?

6. Un disque a un rayon de 2 dm. Donner un encadrement à l'unité de l'aire de ce disque exprimée en cm^2.

JEUX

1. Compléter la grille ci-dessous.

Horizontalement :

1. Apparence, aspect.
2. Longue période historique.
3. Mot qui s'écrit ou se lit de la même façon qu'un autre mot mais dont le sens est différent.
4. Vitesse résiduelle d'un navire lorsqu'il n'a plus de propulsion.
5 . Nid de rapaces diurnes.
6. Période géologique, tertiaire par exemple.
7. Territoire ou terrain, sur les autoroutes elle est de repos.
8. Mélange gazeux composant notre atmosphère.
9. Vont ça et là à l'aventure.
10. Variété de lentille.

Verticalement :

11. Mesure d'une surface limitée.
12. Multiplier par le rayon puis encore une fois par le rayon, il donne l'aire d'un disque.
13. Se déplace sans but précis.
14. Jeune cerf n'ayant pas encore ses premiers bois.
15. Nom générique donné aux transports aériens et à l'aviation.
16. Chemisette confectionnée de crin ou de poils de chèvre, portée par les ascètes pour faire pénitence.
17. Mélodie, musique.
18. 18e lettre de l'alphabet.
19. Marches au hasard.
20. Homme misérable.

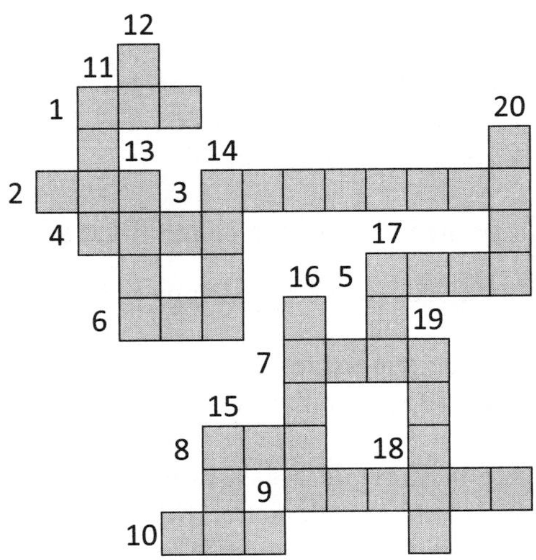

2. Trouver l'égalité fausse qui s'est glissée parmi ces égalités.

629 dm^2 = 6,29 ca	567 dam^2= 0,056 7 km^2	1,8 m^2 = 18 000 cm^2
55 ha = 550 000 m^2	7 000 cm^2= 0,007 dam^2	9 a = 900 m^2
3 mm^2= 0,003 dm^2	1 307,98 ca = 13,0798 a	83 km^2= 8 300 ha

3. Les deux rectangles sont superposables.
Comparer les surfaces noircies.

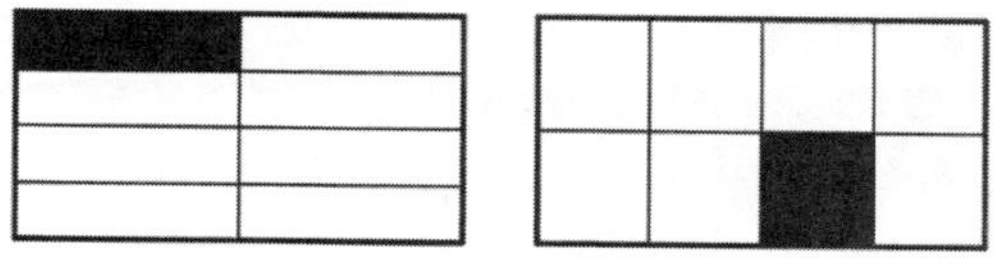

4. Dans le QCM qui suit, il peut y avoir de 0 à 4 réponses justes par ligne. Trouver toutes les réponses justes. Aucune justification n'est demandée.

	Réponses	a	b	c	d
1	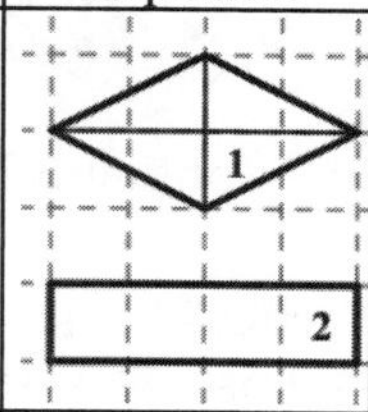	Les figures 1 et 2 ont le même périmètre.	Le périmètre de la figure 2 est supérieur au périmètre de la figure 1.	Les figures 1 et 2 ont la même aire.	L'aire de la figure 1 est supérieure à l'aire de la figure 2.
2	$76{,}31\ m^2 =$	$76\ 310\ cm^2$	0,076 31 ca	$0{,}763\ 1\ dam^2$	$7\ 631\ dm^2$
3	Mon aire est de $9\ cm^2$, mon périmètre de 12 cm, je peux être	un carré de 3 cm de côté	un rectangle de longueur 9 cm et de largeur 1 cm	le triangle : 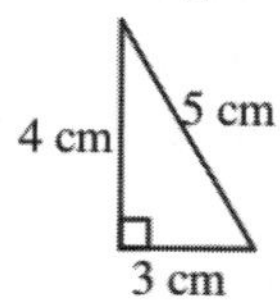	un rectangle de longueur 4 cm et de largeur 2 cm
4	π	$= 3{,}14$	$\approx 3{,}14$	$= 3{,}1415$	$= 3{,}1415\ldots$
5	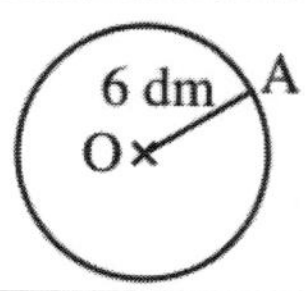	Le périmètre du disque est environ 37,6 dm.	Le périmètre du disque est environ 0,376 m.	L'aire du disque est environ $130\ dm^2$.	L'aire du disque est environ $1{,}3\ m^2$.
6	(d) // (d') 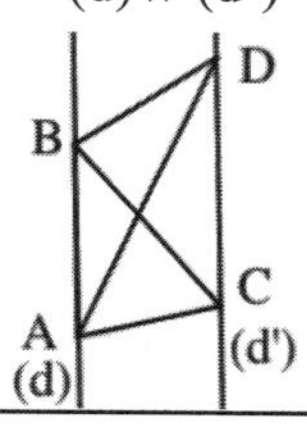	Les triangles ABC et ABD ont la même aire.	Les triangles ABC et ABD n'ont pas la même aire.	Les triangles BCD et ACD ont la même aire.	Les triangles BCD et ACD n'ont pas la même aire.

5. Changer en un seul endroit le contour de :
a. la figure de gauche afin de diminuer son périmètre et d'augmenter son aire.
b. la figure de droite afin d'augmenter son périmètre et de diminuer son aire.

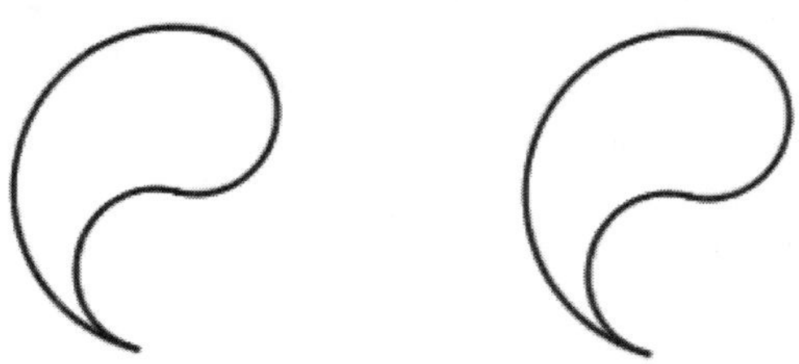

Méthode 1

1. a.

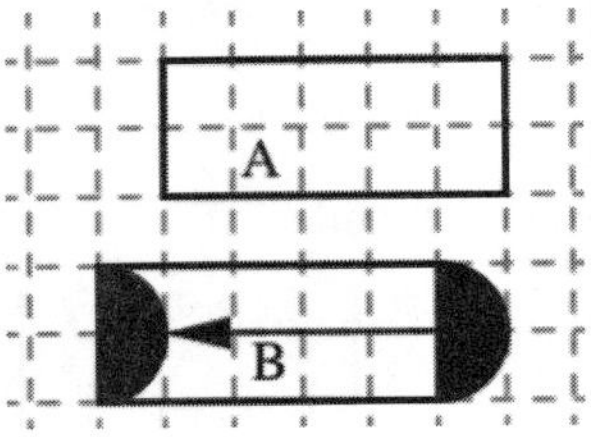

On reconfigure la figure B ; en découpant et recollant le demi-disque on retrouve la figure A.
Les figures A et B ont la même aire, celle du rectangle A de dimensions 5 carreaux sur 2.

b.

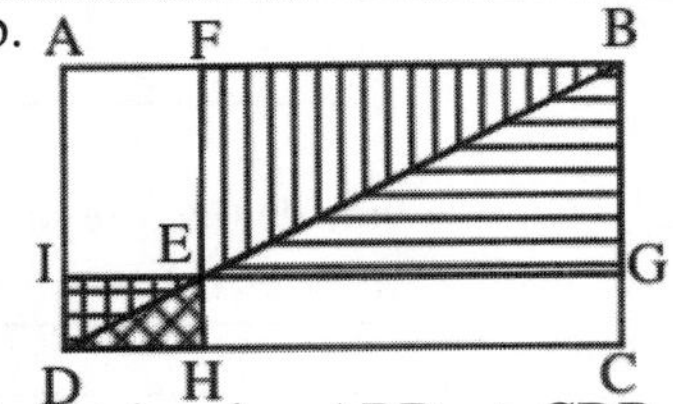

Les triangles ABD et CDB, les triangles IED et HDE ainsi que les triangles FEB et GEB sont 2 à 2 superposables et ont 2 à 2 la même aire.
Les aires des rectangles AFEI et CHEG sont obtenues en enlevant les mêmes aires à deux aires égales.
Les rectangles AFEI et CHEG ont la même aire.

c.

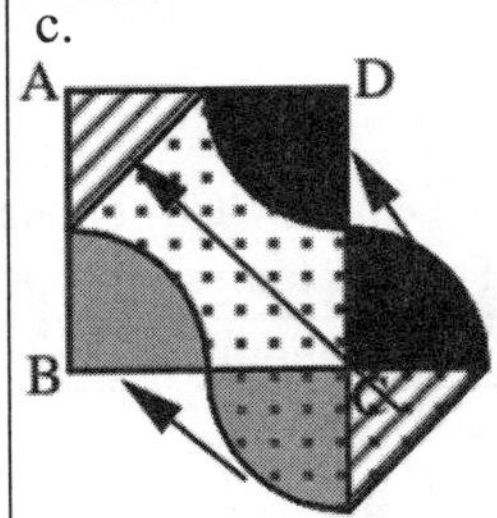

On reconfigure la figure en pointillés pour retrouver le carré ABCD.
Le carré ABCD et la surface en pointillés ont la même aire.

2.

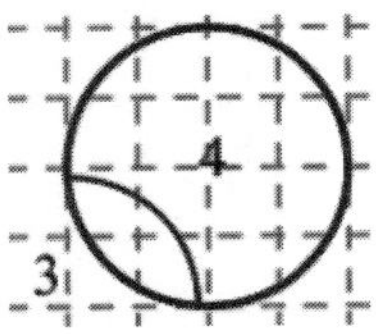

$\mathcal{A}$ (figure 3) > $\mathcal{A}$ (figure 4)

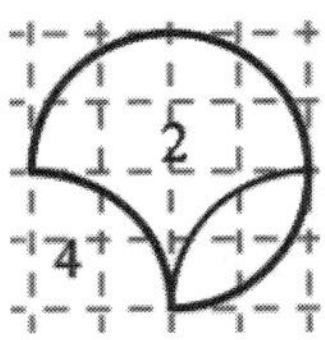

$\mathcal{A}$ (figure 4) > $\mathcal{A}$ (figure 2)

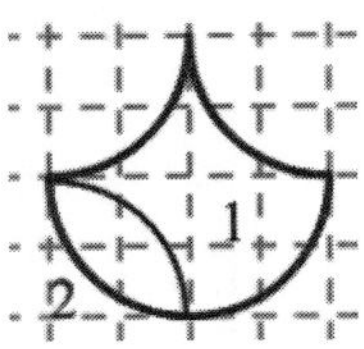

$\mathcal{A}$ (figure 2) > $\mathcal{A}$ (figure 1)

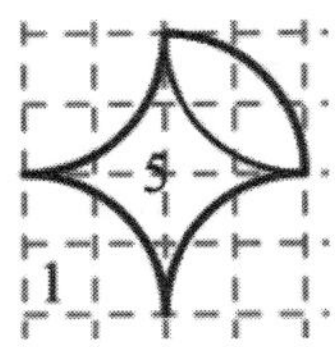

$\mathcal{A}$ (figure 1) > $\mathcal{A}$ (figure 5)

Donc $\mathcal{A}$ (figure 3) > $\mathcal{A}$ (figure 4) > $\mathcal{A}$ (figure 2) > $\mathcal{A}$ (figure 1) > $\mathcal{A}$ (figure 5)

Méthode 2

1. En reconfigurant les figures par déplacement des disques noirs dans des parties creuses, on obtient deux rectangles superposables. Un pavage en carreaux de 1 cm^2 montre que ces rectangles ont une aire de 4 cm^2.

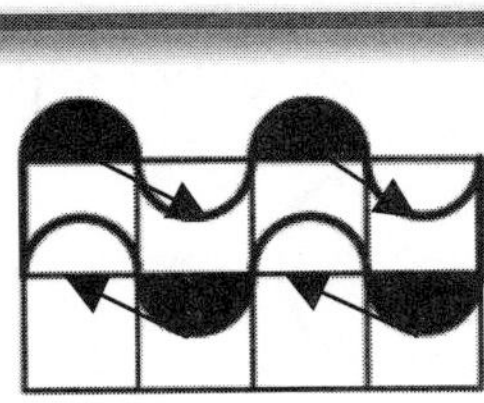

figure 1

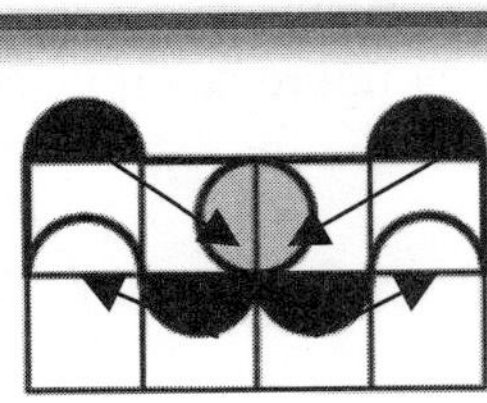

figure 2

Conclusion : les figures 1 et 2 ont la même aire 4 cm^2.

2. $\mathcal{A}$ (figure 1) = 5 unités d'aires
$\mathcal{A}$ (figure 2) = 5 unités d'aires
$\mathcal{A}$ (figure 3) = 4 unités d'aires
$\mathcal{A}$ (figure 4) = 6 unités d'aires
$\mathcal{A}$ (figure 5) = 6 unités d'aires
$\mathcal{A}$ (figure 6) = 4 unités d'aires
Les paires de figures de même aire sont : 3 et 6 ; 1 et 2 ; 4 et 5.

3. En reconfigurant les figures on a obtenu des figures simples reproduites au dessous.
L'aire :
de la figure 1 est 6 carreaux ;
de la figure 2 est 5 carreaux ;
de la figure 3 est 8 carreaux.

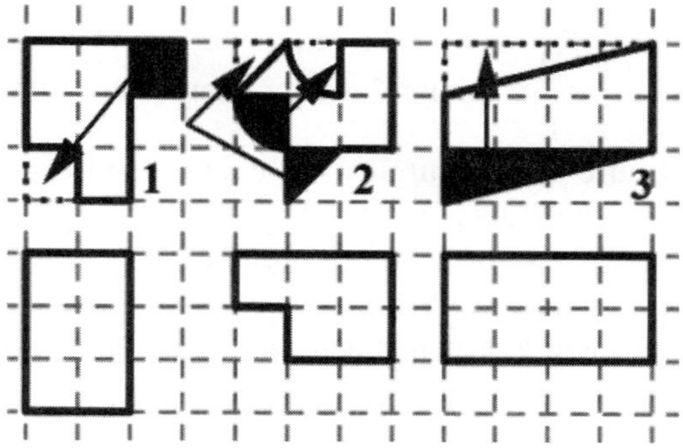

Méthode 3

1. a. $\mathcal{A} = (b \times h) \div 2$ or b = 13 (en cm) et h = 5 (en cm)
donc $\mathcal{A} = (13 \times 5) \div 2$ (en cm^2) donc $\mathcal{A} = 32{,}5$ (en cm^2).
L'aire du triangle est 32,5 cm^2.

b. $\mathcal{A} = (AB \times BC) \div 2$ or AB = 48 mm = 4,8 cm et BC = 2 cm
donc $\mathcal{A} = (4{,}8 \times 2) \div 2$ (en cm^2) donc $\mathcal{A} = 4{,}8$ (en cm^2).
L'aire du triangle ABC est 4,8 cm^2.

c. $\mathcal{A} = (IJ \times KH) \div 2$ or IJ = 4,2 cm et KH = 4 cm
donc $\mathcal{A} = (4{,}2 \times 4) \div 2$ (en cm^2) donc $\mathcal{A} = 8{,}4$ (en cm^2).
L'aire du triangle IJK est 8,4 cm^2.

2. $\mathcal{A} = (b \times h) \div 2$ or b = 1 000 (en mm) et h = 866 (en mm)
donc $\mathcal{A} = (1\,000 \times 866) \div 2$ (en mm^2) donc $\mathcal{A} = 433\,000$ (en mm^2).
433 000 mm^2 = 0,433 m^2 donc l'aire d'un panneau de signalisation du code de la route indiquant un danger, de la gamme normale, a une aire de 0,433 m^2.

Méthode 4

1. $\mathcal{A} = \pi \times r \times r$ or r = 9,1 (en mm)
donc $\mathcal{A} = \pi \times 9{,}1 \times 9{,}1$ (en mm^2) donc $\mathcal{A} \approx 260{,}1$ (en mm^2).
L'aire du disque est environ 260 mm^2.

2. $\mathcal{A} = (\pi \times d \times d) \div 4$ or d = 2,3 (en cm)
donc $\mathcal{A} \approx (3{,}14 \times 2{,}3 \times 2{,}3) \div 4$ (en cm^2) donc $\mathcal{A} \approx 4{,}1$ (en cm^2).
L'aire du jeton de chariot de supermarché est environ 4 cm^2.

3. $\mathcal{A} = (\pi \times d \times d) \div 4$ or d = 1,5 (en km)
donc $\mathcal{A} = (\pi \times 1{,}5 \times 1{,}5) \div 4$ (en km^2) donc $\mathcal{A} \approx 1{,}76$ (en km^2).
1,76 km^2 = 176 ha donc l'aire de l'île Paulet est environ 176 ha.

4. $\mathcal{A} = \pi \times r \times r$ or d = 22 m donc r = 11m
donc $\mathcal{A} = \pi \times 11 \times 11$ (en m^2) donc $\mathcal{A} \approx 380$ (en m^2).
380 m^2 = 3,8 a donc l'aire du manège est environ 3,8 a.

5. L'aire de la figure est celle de 4 demi-disques de rayon 5 cm ce qui revient à l'aire de 2 disques de rayon 5 cm.
$\mathcal{A} = (\pi \times r \times r) \times 2$ or r = 5 (en cm)
donc $\mathcal{A} = (\pi \times 5 \times 5) \times 2$ (en cm^2) donc $\mathcal{A} \approx 157$ (en cm^2).
Une valeur approchée de l'aire de la figure est 157 cm^2.

6. $\mathcal{A} = \pi \times r \times r$ or r = 2 (en dm) donc $\mathcal{A} = \pi \times 2 \times 2$ (en dm^2)
donc $\mathcal{A} \approx 12{,}566$ (en dm^2) et comme 12,566 dm^2 = 1 256,6 cm^2.
donc 1 256 cm^2 < $\mathcal{A}$ < 1 257 cm^2.
L'aire du disque est comprise entre 1 256 cm^2 et 1 257 cm^2.

Jeux

1.

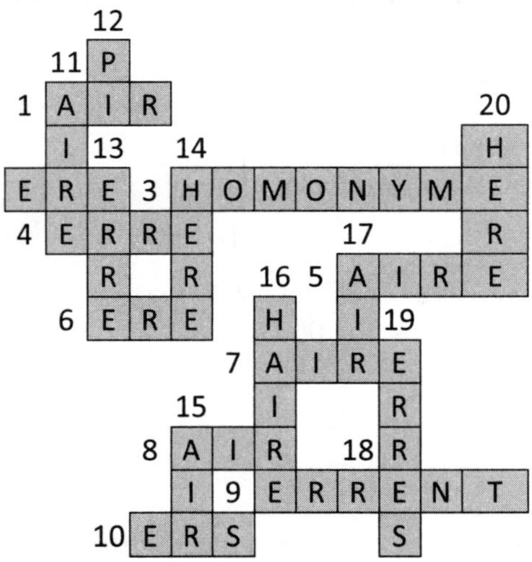

2. L'égalité fausse est :
3 mm^2 = 0,003 dm^2. En effet on a : 3 mm^2 = 0,000 3 dm^2.

3. Les surfaces noircies ont la même aire, l'aire de chacun des rectangles divisée par 8.

4. Question 1 : Réponses b et c
Question 2 : Réponses c et d
Question 3 : Réponse a
Question 4 : Réponses b et d
Question 5 : Réponses a, c, d
Question 6 : Réponses a et c (on prend la distance entre les parallèles comme hauteur)

5. a.

b.

La partie du contour en pointillés est remplacée par celle en gras.

Chapitre 20

Volumes

cube

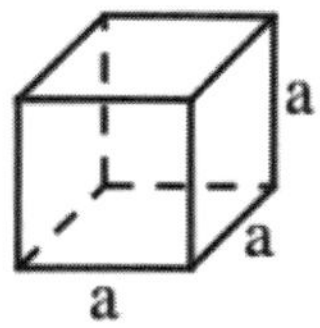

$\mathcal{V} = a \times a \times a$

parallélépipède rectangle

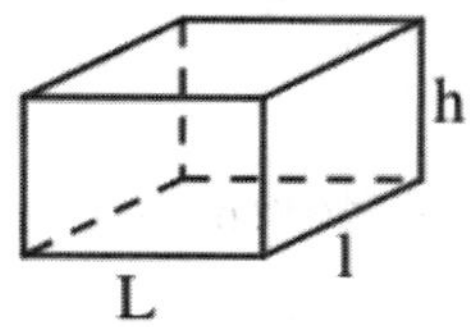

$\mathcal{V} = L \times l \times h$

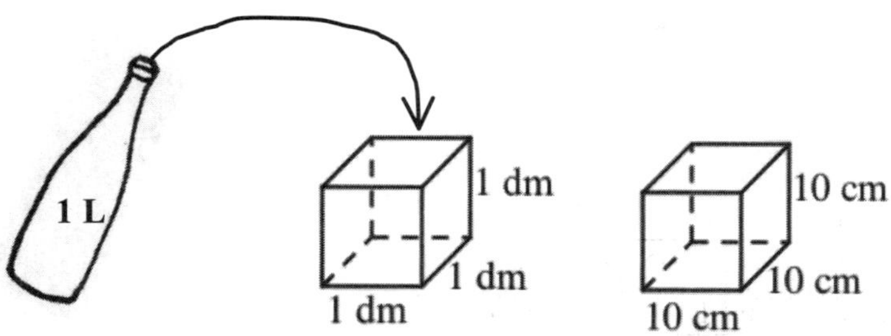

1 L = 1 dm^3 = 1 000 cm^3

Méthodes

1. Comment effectuer des changements d'unités sur les volumes ?
2. Comment calculer le volume d'un parallélépipède rectangle, d'un cube ?
3. Comment relier les unités de volume et les unités de contenance ?

méthode 1

Comment effectuer des changements d'unités sur les volumes ?

Pour effectuer des changements d'unités sur les volumes :
▲ on utilise les tableaux de conversion où chaque unité est égale à 1 000 unités de la colonne à sa droite et 0,001 unité de la colonne à sa gauche :

Volumes	m^3			dm^3			cm^3		
			1	0	0	0	0	0	0
			0,	0	0	0	0	0	1

$1\ m^3 = 1\,000\ dm^3 = 1\,000\,000\ cm^3$ et $1\ cm^3 = 0,001\ dm^3 = 0,000\,001\ m^3$.

EXEMPLE

Exprimer 1,728 dm³ : a. en cm³ b. en m³.

a. $1\ dm^3 = 1\,000\ cm^3$

donc $1,728\ dm^3 = 1,728 \times 1\,000\ cm^3$

donc $1,728\ dm^3 = 1\,728\ cm^3$

► On a multiplié 1,728 par 1 000 (voir *chapitre 3 méthode 1*).

b. $1\ dm^3 = 0,001\ m^3$

donc $1,728\ dm^3 = 1,728 \times 0,001\ m^3$

donc $1,728\ dm^3 = 0,001\,728\ m^3$

► On a multiplié 1,728 par 0,001 (voir *chapitre 3 méthode 1*).

EXERCICES

1. Exprimer en dm³ : a. 3,69 cm³ b. 15,2 m³ c. 56 000 cm³ d. 0,042 m³.

2. Le volume d'un parallélépipède rectangle est 550 800 cm³.
Exprimer ce volume en m³ et en dm³.

3. Compléter :

$81\,200\ cm^3 =$ ....m^3

$5\ m^3 =$ .... dm^3

$7,2\ dm^3 =$ .... m^3

$0,062\ m^3 =$ .... cm^3

$3\,162\ dm^3 = 3,162$ ....

$0,06\ m^3 = 60$ ....

$17\ cm^3 = 0,017$ ....

$84,5\ m^3 = 84\,500\,000$ ....

4. Ranger par ordre décroissant les volumes suivants :
4,23 m³ ; 371 000 cm³ ; 4 320 dm³ ; 0,317 m³ ; 423 dm³.

5. Sur un cube dont le volume est 1,25 dm³, on a placé, une pyramide dont la base carrée coïncide avec la face supérieure du cube. La pyramide a un volume de 60 cm³. Quel est le volume, en dm³, de cet assemblage de solides ?

Comment calculer le volume d'un parallélépipède rectangle, d'un cube ?

Pour calculer le volume d'un parallélépipède rectangle, d'un cube :
▲ on écrit la formule $\mathcal{V} = \text{L} \times \text{l} \times \text{h}$ pour un parallélépipède rectangle de longueur L, de largeur l et de hauteur h ou la formule $\mathcal{V} = \text{a} \times \text{a} \times \text{a}$ pour un cube d'arête a ;
▲ on exprime pour le parallélépipède rectangle les longueurs utiles dans la même unité si ce n'est pas le cas ;
▲ on applique la formule avec les valeurs numériques des longueurs ;
▲ on effectue les calculs (voir *chapitre 6 méthode 2*) ;
▲ on répond à la question par une phrase sans oublier les unités.

EXEMPLES Calculer le volume

1. du parallélépipède rectangle
L = 4,2 cm
l = 2,5 cm
h = 30 mm

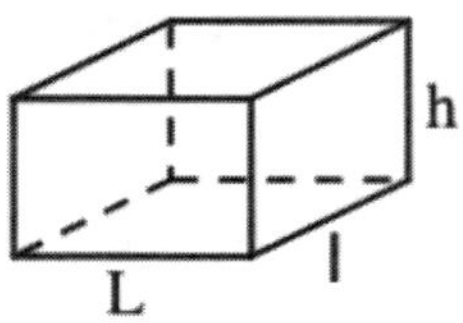

2. du cube
a = 5 cm

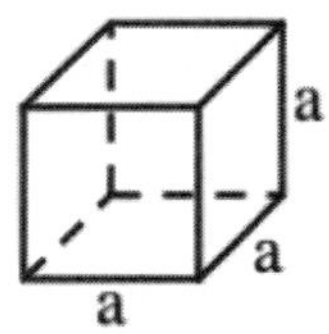

$\mathcal{V} = \text{L} \times \text{l} \times \text{h}$ | $\mathcal{V} = \text{a} \times \text{a} \times \text{a}$

► On a écrit la formule adaptée à chaque solide.

30 mm = 3 cm ; $\mathcal{V} = (4{,}2 \times 2{,}5 \times 3)\,\text{cm}^3$ | $\mathcal{V} = (5 \times 5 \times 5)\,\text{cm}^3$

► On a exprimé les longueurs dans la même unité.
► On a remplacé par les valeurs numériques.

$\mathcal{V} = 31{,}5\,\text{cm}^3$ | $\mathcal{V} = 125\,\text{cm}^3$

► On a effectué les calculs (*chapitre 6 méthode 2*).

Le volume du parallélépipède rectangle est 31,5 cm^3. | Le volume du cube est 125 cm^3.

► On a répondu à la question par une phrase.

EXERCICES

1. a. Calculer le volume d'un cube de 4,5 m d'arête.
b. Calculer le volume d'un parallélépipède rectangle ayant pour dimensions 5 cm ; 6,5 cm et 8 cm.

2. Un pavé droit a pour mesures 300 cm ; 5 m et 20 dm. Quel est son volume ?

3. Calculer le volume d'un sucre calibre 4 ayant pour dimensions 1,14 cm ; 1,8 cm et 2,8 cm et celui d'un sucre en forme de cube de 1,4 cm d'arête.

4. Une armoire de toilette en forme de parallélépipède rectangle mesure 32 cm de large, 20 cm de profondeur et 0,85 m de haut. Quel est son volume en m^3 ?

méthode 3

Comment relier les unités de volume et les unités de contenance ?

Pour relier les unités de volume et les unités de contenance :

▲ on convertit un volume en dm^3 (voir *méthode 1*) ou une contenance en L (voir le rôle des préfixes pour une unité simple *chapitre 18*) ;

▲ on applique la correspondance $1\ L = 1\ dm^3$.

Remarque : on peut aussi utiliser directement le tableau ci-dessous :

Volumes m pour mètre	m^3			dm^3			cm^3		
Capacités L pour litre				hL	daL	L	dL	cL	mL

EXEMPLE

a. Exprimer 650 m^3 en L.

a. $1\ m^3 = 1\,000\ dm^3$

donc $650\ m^3 = 650\,000\ dm^3$

► On a converti les m^3 en dm^3 (*méthode 1*).

or $1\ L = 1\ dm^3$

donc $650\,000\ dm^3 = 650\,000\ L$

► On a appliqué la correspondance $1\ L = 1\ dm^3$.

b. Exprimer 18 cL en cm^3 .

b. $1\ cL = 10\ cm^3$

donc $18\ cL = 180\ cm^3$

► On a utilisé le tableau.

EXERCICES

1. Exprimer : a. en L : 21,8 m^3 745 dm^3 0,063 m^3 981 cm^3.
b. en dm^3 : 7 530 dL 2,65 hL 360 000 mL 0,673 daL.

2. Compléter les égalités suivantes :

27,5 L = ……………… cm^3
4 m^3 = …………….. hL
0,5 dm^3 = ……………. cL

600 hL = …………… m^3
540 cL = …………… dm^3
28 cm^3 = …………… L

3. Un solide a une contenance de 6 cL. Déterminer son volume.

4. Une citerne de récupération des eaux de pluie a un volume de 40 m^3. Quelle est la contenance en litres de cette citerne ?

5. Ranger dans l'ordre croissant 7,9 L ; 0,027 m^3 ; 74,2 dL ; 7,2 dm^3 ; 8,7 L.

JEUX

1. Qui suis-je ? Pour le savoir recopier la figure sur du papier à petits carreaux.

Trouver :

- 4 mesures égales à 50 m^3
- 3 mesures égales à 2,5 L,
- 3 mesures égales à 0,025 L,
- 2 paires de nouvelles mesures égales,
- 2 paires de mesures avec le même nombre mais pas la même unité,
- 3 paires de mesures différentes mais avec la même unité sauf L, dm^3 et cm^3.

Tracer un parallélogramme, 2 triangles et 7 segments en reliant les points correspondant à chacun des groupes trouvés.

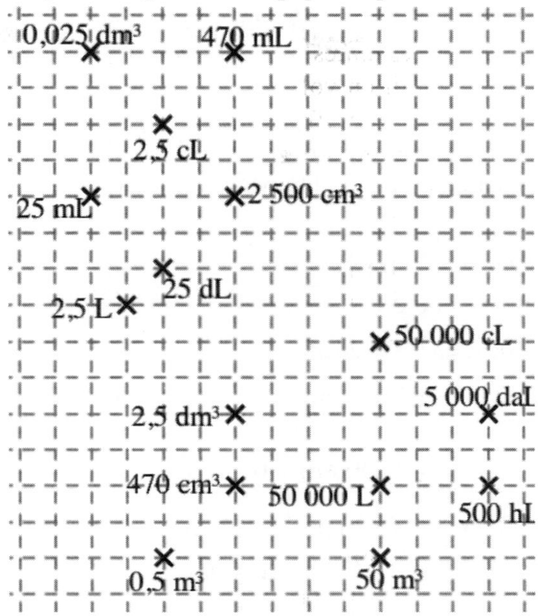

2. Dans le QCM qui suit, il peut y avoir de 0 à 4 réponses justes par ligne. Trouver toutes les réponses justes. Aucune justification n'est demandée.

	Réponses	a	b	c	d
1	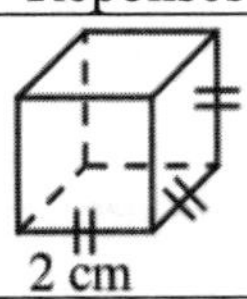	Son volume est 8 cm^3.	L'aire d'une de ses faces est 8 cm^2.	Le périmètre d'une de ses faces est 8 cm.	Sa capacité est 8 mL.
2	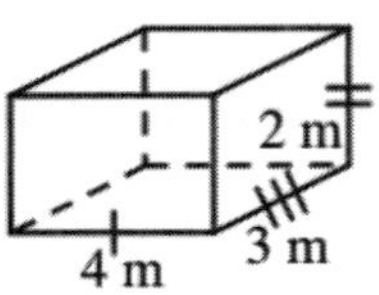	L'aire totale de ses 6 faces est 52 m.	Sa capacité est 240 hL.	Son volume est 24 000 dm^3.	La longueur de ses 12 arêtes est 28 m.
3	247 cm^3 =	2,47 L	2,47 dm^3	2 470 mL	0,0247 m^3
4	Combien de cubes de 1,5 cm d'arête peut contenir ce pavé droit ? 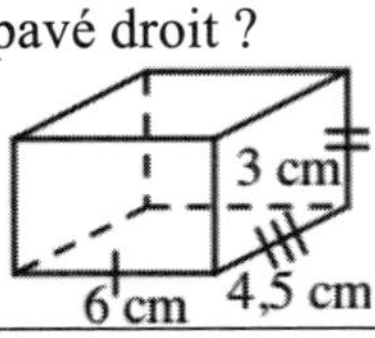	12 cubes	18 cubes	24 cubes	30 cubes

Méthode 1

1. a. $3,69\text{ cm}^3 = 0,003\,69\text{ dm}^3$
b. $15,2\text{ m}^3 = 15\,200\text{ dm}^3$
c. $56\,000\text{ cm}^3 = 56\text{ dm}^3$
d. $0,042\text{ m}^3 = 42\text{ dm}^3$.

2. $550\,800\text{ cm}^3 = 0,550\,8\text{ m}^3 = 550,8\text{ dm}^3$
Le volume du parallélépipède rectangle est $0,550\,8\text{ m}^3$ soit $550,8\text{ dm}^3$.

3. $81\,200\text{ cm}^3 = 0,081\,2\text{ m}^3$
$5\text{ m}^3 = 5\,000\text{ dm}^3$
$7,2\text{ dm}^3 = 0,007\,2\text{ m}^3$
$0,062\text{ m}^3 = 62\,000\text{ cm}^3$
$3\,162\text{ dm}^3 = 3,162\text{ m}^3$
$0,06\text{ m}^3 = 60\text{ dm}^3$
$17\text{ cm}^3 = 0,017\text{ dm}^3$
$84,5\text{ m}^3 = 84\,500\,000\text{ cm}^3$

4. $4,23\text{ m}^3 = 4\,230\text{ dm}^3$; $0,317\text{ m}^3 = 317\text{ dm}^3$; $371\,000\text{ cm}^3 = 371\text{ dm}^3$

$4\,320\text{ dm}^3 > 4\,230\text{ dm}^3 > 423\text{ dm}^3 > 371\text{ dm}^3 > 317\text{ dm}^3$
$4\,320\text{ dm}^3 > 4,23\text{ m}^3 > 423\text{ dm}^3 > 371\,000\text{ cm}^3 > 0,317\text{ m}^3$

5. $60\text{ cm}^3 = 0,06\text{ dm}^3$
$1,25\text{ dm}^3 + 0,06\text{ dm}^3 = 1,31\text{ dm}^3$
Le volume de cet assemblage est $1,31\text{ dm}^3$.

Méthode 2

1. a. $\mathcal{V} = a \times a \times a$ or a = 4,5 m donc $\mathcal{V} = (4,5 \times 4,5 \times 4,5)\text{ m}^3$
soit $\mathcal{V} = 91,125\text{ m}^3$. Le volume d'un cube de 4,5 m d'arête est $91,125\text{ m}^3$.

b. $\mathcal{V} = L \times l \times h$ or les dimensions du parallélépipède rectangle sont 5 cm ; 6,5 cm et 8 cm donc $\mathcal{V} = (5 \times 6,5 \times 8)\text{ cm}^3$ soit $\mathcal{V} = 260\text{ cm}^3$.
Le volume du parallélépipède rectangle est 260 cm^3.

2. 300 cm = 3 m et 20 dm = 2 m
$\mathcal{V} = L \times l \times h$
or les dimensions de ce pavé droit sont 3 m ; 5 m et 2 m
donc $\mathcal{V} = (3 \times 5 \times 2)\text{ m}^3$ donc $\mathcal{V} = 30\text{ m}^3$
Le volume du pavé droit est 30 m^3.

3. $\mathcal{V} = L \times l \times h$ or les dimensions d'un sucre calibre 4 sont 1,14 cm, 1,8 cm et 2,8 cm donc $\mathcal{V} = (1{,}14 \times 1{,}8 \times 2{,}8)\ \text{cm}^3$ donc $\mathcal{V} = 5{,}745\ 6\ \text{cm}^3$.

Le volume d'un sucre en morceaux calibre 4 est $5{,}745\ 6\ \text{cm}^3$.

$\mathcal{V} = a \times a \times a$ or a = 1,4 cm donc $\mathcal{V} = (1{,}4 \times 1{,}4 \times 1{,}4)\ \text{cm}^3$

donc $\mathcal{V} = 2{,}744\ \text{cm}^3$.

Le volume d'un sucre en forme de cube est $2{,}744\ \text{cm}^3$.

4. 32 cm = 0,32 m et 20 cm = 0,2 m

$\mathcal{V} = L \times l \times h$ or les dimensions de l'armoire de toilette sont 0,32 m ; 0,2 m et 0,85 m donc $\mathcal{V} = (0{,}32 \times 0{,}2 \times 0{,}85)\ \text{m}^3$ donc $\mathcal{V} = 0{,}0554\ \text{m}^3$.

Le volume de l'armoire de toilette est $0{,}0554\ \text{m}^3$.

Méthode 3

1. a. $21{,}8\ \text{m}^3 = 21\ 800\ \text{dm}^3 = 21\ 800\ \text{L}$

$745\ \text{dm}^3 = 745\ \text{L}$

$0{,}063\ \text{m}^3 = 63\ \text{dm}^3 = 63\ \text{L}$

$981\ \text{cm}^3 = 0{,}981\ \text{dm}^3 = 0{,}981\ \text{L}$

b. $7\ 530\ \text{dL} = 753\ \text{L} = 753\ \text{dm}^3$

$2{,}65\ \text{hL} = 265\ \text{L} = 265\ \text{dm}^3$

$360\ 000\ \text{mL} = 360\ \text{L} = 360\ \text{dm}^3$

$0{,}673\ \text{daL} = 6{,}73\ \text{L} = 6{,}73\ \text{dm}^3$

2. $27{,}5\ \text{L} = 27\ 500\ \text{cm}^3$

$4\ \text{m}^3 = 40\ \text{hL}$

$0{,}5\ \text{dm}^3 = 50\ \text{cL}$

$600\ \text{hL} = 60\ \text{m}^3$

$540\ \text{cL} = 5{,}4\ \text{dm}^3$

$28\ \text{cm}^3 = 0{,}028\ \text{L}$

3. $6\ \text{cL} = 60\ \text{mL} = 60\ \text{cm}^3$

Le solide a un volume de $60\ \text{cm}^3$.

4. $40\ \text{m}^3 = 40\ 000\ \text{dm}^3 = 40\ 000\ \text{L}$

La citerne contient 40 000 L.

5. $0{,}027\ \text{m}^3 = 27\ \text{L}$; 74,2dL = 7,42 L; $7{,}2\ \text{dm}^3 = 7{,}2\ \text{L}$

$7{,}2\ \text{L} < 7{,}42\ \text{L} < 7{,}9\ \text{L} < 8{,}7\ \text{L} < 27\ \text{L}$

$7{,}2\ \text{dm}^3 < 74{,}2\ \text{dL} < 7{,}9\ \text{L} < 8{,}7\ \text{L} < 0{,}027\ \text{m}^3$

Jeux

1.

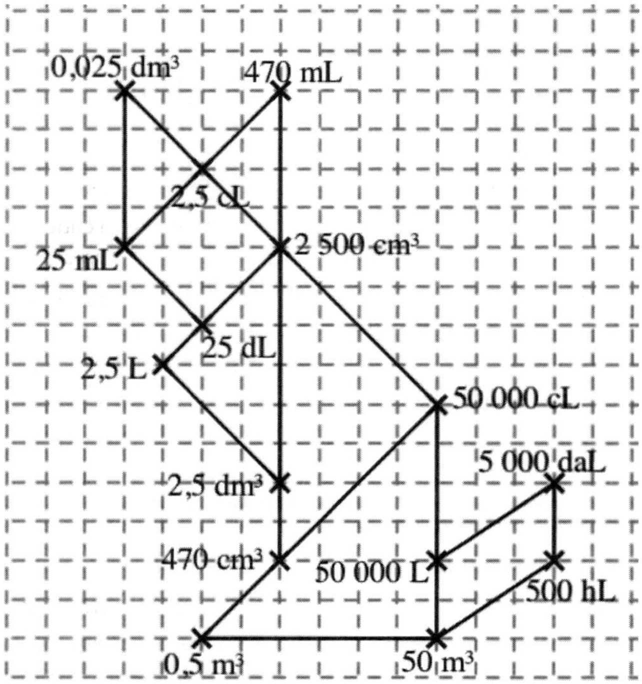

Je suis un chat assis construit avec les sept pièces d'un tangram.

2. Question 1 : Réponses a, c et d
b : l'aire d'une de ses faces est 4 cm^2.

Question 2 : Réponses b et c.
a : l'unité n'est pas correcte.
d : la longueur de ses douze arêtes est 36 m.

Question 3 : Aucune réponse juste.

Question 4 : Réponse c.
On peut mettre 4 cubes dans la longueur, 3 cubes dans la largeur et 2 cubes dans la hauteur et $4 \times 3 \times 2 = 24$.

Table des matières

Aubin IMPRIMEUR

Achevé d'imprimer en septembre 2016
Dépôt légal, septembre 2016 / N° d'impression 1608.0243
Imprimé en France